阿尾城跡（航空撮影）

在地領主菊池氏代々の居城．富山県内に残る唯一の海城《うみじろ》として貴重．小規模だが城下町の形態も残り，発掘調査から 15 世紀後半～ 16 世紀末に使用されたことが判明した．

一乗寺城の大堀切

一乗寺城は戦国末期越中国主佐々成政《さっさなりまさ》によって大改修されており，大堀切もそれに該当する．北陸道脇道の田近道《たぢかみち》を完全に遮断する姿は，圧巻である．

増山城にある鐘楼堂《しょうろうどう》

増山城は越中守護代神保《じんぼ》氏代々の居城で，越中有数の大城郭でもある．主郭の一角に残る鐘楼堂は城内最大の櫓台で，礎石は確認できないが，大型の櫓《やぐら》が想定される．

亀山城の堀切

文献では南北朝期の城郭とされているが，発達した縄張や大規模な堀切は，戦国期城郭そのものである．16世紀後半に増山城の出城として築かれたと考えられる．

富山城三ノ丸で発掘された堀
（富山市埋蔵文化財センター提供）

謎とされてきた中世富山城も，近年の発掘調査で明らかにされつつある．三ノ丸で検出された堀は，具体的な構造の一端を明らかにする貴重な遺構である．

整備された安田城（富山市埋蔵文化財センター提供）

安田城は貴重な平城として，富山県内の中世城郭で最も早く国史跡に指定された．現在は史跡公園として整備され，安田城等の発掘調査成果を資料館で展示している．

日中城と弓庄城遠景（撮影；古川知明）

越中統一を目指す佐々成政は，在地領主土肥《どい》氏の居城弓庄城を攻める．日中城はそのときの付城《つけじろ》で，単純な構造ながら，年代が特定できる貴重な遺構である．

松倉城堀切

越中守護代椎名《しいな》氏代々の居城で，後に上杉氏の越中での最重要拠点となる．南北朝期から重要視され，大規模な遺構が残る．特に尾根を完全に断ち切る堀切は圧巻である．

北陸の名城を歩く

富山編

佐伯哲也［編］

吉川弘文館

刊行のことば

富山県は越中一国である。平成十二年から十七年に富山県教育委員会が実施した悉皆《しっかい》調査で、富山県には四二五城存在していたことが判明した。この数字とて確固たるものではなく、流動的な数字と思われるが、富山県が公式に発表した数字として、一つの基準となろう。

富山県の場合、一部平安末期に確認できる城館も存在するが、確実な文献史料に登場するのは、南北朝期からである。それから約二六〇年にわたって城館が築城され続けることになる。天正十三年（一五八五）の佐々《さっさ》攻め後、越中を支配した前田氏によって多くの中世城館が廃止されたが、重要な山城は関ヶ原合戦の慶長五年（一六〇〇）前後まで存続する。戦国の余韻が色濃く残っていたのである。

越中の室町時代は畠山氏が守護を務めたが、もちろん在京守護であり、守護代の神保《じんぼ》氏・遊佐《ゆさ》氏・椎名《しいな》氏が在地支配を行った。これらの中には神保氏のように室町幕府体制を脱却して戦国大名化する領主もいたが大規模化はせず、その結果、隣国越後の上杉謙信によって一六年間も侵略され続けた。謙信の侵略史が越中の戦国史だったといっても過言ではあるまい。

昨今の山城ブームによって有名になった城も存在するが、大勢力が成長しなかった越中において城館も小粒で、ほぼ無名の感は否めない。しかし上杉謙信の侵略に悩まされる越中の諸将は、どうすれば謙信の強大な軍事力から領地を守れるか、これに腐心したにちがいない。悩みに悩み、考えに考えた末の、智恵の結晶が城館と筆者は思っている。

今回富山県の中世城館約四〇〇城の内、五九城を記載した。国・県史跡に指定された城館はすべて記載した。そして無名で小規模ではあるが、越中武将の智恵が凝縮したような城館も選定した。未整備で交通事情も悪い山城ばかりだが、ぜひ訪れてほしい。そして大勢力に翻弄されながら生き続けてきた越中武将を、肌で感じ取ってほしいと思っている。

今回執筆をお願いした方々の多くは、官民両方で活躍されておられる若者達である。いずれも明日の富山県城館研究を担ってくれる頼もしい方々ばかりである。もちろん「重鎮」といわれる方にもお願いした。そして今は「城ガール」という造語も生まれる状況である。ぜひ女性の目線で書いてほしいと思い、女性の研究者にもお願いした。また、外部から見た新しい研究も必要であり、県外で活躍されている研究者にもお願いした。老若男女・官民一体となった城館研究書が本書である。

我々研究者が安心して現地踏査ができるのは、地元の方々が労力を惜しまず城跡を整備されてるからである。その代表格が、増山城解説ボランティア「曲輪の会」であろう。今回「曲輪の会」に活動内容を執筆していただいた。会の地道な努力は高く評価されるものであり、心の底から御礼申し上げたい。

城館は実際に現地に訪れて楽しむものである。そのためのガイドブックとして本書を制作したつもりである。とはいえ、山城の多くは未整備であり、訪城困難な城もある。まぁ、ヤブ漕ぎも楽しみの一つと思えば良いのではなかろうか。未知の世界にあなたは必ず惹かれるはずである。

令和四年七月

佐伯哲也

目次

刊行のことば　佐伯哲也　iii

越中の城郭戦国史　佐伯哲也　1

富山県地区別　名城マップ　11

呉西　13

■荒山城 14／■森寺城 18／■阿尾城 23／■中村城 28／■千久里城 31／■飯久保城 35／■海老瀬城 39／■高岡城 43／■守山城 47／■古国府城 52／■木舟城 56／■赤丸城 59／■今石動城 63／■源氏ヶ嶺城 67／■一乗寺城 71／■桑山城 75／■広瀬城 79／■井波城 83／■上見城 86／■杉山砦 89／■増山城 92／■亀山城 97／■千代ヶ様城 100／■壇ノ城 104／■放生津城 107／■日宮城 111

呉東——119

■富山城 120／■白鳥城 124／■安田城 128／■大峪城 133／■新庄城 137／■願海寺城 141／■太田本郷城 145／■富崎城 149／■長沢城 154／■高山城 157／■大道城 161／■高嶺城 165／■城生城 168／■猿倉城 171／■栂尾城 174 ■大村城 178／■論田山城 181／■中地山城 185／■樫ノ木城 188／■池田城 192／■日中城 195／■弓庄城 197／■郷柿沢館 201／■千石山城 204／■蓑輪城(護摩堂城) 208／■堀江城 212／■魚津城 216／■松倉城 220／■升方城 227／■石の門 231／■宮崎城 235／■元屋敷城 239／■横尾城 242

お城アラカルト 飯久保城から想像する城兵の暮らし——115

お城アラカルト 山城ガイドから地域貢献へ——増山城解説ボランティア「曲輪の会」の紹介——116

お城アラカルト 城郭における巨石石垣の意味——246

お城アラカルト 「自落」は常套手段?——247

お城アラカルト 『信長公記』が記す「月岡野の戦い」——248

越中の城郭戦国史

佐伯哲也

【南北朝時代の城郭は実態不明】 越中の城郭は、平安末期、いわゆる源平の争乱期に若干名は見える（宮崎城・呉服ヶ峰等）ものの、ほとんど不明であり、ここでは扱わないこととする。

具体的な内容が判明してくるのは南北朝時代であり、多数の城郭が軍忠状等に記載されている。越中三大名城で、しかも一六世紀末まで存続した**守山城**（高岡市）・**増山城**（砺波市）・**松倉城**（魚津市）すべてが南北朝期から使用されていることに注目したい。

南北朝期の城は、天然の要害が期待できる屈強な山城を連想しがちである。もちろんそのような山城も存在するが、多くは比高一〇〇メートル程度の低山で、里山の部類に属する。前述の三大名城の**松倉城**は三五〇メートルもあるが、**守山城**は二五〇メートル、**増山城**は七〇メートルしかない。騎馬戦を回避できる山中に城郭を構えたと考えるべきであろう。

南北朝期の城郭を訪ねても、そこに残っている遺構は、ほぼ戦国期、一六世紀後半に構築されたもので、南北朝期の遺構は残っていない。前述の三大名城も例外ではない。**増山城**・**亀山城**や**松倉城**は地元教育委員会により発掘調査が実施されたが、南北朝期の遺物はほとんど出土せず、遺構に至っては皆無である。南北朝期の遺物・遺構を期待していた発掘担当者を落胆させている。
しかし、これはこれとして貴重な事実である。南北朝期の城郭は短期間使用するだけの純軍事施設であって、ほとんど人工施設が存在しない、ほぼ自然地形そのものの城郭ということが判明する。これは三大名城だけでなく、南北朝期に登場する**千久里城**（氷見市）・松根城（小矢部市）も多少の遺物は出土したが、遺構は確認されなかった。ちなみに**千久里城**の比高は一二〇メートル、松根城は一三〇メートルしかない。穏やかな山容といった感じの山城である。

【長尾能景・為景の越中進攻】 越中の戦国時代は長尾能景《よしかげ》・為景《ためかげ》父子の越中進攻から始まる。永正三年（一五〇六）一向一揆が越中国内に猛威を振るうと、越中国人衆は越後守護代長尾能景に援助を要請した。これに応えた能景は、神保慶宗（射水郡・婦負郡守護代）や遊佐氏（砺波郡守護代）とともに一揆軍を攻め、順調に西進していった。

ところが、同年九月十九日、芹谷合戦（砺波市、**増山城**の付近）において長尾軍は敗北、能景は戦死してしまう。敗北した長尾軍は「其儘《そのまま》城中へ御立籠」もっている（「遊佐慶親書状」）。

さて、長尾軍が籠城した「城中」とは、どの城を指すのであろうか。砺波市教育委員会が平成九〜十五年に実施した発掘調査により、増山城主郭（通称二ノ丸）南側横堀は一六世紀初頭までには構築されていたことが判明している。従って長尾軍が籠城した「城中」は、**増山城**の可能性が極めて高いと言えよう。一六世紀初頭にはすでに山城にも横堀《よこぼり》が使用されていたのであり、山城への横堀導入は遅いという先入観念を少なからず変更させる結果となる。

長尾為景は父能景が戦死したのは、神保慶宗《じんぼよしむね》が守護代としての職務を怠ったからと公言しており、さらに越中守護畠山尚順から要請されたこともあり、永正十六年（一五一九）神保氏攻めのため越中に進攻する。神保慶宗は**守山城**（二上山城、高岡市）に籠城し、為景は山麓まで放火し、落城寸前まで追い込むが、味方の陣が崩れたため落城を諦めて越後に帰陣する。越中三大名城の二城（**増山城・守山城**）が一六世紀初頭に守護代の重要拠点として使用され、しかも神保氏が使用していたことに注目したい。

神保氏攻めのため越年も厭わないと豪語する為景は、翌永正十七年（一五二〇）六月再度越中に進攻する。**守山城**を同年八月に長尾方の能登畠山氏によって落とされてしまった慶宗は、背水の陣で出陣し、両軍は初秋頃に越中東部の新庄（富山市）付近で対峙する。

戦線は膠着状態となったが、厳冬期に入った十二月十一日、神保軍は総攻撃を開始する。当初は優勢だったが敗北し、慶宗は自害して果てる。こうして繁栄を誇った神保氏も一旦亡ぶ。

【上杉謙信の越中進攻】　いったん滅亡した神保氏だが、神保長職《ながもと》を中心に享禄年間（一五二八〜三一）には再興を達成する。富山城に居城する長職は、さらに勢力を拡大すべく、甲斐の武田信玄と結んで新川郡又守護代椎名氏を攻める勢いを示した。これに危機感をつのらせた上杉謙信は永禄三年（一五六〇）三月、神保攻めのため越中に出陣する。以後、天正四年（一五七六）まで延々と続けられる越中進攻の初陣である。

永禄三年の神保攻めは、「長尾景虎書状」によって詳細に知ることができる。それによれば謙信は三月二十六日越中に出陣したところ、同月晦日、長職が居城する富山城は「自落」し、長職は**増山城**へ逃げてしまう。さらに謙信は味方を**増山城**へ向かわせたが、**増山城**は「元来嶮難《けんなん》之地」なので、味方はなにもせず、ただ様子を見守るだけだった。このため謙信自ら出陣したところ、またもや長職はその夜半に武具や馬を捨てて逃亡してしまった、と謙信は述べている。つまり長職は二度連続で「自落」、つまり敵前逃亡したのである。

この書状は、謙信の誇張が相当入っていると考えられるが、長職が二度連続で敵前逃亡したことは、事実として認めて良かろう。敵前逃亡である「自落」は、被害を必要最小限に食い止める一般的な戦法として用いられていたのである。ちなみに長職が富山城に火を放って増山城に逃亡したことは、発掘調査により確認されている。

この戦法が功を奏したのか、長職は謙信の帰国後、素早く反撃に転じて**増山城**を奪還し、同年七月頃までには再び神通川左岸付近まで勢力を拡大している。長職の弱腰な戦闘ばかり目立っているが、こうした長職の反撃の早さも再評価すべきである。

ちなみに永禄三年の戦いでは、長職方の拠点**守山城**も「自落」している。どうやら神保氏は「自落」を常套手段とする一族だったようである。

【神保長職の降伏】 永禄五年（一五六二）七月、謙信は越中に出陣する。七月の戦いの詳細は不明だが、謙信は長職方を攻め、勝利したようである。

ところが謙信が帰国すると、すかさず長職は九月には攻勢に転じ、上杉方の椎名康胤《やすたね》が窮地に陥る状態となった。永禄三年と同じパターンである。素早く謙信は再出馬し、長職を**増山城**に追いつめる。謙信は**増山城**を力攻めすることなく、近辺を放火し巣城にして落城寸前に追い込む。今回は相当のダメージを被ったのであろう。徹底抗戦の不利を悟った長職は、能登守護畠山義綱《よしつな》を頼って降伏し、赦されている。以後、長職は上杉氏の家臣団に組み込まれる。

神保長職の降伏により、謙信の越中統一は急速に進むと思われたが、なんと今度は新川郡又守護代の椎名康胤が永禄十一年（一五六八）反旗を翻し、武田信玄に与してしまう。早速謙信は越中に出馬するが、越後で本庄繁長が武田方に寝返ったため急遽帰国し、康胤は事なきを得る。翌永禄十二年八月に謙信は再度**松倉城**を攻めると、康胤は自ら悉く「根小屋《ねごや》」を放火し**松倉城**を巣城にして徹底抗戦の意思表示をしている。ちなみに越中中世城郭で、一次史料で根小屋の存在が確認できるのは**松倉城**だけである。

永禄十二年の戦いで康胤は**松倉城**で孤立化するが、**松倉城**は死守していたようだ。しかし五年間の籠城戦で衰弱し、上杉軍の攻撃に耐えられなくなったのであろう。元亀四年（一五七三）正月康胤は降伏し、漸く**松倉城**は上杉氏が手中にする。以後**松倉城**は越中上杉軍最大の拠点として使用される。

【一向一揆との対決】 椎名康胤の松倉城封じ込めに成功した上杉謙信だが、今度は一向一揆が謙信の前に立ちはだかる。元亀三年（一五七二）五月、大挙越中西部に押し寄せた加賀一向一揆は、**富山城**（富山市）を目指して進軍しており、その途中に位置する**日宮城**（射水市小杉町）も風前の灯《ともしび》となっていた。当時**日宮城**には、小島職鎮等上杉方神保家臣団が籠城しており、**新庄城**（富山市）の上杉氏部将・鯵坂長実《あじさかながざね》に援軍を送ってほしいと懇願している。

この願いもむなしく、援軍が到着する直前の六月十五日に日宮城は落城する。救援に駆け付けた上杉援軍は、同日五福山城（**白鳥城**、富山市）で合図の篝火《かがりび》を上げたために攻撃目標にされ、これも一揆に攻め落とされ、さらに神通《じんづう》川の渡し場でも一揆軍に敗れ、二〇人余りが討ち死にしてしまう。謙信不在の上杉軍とは、こうも弱いのかと驚く。ちなみに日宮落城は、小島職鎮等日宮城将が一揆軍と一戦も交えず、和議を結んで開城したものとされており、これも「自落」の一種と言える。旧主長職共々、神保一族・家臣団は「自落」を常套手段としていたようだ。

東進する一揆軍は**富山城**を占拠し、そこを拠点とする。対する上杉謙信は八月十八日**新庄城**（富山市）に着陣し、本陣とする。両軍はわずか五キロほどの至近距離で対峙しており、大規模な鉄砲戦も行われた。越中における本格的な鉄砲戦といえる。

九月十九日、一揆方の**富崎城**（富山市婦中町）を攻め落とし、戦況が上杉方に有利に動き始めると、翌元亀四年正月、永年抵抗してきた松倉城主椎名康胤が降伏する。そして一揆軍は正月に和睦を申し入れたので、一揆・上杉両軍は撤退するに至る。

ところが、一揆軍は反転し、再び**富山城**を占拠したため、上杉軍も引き返すことになる。謙信は、三月五日付の書状で、**富山城**攻めの付城を、稲荷・岩瀬・本郷・二宮・押上の五ヵ所に築き、五日の内に完成させると述べている。後に織豊武将が多用する向（陣）城は、謙信も多用していたのである。五ヵ所の内、遺構を残しているのは二宮城（上熊野城、富山市）のみだが、塁線土塁《どるい》・櫓台《やぐらだい》を用いており、織豊系陣城と比較しても何等遜色はない。

富山城包囲網を固めた謙信が四月に帰陣していることから、上杉軍は優勢であり、同四月武田信玄病没により、さらに確固たるものになったと言って良い。同年（天正元年）八月謙信は越中に出陣しているが、僅か数日の出陣で、越中を平定したと述べている。この時点で**富山城**は上杉方の手中に落ちていると考えられよう。

【謙信の越中統一】　天正二年（一五七四）謙信は一度も越中に出陣していない。翌三年も七月に一気に加賀まで進攻し、八月には足早に春日山に帰陣している。謙信の越中統一事業が順調に進んでいることを示している。このとき謙信は織田信長と断交しており、この結果、上杉方で織田方でもあった飛驒の三木自《より》綱《つな》も謙信と断交している。信長と断交した謙信は、天正四年（一五七六）二月までに本願寺顕如《けんにょ》と同盟を結ぶ。こうして北陸において謙信最強の宿敵だった一向一揆を軍事的指揮下におくことに成功する。

天正四年九月八日、謙信は飛騨口の**栂尾城**（富山市大沢野町）を攻め落とし、飛騨との国境に新城二ヶ所築き、飛越国境を固める。恐らく栂尾《とがのお》城には反上杉方となった三木氏の勢力が在城していたのであろう。さらに**増山城**を攻め落とし、**森寺城**（氷見市）も陥落寸前に追い込む。

反上杉方を一掃し、遂に越中統一を完成させた謙信は、能登に進軍する。謙信死去（天正六年）の二年前ということを考えれば、半生をかけて統一したと言って良い。

【織田信長の北陸進出】　越中統一のわずか二年後の天正六年（一五七八）三月、上杉謙信は死去する。絶好のチャンス到来と織田信長は素早く対応し、四月七日神保長職の嫡子・長住《ながすみ》を飛騨経由で越中に入国させる。信長は「越中守護代の嫡系」という室町幕府体制の権威を最大限利用したのである。

織田（神保）軍の越中進攻は順調に進み、長住は天正八年（一五八〇）九月松倉城下まで進軍し、放火している。翌天正九年一月頃佐々成政《さっさなりまさ》が越中に入部すると、織田軍の攻勢はさらに進み、同年五月上杉軍の重要拠点**増山城**（砺波市）を始め、上杉方の国人が籠城する**願海寺城**（富山市）・**富崎城**が落城している。このとき、**増山城**と**富崎城**は「自焼自落」している。勇猛を誇った上杉軍も、「自落」という手段を使用せざるを得なくなっていたのである。

増山城の陥落により、上杉氏の越中における拠点は、**魚津城・松倉城**（ともに魚津市）の二城になってしまう。織田軍の攻撃目標は、攻撃しやすい平城の**魚津城**に向けられる。

上杉氏最後の拠点魚津城の戦いは、天正十年三月十日頃から開始された。この攻防戦は両軍共すさまじい鉄砲戦を繰り広げており、中でも織田軍が大砲を用いていることが注目される。北陸において確実な史料で大砲の使用が確認できる、最古の事例である。しかし、この大砲は不良品で、ほとんど役に立たなかったのも確認されている。

上杉軍の劣勢は目を覆うばかりで、五月六日には「二丸」が奪われ、「本城」だけとなる。さらに五月二十六日、救援に駆け付けた上杉景勝はなすすべも無く、本陣の天神山城（魚津市）を捨てて越後へ撤退し、同日唯一の支城松倉城からも上杉軍は撤退してしまう。

こうして孤立無援となった魚津城は、約八〇日間の激闘の末、六月三日落城する。こちらは自落ではなく、中条景泰以下城将一二人全員が戦死する壮絶な最期だった

【佐々成政の越中統一】 織田軍が放棄した魚津城に景勝は須田満親を置いている。恐らく同時期に松倉城も接収したと考えられる。しかし越中統一を目指す佐々成政の反撃も早く、翌天正十一年（一五八三）三月には魚津城を攻め落とす。景勝が魚津城を維持していたのは、一年にも満たなかったのである。

越中から上杉氏を駆逐した成政にとって敵対勢力は、城生城の斎藤氏と弓庄城の土肥氏のみとなった。一次史料では確認できないものの、成政は城生城攻めにあたり、岩木砦（富山市大沢野町）を付城として用いたと言われている。弓庄城攻めも、成政は周囲に数ヶ所の付城を構築されていることが判明している。両城共に成政は付城を用いて攻めている点に注目したい。

両城の落城期日を明確にできないが、成政は七月九日付新発田重家宛書状で越中を平定したと述べる。そして翌八月二十日付で城生城が位置する婦負郡を、重臣の佐々定能に宛行っている。このような状況を考えれば、遅くとも七月中には落城させ、成政は越中を統一したと考えて良いであろう。

【佐々成政の降伏】 天正十二年（一五八四）三月、東海地方で小牧長久手の戦いが勃発すると、加賀の前田利家は羽柴秀吉方、越中の佐々成政は徳川家康方につく。ただし成政は当初は羽柴方で、徳川方に寝返ったことを表明するのは八月に入ってからのことである。

当初の成政は加賀・越中の国境に松根城や一**乗寺城**・**源氏ヶ峰城**（以上、小矢部市）等を大改修し、国境を固め、戦況を有利に進める。しかし天正十二年九月利家の重要拠点末森城攻略に失敗すると、劣勢に立たされる。さらに天正十三年になると利家に国境線を突破され、味方の国人の離反も起き始める。

かくして天正十三年八月、豊臣秀吉は佐々攻めに出陣する。一〇ヵ国・七万とも言われる大軍に、佐々方の重要拠点**木舟城**（高岡市福岡町）・**守山城**・**増山城**が次々と陥落する。敗色が濃くなった八月二十六日、加越国境の倶梨伽羅《くりから》峠に在陣中の秀吉に、成政は織田信雄を仲介役として参陣し、降伏を願い出る。こうしてあっけなく佐々攻めは完了する。

【前田氏の越中支配】 佐々攻めの戦後処理として、佐々成政は一命を助けられたが、本人及び一族は大坂に送られ、居城の富山城は破却、越中の内新川郡のみ安堵された。前田氏は佐々攻めの功労として越中西半国（砺波郡・射水郡・婦負郡）が加増される。

西半国を領有した結果、前田氏と佐々氏との領地境は神通川となった。利家は佐々領監視及び佐々軍反乱の際に籠城するための城郭として、**白鳥城**・**大峪城**（以上、富山市）・**安田城**（富山市婦中町）を使用する。いずれも神通川沿いである。降伏したとはいえ、依然として険悪な状況が続いていた証拠であり、城郭が必要だったのである。

天正十五年成政が肥後に転封となり、領地境監視の必要が無くなったにもかかわらず、**白鳥城**等は使用される。少なくとも**白鳥城**・**安田城**は慶長四年（一五九九）まで使用されたことが確認できる。恐らく関ヶ原合戦（慶長五年＝一六〇〇）直後まで使用されたのであろう。

関ヶ原合戦の戦功により、前田利長は加越能三ヶ国一二〇万石の日本最大の外様大名となる。その存在は、誕生間もない徳川政権にとって脅威となる。恐らく徳川主力軍は越後を通って加賀に進攻するはずである。これを食い止めるための強力な軍事要塞が越中に必要となる。それが**高岡城**（高岡市）である。

高岡城は慶長十四年（一六〇九）前田利長によって築城された城郭で、富山県の城郭で唯一良質の史料によって築城年代・築城者が判明する城郭である。**高岡城**の本丸は名古屋城の本丸よりも大きく、そして連続馬出《うまだし》によって防御された大城郭である。徳川の大軍を食い止めるに十分な軍事要塞と言えよう。

高岡城の廃城は、元和元年（一六一五）一国一城令によって廃城になったとか言われているが、詳らかにできない。いずれにせよ、利長の死（慶長十九年）、そして豊臣家滅亡により**高岡城**の存在価値が薄くなり、元和元年よりそう遠くない時期に廃城になったと考えられる。これ以後、越中では城郭が築かれることはなかった。つまり**高岡城**の廃城は、越中中世城郭が終焉を告げる時代でもあったのである。

【参考文献】 佐伯哲也『越中中世城郭図面集Ⅰ・Ⅱ・Ⅲ』（桂書房、二〇一一・二〇一二・二〇一三）、佐伯哲也『戦国の動乱と城郭』（戎光祥出版、二〇一七）、富山県『富山県史史料編Ⅱ中世』（株式会社チューエツ）

●富山県〈呉西〉名城マップ

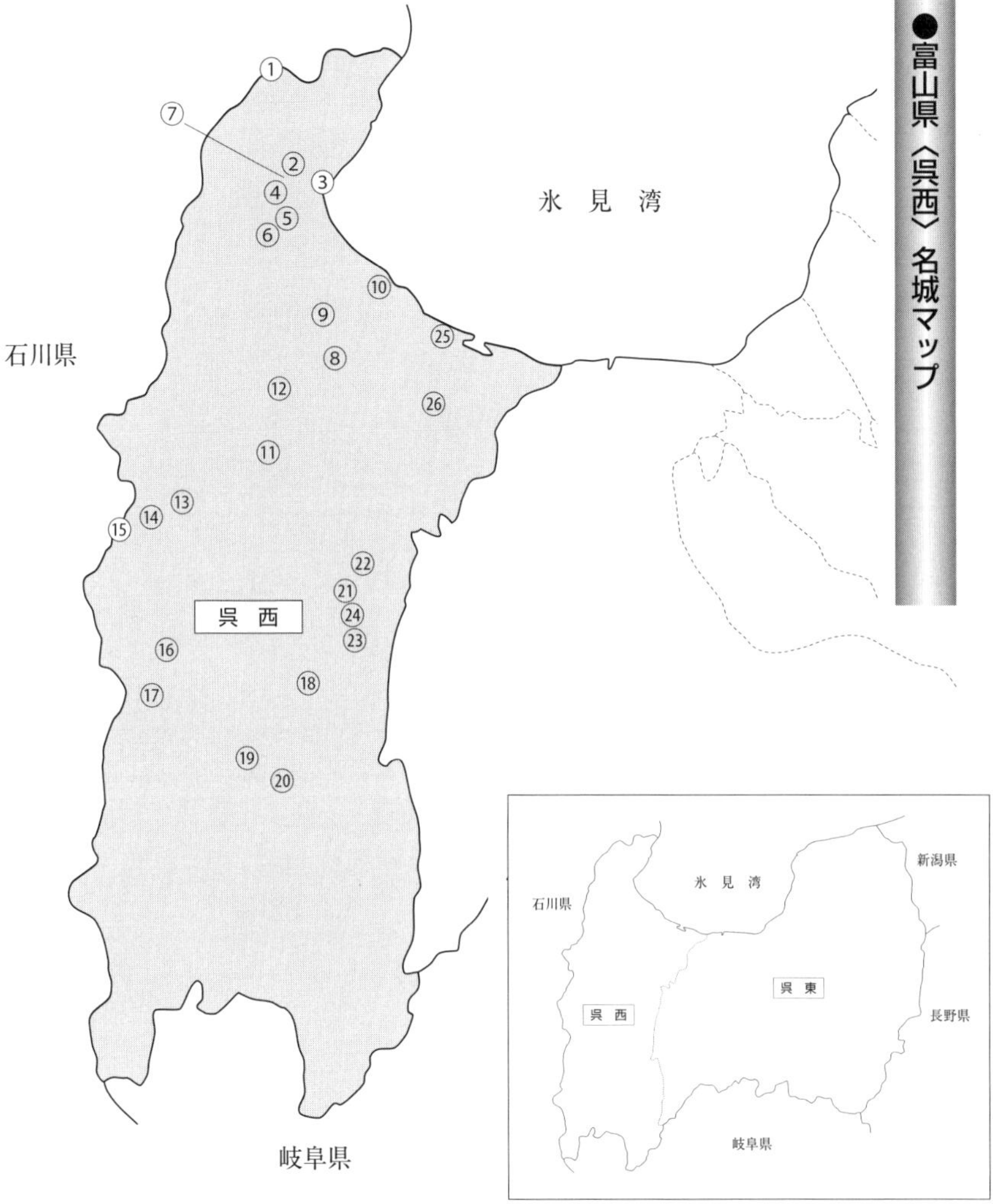

富山県〈呉西〉

① 荒山城
② 森寺城
③ 阿尾城
④ 中村城
⑤ 千久里城
⑥ 飯久保城
⑦ 海老瀬城
⑧ 高岡城
⑨ 守山城
⑩ 古国府城
⑪ 木舟城
⑫ 赤丸城
⑬ 今石動城
⑭ 源氏ヶ嶺城
⑮ 一乗寺城
⑯ 桑山城
⑰ 広瀬城
⑱ 井波城
⑲ 上見城
⑳ 杉山砦
㉑ 増山城
㉒ 亀山城
㉓ 千代ヶ様城
㉔ 壇ノ城
㉕ 放生津城
㉖ 日宮城

●富山県〈呉東〉名城マップ

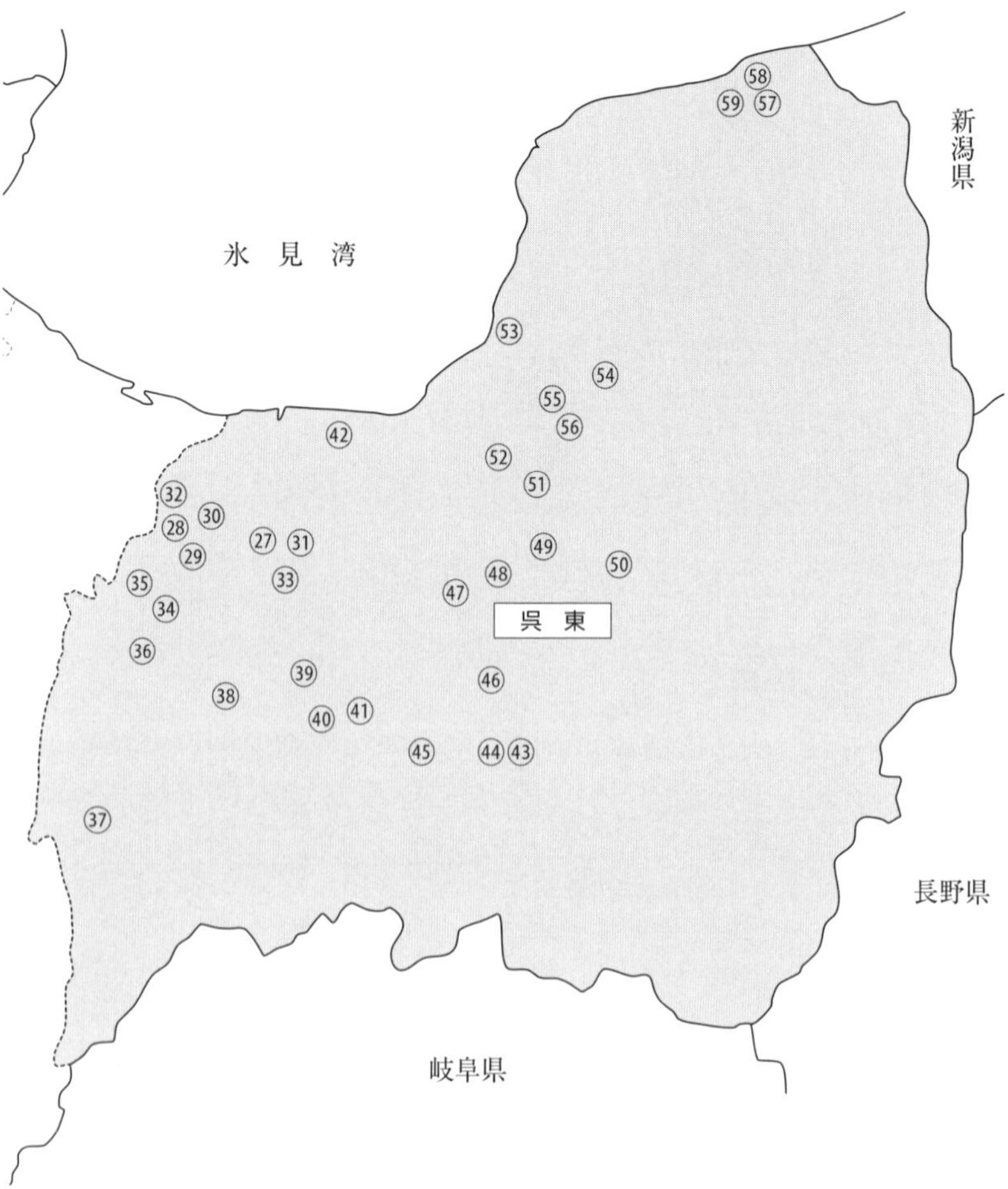

〈呉東〉

㉗富山城
㉘白鳥城
㉙安田城
㉚大峪城
㉛新庄城
㉜願海寺城
㉝太田本郷城
㉞富崎城
㉟長沢城
㊱高山城
㊲大道城
㊳高嶺城
㊴城生城
㊵猿倉城
㊶栂尾城
㊷大村城
㊸論田山城
㊹中地山城
㊺樫ノ木城
㊻池田城
㊼日中城
㊽弓庄城
㊾郷柿沢館
㊿千石山城
(51)蓑輪城（護摩堂城）
(52)堀江城
(53)魚津城
(54)松倉城
(55)升方城
(56)石の門
(57)宮崎城
(58)元屋敷城
(59)横尾城

呉西

木舟城出土遺物（高岡市教育委員会提供）

土師皿《はじざら》・漆器・石臼・下駄・陶磁器等多種多様の遺物が出土した.

●石動山からの山道を取り込んだ城

荒《あら》山《やま》城《じょう》

〔中能登町史跡〕

〔所在地〕氷見市小滝および石川県中能登町芹川原山・蟻が原
〔比　高〕二一〇メートル
〔分　類〕山城
〔年　代〕天正十年以前
〔城　主〕温井景隆・三宅長盛、佐々成政勢
〔交通アクセス〕能越自動車道「氷見北ＩＣ」から荒山城登り口駐車場まで車で約二五分。

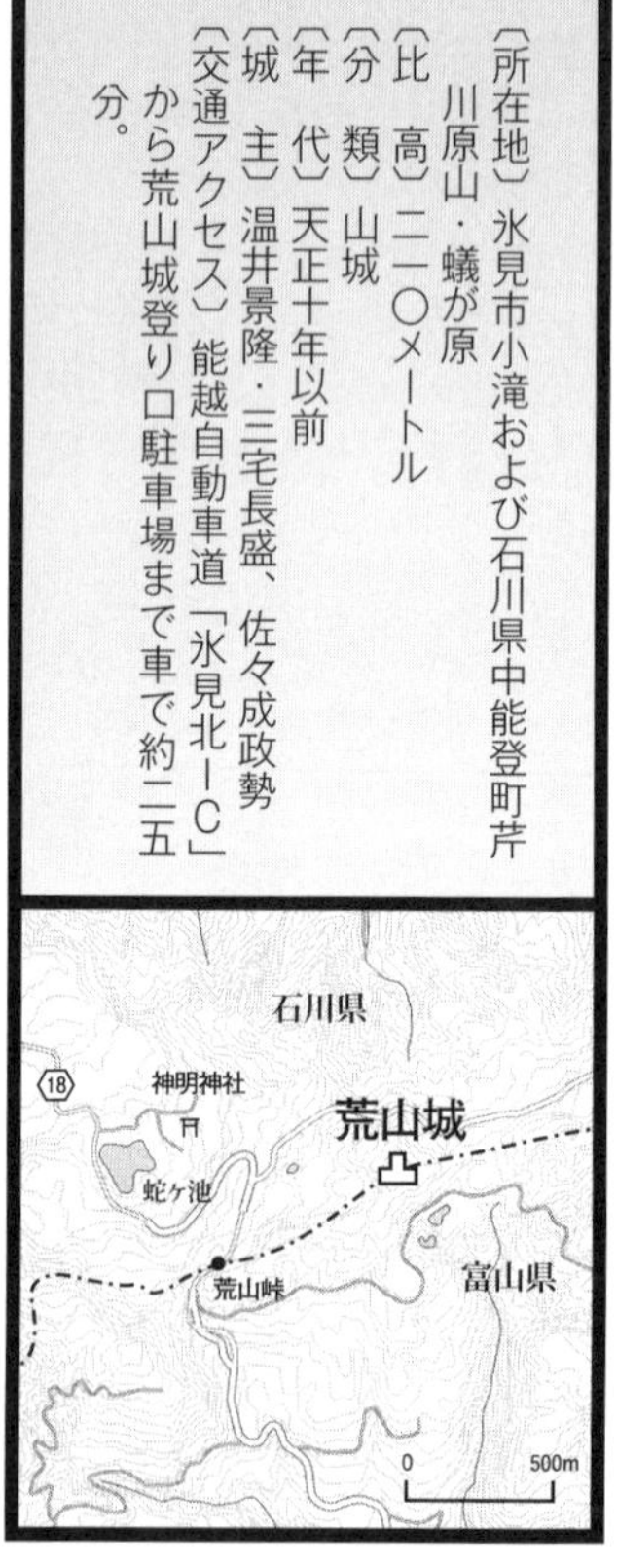

【荒山城の立地】　荒山城は富山県氷見市と石川県中能登町の境界の山上に位置する。城から南西へ約七五〇メートル離れたところには越中と能登とをつなぐ荒山峠があり、古来より荒山峠を越える道が利用されてきた。また、荒山城の東北方には能登の石動山天平寺《せきどうさんてんぴょうじ》があり、尾根道で荒山城とつながっている。荒山城と石動山天平寺の間には柴峠砦がある。

現在は荒山峠には県道一八号が通っている。荒山峠の石川県側には石動山方面へ分岐する道路があり、途中に荒山城登り口の駐車場が設けられている。道路標識もあるのでわかりやすい。駐車場から階段を登り、山上へ向かって遊歩道を進むと荒山城へたどり着く。

荒山城の主要部分は整備されており遊歩道や階段などもあるが、堀の中などは藪が多い箇所もあるので注意。山上からの眺望は非常に優れ、七尾や能登島をはじめとする能登半島方面、日本海などが遠望できる。

【縄張の概要】　山頂の曲輪1（16頁図）が主郭である。曲輪1の南東は一段下がって枡形《ますがた》アとなっている。ここが虎口《こぐち》であろう。曲輪1の南の曲輪にも枡形イがあり、こちらは土塁《どるい》のある枡形となっている。その南には曲輪2があり、南へ続く尾根は堀切で切断している。

曲輪1の北には曲輪が三段続き、西側に土塁がある曲輪もある。曲輪3の北側は横堀となる。横堀の東端は土橋《どばし》となっていて、この土橋から曲輪3へ入ることができる。横堀の北には道を隔てて曲輪4があり、曲輪4は道のある南側に対し

土塁を設けている。曲輪4の東側にもいくつかの曲輪群がある。曲輪5は南側に竪堀《たてぼり》とそれにともなう土塁を設けて回りこまれないようにしている。

●—荒山城からの眺望

曲輪1の西側には曲輪6があり、曲輪6の西側は横堀が廻り竪堀に続く。枡形イの下には曲輪7がある。曲輪7と曲輪2の間は竪堀のようになっているが、ここからは曲輪8へつながっている。曲輪8の東端には土塁がある。曲輪8の東は石動山へと通じる尾根続きとなっているが、折りのある土塁や横堀などで複雑な加工が施されている。

【山道を取り込んだ城】　荒山城の大きな特徴として、石動山方面から荒山峠へ続く山道を城内に取り込んでいる点が挙げられるので詳しくみていきたい。

石動山方面から荒山城へ向かって尾根道を進むと、最初に堀ウがある。堀ウは尾根道部分は掘り切っていない。次に堀切エがある。堀切エは尾根道を挟んで南にも堀切を設けている。尾根道は荒山城へ向かうが、尾根道の北側には直角に折れる横堀オと土塁があり、土塁上から横堀オを隔てて尾根道を見下ろすことができる。土塁と横堀が折れているのは、尾根道から横堀オに入ってきた敵を迎撃しやすくするためであろう。尾根道を進むと横堀カと曲輪8との間を通るが、この部分では石動山方面から進んでくる者に対して曲輪8から迎撃できる。

道は北へ方向を変え、荒山城の東側を通っていく。その間は常に上の曲輪から見下ろされ、曲輪3の土橋付近で西に曲がり、曲輪3の横堀と曲輪4の間を通って荒山峠方面へ抜けて行く。この道を敵が通過しようとすると、曲輪3からは横堀を隔て、曲輪4からは土塁を隔てて迎撃されることになる。以上から敵がこの道を通る場合には、横堀オや曲輪8の地点、曲輪3と曲輪4の間を迎撃のポイントとして設定していたものと考えられる。

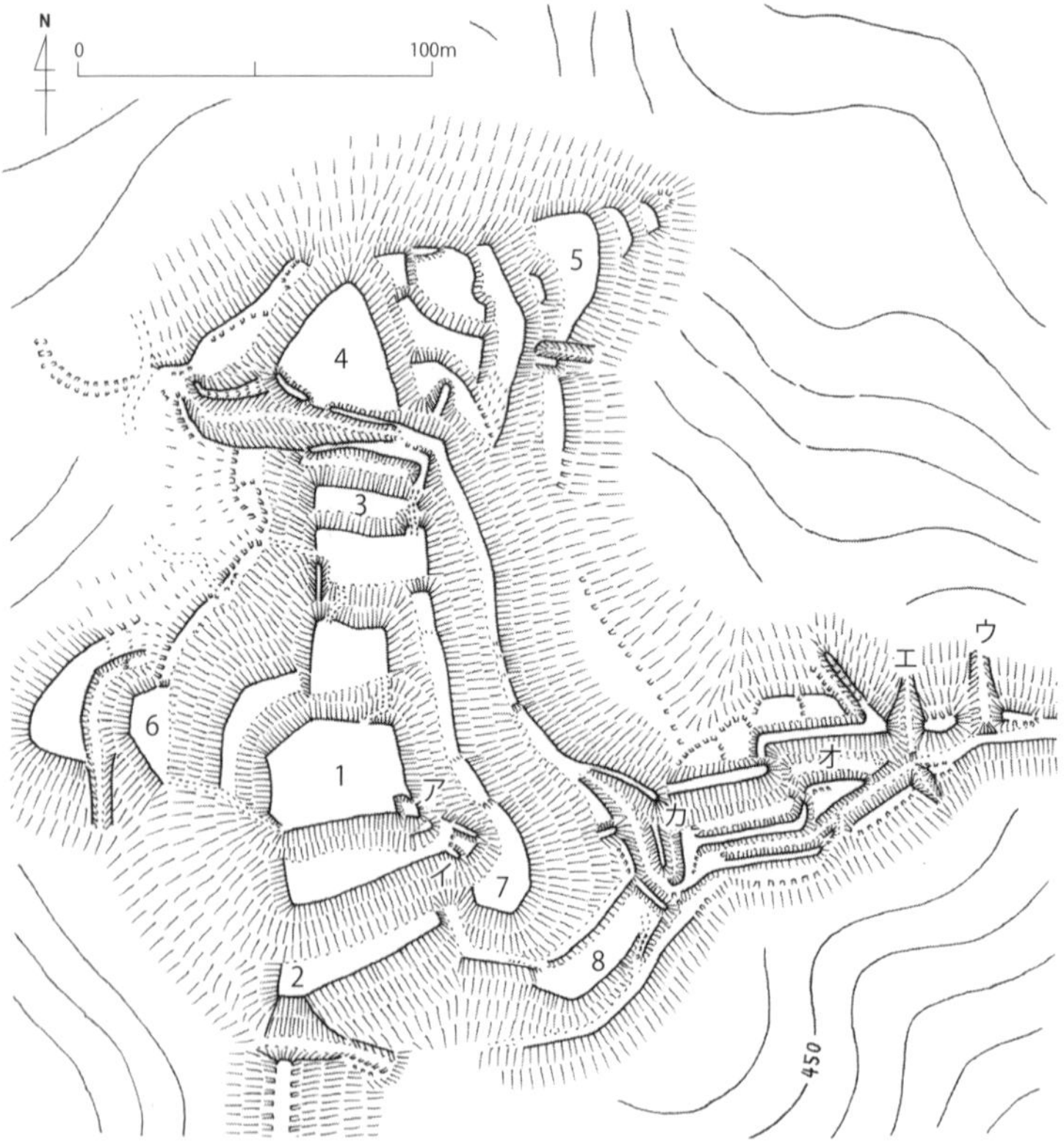

●―荒山城縄張図（作図：目黒公司）

【縄張の特徴】　城内主要部に関しては、曲輪1とその周辺に枡形ア、枡形イがみられるものの、曲輪同士をつなぐ明確なルートははっきりしない。あるいは現在、遊歩道となっている道が元々の曲輪どうしをつなぐ道であったのかもしれない。曲輪4の東に広がる曲輪群も同様で、曲輪どうしをつなぐルートははっきりしない。

荒山城は東から北西にかけては山道が廻っている。この山道には堀ウや堀切エ、横堀カがあるが、道自体は切断されていない。その分、効果的な迎撃のポイントを設定している。南の尾根は曲輪2の堀切で切断し、西側も曲輪6の横堀と竪堀で遮断している。

荒山城は石動山方面と荒山峠方面とをつなぐ山道を城内に取り込むことでこれを確保し、南の尾根と曲輪6の方向は堀切や横堀で遮断している。すなわち、南や西の攻撃から山道を守る構造といえよう。

城内主要部や曲輪4の東の曲輪群については曲輪同士をつ

なぐルートははっきりせず、明確な虎口も枡形アと枡形イ、曲輪3の土橋のみとなる。それに対して山道には横堀オと土塁に折りを設けるなど工夫をしている。城内主要部に比べて、石動山方面と荒山峠方面とをつなぐ山道の確保には工夫が施されている。この点が荒山城の縄張の特徴といえ、築城の目的が山道の確保にあると推定できる。

【荒山城での合戦】　上杉謙信は晩年に越中から能登、加賀まで進出し北陸の分国化を進めたが、天正六年（一五七八）に謙信が死去すると北陸には織田信長の勢力が拡大していく。天正九年には佐々成政《さっさなりまさ》が越中に分封され、前田利家には能登一国が与えられた。天正十年には越中の魚津城まで成政ら織田勢が迫っていたが、六月二日に本能寺の変が起こり信長が自害すると、織田家の柴田勝家や佐久間盛政《もりまさ》、前田利家らは自らの分国へ引き上げることになる。上杉景勝は織田家の混乱に乗じ、能登畠山氏の旧臣である温井景隆《ぬくいかげたか》と三宅長盛《ながもり》らを能登に送り込み、石動山天平寺の衆徒らと協力して能登の奪回を図ることにした。

六月二十四日付柴田勝家・佐久間盛政宛前田利家書状では、六月二十三日に遊佐、温井、三宅が越後勢と共に石動山へ入り、「あら山」に要害を構えようとしていることを報じている。また、八月十六日付佐久間盛政書状では、「石動山退治《たいじ》之刻、新山（荒山のこと）与申古城ニ温井・三宅取籠候」とあるので、この時点で新しく城を築いたのではなく、温井や三宅はもともとあった古城を再興して立て籠ったのだろう。

以上のことから、荒山城は天正十年以前に築城され、しばらくは使われていなかったものの、上杉景勝の支援を受けた温井や三宅らが石動山に入った時に再利用されるも、佐久間盛政らの攻撃で落城したと考えられる。

その後、佐々成政は越中一国を支配するが、荒山城は越中と能登との境界域の城の一つとして機能していたとみられる。羽柴秀吉と織田信雄・徳川家康が対立すると、佐々成政は織田・徳川方につき、能登と加賀を領国とする前田利家は羽柴方につく。天正十二年（一五八四）十月二十六日付の前田利家書状では、荒山の佐々勢が撤退するかもしれないことを報じ、「無油断荒山口に人を付置尤候」と荒山の監視を徹底するよう命じている。天正十三年（一五八五）に佐々成政が降伏すると、荒山城は廃城になったと考えられている。

【参考文献】氷見市教育委員会編『氷見の山城』（二〇〇一）、氷見市史編さん委員会編『氷見市史1』（氷見市、二〇〇六）、佐伯哲也『越中中世城郭図面集三』（桂書房、二〇一三）、佐伯哲也『戦国の北陸動乱と城郭』（戎光祥出版、二〇一七）

（目黒公司）

●石造りの中心施設をもつ越中・能登境目の城

森《もり》寺《でら》城《じょう》〔氷見市史跡〕

〔所在地〕氷見市森寺
〔比　高〕一二〇メートル
〔分　類〕山城
〔年　代〕一六世紀
〔城　主〕能登畠山氏・上杉謙信（河田主膳）・佐々成政（神保氏張・斎藤信利）
〔交通アクセス〕能越自動車道「氷見北ＩＣ」から車で一〇分。

【荒山街道をおさえる】　能登半島の付け根に位置する氷見《ひみ》地域の海岸線は、阿尾《あお》城を境として、南側がなだらかな砂浜、北側は小さな谷が連続する起伏に富んだ地形である。このため海岸沿いに越中から能登七尾へ向かう街道は、阿尾城下から阿尾川をさかのぼり、国境の荒山《あらやま》峠を越えていく。この荒山街道を見下ろす位置にあるのが、中世の史料で「湯山《ゆやま》」と記される森寺城である。城の範囲は南北一・二キロ、東西〇・五キロにおよぶ。

【城内を抜ける山道】　荒山街道から分岐した山道が城内を通り抜けており、この道は山岳信仰の拠点である能登石動山《せきどうさん》（石川県中能登町）にも通じている。南側の城出入口は踏段堂《ふんだんどう》と呼ばれ、ここで山道は大きく鉤《かぎ》の手状に曲げられている。

一方搦手口《からめて》と呼ばれる北側出入口は、喰違《くいちが》いの土塁《どるい》と堀《ほり》切《きり》である。この堀切は、発掘調査で現況よりも約一・五メートル深い断面がV字状のものであると確認された。なお、搦手口北側の集落は、城戸《きど》という名である。

城内を抜けるこの山道に沿って、本町《ほんまち》・サイダ屋敷・カンジャ屋敷・寺坂屋敷といった平坦地が散在する。また、踏段堂の谷をはさんだ両側には、独立性の強い曲輪である金戸山《かなどやま》と野崎屋敷が所在する。こうした構造から森寺城の役割は、越中と能登の境目に、多数の軍勢を駐屯させることにあったといえよう。

【能登畠山氏による築城か】　永正十六年（一五一九）、越後守護代長尾為景《ためかげ》による越中守護代神保慶宗《じんぼよしむね》討伐に呼応して、能登守護畠山義総《はたけやまよしふさ》が氷見南部に出陣した。森寺城が立地するのは阿尾城のある八代《やしろ》荘であるが、この時期には能登畠山氏が同荘にまで進出しており、城を築いたと推定される。発掘調査でも、一六世紀初め頃からの遺物が出土している。

弘治三年（一五五七）六月、七尾城（石川県七尾市）の畠山義綱《よしつな》に反抗した家臣の温井《ぬくい》一族が森寺城で勝利した。敗れた八代荘の八代安芸守俊盛《あきのかみとしもり》は、越中東部の椎名《しいな》氏の元へと逃れた。温井一族が荒山街道を南下し森寺城を攻めたのは、八代荘を支配下に置くことで口能登を封鎖し、石動山を取り込むためであったと考えられる。義綱の要請を受けた椎名氏の援助で、俊盛は翌七月海路で七尾城に入城した。

永禄十一年（一五六八）には、家臣団によって七尾城を追われた畠山義続《よしつぐ》・義綱父子が、一時森寺城を占拠している。

【上杉謙信入城か】 天正四年（一五七六）九月、一向一揆と和睦し越中に出馬した上杉謙信は、栂尾《とがのお》城（富山市）と増山《ますやま》城（砺波市）を落城させ、森寺城攻略に取り掛かった。謙信は十一月に七尾城を包囲しているので、森寺城は九月中に落城したのであろう。謙信はそのまま能登で越年し、四月越後に帰国した。同年閏七月、謙信はふたたび能登へ出陣し、内応によって九月に落城した七尾城に入城して、十一月越後に帰国した。これらの行程で陸路がとられた場合、謙信が森寺城に立ち寄った可能性が高い。

上杉の支配下となった氷見地域は、魚津城（魚津市）の河《かわ》田長親《だながちか》を統括者とする越中の在番体制に組み込まれ、森寺城には長親の一族とみられる河田主膳《しゅぜん》が在番した。

森寺城の踏段堂、金戸山、野崎屋敷の南側には竪堀《たてぼり》を多用する防御が見られ、特に野崎屋敷では二重堀切の端部に畝《うね》状空堀《じょうからぼり》群が設けられている。これらの防御形態は、上杉支配下での改修の可能性がある。

【天正七年夏】 天正六年三月、上杉謙信が急死した。十月には織田方へ転じた守山城（高岡市）の神保氏張《うじはる》の元へ、能登の上杉方から逃れた長好連《ちょうよしつら》（のち連龍《つらたつ》）が迎え入れられている。氏張と好連は氷見地域の上杉方排斥のため、翌七年夏、河田主膳が守る森寺城を攻略した。

『長家家譜』によると、城の「後面」を任された好連勢は、鈴木新五郎、太田内蔵、金光院一専、長壱岐、英遍坊、山田小六郎、加藤弥四郎らが奮戦したが、なかなか城を抜くことができなかった。そこで好連家臣の石黒大膳が、河田方に与力して籠城している旧知の沖覚右衛門と通じて、内応の計策をめぐらした。ところがこれが露顕したため、覚右衛門は「城中」に放火して立ち去った。「城背の小口」に出て兵を下知して防戦していた主膳は、「城内放火の煙」を見ておどろ

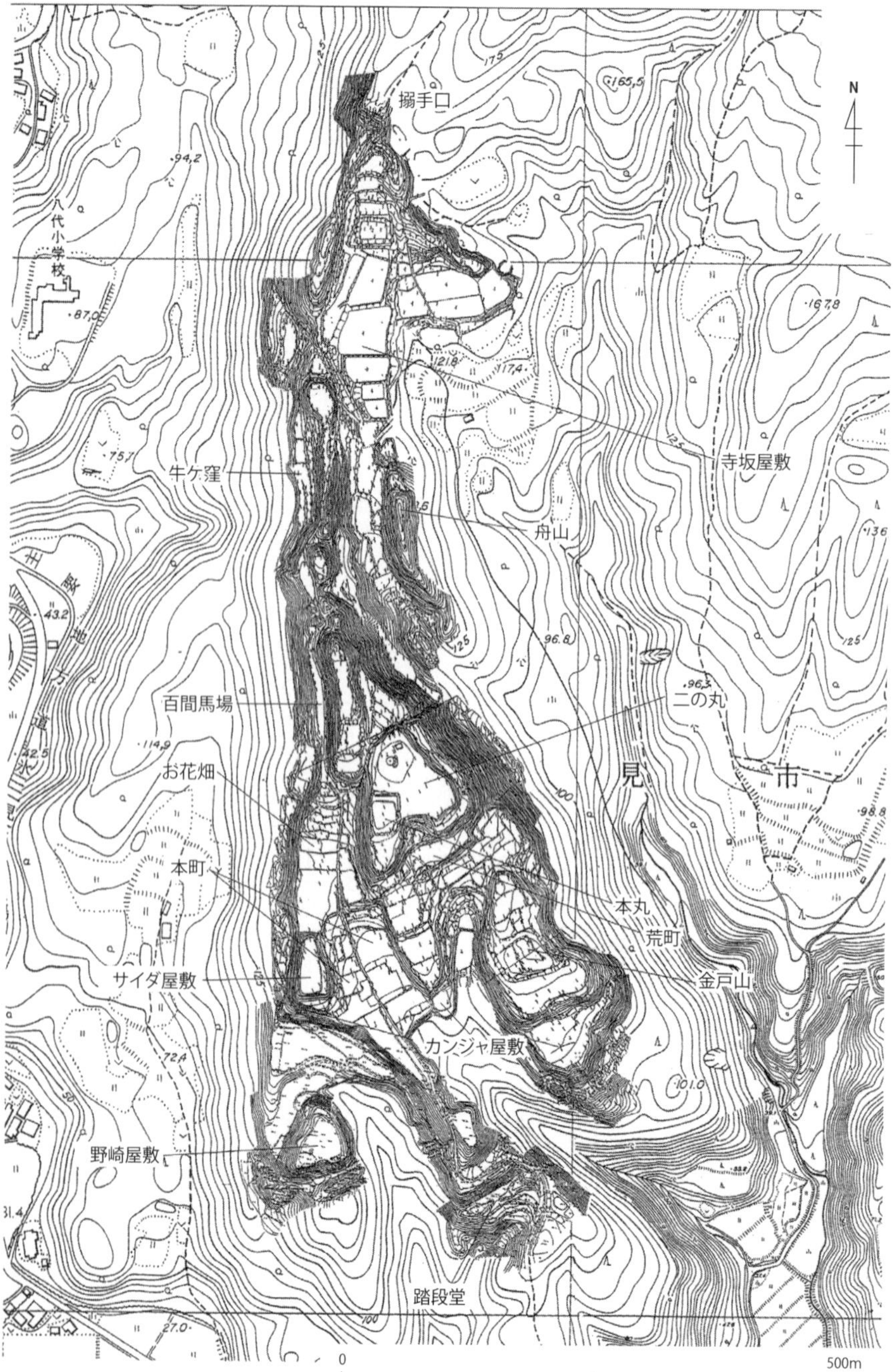

●―森寺城跡現況平面図（氷見市 2006）

き、兵を「城中」に引き入れて火を防いだ。そこに好連勢が攻め進んだため、形勢不利とみた主膳は和を乞い、城を明け渡した。主膳はその後上方へ退去したとされる。

翌八年三月信長は、屋代《やしろ》十郎左衛門と菊池《きくち》右衛門入道に、屋代本領と新知行分を安堵した。八代荘に所在する森寺城も、改めて織田方の支配下に組み込まれたといえよう。

【織田方の通路】 氷見地域での織田方支配は安定したが、新庄城（富山市）以東では上杉方の抵抗が続き、砺波郡では一向一揆《いっこういっき》勢が勢力を維持していた。こうした状況を打破するため、織田信長は天正八年九月、越前に居た佐々成政《さっさなりまさ》を越中に派遣し、翌九年二月頃そのまま成政に越中一国を与えた。さらに信長は、同三月末側近の菅屋長頼《すがやながより》を七尾城代として派遣し、能登と越中を采配させた。八月の長頼安土帰還までの間に、砺波郡の一向一揆拠点は陥落し、願海寺《がんかいじ》城（富山市）の寺崎氏と木舟《きふね》城（高岡市）の石黒《いしぐろ》氏が滅ぼされた。

成政の越中入りから長頼の帰還まで、越中と能登の織田方連絡ルートとして機能したのが荒山街道であった。このため森寺城は重要な拠点として、この時期に中心施設が石造りに改修されたと推測される。同九年六月、信長は屋代（菊池）右衛門（入道）に対して馬献上の礼を伝えているが、これも森寺城改修と関連する動きであったのではないだろうか。

【石造りの政治拠点】 森寺城の石垣は、城から約二キロ北方の阿尾川支流から運ばれた片麻岩と花崗岩の自然石を、三段前後積み重ねたものであり、裏込石《うらごめいし》が認められる。

以下、発掘調査の成果をふまえて、石造りの中心施設を紹介しよう。百間《ひゃっけん》馬場を見下ろす曲輪の北端には、石垣をともなう櫓《やぐら》状の土塁《どるい》が築かれている。この曲輪と接する二の丸北側出入口は、空堀《からぼり》が埋め立てられ、石垣が構築された。一方、二の丸南側出入口では、石垣・石敷・側溝を備えた幅三・二メートルの通路が検出された。この通路は最も大きな石垣石を据えた櫓の下を通って、一〇メートルの段差を登るものであり、大手道と考えられよう。井戸跡のある二の丸は、現在五〇×八〇メートルの広大な平坦面であるが、一部で空堀が検出されたことから、元々は複数の曲輪に区切られていた可能性がある。本丸の石垣をともなう土塁の前面には、幅五・五メートル、深さ二メートルの空堀が確認された。この土塁と空堀によって防御された一〇×三〇メートルの本丸は、南半分が二・五メートルほど低く、二段になっている。

これら視覚的要素を取り入れた中心施設の遺構から、織田方の改修は軍事目的ではなく、政治拠点を意図したものであったと考えられよう。大手が南側に向けられたのは、越中の国衆、さらにその先の上杉景勝を見通すためのものであった

●—二の丸南側大手の様子（西から）

のではないだろうか。

【役割を果たすことなく】　しかし、一向一揆の五箇山《ごかやま》退去によって砺波平野が安定したことで加賀との諸道が開き、上杉方との戦線が東部の魚津城に移るにつれて、森寺城の重要度は低下していったと思われる。

　信長死後の天正十二年八月、佐々成政と前田利家との間で戦端が開かれた。この時期森寺城に入った守将は、城生《じょうのう》城（富山市）を退去した斎藤信利《のぶとし》とみられるが、森寺城では合戦がなかったようである。

　同十三年七月、菊池氏は前田利家の勧誘を受けて佐々方から寝返った。両者の覚書で森寺城のことが取り沙汰され、その後誓書を取り交わす段階では、菊池氏が森寺城か守山城のどちらかを一方を要求している。しかし、この要求が認められることはなかった。

　発掘調査では、本丸空堀の底から石垣石が見つかり、大手道石垣も人為的に崩されているのが確認された。城は前田氏によって破却されたと考えられる。政治拠点としての森寺城は、その役割を十分に果たすことなく、終焉を迎えた。城跡の発掘調査地区は埋め戻されているが、中心部は公園として整備されている。

【参考文献】『戦国・氷見』（氷見市立博物館、一九九九）、『森寺城跡』（氷見市教育委員会、二〇〇〇）、『氷見市史1』（氷見市、二〇〇六）、『中村城跡Ⅰ・森寺城跡Ⅱ』（氷見市教育委員会、二〇一〇）

（大野　究）

●景勝地としても知られる海陸の要衝

阿《あ》尾《お》城《じょう》

〔富山県史跡〕

〔所在地〕氷見市阿尾
〔比　高〕約三六メートル
〔分　類〕平山城
〔年　代〕一五世紀後半～一六世紀末
〔城　主〕屋代氏・菊池氏
〔交通アクセス〕能越自動車道「氷見北ＩＣ」から車で五分。

【富山湾を臨む城】　能登半島の付け根に位置する氷見《ひみ》地域の海岸線は、南半分がなだらかな砂浜、北半分は小さな谷が連続する起伏に富んだ地形であり、その境に阿尾城が位置する。城が築かれた城山《じょうやま》と呼ばれる独立丘陵は、南北一〇〇メートル、東西三五〇メートル、最高地点が標高四八メートルであり、南側と東側は断崖となって海に面している。

能登半島国定公園の一角として整備され市民の憩いの場となり、海岸に突き出した独特の景観は、絵画や写真、記念切手の図柄等として親しまれている。

【城の構造】　城は現況の地形から、A～Fの六つの地区に分かれる。A地区は本丸と呼ばれる城の東端標高四〇メートルの地点で、東西七〇メートル、南北二五メートルである。櫓《やぐら》があったと伝えられるが、発掘調査では中世の遺構・遺物とも確認されていない。B地区は東西九〇メートルの細長い尾根である。中央東寄りに堀切《ほりきり》と土橋《どばし》があり、A地区への防御になっている。かつてはこの土橋から城下に降りる「七《なな》まわり」と呼ばれる道があったが、現在は途中で崩落している。C・D地区は二の丸と呼ばれる場所で、南北、東西とも八〇メートル、南に向かって段々に低くなる地形である。E地区は三の丸と呼ばれ、南北七〇メートル、東西四五メートル、こちらも南に向かって段々に低くなる地形である。F地区は城西端の小高い部分で、榊葉乎布《さかきばおふ》神社の敷地である。城の大手口は、城下からE地区に登る現在の榊葉乎布神社参道であったと考えられる。

【発掘調査】　D・E地区で一五世紀後半から一六世紀末ま

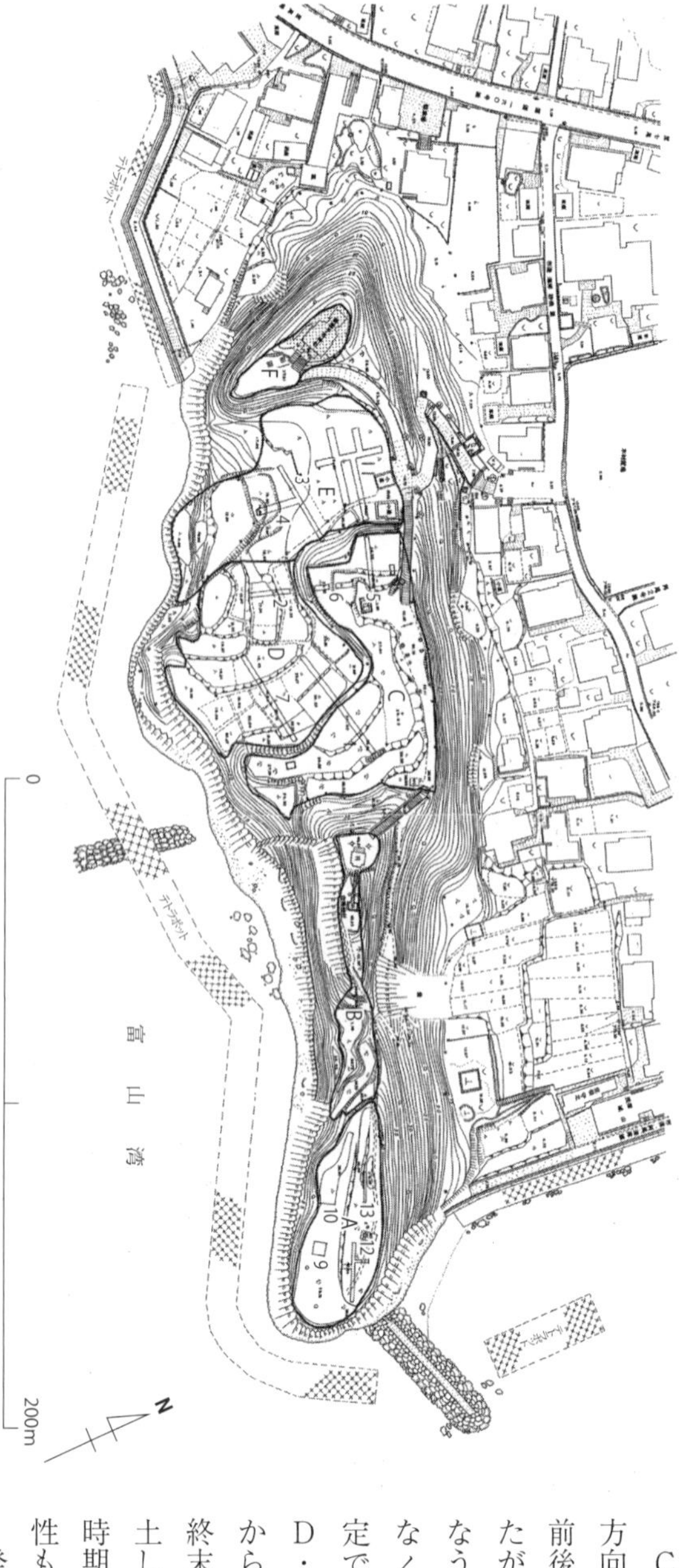

●—阿尾城跡現況平面図（氷見市教育委員会1993を改変）

での土師器《はじき》（酒杯・灯明皿）・瓦器《がき》（火鉢・火桶）・瀬戸美濃焼（皿・天目《てんもく》茶碗）・染付（中国製青花皿）・珠洲《すず》焼（壺・すり鉢）・越中瀬戸焼（皿・すり鉢）等が出土した。主体は一六世紀中頃から後半である。ただ、この二地区は畑作にともなう段々区画の造成や、昔あった相撲場と売店の建設のため、土地の改変が著しく、城にともなう遺構は確認されなかった。

C地区では南北方向に走る幅二メートル前後の溝を検出したが、これにともなう遺物の出土はなく、時期は確定できない。A・D・E地区包含層からは、弥生時代終末期の土器も出土しており、この時期の遺構の可能性も残される。

発掘調査の成果から、阿尾城は伝二の丸・伝三の丸地区を中心に利用されていたと考えられる。

【城下と街道】 城からは富山湾を航行する舟と、海沿いの街道を見通すことができる。また城下は、荒山《あらやま》峠を越えて能登へ向かう荒山街道と、山岳信仰の一大拠点石動山《せきどうさん》（石川県中能登町）へ登る大窪《おおくぼ》道の起点になっている。

阿尾城の城下については、明治の地籍図と地名からある程度推定できる。城から海沿いに北へ向けて阿尾川河口まで、比較的敷地の広い屋敷地が続く。ここは城に近い方から、「カミマチテ」、「ナカマチテ」、「ウラマチテ」、「カワジリデ」の地名が残り、道筋がやや屈曲し、各辻々がクランク状になっている。一方、城の北西部「シマテ」と呼ばれる場所には、短冊型《たんざくがた》地割《ちわ》りがみられ、町屋《まちや》があったと想定できる。町屋が面している道筋は、荒山街道と大窪道をつなぐ役割を果たしている。このことは、阿尾城下が二つの街道を往来する人や物資の中継点として機能していたことを物語る。

【屋代氏の能登進出と挫折】阿尾城と城下の一角である阿尾島尾A遺跡の発掘調査成果から、城と城下は一五世紀中頃に築城・整備されたと考えられる。これを主導したのが屋代《やしろ》（八代）氏である。出自は不明であるが、阿尾地区を中心とした阿尾川下流一帯を占める八代荘（保《ほ》）を本拠とした一族である。

弘治三年（一五五七）六月、七尾城（石川県七尾市）の畠山《はたけやま》義綱《よしつな》に反抗した家臣の温井《ぬくい》一族が森寺《もりでら》城で勝利した。森寺城は八代荘内にある城であり、敗れたのは屋代氏であったと考えられる。そのため八代安芸守俊盛《あきのかみとしもり》は、越中東部の椎名《しいな》氏の元へと逃れたのであろう。翌七月、義綱の要請を受けた椎名氏の援助で、俊盛は海路七尾城に入城した。俊盛の援軍もあって七尾城方は勢力を巻き返し、翌々年までに温井一族のほとんどを討ち取った。

八代俊盛はその後も温井氏の後継として七尾城に出仕したとみられ、永禄九年（一五六六）には長続連《ちょうつぐつら》・遊佐《ゆさ》続光《つぐみつ》等とともに畠山義続《よしつぐ》・義綱父子を追放し、年寄衆に列した。しかし同十一年、義綱帰国への動きが生じると、七尾城方が温井氏の復帰を認めたため八代氏の地位は揺らいだ。翌年義綱方に寝返り能登鶏塚《にわとりづか》に挙兵した八代氏は、七尾城方に敗れ俊盛・外記《げき》父子は戦死、残った一族は越後へと逃れた。

【菊池氏登場】弱体化した阿尾の屋代氏の元へ参じたのが、菊池《きくち》右衛門入道（武勝《たけかつ》）である。右衛門入道は生国を肥後としているが、詳しい系譜は不明である。

右衛門入道がいつ阿尾に入部したかは不明であるが、天正四年（一五七六）上杉謙信が氷見地域を支配すると、これに従ったと考えられる。謙信没後は織田信長方に従属したとみられ、同八年三月、信長は屋代十郎左衛門と菊池右衛門入道に対して、屋代一家分と新知行分の所領を安堵した。翌年六月、信長は右衛門入道に馬献上の礼を伝えている。なお、この時の宛名は屋代右衛門になっており、菊池氏は屋代氏に入婿する形でその跡を継いだと考えられる。

●—阿尾城下地割り図（氷見市立博物館 1999）

【菊池右衛門入道の苦悩と寝返り】

天正十年六月の本能寺の変を受けて、上杉景勝の支援を受けた旧能登勢温井景隆《かげたか》等が越後から氷見灘浦《なだうら》海岸に上陸して石動山に入り、衆徒と共に織田方に反抗した。このため前田利家と佐久間盛政《もりまさ》がこれらを討ち取り、石動山は灰燼《かいじん》に帰した。これが同年七月と考えられる石動山合戦であり、この合戦に越中側から菊池右衛門入道が参戦し、柴田勝家からその武功を賞賛された。菊池氏は佐々成政の命を受けて参戦したと考えられるが、この出陣に対しては複雑な思いがあったのではないだろうか。というのも先に記したように、阿尾城下は荒山街道と大窪道の中継点であり、石動山は城下の経済や交通を支える重要な柱のひとつであったからである。その後も、成政と守山《もりやま》城（高岡市）の神保《じんぼ》氏張《うじはる》による指出検地《さしだしけんち》が行われたとみられ、菊池氏は領地の削減を受けた。成政の下で菊池氏は苦悩する日々が続いたとみられる。

天正十二年、成政と利家の間で戦端が開かれ、九月には佐々勢が能登の末守《すえもり》城（石川県宝達志水町）を攻撃した。この時菊池氏は佐々方として参戦している。しかし十一月八日になって、利家は右衛門入道に成政から離反するよう勧誘した。これに対して右衛門入道は、妻子を成政の元へ人質に出していたこともあり応じなかった。翌年になると、利家の調略は氷見灘浦の村々におよび、羽柴秀吉の越中出陣が迫る中、菊池氏はついに離反を決意する。七月四日に利家は菊池氏あてに一五ヵ条からなる覚書を送り、七月二十八日には五ヵ条からなる誓書を与えた。

この時成政に差し出した人質の助命が叶ったものの、「前田利家誓書」にあるように、いったんは菊池氏が切腹を覚悟したのは、秀吉に赦免された成政が引き続き越中一国を支配すると予測したためと思われる。

江戸時代初めに成立した『末森記』には、利家が菊池氏からいったん明け渡された阿尾城に、前田宗兵衛尉、片山《かたやま》内膳《ないぜん》、高畠《たかばたけ》九蔵等を入れたこと、神保氏張勢が阿尾に攻め寄せ、阿尾方は利家重臣村《むら》井長頼《いながより》の加勢もあって勝利したことが記されている。なおここに登場する前田宗兵衛尉は、かぶき者前田慶次郎として知られる。

●—阿尾城跡空撮写真（南から）

【菊池十六郎の活躍と廃城】　成政は越中新川郡の支配のみが認められ、阿尾を含む残り三郡は前田利勝（のち利長）に与えられた。菊池氏は越中の国衆として唯一、居城と本領支配を引き続き認められた。しかし利家との誓書で、秀吉の「御判形」や、森寺城か守山城かのどちらかを要求していたことは認められなかった。国衆という立場ではなく、前田家の家臣に位置づけられたのである。

右衛門入道は隠居し、子の十六郎（安信、伊豆守とも）が家督を継いだ。天正十六年、右衛門入道は氷見湊に近い千手寺に、二人の息子の長命と子孫繁栄を願って田地を寄進した。十六郎は小田原合戦や文禄の役に出陣し、文禄三年（一五九四）四月には利家邸に御成《おなり》した秀吉に、前田家重臣のひとりとして謁見している。しかしその二年後の慶長元年（一五九六）六月に十六郎は没し、養子の大学《だいがく》は金沢に召し出された。これをもって阿尾城は廃城になったと考えられる。右衛門入道は京都大徳寺に隠棲し、慶長十一年十二月に没している。

【参考文献】氷見市教育委員会『県指定史跡阿尾城跡文化財調査中間報告書』（一九九三）、『戦国・氷見』（氷見市立博物館、一九九九）、『氷見市史Ⅰ』（氷見市、二〇〇六）、高岡徹『戦国期越中の攻防』（岩田書院、二〇一六）、大野究「越中菊池氏小考」『氷見市立博物館年報』第三九号（二〇二一）

（大野　究）

●富山湾から谷奥までを見通す見事な立地

中《なか》村《むら》城《じょう》

〔所在地〕氷見市中村
〔比　高〕五八メートル
〔分　類〕山城
〔年　代〕一六世紀後半
〔城　主〕長尾左馬助
〔交通アクセス〕能越自動車道「氷見IC」から車で一〇分。

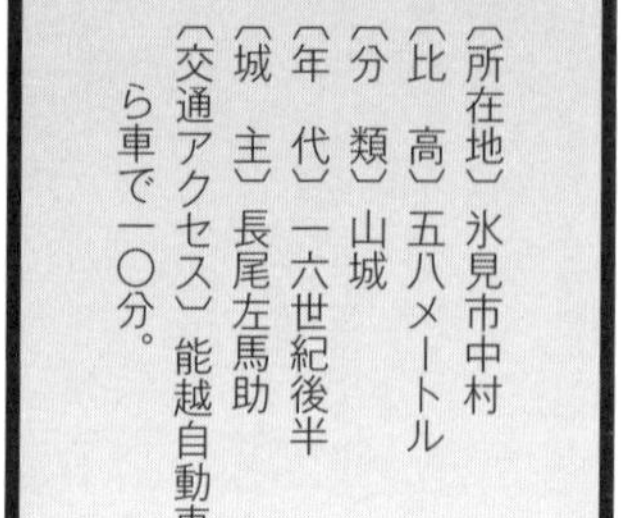

【弥生時代終末期からの街道】　氷見《ひみ》地域の中央部を流れる上《かみ》庄《しょう》川は、氷見湊の北側で富山湾に流れ出る。この川が流れる上庄谷をさかのぼり、越中と能登の国境臼《うす》ヶ《が》峰《みね》を越えて子《し》浦《お》（石川県宝達志水町）・羽咋《はくい》（同羽咋市）へ至る街道（臼ヶ峰往来）は、能登半島付け根を横切る重要なルートとして、弥生時代終末期から利用されてきた。

中村城が立地するのは、水源から北上して流れる上庄川が、東へ流路を転じる地点にあたる。城の主郭《しゅかく》から南西方向に目を向ければ谷奥までを見通すことができ、東方向に目を転じると、下流域から富山湾までを遠望することができる。上庄谷一帯と臼ヶ峰往来、さらに上庄川の水運を監視する上で、絶好の場所が選ばれているといえよう。なお、谷奥の四キロ先に見える丘陵上には、小浦《こうら》（池田）城が所在する。

【上杉謙信の氷見支配】　天正四年（一五七六）九月、一向一揆と和睦し越中に出馬した上杉謙信は、西部の諸城を落城させ、瞬く間に越中全域を支配下に置いた。これにより氷見地域も、上杉方の在番体制に組み込まれた。氷見地域で上杉方の番城となったのが、森寺《もりでら》城と中村城である。

森寺城が荒山《あらやま》街道をおさえる位置にあるのに対して、中村城は臼ヶ峰往来と、古代から阿努荘《あぬのしょう》として開発された平野部をおさえる位置である。また、城から見通すことができる小浦（池田）城の小浦石見守《いわみのかみ》一守《かずもり》は、男子（のち松原内匠《たくみ》一二《かずつぐ》）を謙信の元へ人質に出していた。小浦氏と連携を図る上でも、重要な拠点であった。

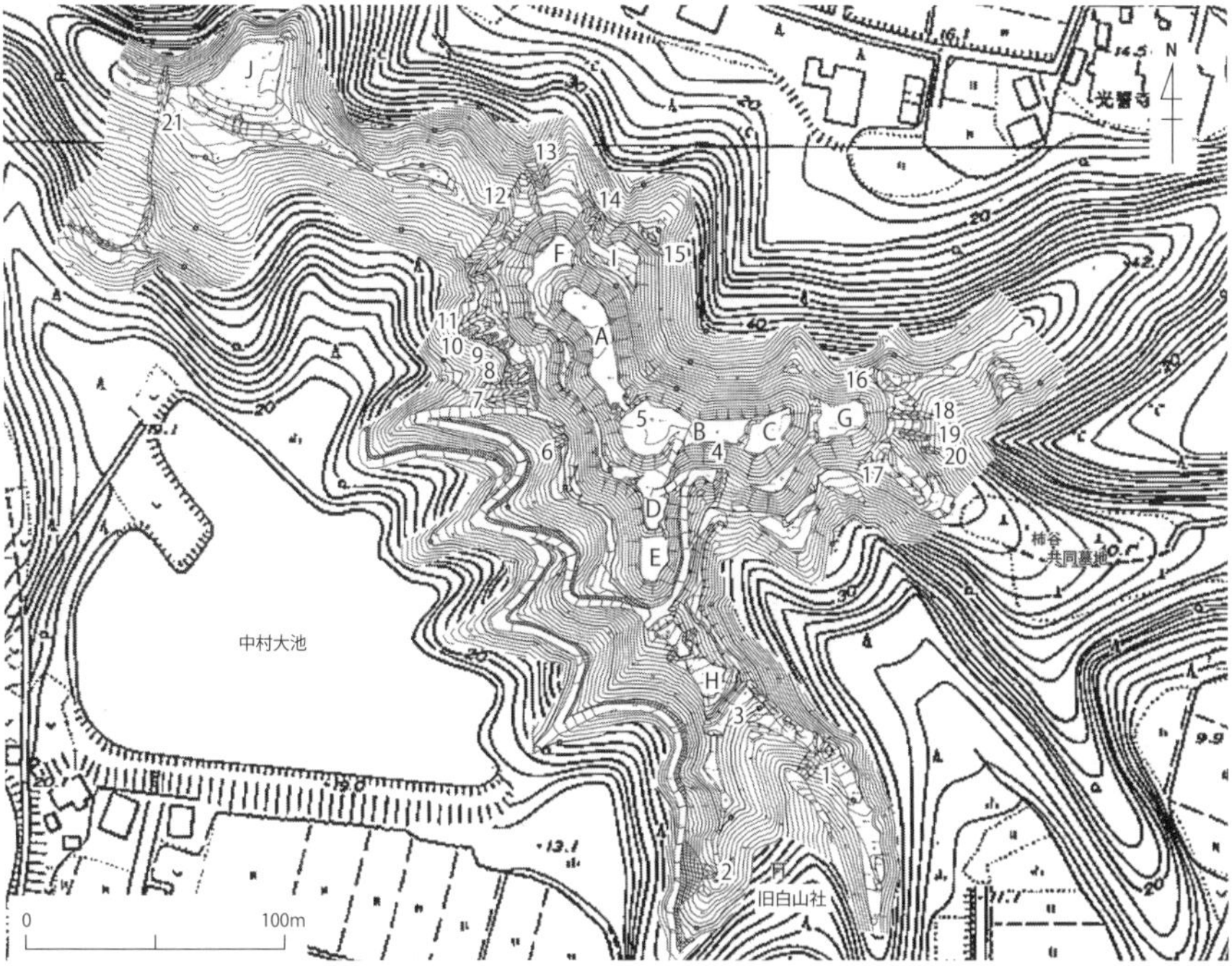

●―中村城跡現況平面図（氷見市教育委員会 2010）

【切岸と畝状空堀群】　中村城は標高六八メートルの地点を最高所として、範囲は南北三五〇メートル、東西四〇〇メートルに及ぶ。

主郭は最も標高が高く、防御が堅いA曲輪である。南北四六メートル、東西九メートルと細長く、竪堀《たてぼり》と土塁《どるい》による土橋《どばし》状通路によってB曲輪と接する。A・B曲輪の発掘調査では地山岩盤を穿《うが》った貯蔵穴と推定される遺構が複数確認された。この二つの曲輪を中心に、C～Gの各曲輪が配され、これらの曲輪は段差五～一〇メートルの切岸《きりぎし》で防御されている。さらにA曲輪の西側とG曲輪の東側には、畝状空堀《うねじょうからぼり》群が設けられている。なお、畝状空堀群のうち、堀7と8について試掘調査が行われ、間隔がやや広く、断面もU字形で緩く浅いタイプであることが判明している。

白山社《はくさんしゃ》跡地の両側、南へ延びる二つの尾根が、城への大手出入口となり、尾根道はH曲輪の下で合流する。城内通路はここからH・E・D曲輪の東裾を進み、突き当りを左に折れてD曲輪へ入り、さらにB曲輪へと至る。

城へ通じる各尾根は、竪堀や堀切《ほりきり》によって防御されているが、F曲輪北側の尾根だけは防御施設がなく、城下の柿谷《かきなや》集落と結ばれている。搦手《からめて》口の通路であったのだろう。なお、柿谷集落には、毎日城へ清水を運び上げていた家があった、という伝承が残る。

●—中村城跡空中写真（南から）

【城主長尾左馬助】　中村城は中世の史料に記述がなく、近世地誌類に長尾左馬助の城として記されるのみである。

　永禄十二年（一五六九）十月、上杉輝虎《てるとら》（謙信）は越中東部のおさえとして、魚津城（魚津市）に河田長親《かわだながちか》を配置した。この時長親に付けられた越後古志《こし》郡栖吉《すよし》衆のひとりに、長尾左馬助の名前がみえる（『上杉年譜』十四・十七）。その後左馬助は上杉謙信の氷見地域支配に伴い、天正四年（一五七六）末頃には中村城に入ったのであろう。しかし、同六年三月の謙信急死に伴い、氷見地域の国衆は次々と織田方へと立場を変え、上杉方排斥にのりだした。左馬助は同七年三月、越後での活動がうかがえるので（『上杉家御年譜』二）、この年の初め頃に中村城を退去していたと思われる。

　越中や能登地域の戦国城郭に設けられた畝状空堀群は、上杉系の築城技術と考えられており、中村城も上杉方の手によって築かれ、長尾左馬助が在番した天正四年末頃から同七年初めまで使用されたのであろう。発掘調査でもわずかであるが、一六世紀後半の資料が出土している。

【城の性格】　中村城は番城として上庄谷を支配し、臼ヶ峰往来と上庄川を通行する人や物資の流れを統制する役割を担った。しかし眺望を重視した立地のため、城は街道と川から直線距離で一キロほど離れた場所にある。城下町が形成された痕跡はなく、城の役割を維持するために在番衆は、日常的に城下と城内を行き来する必要があったと考えられる。城内の通路はそうした必然性から設けられたものであろう。

【参考文献】　氷見市教育委員会『氷見の山城』（二〇〇一）、氷見市『氷見市史1』（二〇〇六）、氷見市教育委員会『中村城跡Ⅰ・森寺城跡Ⅱ』（二〇一〇）

（大野　究）

千《ち》久《く》里《り》城《じょう》

●三つの曲輪が並ぶ鞍河氏の居城

〔所在地〕氷見市泉・上田
〔比　高〕一二八メートル
〔分　類〕山城
〔年　代〕一四世紀～一六世紀中頃
〔城　主〕桃井氏・井上氏・鞍河氏
〔交通アクセス〕能越自動車道「氷見ＩＣ」から車で五分。

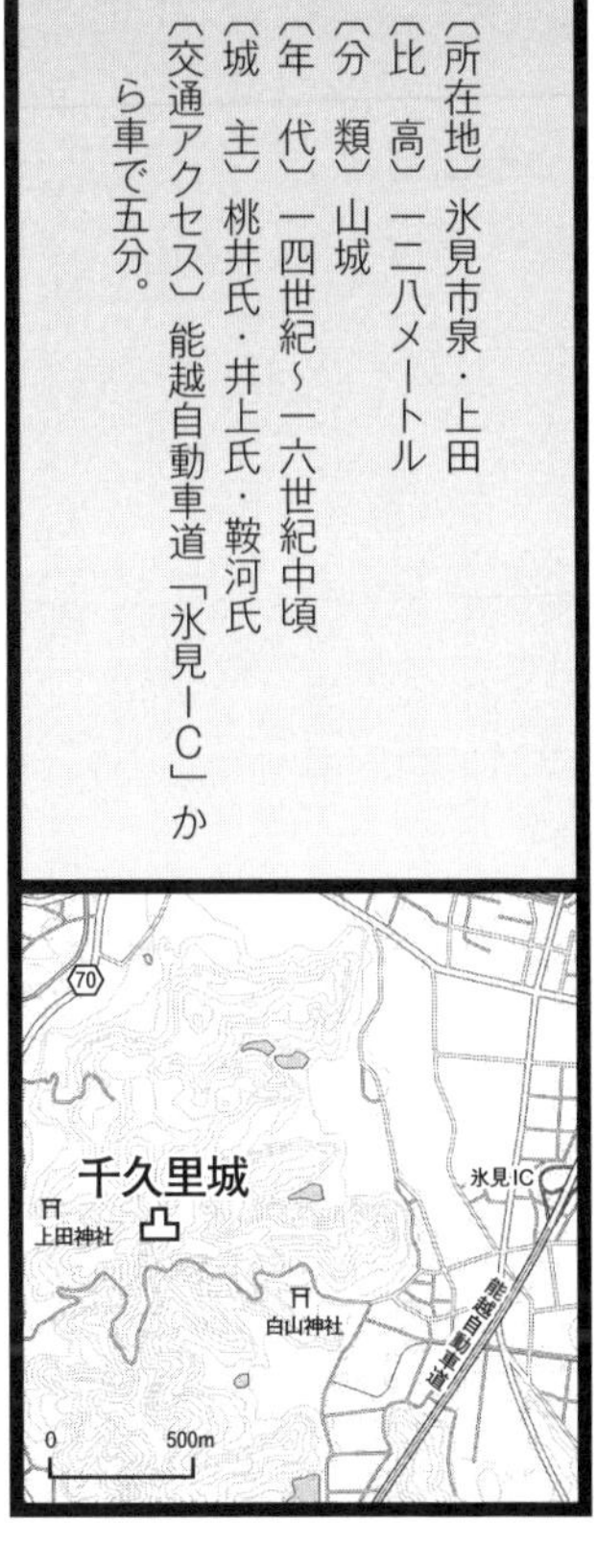

【定置網の目印】　近世初頭にはすでに敷設されていたとみられる富山湾氷見《ひみ》沖の定置網は、網場の設定にあたって海上から見渡せる山を目印にしていた。その一つに海岸線から約四キロの竹里山《ちくりさん》がある。標高一三七メートルの竹里山山頂部を中心に築かれたのが千久里城であり、範囲は南北二四〇メートル、東西二八〇メートルである。

【南北朝期の千久里城】　観応三年（一三五二）、反幕府方桃《もも》井直常《のいなおつね》討伐のため、能登守護吉見《よしみ》氏の軍勢が越中に出陣した。この時桃井方の拠点のひとつに「千久利」があった。次いで延文四年（一三五九）、越中守護を罷免された井上暁悟《ぎょうご》討伐のため、再び吉見氏が出兵した。この時の井上方拠点のひとつに「千久里城」があった。

中世史料にみえる千久里城は、今のところこの二点のみであり、戦国期には登場しない。しかし現在残る城の遺構は、戦国期のものと考えられる。

【鞍河氏の登場】　戦国期の千久里城主と考えられるのが、鞍《くら》河《かわ》氏である。出自は不明であるが、上庄川下流右岸の鞍川地区を本拠とした一族である。鞍川地区と千久里城は二キロ以上離れているが、城の大手は鞍川地区がある東側を向き、大手下の泉《いずみ》地区内にある小字地名末正《すえまさ》は、鞍川地番の飛地である。また、城の東南下に位置する中尾新保谷内《なかおしんぼやち》遺跡は、一三～一四世紀に集落が営まれていたが、一五世紀～一六世紀には集落が途絶えて溜池や溝が形成されており、戦国期の鞍川地区と千久里城の間は農地が広がっていたと考えられる。なお、鞍川地区の東南部には「城屋敷《しろやしき》」の地名があり、城とは別に居館があった可能性がある。

鞍河氏は応永六年（一三九九）と推測される史料で、能登守護畠山基国《はたけやまもとくに》の元で羽咋《はくい》郡の土地支配に守護使として関わっていたのが初見である。その後畠山氏が山城国守護を兼ねていた永享年間（一四二九〜四一）に、鞍河兵庫入道清貫《きよたか》・式部丞久利《しきぶのじょうひさとし》が同国郡代として活動した。

応仁・文明の乱では、越中が東軍方、能登が西軍方であったが、鞍河氏は文明四年（一四七二）いったん西軍方に寝返り、その後再び東軍方に復している。

【足利義材の帰京に奔走】　明応の政変で将軍職を追われた足利義材《よしき》は、明応二年（一四九三）から七年まで越中放生津《ほうじょうづ》（射水市）に滞在した。将軍滞在中、奥州白河地方の八槻《やつき》氏を先達職とする東北熊野修験者が、紀州熊野に参詣するために越中を通過した。この一行が当時新川郡守護代椎名《しいな》氏の支配下にあった岩瀬《いわせ》・水橋《みずはし》の関所を通るのに便宜をはかるよう、射水・婦負郡守護代神保長誠《じんぼながのぶ》の意を受けた鞍河新兵衛尉誠広《のぶひろ》が、椎名氏奏者の小間《こま》氏に依頼をしている。

一方、明応六年には鞍河兵庫助が上洛し、将軍の帰京運動に奔走した。兵庫助は多額の運動資金を携えて将軍復帰を周旋し、翌年二月頃には京都で足利義材上洛の風聞が流れたが、細川政元の同意が得られず不首尾に終わり、七月に帰国している。そしてこの夏、兵庫助は越中を訪れた連歌師《れんがし》猪苗《いなわ》代兼載《しろけんさい》を自邸に招いて、連歌会を催した。

【城の構造と改修】　最高所のA曲輪は小規模なものであり、自然地形を利用した物見台と推測される。アンテナ建設にともなう発掘調査で、石敷遺構が確認されている。

城の中心は、B・C・Dの三つの曲輪である。B曲輪は五〇×三〇メートルで、C曲輪側に土塁《どるい》がある。C曲輪は三〇×二〇メートルで、D曲輪側に土塁がある。D曲輪は四〇×二五メートルの規模である。標高は、B曲輪が一一九メートル、C・D曲輪が一一七メートルである。各曲輪の間は堀切《ほりきり》で区切られており、B・C間の堀切は、空堀《からぼり》となってB曲輪の東側に回り込んでいる。C曲輪東裾には「ウマノアシアライバ」と呼ばれる窪地がある。

A曲輪の東に延びる尾根には、切岸《きりぎし》・段・片堀切が連続し、広さ一〇×三〇メートルのE曲輪に到達する。曲輪の三方向は切岸であり、ここが遺構の東端で大手口であろう。なお、E曲輪から一三〇メートル東の中腹部に、横穴を穿《うが》った岩屋堂《いわやどう》があり、中には石造の不動明王像が祀られている。この像は中世のものと推定されており、城と時期が重なる可能性が高い。

B・C・D曲輪間の堀切と空堀は試掘調査が行われ、現状の地形よりもさらに一〜二メートル深く、断面はV字形を呈するこ

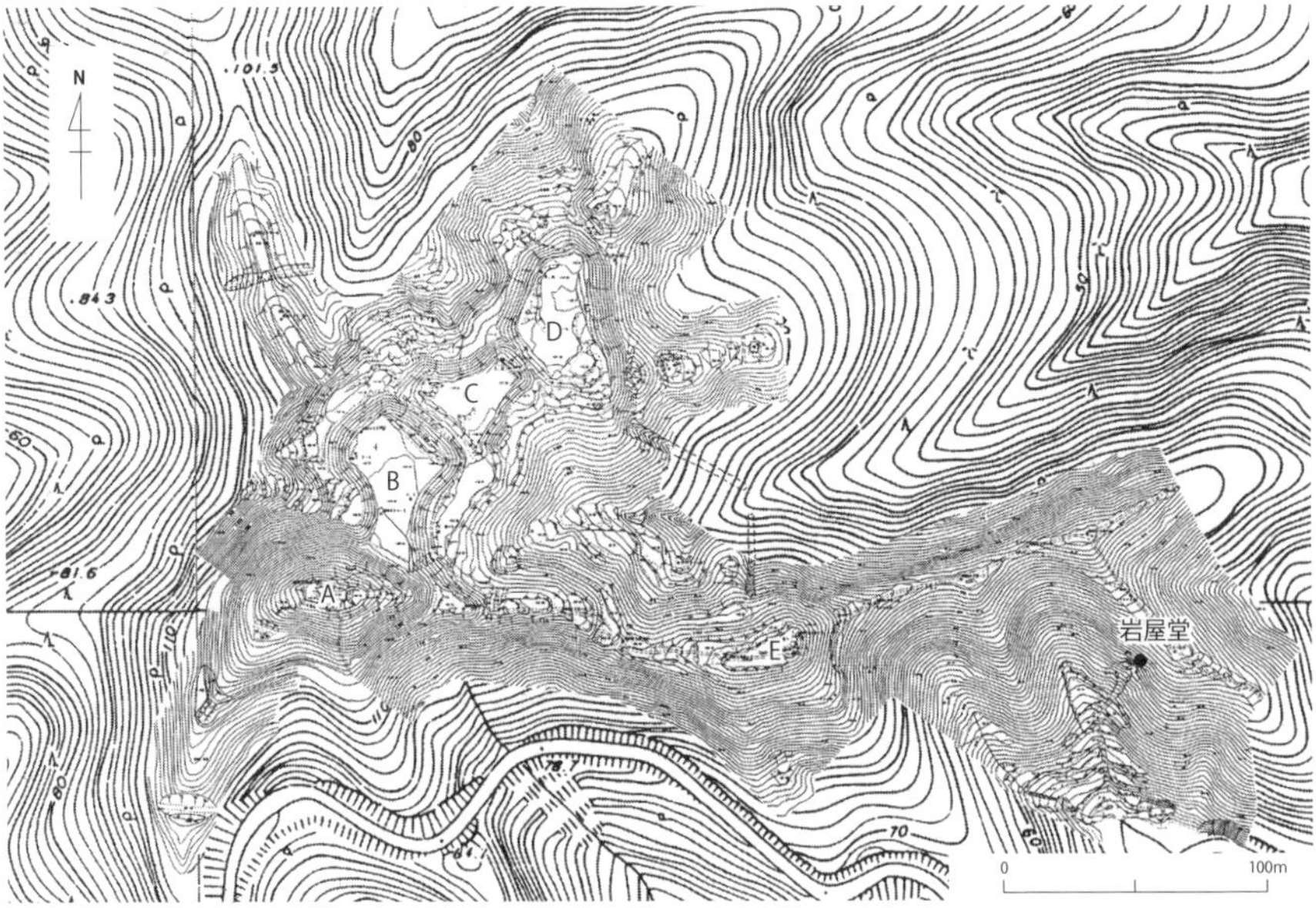

●—千久里城跡現況平面図（氷見市教育委員会 2005）

●—B 郭と C 郭間の堀切（東から）

とが確認されている。さらに、B・C曲輪間の堀切は一度改修され、C曲輪側に犬走《いぬばし》り状のテラスが造られていた。この改修によりB曲輪の防御は維持される一方で、C曲輪はテラスが通路となり出入りが容易になっている。これにより千久里城では、曲輪の使い分けが行われるようになったと考えられる。C曲輪は客人等を招きいれる「ハレ」の空間として機能したのではないだろうか。

今のところ出土遺物はわずかであり、一五世紀中頃の資料が主体である。この時期に南北朝期の遺構を改変・拡張する形で戦国期の山城が築かれたとみられる。そして各地の戦国大名や国衆が山城を拠点化する一六世紀前半に、千久里城も改修されたと推測される。

【天文期の鞍河氏とその滅亡】 越中守護代神保氏は、永正十七年（一五二〇）に慶宗《よしむね》が滅ぼされ衰退したが、その子長職《ながもと》が徐々に勢力を回復し、天文十二年（一五四三）頃、神通川を越えて富山城を築城した。このため、長職と椎名長常《ながつね》の対立が生じ、さらに弓庄《ゆみのしょう》城（上市町）の土肥《どい》氏や城生《じょうのう》城（富山市）の斎藤氏等を巻き込み、越中は大乱状態になった。翌年、能登守護畠山義続《よしつぐ》の仲介によって長職と長常は和解するが、土肥・斎藤・鞍河の紛争がしばらく続いた。

また、天文元〜十四年頃とみられる椎名氏被官小間常光《つねみつ》の書状案二九通のうち、能登畠山氏被官と能登の寺院宛てと同じ日付で鞍河平兵衛尉宛てのものがある。この平兵衛尉は、後述する鞍河清房《きよふさ》のことであろう。

同十五年に鞍河新蔵人職綱《にいくろうどもとつな》は、氷見南部の上庄西念寺（氷見市赤毛）と金鶏山白山社（同市仏生寺）に、禁制を下している。

そして同十九年、能登畠山家中で生じた内乱に呼応して出兵した鞍河平兵衛尉（肥前）清房・与三郎（筑前）清経《きよつね》父子は、石塚（石川県中能登町）合戦で畠山家中の長《ちょう》氏・温井《ぬくい》氏らに敗れ戦死した。本拠地鞍川も神保家中の寺嶋《てらしま》氏によって壊滅状態になった。

天文期の鞍河氏は、職綱のように神保氏の偏諱《へんき》を受けた者と、清房・清経父子のように能登畠山氏と気脈を通じる者とがあり、複雑な気配を示すが、これ以後両系統とも消息は全く途絶え、千久里城も廃城になったと考えられる。

（大野　究）

【参考文献】氷見市教育委員会『千久里城跡』（二〇〇五）、『氷見市史1』（氷見市、二〇〇六）

●氷見南部の要、狩野氏の居城

飯《い》久《く》保《ぼ》城《じょう》

〔所在地〕氷見市飯久保
〔比　高〕六四メートル
〔分　類〕山城
〔年　代〕一六世紀
〔城　主〕狩野氏
〔交通アクセス〕能越自動車道「氷見南IC」から車で五分。

【城主狩野氏の出自】　加賀国福田《ふくだ》荘（石川県加賀市）を本拠とした室町幕府奉公衆狩野《かのう》氏の一族と推測される。この狩野氏は、承久の乱のあと伊豆国（静岡県）の藤原姓工藤・狩野氏の一族が、福田庄地頭職を得て土着したとみられる。

観応三年（一三五二）五月、加賀の狩野義茂《よしもち》は、足利義詮《よしあきら》から越中の敵徒討伐を命じられた。義茂が参戦したのは、守護罷免《ひめん》後も越中にとどまり幕府方に反抗していた桃井直常《もものいなおつね》一族の討伐とみられる。六月には氷見《ひみ》湊に着陣した桃井勢と能登勢の戦闘があり、その後も氷見地域一帯や師子頭《ししがしら》（守山《もりやま》）城（高岡市）で合戦が続いた。桃井勢は翌文和二年（一三五三）、芝《しば》峠（氷見市）や能登へ出兵し、同三年末の直常上洛まで膠着状態が続いた。同じ三年末、義茂が足利義詮から勲功を賞され、加賀国若松《わかまつ》荘（金沢市）地頭職を与えられているのは、桃井方との交戦に対するものと思われる。

守護罷免による合戦が長期間氷見一帯で続いたことで、師子頭城に近い南条《なんじょう》保《ほ》にも闕所《けっしょ》地が生じた可能性があり、そこに義茂の一族が入部し、やがて飯久保城を拠点にしていく、という素地があったとみられる。ただし、氷見の狩野氏に関する史料は少なく、初出も一六世紀中頃である。

【「これも人質故」】　永禄三年（一五六〇）、越後の長尾景虎《かげとら》（のち上杉謙信）が越中に攻め入り、神保《じんぼ》長職《ながもと》の富山城（富山市）と増山《ますやま》城（砺波市）を攻撃した。長職は両城から一時逃亡する事態となり、飯久保城から約六㌔東にある守山城も「自落」した。人質を出しているため長職から味方するよ

●—飯久保城跡空撮写真（北から）

う申し入れがあった飯久保城の狩野中務丞良政《なかつかさのじょうよしまさ》は、沢川《そうごう》（高岡市）の田畑《たばた》氏に対して今後の対応を問いかけている。

　永禄末頃から神保家中が親上杉派と反上杉派に分裂する一方で、元亀三年（一五七二）八月から翌年（七月天正に改元）四月まで、一向一揆討伐のため謙信は越中に出陣し、神通川《じんづう》以東を制圧した。天正元年八月にも謙信は越中に出陣しているが、この年の十月、狩野右京入道道州《どうしゅう》が神保家中親上杉派の小嶋職鎮《こじまもとしず》と連名で、上杉方の部将河田長親《かわだながちか》に連署状を出している。狩野氏は神通川以西にありながら、いち早く上杉方に転じていた。

　謙信が越中全域を制覇し、能登七尾城（石川県七尾市）を包囲していた同五年五月にも、狩野親信《ちかのぶ》が河田長親に謙信の出兵を祝する返書を出している。

　天正六年（一五七八）三月の謙信死後、守山城の神保氏張《うじはる》は織田方へと転じ、十月能登の上杉方から逃れた長好連《ちょうよしつら》（のち連龍《つらたつ》）を迎え入れた。翌年夏頃、好連は氏張の妹を娶ったが、その媒酌をしたのが狩野将監《しょうげん》であった。狩野氏も氏張にしたがう形で、いち早く織田方に転じていたのであろう。また、狩野親信が長好連に仕えていた長次郎左衛門尉の扶持分を定めたのもこの頃と思われる。

【布勢水海を遠望する】 飯久保城は氷見地域の南部、南条保に所在する。ここは布勢水海《ふせのみずうみ》の奥に広がる平野を中心とした地域である。城下の集落は、「城《じょう》飯久保」あるいは「城ノ下《じょうした》」と呼ばれ、その西側を流れる仏生寺《ぶっしょうじ》川から布勢水海を経由して、氷見湊と水運で結ばれている。城は標高七五㍍を最高

●—飯久保城跡現況平面図（氷見市教育委員会2003に加筆）

所として、南北三〇〇メートル、東西二〇〇メートルの範囲である。

飯久保城の大きな特徴は、虎口《こぐち》の構造にある。集落から登っていくと、北端の曲輪からの横矢《よこや》を受けながら虎口の土塁《どるい》にたどりつく。二つの土塁の間をクランク状に二度折れて中に進むと、二〇メートル程先には左右の竪堀《たてぼり》による平入《ひらい》りの土橋《どばし》があり城内へ入る。この土塁と竪堀による二段構えの出入口は、狩野氏独自の縄張とする説と、織田方改修の七尾城主郭虎口の影響を受けたのではないかとする説がある。

主郭は東西七〇メートル、南北四〇メートルで、「凹」の字形を呈する。「凹」の窪みの所を登って主郭に入るため、両側から横矢が効くことになる。ここでは発掘調査により整地面が確認され、土師器《はじき》（酒杯・灯明皿）、越前（壺または甕《かめ》）、染付（中国製青花碗《せいかわん》）、茶臼、土錘《どすい》など、一六世紀後半を主体とした遺物が出土しており、城内での生活がうかがえる。主郭の切岸《きりぎし》下には池状遺構がある。主郭の南面は、これも城を特徴づける高さ四～五メートル、長さ約五〇メートルの土塁が築かれ、その東端は一〇メートル四方の櫓台《やぐら》になっている。ここからは布勢水海、さらには富山湾まで遠望できる。

主郭の南側に接続する二つの尾根は、大規模な堀切《ほりきり》で防御され、尾根間の傾斜の緩い場所には四本の竪堀が入れられている。南東側の尾根には二〇メートル四方の小規模な曲輪があり、

●—主郭から北東（富山湾方向）を望む

その先は再び堀切で防御されている。

【その後の城と狩野氏】　神保長職、上杉謙信、織田信長と立場を変えた狩野氏であるが、信長死後は神保氏張と共に佐々成政に従ったと推定される。天正十三年（一五八五）成政が羽柴秀吉に降伏した時点で狩野氏は城を離れ、廃城になったのであろう。それから約一二〇年後の宝永五年（一七〇八）、江戸で浪人していた子孫の狩野九郎右衛門が、富山藩に仕官している（『富山藩士由来書』）。

現在城跡には、一部に遊歩道が設けられている。

なお、飯久保城から西に一・二キロの標高一〇〇メートル地点にある惣領《そうりょう》砦と、そこからさらに三・三キロ西の標高二三〇メートル地点にある御林山《おはいやま》城（鞍骨山《くらぼねやま》城）は、共に狩野氏の支城とされている。惣領砦には、狩野氏の家老大前左近《おおまえさこん》と奥野主馬《おくのしゅめ》が在城したと伝わる。

【参考文献】『加能史料　南北朝Ⅰ』（加能史料編纂委員会、一九九三）、『加能史料　南北朝Ⅱ』（加能史料編纂委員会、一九九五）、氷見市教育委員会『飯久保城跡』（二〇〇三）、『氷見市史1』（氷見市、二〇〇六）

（大野　究）

●見事な織豊系陣城

海《え》老《び》瀬《せ》城《じょう》

〔所在地〕氷見市余川
〔比　高〕一三〇メートル
〔分　類〕山城
〔年　代〕一六世紀末
〔城　主〕織豊系武将
〔交通アクセス〕ＪＲ氷見線「氷見駅」下車、タクシーにて三〇分、後徒歩一〇分。

【能越国境越えの要衝】　比高は一三〇メートルもあるが、なだらかな山容であり、要害というイメージはない。城跡の西側には、中世以来、能登・越中を繋ぐ重要な街道として使用されてきた義仲道（蓮如《れんにょ》道）が通る。さらに南側には、二つの谷を繋ぐ尾根道も通っている。尾根道との交差部にはコの字形の土塁が残っており、恐らく石仏が祀られていたのであろう。石仏の存在から、尾根道も重要な生活道だったことが推定される。海老瀬城は、義仲道と尾根道が交差する要衝の地に選地しているのである。

【歴　史】　ほぼ不明であり、一次史料はもちろんのこと、江戸期の地誌類にもほとんど登場しない。来歴がほぼ不明ということは、短期間の使用により、人々の記憶に残りにくかったという証拠の裏付けであり、臨時性の強い陣城だった可能性を示唆している。

案内・説明板は一切ないが、義仲道は舗装道のため比較的簡単に到達することができる。また、城跡にブッシュもほとんど無いため歩きやすく、観察も可能である。ただし、「立ち入り禁止」の札が掲示されているため、関係者への事前許可が必要である。

【城跡の現状】　一部破壊されているものの、遺構はほぼ完存している。なだらかな山容ではあるが、北側は比較的急峻な地形となっているため、この方面に必要最小限の防御施設しか存在せず、逆に敵軍の進攻がもっとも想定される南側に集中している。

●—曲輪の周囲を巡る横堀

まず南側の地続きを遮断するため、①から②まで横堀を巡らす。斜面を迂回する敵軍を阻止するために西側に、竪堀《たてぼり》③を付属させている。②地点は後世の破壊で不明瞭となっているが、竪堀の痕跡を見出すことができる。従って完璧に地続きを遮断した横堀である。この横堀は土塁《どるい》とセットになった防御ラインであり、さらに複数の曲輪を包み込む惣堀《そうぼり》である。海老瀬城最大の弱点である南側を防御するに相応しい惣堀といえよう。なお、④及び⑤地点の開口部は後世の破壊虎口《こぐち》であり、当時の虎口は⑥のみと考えられる。また、④付近の二ヵ所の窪地は、炭焼き窯である。

惣堀を突破した敵軍は、C曲輪から攻撃されることになる。C曲輪はB曲輪と横堀を隔てた対岸にあり、さらに周囲に横堀が巡っているため、馬出《うまだし》曲輪と評価することができる。竪堀⑦と土塁⑧があるため、敵軍は否応なしに虎口⑨に入ることになる。このとき敵兵はC曲輪からの横矢《よこや》攻撃に晒され、さらに櫓台《やぐらだい》⑩が鋭く敵軍を狙っている。このようにC曲輪は、海老瀬城の大手方向を防御する曲輪と言えよう。

　B曲輪は、主郭Aの前面に設けられた曲輪で、主郭Aを防御する曲輪である。同時に、虎口⑨を突破した敵軍がC曲輪に入る時、そしてC曲輪からB曲輪に入る時、それぞれ敵軍に対して横矢が効いている。したがってC曲輪を援護する曲輪でもあったのである。

　主郭Aは、主要曲輪群の一番奥まった場所にあり、城主の駐屯地に相応しい。主郭Aだけ直接外部に開口した虎口はなく、B曲輪としか開口していない。逆に周囲に高さ五〜六メートルの鋭く切り立った切岸《きりぎし》が巡っており、隔絶させている。したがって敵軍に攻められた場合、主郭Aが最後に陥落するような構造になっているのであり、城主が最後まで指揮できる場所となっているのである。本丸にふさわしい縄張である。

【築城者の推定】　以上述べた如く、各曲輪の機能分化は明確化されており、また、独立した曲輪も無いことから、各曲輪

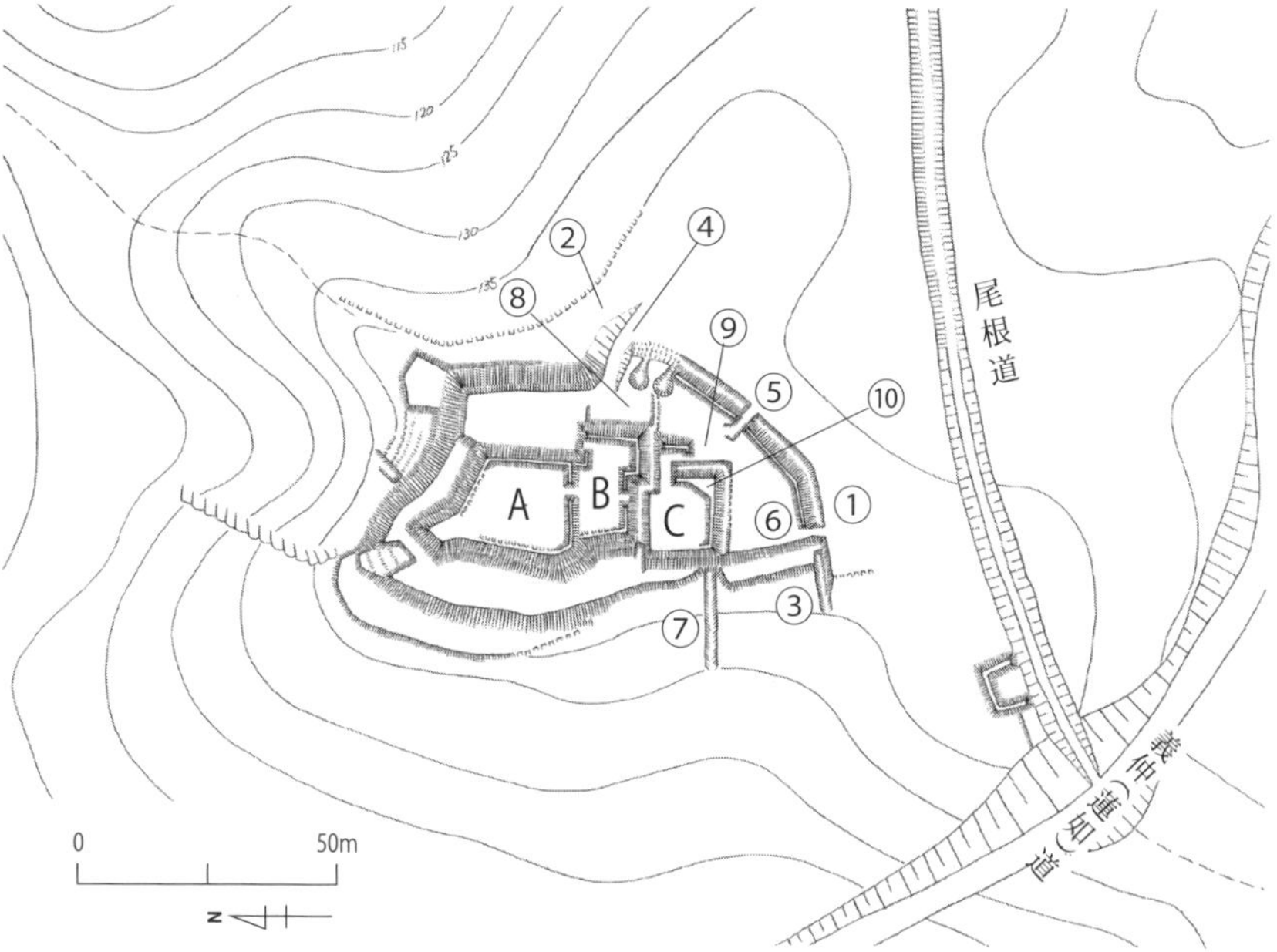

●—海老瀬城縄張図（作図：佐伯哲也）

に対する主郭からの求心力は非常に強くなっている。さらに土塁と横堀がセットになった防御ライン、馬出曲輪の存在、虎口の明確化は、天正十一年（一五八三）に使用された賤ケ《しずが》嶽《たけ》合戦城塞群と共通しており、この前後に構築されたと考えてよい。もちろん築城者は織豊系武将であろう。また時代差が認められる遺構は存在しないため、改修して今日見られるような縄張になったとは考えにくい。つまり、同一時期に同一人物によって築城・使用され、廃城になったのである。さらに規模が小さくて恒久城郭とは考えにくいことから、臨時性の高い陣城と考えられよう。

さて、この頃（天正十一年前後）どのような理由により、織豊系武将は当地に陣城（＝海老瀬城）を必要としたのであろうか。一つ考えられるのが、天正十三年八月における豊臣秀吉の佐々成政攻めである。もっとも秀吉本隊が必要としたのではなく、隣国加賀の領主前田利家である。利家（加賀）と成政（越中）は天正十二年八月頃から加越国境で抗争を繰り広げてきたが、翌天正十三年二月頃から利家は国境を越えて成政領（越中）に進攻するようになった。

海老瀬城と阿尾川を隔てた対岸に、森寺城がある。海老瀬城から森寺城を眺望することができ、両城の直線距離は二キロ、陣城を構えるには手頃な位置・距離である。森寺城は秀

●―明確なＢ曲輪横矢折れ

吉の成政攻めを間近に控えた天正十三年七月に、成政の重要拠点として存在していたことが確認されている。従って天正十三年七月頃、森寺城の動向を監視し、そして森寺城攻めの本陣として、利家軍が築城したとは考えられないだろうか。

ただし、利家軍が森寺城を攻めたという記録は存在しない。それは成政本人があまりにもあっけなく降伏したため、海老瀬城を築城したものの、森寺城を攻めることもなくなった。この結果、海老瀬城の存在意義もなくなり、短期間で廃城になったのではなかろうか。

【まとめ】 以上、天正十三年前田利家軍による築城と推定した。しかし確証があるわけでなく、仮説の範疇とさせていただきたい。

いずれにせよ見事な織豊系陣城であり、ここまで遺構が完存しているのは北陸では唯一、全国的に見ても数は少なく、存在そのものが貴重と言えよう。横堀を巡らしただけの単純な縄張ではなく、惣堀・馬出曲輪まで設けた本格的な築城は、合戦そのものが長期化・激化することを念頭に置いて築城したと考えられる。成政の腰砕け的な態度であっさり終結してしまった佐々攻めだが、戦前の予想は必ずしもそうではなかったことを海老瀬城の縄張は物語る。文字資料では見えてこない、もう一方の佐々征伐を読み取るためにも、海老瀬城は貴重な城郭と言えよう。

●―主郭を取り巻く高切岸

【参考文献】 佐伯哲也『越中中世城郭図面集Ⅲ』（桂書房、二〇一三）

（佐伯哲也）

●鉄壁の防御を誇る県内唯一の「日本百名城」

高《たか》岡《おか》城《じょう》

〔国史跡〕

〔所在地〕高岡市古城
〔比　高〕一五メール
〔分　類〕平山城
〔年　代〕一七世紀初頭
〔城　主〕前田利長
〔交通アクセス〕JR氷見線・あいの風とやま鉄道「高岡駅」から徒歩一五分。または能越自動道「高岡IC」から車で一五分。

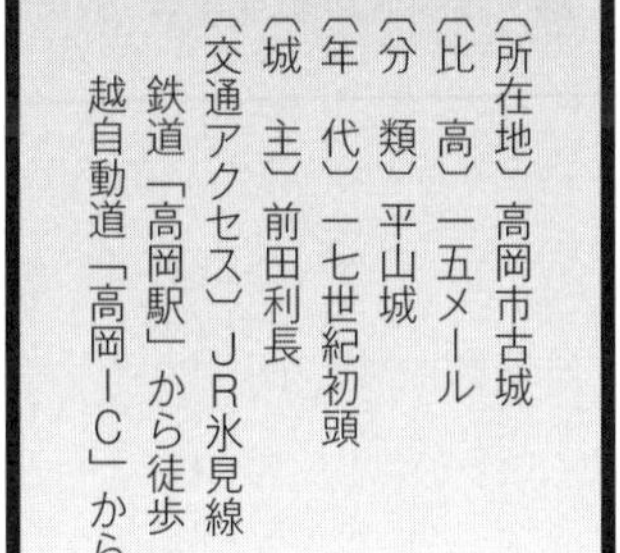

【城の歴史】　高岡城は、加賀前田家二代当主、前田利長《としなが》が慶長十四年（一六〇九）、自らの居城として築城した。城跡は、富山県高岡市の中心部、小矢部《おやべ》川と庄《しょう》川とに挟まれた高岡台地上に位置する。

　前田利長は、永禄五年（一五六二）利家の子として生まれ、慶長三年（一五九八）家督を継ぎ、利家の没後は豊臣政権の五大老に列したが、徳川家康と対立、母芳春院《ほうしゅんいん》を江戸に人質として出し、同五年、関ヶ原の戦いでは東軍に属した功により、加増を受けて加賀・能登・越中三ヵ国一一九万石の大名となった。同十年家督を弟利常《としつね》に譲るも、養老領として越中国新川郡二二万石を領しながら、利常を支えて前田家存続の策を廻らした。同十四年三月に居城の富山城が焼失したため、新たに同国射水《いみず》郡関野を選んで築城を開始し、九月に完成して入城、地名も「高岡」と改称した。同十五年に腫れ物を生じ次第に悪化、同十九年、五月、五三歳にて高岡城に没した。

　翌元和元年（一六一五）一国一城令により高岡城は廃城となったが、加賀前田家三代当主、前田利常が高岡町人らの城下町からの転出を禁止し、また、高岡町奉行の管理下にあった城跡内に米蔵等を置き、廃城後寂れゆく城下町を商工の町へと転換する再興政策を行った。明治維新後、城跡は払い下げの危機があったが、高岡町民の強い運動によって公園指定の請願がなされ、明治八年（一八七五）、太政官布告に基づく高岡公園となり、明治末年には作庭家長岡安平《やすへい》による公園

●—高岡城跡航空写真（高岡市教育委員会提供）

改良設計も行われた。戦後も引き続き都市公園（高岡古城公園）とし、高岡市民の憩いの場となっている。

ふたたび城跡として注目される転機となったのは、平成二十一年（二〇〇九）の高岡開町四〇〇年を節目として市民の間で高岡のまちの端緒となった高岡城の歴史に対する関心の高まりであった。平成十八年には、富山県内で唯一、日本城郭協会より「日本百名城」に認められた。城といえば天守閣というイメージを払拭し、「堀」と「土塁《どるい》」（土の壁）が本質であることを証明した。これらが背景となって、高岡市教育委員会では、平成二十年から平成二十四年の五ヵ年間、高岡城跡詳細調査事業を計画・実施し、近世城郭としての高岡城跡の実態解明を行い、歴史的価値の高さを証明した。その後、平成二十七年三月十日、国史跡に指定されている。

【城の構造】 高岡城は、台地上の最高所（標高約一五〜二〇メートル）を選び、その段丘崖や谷を利用して土塁や堀が造られた。城の規模は長辺六四八メートル、短辺四一六メートル、面積は東京ドームの約四・五倍の約二一万平方メートルを誇る。空中からみると緑豊かな樹木と堀に覆われていることがわかる。

高岡城の縄張は、天正十五年（一五八七）に豊臣秀吉が築いた聚楽第《じゅらくてい》の影響を受けた「聚楽第型」とも呼ばれるものである。中央に巨大な本丸を設け、西側を除く外側の三面に整

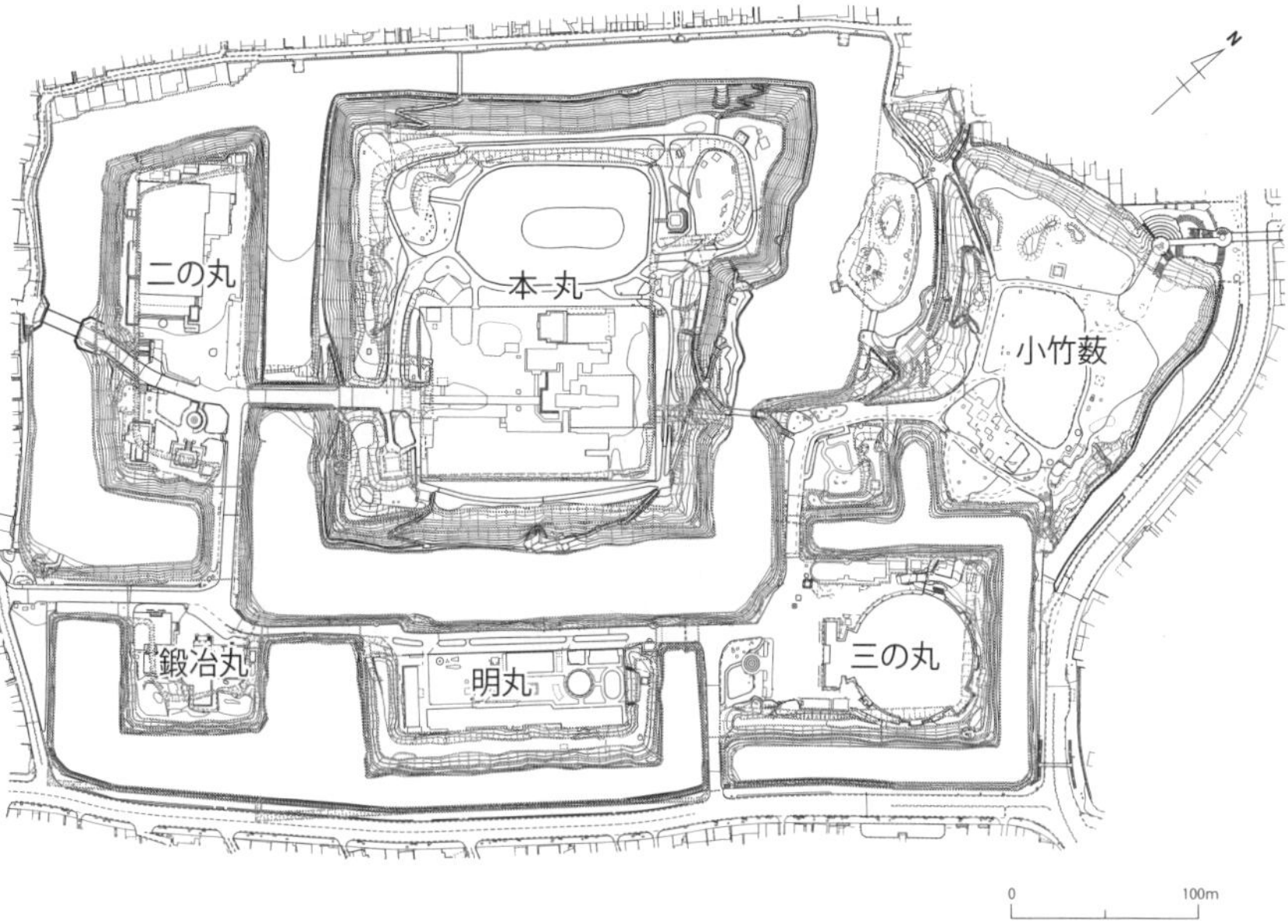

●—高岡城測量図（高岡市教育委員会提供）

然と馬出《うまだし》郭を配する点に大きな特徴があり、本丸の周囲を馬出で二重に重ねる、極めて防御性が強い構造である。各郭は、やや台形状の二の丸を除けば、直線的な方形を基調とし、本丸正面には土橋《どばし》を通って馬出の機能を有する二の丸が置かれ、さらに東に鍛冶丸を設けて大手口を守る。本丸の搦《から》手《め》口は北東部に設けた車橋（貫土橋）を通じて北側の郭に出て、さらに東側に三の丸を設けて搦手口を守る。各郭は縁辺部に土塁を設け、幅二〇～三〇㍍ほどの水堀を廻らす。城跡の北端には、築城時に盛土整地された小竹藪とよぶ場所があり、普請《ふしん》が未完であった可能性があるが外郭と位置付けられる。このようにみると、高岡城の主要な郭はすべて馬出で築かれて防御を高めており、高岡城ほど理論的に馬出を使いこなし、純粋に城全体の縄張に昇華させた城は日本の近世城郭のなかでも唯一といえる。

　高岡市教育委員会の詳細調査では、測量、文献史料、石垣、地中レーダー、地質、発掘、石丁場関連、近代公園の調査を実施した。文献史料調査によって、新史料を発見するとともに、築城時から廃城までを把握することができた。さらに特徴的なことは、築城に関する利長の文書が数多く残っており、利長が積極的に高岡城の築城に関わっていたことがわかる。また、発掘調査によって、利長が住んでいたと考えら

●―本丸土橋の石垣（外堀側　北から）（高岡市教育委員会提供）

れる本丸御殿に関わる礎石や石組み遺構を、貫土橋（現在の朝陽橋の本丸側）周辺では栗石《ぐりいし》層と本丸に向かう道遺構を確認した。栗石層が確認されたことから、かつて石垣の橋台があったと推定される。さらに、鍛冶丸と三の丸を結ぶ明丸では土塁が版築状に築かれている状況を検出する等、築城時の遺構が良好に遺存していることを確認した。城の土塁は基本的に土作りの構造であるが、本丸の大手土橋と搦手橋台部（現在の朝陽橋）には石垣が施されている。本丸土橋の石垣には砂岩・安山岩・花崗岩が用いられ、刻印は組み合わせも含めて一二八種類あり、金沢城や名古屋城と共通することから、前田家の石工集団によるものである。石材の石丁場として虻が島ほか八ヵ所が推定されている。これらすべて海か河川に面していることから、舟運を利用して高岡城に運ばれたと考えられる。

●―本丸礎石検出状況（南東から）（高岡市教育委員会提供）

　このように、高岡城は、豊臣から徳川への政権移行期の政治・軍事的緊張のなか、江戸幕府と微妙な関係にあった前田利長が、自らの新たな隠居城として、また、加賀藩の拠点として造営した城である。本丸の周囲に二重の馬出郭を配し、郭の周囲に堀をめぐらした特徴的な城郭遺構が良好に残る。近世初頭の政治・軍事の状況や築城技術を知るうえで貴重な城郭である。

　市民に親しまれる都市公園となっており、利長がこの高岡のまちにかけた想いを現地で感じていただきたい。

【参考文献】高岡市教育委員会『富山県高岡城跡詳細調査報告書』（二〇一四）

（田上和彦）

●二上山を要害とした越中三大山城

守《もり》山《やま》城《じょう》

〔高岡市史跡（本丸跡）〕

〔所在地〕高岡市東海老坂
〔比　高〕二五〇メートル
〔分　類〕山城
〔年　代〕一四世紀中頃〜一七世紀初頭
〔城　主〕桃井氏、神保氏、前田利長
〔交通アクセス〕能越自動車道「高岡IC」から車で一五分。

【城の歴史】　守山城は、増山城、松倉城とともに「越中三大山城」として広く知られ、富山県を代表とする山城であり、砺波郡南部に源を発する小矢部《おやべ》川の下流左岸に位置する。小矢部川の背後には二上山塊《ふたがみさんかい》が横たわり、その一つの峰である城山山上（標高二五九㍍）に守山城が存在した。小矢部川は越中でもっとも河川水運が発達した河川として知られている。また、古代に上方と越中国府を結んだ街道は、金沢から倶利伽羅《くりから》峠を越え、小矢部川左岸の山麓伝いに守山を経由する形で設けられていた。戦国〜近世初頭、守山城南麓のこの地に城下町が形成された。

　城山山頂の守山城は、一般に南北朝期から慶長期の初めにかけて存立していた山城と考えられている。しかし、近年の二上山塊での分布調査の過程で最高所（標高二七三㍍）の主峰、二上山山頂に城郭遺構が確認されたことから、二段階の時期をへて形成されたと考えられる。つまり、第一期（南北朝〜戦国前期）は「二上山城」として南北朝期の観応三年（一三五二）に桃井《もものい》氏の拠点となっており、戦国期には射水《いみず》・婦《ね》負《い》二郡の守護代神保慶宗《じんぼよしむね》（本拠、放生津）の詰城《つめじろ》となっていた。第二期（戦国後期〜近世初頭）は、富山城を本拠とした神保長職《ながもと》の支城となり、のち、神保氏張《うじはる》、佐々成政《さっさなりまさ》をへて前田利長が居城した。慶長二年（一五九七）、利長の富山城移転により翌年廃城となったと考えられる。一四世紀半ばの南北朝期から戦国期を経て、一六世紀末の近世初頭の約二五〇年の長きにわたり、改修や整備が繰り返されたとみられる。

●―守山城遠景（南東から）（高岡市教育委員会提供）

これほど長期にわたって存続した城は、越中国内でも増山城、松倉城など数ヵ所を数えるにすぎない。

また、守山城の周辺には、上杉勢との戦の伝承が残っている。海老坂の久津呂谷は、上杉謙信の軍勢と、それを迎え討つ神保勢との間に激しい戦いが繰り広げられた場所であり、刀や槍の触れ合う音がガチャガチャと凄まじく、谷間いっぱいにこだまし、それを聞いていた虫が、「くつわ虫」となって今も多く久津呂《くづろ》谷に棲みつき、秋となるとガチャガチャ羽音をやかましく鳴らすという。もう一つは、米流しの伝説である。上杉勢が守山城に兵糧攻めを仕掛け、神保勢の兵糧がつきかけた際、城の間近に一条の滝がしぶきをあげて流れ落ちてきた。これをみた上杉勢は一時たじろいてしまったが、その夜、あれは水ではなく米であることを老婆が密告したため、次の日に守山城は陥落し、それから老婆の家は代々祟りが続いたという。この話には類例が多いが、戦国時代の戦火を示すものだろう。

【城の構造】　守山城は二上山山頂から尾根伝いの西南方向に位置するピーク（城山）に築かれている。城主は時期別に交代するが、ここでは最終的な前田利長期を想定する。守山城の縄張は主要部、大手郭群、西南帯郭群、北尾根遺構群、西尾根郭群、西南山腹郭群、西砦に区分できる。

主要部は、中心となる本丸が北東から南西に向けて細長く伸びた山頂部を削平して設けられている。規模は一一〇×四〇メートルで本丸の北東側にはかつて土塁《どるい》と堀切《ほりきり》が設けられ、正面の虎口《こぐち》を形成していたが、城山公園の建設の際に失われ、堀切だけは谷に面したところに痕跡をとどめている。

主郭の西端部の三面には切岸《きりぎし》下に腰郭が設けられ、本丸の西側斜面に石垣が一部残されている。この石垣材は、氷見市の灘浦《なだうら》海岸や高岡市の雨晴《あまはらし》海岸から採取されたと考えられる。ほぼ加工されていない石が多いが、腰郭には一点、矢穴痕を残すものが確認されている。石垣の構築時期は、佐々成政期と前田利長期が想定されているが明確には定まっていない。

●—守山城跡測量図（『富山県中世城館遺跡総合調査報告書』より引用）

本丸西端部からは南に向けて張出した小尾根を削平する形で、階段状に二郭が続き、二段目が二の丸と考えられる。二の丸の南西斜面を降りたところには登城道が通過することから、城の防衛上重要な箇所となる。地元でもこの付近を「門口」と呼んでいる。そのため、登城道に面した三の丸の東側に

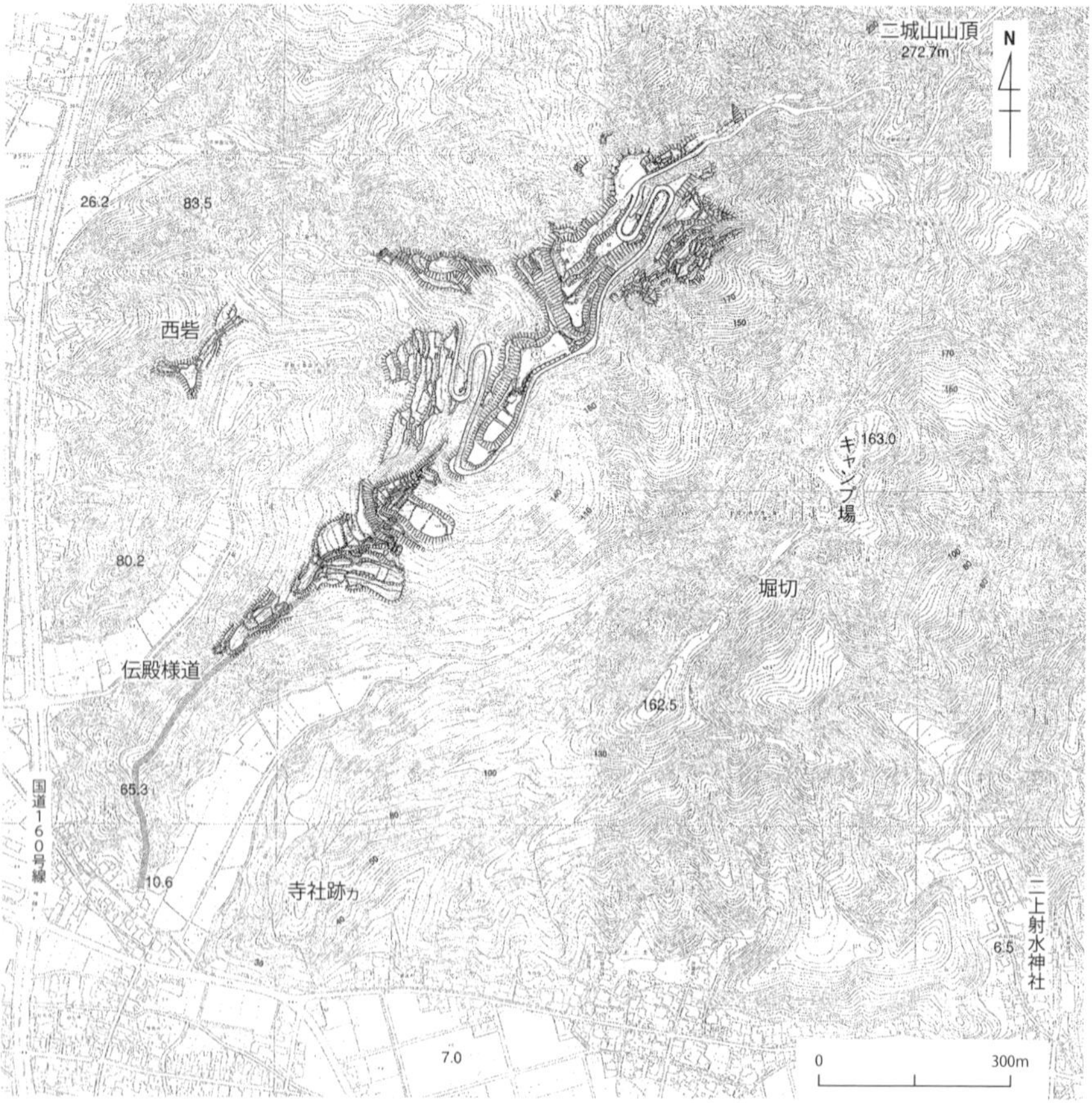

●—守山城跡測量図（全体）（『富山県中世城館遺跡総合調査報告書』より引用）

は土塁を設け、開口部を出入り口としている。三の丸の内部は一〇〇×三〇メートルの広いものであり、この郭の西側下の登城道で中世五輪塔の水輪一点（直径約三〇センチ）が見つかっている。おそらく三の丸から落ちたものであろう。この先には四つの郭が一直線に連なる。

これら主要部の郭から二上万葉ラインのカーブを越えて下った後、さらに南西の守山城下町方向に延びる尾根上に設けられた郭群が大手郭群である。山腹の大平坦面があり、上級家臣などの屋敷跡と考えられる。大平坦面から登城道を下っていくと直下で大きく西へ回り込んでいる。ここで注目されるのは、この屈曲点直下に比較的大規模な竪堀《たてぼり》が三本畝状《うねじょう》に並ぶところであり、登城道の要所である屈曲部を特に防御する意図があったとみられる。さらに下っていくと尾根上に平坦面があり、尾根沿いの長い最下段の郭では、中世五輪塔の火輪（高さ一九センチ）が一点見つかっている。三の丸下の水輪とあわせ、城内に墓地などが存在した可能性を示すようである。最終的に登城道を下っていくと内輪子谷側へ降りていく。

また、主要な郭群のなかでも特殊なのが、西砦である。城の西端の防衛拠点となっており、出城《でじろ》といってもよいものである。標高一〇九・五メートルのピークに築かれており、西砦の主郭は三六×二七メートルの平坦面で、南側を堀切で守り、他にも周辺に小郭を配する。防御の主体は西海老坂方面と考えられる。

●—主郭（本丸）西側斜面　石垣（高岡市教育委員会提供）

このように、守山城の縄張は、山頂部を中心に主要な尾根筋・山腹に郭群や出丸《でまる》・出城を配し、極めて広域にわたるものである。ただし、要害性を優先した戦国期とは少し違い、居住性を十分に考慮し、さらには越中支配のための政庁機能も備えていたと考えられる。縄張で一つ特徴を挙げるなら、堀切（空堀《からぼり》）が少ない点である。

豊臣大名として越中へ入国した利長は、小矢部川水運の湊で街道との結節点に位置する、物流拠点の守山城下町に大手口を開き、自らの居城と直結させた。慶長二年（一五九七）、利長は平野部の富山城へ居城を移転することになるが、守山城はその前段階のステップともいうべき城として、大きな歴史的意義をもつといえるだろう。

【参考文献】『富山県中世城館遺跡総合調査報告書』（富山県埋蔵文化財センター、二〇〇六）、高岡市教育委員会『守山城跡詳細調査概報Ⅰ』（二〇一五）、高岡市教育委員会『守山城跡詳細調査概報Ⅱ』（二〇一八）

（田上和彦）

●神保氏による守山城の出城

古《ふる》国《こ》府《ふ》城《じょう》

〔所在地〕高岡市伏木古府
〔比　高〕二一メートル
〔分　類〕平山城
〔年　代〕一二～一六世紀代
〔城　主〕神保氏
〔交通アクセス〕ＪＲ氷見線「伏木駅」下車、徒歩五分。

【城の歴史】　古国府城は、小矢部《おやべ》川の左岸河口に臨む伏木台地に築かれている。城跡のある浄土真宗勝興寺《しょうこうじ》の付近一帯は、古くより越中の国府が置かれた所と伝えられ、現在も「国分」、「古国府」、「古府」などの地名が残る。当時の国府が水陸交通の要衝にあったことはすでに知られているところであり、国府がその機能を失った中世以降においてもその要地としての性格は失われていない。

　戦国期、射水《いみず》・婦負《ねい》両郡の守護代として越中中央部に大きな勢力を有した神保《じんぼ》氏は、初め放生津城に居城し、のちには天険の二上城（守山城）などに拠って越後勢に対抗するが、この二上山東麓の古国府城は、その出城だと伝えられる。『越中礪波射水両御郡古城等覚書《おぼえがき》』によれば、初め神保安芸守の出城で、のち勝興寺の屋敷になるとあり、現在の勝興寺付近がその城跡である。神保氏張《うじはる》は守山城に居城し、戦国末期には佐々成政《さっさなりまさ》の武将として活躍するが、この地に出城を設けたのは、単に軍事上の配慮からだけではなく、おそらく旧国府跡を支配する政治上の意味もあったのであろう。

　天正十二年（一五八四）になると、佐々成政は隣国加賀・能登の前田利家と一進一退の戦闘を展開するが、その中で国内の浄土真宗寺院を味方につけるため、守山山麓の旧国府跡一帯を勝興寺に寄進している。すなわち、同年十二月の神保氏張の勝興寺宛制札《せいさつ》に「一、府之分一円令寄進候事」とあるのがそれを示す。この中には神保氏の出城（古国府城）も含まれると考えられている。

【城の構造】　古国府城の規模等について、『三州志』は「旧注に平城也。本丸□五十間□□八十二間、二丸七十三間□百□間。今の勝興寺の地也。湟塁《こうるい》猶存す。左右は谷、背後は山に接す」と記し、本丸・二丸の二郭より成ることを示している。現在、勝興寺を取り巻く土塁《どるい》や空堀《からぼり》は後世に行われた埋め立てなどにより一部欠けている部分もあるが、明治八年（一八七五）の「地引絵図」によれば、堀の北側の一部を除き、ほぼ寺の周囲全体をめぐり、東側の一部は二重になっている。これらの土塁や空堀の内、現在もっとも旧態をとどめる西側には、途中に屈曲を設けたところもあり、注目される。ところで、明治の「地引絵図」によれば、寺の西側北半部に今の堀に沿うようにコの字形の「山地」の地目がみえる。おそらく土塁跡の存在を示すものと思われることから、この部分に西側に向けての外郭があったとも推測できる。現在は住宅地となり、遺構を確認できない。

さらに、この勝興寺は小字《こあざ》を「大伴」といい、周辺部に「串ケ館」「岸ケ館」「東館」などの字名がみえる。また、寺の南側に接する「御亭角」や「美野下」には、以前勝興寺に面する北側に土塁や空堀を備えた遺構（現在一部消滅）がみられ、昭和四十一年（一九六六）に発掘調査が実施されている。その結果、勝興寺とその付近に残る土塁は、従来考えら

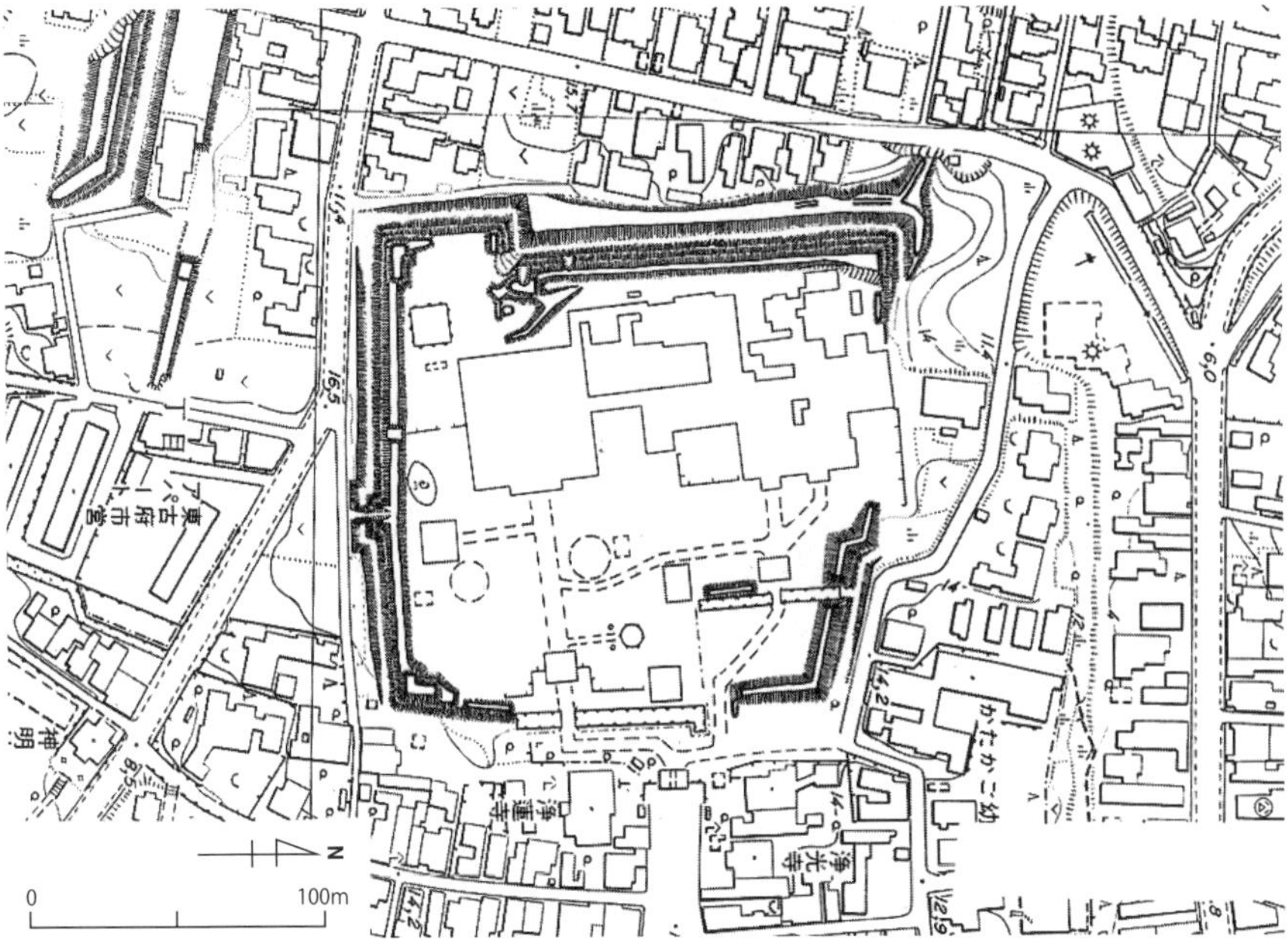

●—古国府城縄張図（作図：佐伯哲也）

●—古国府城　遠景（高岡市教育委員会提供）

れてきたような同寺境内を本丸とする城郭遺構ではなく、むしろ逆に同寺南方「御亭角」での最高所あたりを本丸とした城郭遺構であるとの見方も示されている。

平成十九年（二〇〇七）には、高岡市教育委員会によって「御亭角」の土塁の発掘調査が実施された。この土塁については、『加賀藩年寄役前田土佐守家文書』所収の「古国府門前地及び周辺村々絵図」に四周完結の土居構えとして描かれており、昭和三十年代頃までに東辺、西辺、南辺ともに土塁と堀跡のほとんどが消滅したとされるが、西辺の痕跡を調査した。この調査では、土塁に囲まれた部分を主郭としているため、発掘の対象となった堀と土塁で区画された郭を腰郭と解釈している。調査の結果、対象地にある土塁と堀跡は、出土した土師器《はじき》皿が一六世紀第三四半期を主体に、一六世紀第一〜三四半期の時期を示すことから、勝興寺が移転する天正十二年（一五八四）以前の遺構であることが確実である。土塁の下層からは一二世紀代の土師器が出土しているが、全体として鎌倉〜室町時代の遺物が欠落することから土塁や堀の構築時期は、一六世紀の可能性が考えられる。

●—腰曲輪土塁断面（高岡市教育委員会提供）

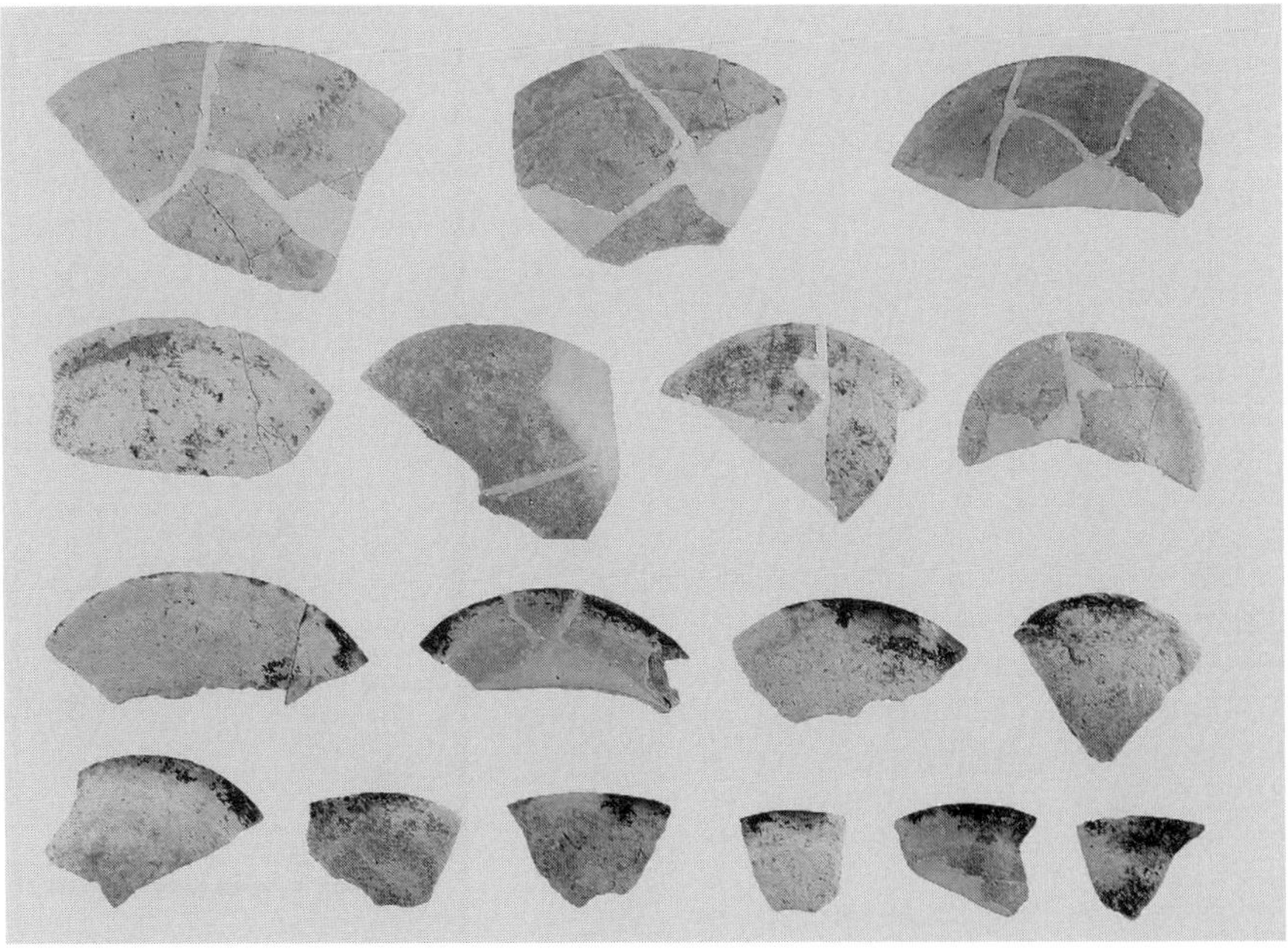

●―古国府城の中世土師器（高岡市教育委員会提供）

調査した土塁は、堀を掘った土を造成土として使用し、層厚五～一〇センチで版築状に盛土されている。主郭の北端には、三軒の竪穴住居跡が検出されている。これらは鍛冶に関連する遺構と考えられているが、継続的な建物ではなく、鍛冶の需要に応じて随時建てられた仮設的なものと判断されている。

古国府城の中心が、現在の勝興寺であったか、「御亭角」方面であったかは判明しないが、一六世紀には、守山城の出城として伏木台地に存在していたことは間違いないと考えられる。

現在は保存修理事業が完成し、江戸期の姿を取り戻した重要文化財勝興寺の壮大な伽藍《がらん》がお迎えするが、周辺に残る痕跡をもとに中世の古国府城を少しでも感じていただければ幸いである。

【参考文献】平井聖・村井益男・村田修三編『日本城郭体系』第七巻（新人物往来社、一九八〇）、『富山県中世城館遺跡総合調査報告書』（富山県埋蔵文化財センター、二〇〇六）、高岡市教育委員会『市内遺跡調査概報XⅧ』（二〇〇九）、佐伯哲也『越中中世城郭図面集Ⅲ』（桂書房、二〇一三）

（田上和彦）

●大地震の影響を今に伝える城

木《き》舟《ぶね》城《じょう》〔富山県史跡〕

〔所在地〕高岡市福岡町木舟
〔比　高〕二五メートル
〔分　類〕平城
〔年　代〕一二世紀～一六世紀
〔城　主〕石黒成綱、前田利継、前田利秀
〔交通アクセス〕あいの風とやま鉄道「福岡駅」下車、車で五分。または、能越自動車道「福岡IC」から車で二分。

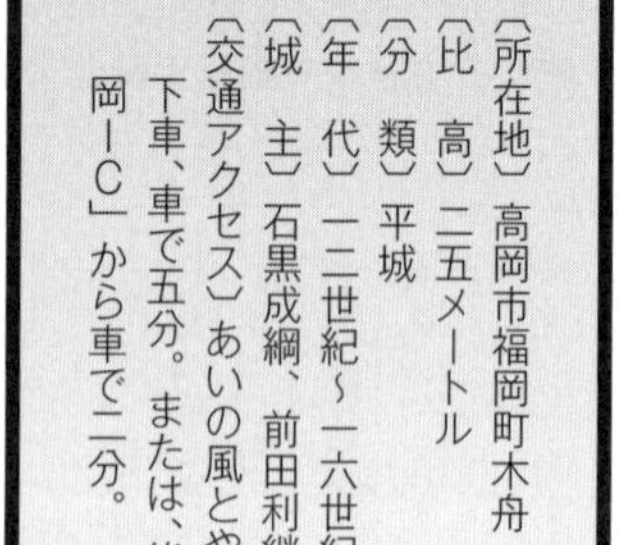

【城の歴史】　木舟城は、小矢部《おやべ》川の右岸で、砺波平野の北部に位置し、今石動《いまいするぎ》と富山を結ぶ北陸街道沿いに築かれた平城である。この道は「中田道」とも呼ばれ、平野の中を東西に横断することから越中西部の幹線道として知られている。

　古くは寿永二年（一一二八）の木曽義仲や天正十三年（一五八五）の秀吉などの進軍にも使われた。城主は戦国期に砺波郡の有力国人であった石黒左近成綱《なりつな》だったが、天正九年、信長によって討滅され、その後は一時佐々成政《さっさなりまさ》の支城となるが、同十三年の前田家の領有後には、利家の弟前田秀継《ひでつぐ》が入城した。

　このうち、石黒左近期の城下の繁栄について『越中四郡古城跡略記』は左近が有徳で、近郷の百姓などにも金銀を貸していたと伝える。木舟から五キロ離れた赤丸村住人の米借用状（天正十二年）には、計量する升を「木船判」と記すことから、おそらく石黒時代より木舟城下を中心とした、一つの地域的な経済圏を想定できる。

　しかし、天正十三年十一月に起きた大地震により城は崩壊し、城主秀継夫妻も圧死している。これにより城下町も大きな被害を蒙ったとみられるが、翌年五月上杉景勝一行が上洛のため当地を通過した際には、城主前田利秀《としひで》（秀継の子）と在城衆が出迎え、景勝一行が宿泊している。おそらくこの時点までには応急的にせよ、一応の修復がなされていたのであろう。しかし、その後まもなく利秀は当地での居城を断念し、翌年中には今石動に移った。城下にあった寺院や町なども今石動に移転したことにより、木舟は農村へと姿を変えていった。

【城の構造】　木舟城は、現在、水田地帯の中にわずかな高まりを留めるにすぎないが、江戸時代の書上帳によると、本丸（六〇×七五間）・二の丸（四五×五〇間）・三の丸（三〇×六〇間）の三郭から成る平城で、周囲に三重の堀（幅五〇間・三〇間。一五間）がめぐっていたこと、城の北側を通る街道側が大手（正面）であったことを伝えている。

これとは別に、地元の十村《とむら》文書の中に残された「木舟古城図」によると、城は三つの郭を南北に連ねる形で構成され、まわりに水堀がめぐっていた様子が描かれている。三郭から成るプランは書上帳の記述を裏付けるが、三重の堀は「古城図」で見る限り存在しない。南北に連なる三郭は周囲を一重の堀で守られているだけである。あるいは周辺部に存在した沼・深田や河川などを堀とみなしたのかも知れない。『越登《えつと》賀三州志《がさんしゅうし》』「故墟考《こきょこう》」に「四辺深沼、要害の地也」と記すように、城の周囲には深田や沼が広がっており、その自然地形は天然の要害であった。

●—木舟城近景（高岡市教育委員会提供）

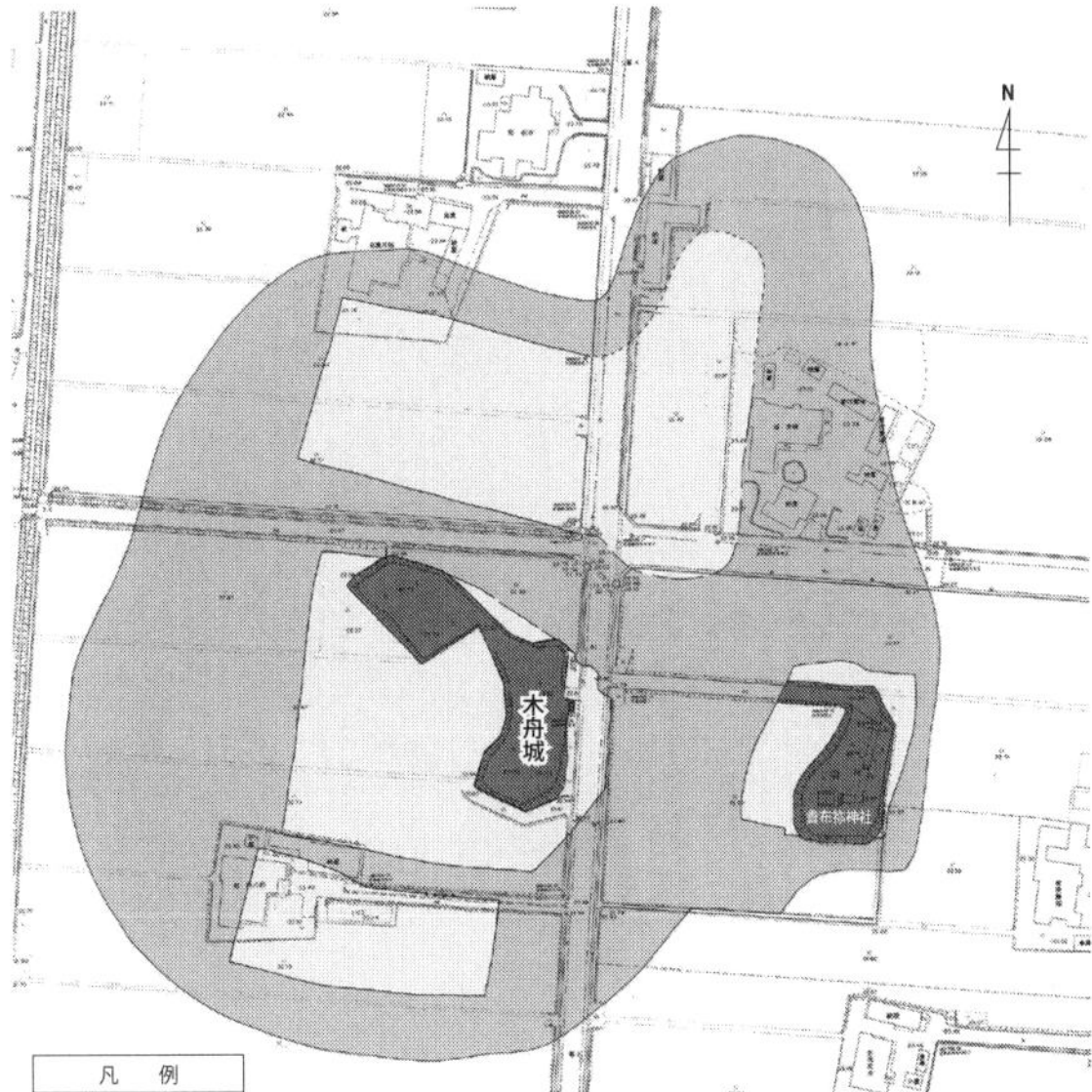

●—木舟城推定図（平成10年測量図）（高岡市教育委員会提供）

●—地滑り跡（高岡市教育委員会提供）

なお、現在城跡として残る微高地は『三州志』「故墟考」が記すように本丸跡の一部であろう。同書によれば、すでに江戸時代の段階で城跡の大半は田畑になっていたようである。天正大地震の被害もあり、プランの詳細な把握は困難と言える。しかし、絵図、地籍図、レーダー探査、発掘調査の成果を複合したものが木舟城推定図であり、堀に囲まれた四つの郭を推定することができる。なお、木舟城は石黒氏の後、上杉氏や佐々氏、前田氏らによって使用されたが、城や城下町のプラン自体は石黒成綱期の姿を基盤にしながら発展させたものと考えられる。

また、地名から城下の様子を推測するなら、職人町に関わる「紺屋町」・「鉄砲町」、寺院に関わる「御坊町」、町屋に関わる「北町」、侍屋敷に関わる「石原殿」・「古屋敷」などが伝わる。

●—木舟城出土遺物集合写真（高岡市教育委員会提供）

このように眺めてみると、城下町はおよそ東西一・二×南北一キロ程度の広がりとなるが、内部の町並みはその自然地形から町屋や武家屋敷が散在する景観を見せていたと考えられる。

木舟城跡周辺の発掘調査では、一五世紀後半から一六世紀の遺物が出土するとともに、噴砂や地滑り跡といった地震の痕跡も確認されている。これは、木舟城を崩壊させた天正地震によるものである可能性があり、大地震の痕跡を今日に伝えるものである。さらに木舟城下町の発掘調査では、一六世紀の遺物・遺構を主体とし、中世の北陸道沿道までの広い範囲に形成されたことが確認されている。

【参考文献】福岡町教育委員会『富山県福岡町木舟城跡発掘調査報告—範囲確認調査報告—』（二〇〇二）

（田上和彦）

●旧五位荘域の拠点城郭

赤《あか》丸《まる》城《じょう》

〔高岡市史跡〕

〔所在地〕高岡市福岡町舞谷ほか
〔比　高〕一五〇メートル
〔分　類〕山城
〔年　代〕一六世紀頃
〔城　主〕中山国松
〔交通アクセス〕能越自動車道「高岡北ＩＣ」から車で約一〇分。

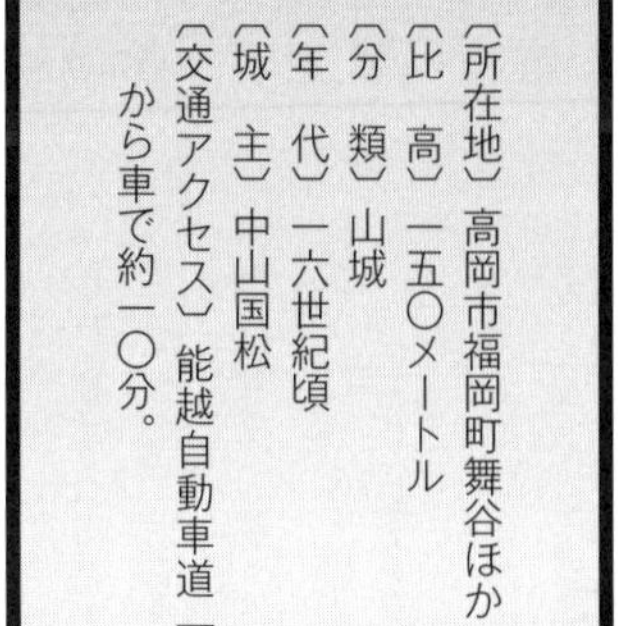

【城の歴史】　赤丸城は、高岡市福岡町赤丸の城ヶ平山（標高一七二・六メートル）の山上一帯に築かれている。北麓の舞谷付近からの高さは約一五〇メートルである。この城は要害度が高く、旧五位荘域の拠点城郭に位置づけられる。

築城年代は不明だが、『三州志』などによれば、天正年間（一五七三―九二）中山国松が居城し、上杉謙信に攻め落とされたという。別の伝承では、赤丸城跡に近接する浅井神社（高岡市石堤所在）の由緒には「五井荘の城主中山治部左衛門崇敬浅からず、祈願社として神供米を毎年献納し、且つ荘内五十三箇村へ毎戸初穂米一升ずつ献供すべきことを達し、毎年秋季祭りの節に厳重に奉納せしめたり」とあって、五位荘地域を支配する「中山治部左衛門」なる者が浅井神社を祈願社としていたこと、そして荘内の各戸に毎年初穂米を一升ずつ奉納させていたことを伝えている。由緒に見える「中山治部左衛門」は調査の結果、実在しており、『福井県史』資料編八に掲載された、元敦賀市大比田在住の中山正彌家に伝えられた一群の借用状の中に、米などの貸主として「中山治部左衛門尉」の名が見出せた。しかも、借用人の居住地はほとんど五位荘とその周辺地域であると推測された。これによって赤丸城や近くの浅井城を拠点とした中山氏の実在が初めて明確に裏付けられることになった。

また、同時に知られた由緒書により、その後の中山氏の詳細を追うことが可能になり、それらを分析すると以下のようになる。中山氏は、戦国後期には赤丸城を本拠として小矢部《おやべ》

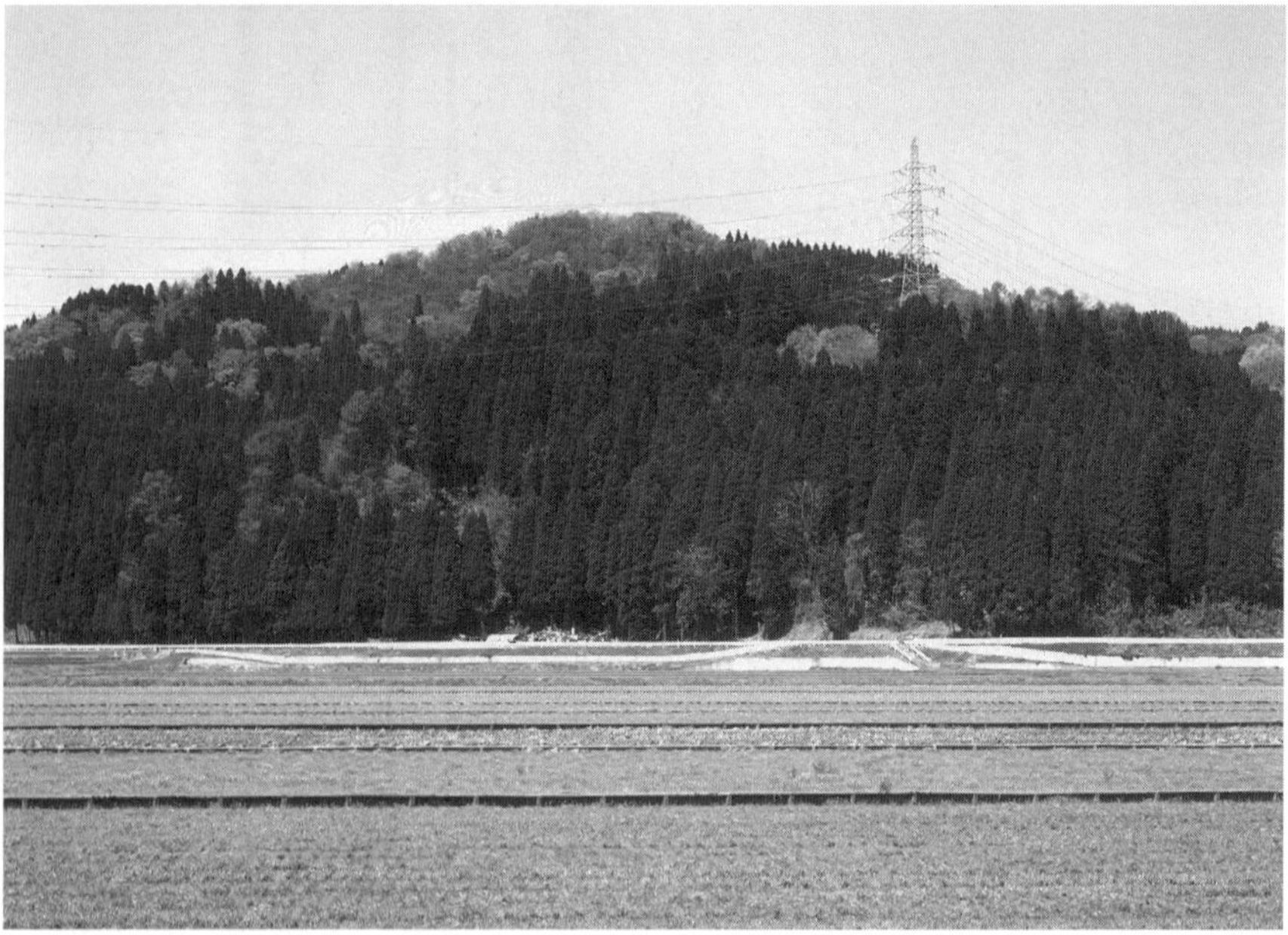

●—赤丸城 遠景（高岡市教育委員会提供）

川左岸を中心に五位荘域に勢力を有していた。しかし、上杉謙信の越中征服を経て佐々成政の在国時代にはその配下に属したとみられる。天正十二年（一五八四）、成政による前田方の能登末森城攻めに参加したようであり、赤丸北方の柴野にかかわる寺嶋牛之助（成政部将）とも何等かの因果関係を推測できる。翌年、成政が秀吉に降伏すると、中山氏は本拠地赤丸を去り、のちに越前などに移り住んだ。このように伝説的存在であった国人領主の中山氏に対して、越中の中世史の中で位置付けられるようになった。

【城の構造】 赤丸城は、山頂部の郭を中心に各方向へ伸びる尾根を削り、各郭を階段状に配したものである。畝状空堀《うねじょうからぼり》が存在することも大きな特徴である。畝状空堀は越中の場合、戦国後期に設けられたが、使用例は約一〇ヵ所程度と少なく、砺波・氷見など西部に多い。また、山上部の郭に井戸が存在することも注目される。この井戸は古くよりその存在が知られ、地元では「殿様池」と称し、殿様が使用していた掘抜井戸（深さ一〇メートル）であると伝える。こうした井戸跡の存在は、赤丸城が一時的な拠点ではなく、日常的な移住を考慮した山城であったことを示している。

　主郭は山頂部のA郭とみられ、北東側に一段、南西側に三段の低い平坦面を有する。また、東側には斜面に面して一段

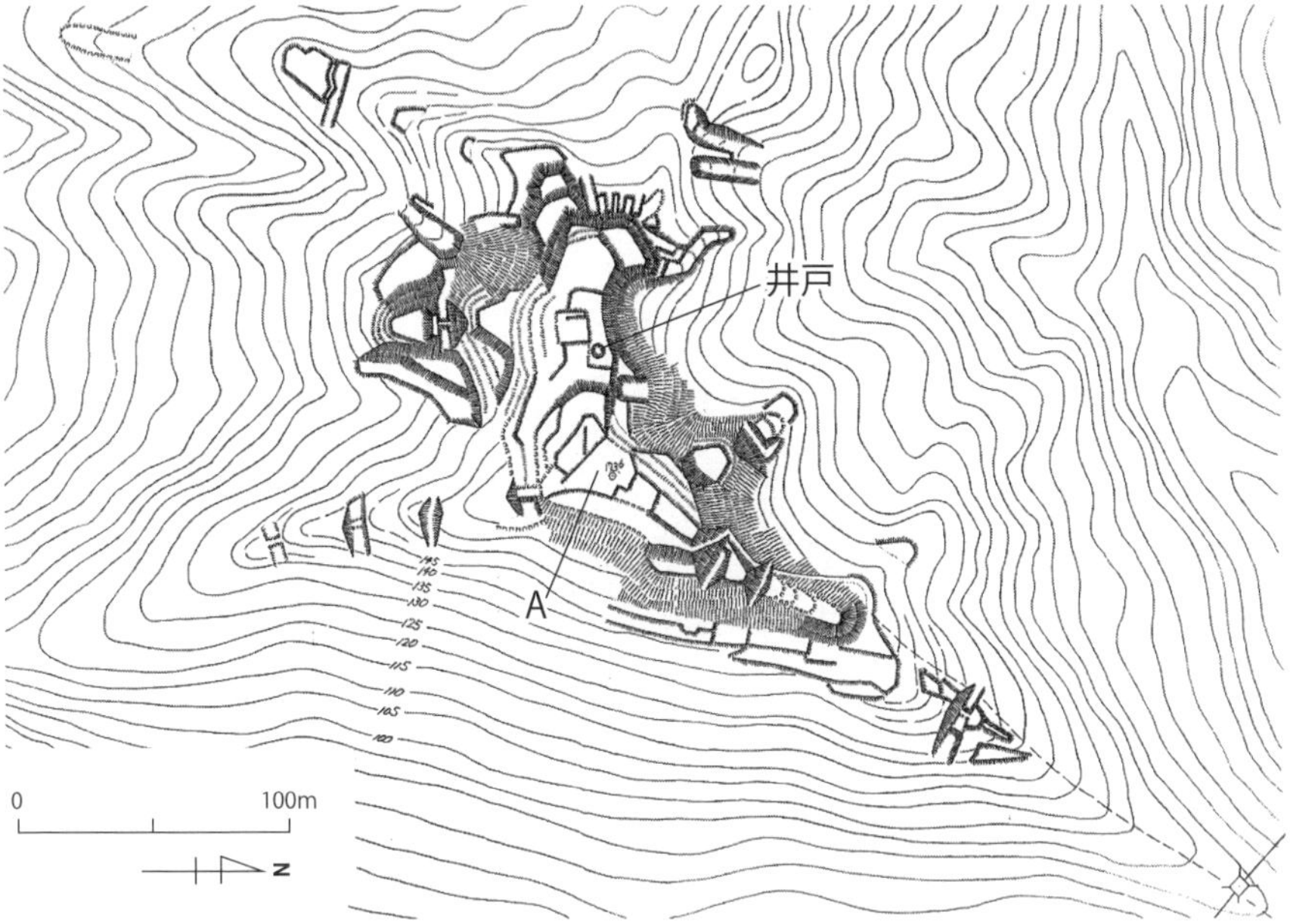

●—赤丸城縄張図（作図：佐伯哲也）

低く帯状の平坦面をめぐらしている。郭の規模は六五×三〇メートル程度である。主郭から平野側を望む眺望は開けており、国人領主中山氏の支配域を想像できる。

主郭と並んで山頂部に存在するのは、西側に三・五メートルの段差を設けて一段低く位置する郭である。このうち、中央で、前述の井戸跡のすぐ南側に方形の一段小高い一画（九×一四メートル程度）があり、その西側と北側のへりには土塁《どるい》状の小さな高まりが見られる。この区画は、南へ張出した郭の付け根にもあたることから、城内でも重要な施設が置かれた所と考えられる。これらが山頂部に設けられた、城内中枢部にあたる郭群である。注目されるのは、小さな高まりがある平坦面から北西側に設けられた畝状空堀である。ここでは三本の小さな土塁（高さ約一メートル）が南北に並列している。尾根の広まった箇所に畝状空堀群を設けて敵軍の横移動を鈍らせ、動きの鈍った敵軍に対して、上部の郭に潜む城兵が狙っている。正面には鋭角の高切岸《きりぎし》があり、前進できず、畝状空堀群があって横移動もできず、城兵から弓矢を浴びせられ、敵兵は大混乱に陥ったと想像できる。理にかなった畝状空堀群といえる。

さて、山頂部から北東方向へ伸びる尾根伝いには、多数の平坦面や堀切《ほりきり》がみられることから、こちらが城の大手と考えられる。北東端の堀切を過ぎて、そのまま下ると北麓の舞谷集落に出る。

いっぽう、主郭から南方へ下る尾根筋の守りも壮大である。ここには計四本の堀切が段差をともない、連続して設けてある。この尾根筋の防御は固い。これらの堀切は、秋から冬にかけて赤丸城を東方より望むと綺麗に確認することができる。また、主郭の西側の端から南西方向に下る尾根筋にも削平した平坦面が何ヵ所か設けてある。この尾根筋は細く急なため、郭の設ける場所が限られているが、自然地形の防御を活かしたと考えられる。

●—赤丸城主郭から平野を望む（高岡市教育委員会提供）

全体的にみて、①山頂部に広い平坦面を有すること、②山頂部から伸びるすべての尾根筋に郭や堀切を設けてあるなど、実に入念に手を加えた縄張となっている。これだけ比高が大きいにもかかわらず、居住面積・防御力ともに旧五位荘域では群を抜いている。構築時期としては、畝堀の存在などから最終的に戦国末期に完成したものであろう。

●—赤丸城の井戸

【参考文献】福岡町教育委員会『富山県福岡町中世城館調査報告書』（二〇〇二）、佐伯哲也『越中中世城郭図面集Ⅲ』（桂書房、二〇一三）

（田上和彦）

●前田氏の越中進出拠点となった山城

今石動城《いまいするぎじょう》

〔小矢部市史跡〕

〔所在地〕小矢部市桜町・上野本・城山町
〔比　高〕一四〇メートル
〔分　類〕山城
〔年　代〕一六世紀末
〔城　主〕前田秀継・前田利秀
〔交通アクセス〕あいの風とやま鉄道「石動駅」下車、山頂まで徒歩四〇分。または北陸自動車道「小矢部ＩＣ」から車で三〇分。

【城の由来】　今石動城は、小矢部市の石動地区市街地の北西に位置する城山《しろやま》の山頂一帯に立地する山城で、最高所に位置する本丸の標高は一八七・三㍍である。

『越登賀三州志《えつとがさんしゅうし》』「故墟考《こきょこう》」によれば、加賀の前田利家が越中の佐々成政《さっさなりまさ》と交戦中の天正十三年（一五八五）四月に前田方の越中進出の拠点として築城し、守将として末弟の前田秀継《ひでつぐ》を加賀の津幡城から移したとされている。『越登賀三州志』「鞬嚢余考《けんこうよこう》」によれば、加越国境から越中側に進出して守りを固めた前田方の動きに危機感を募らせた佐々方は、翌五月に五〇〇〇の軍勢で小矢部川を渡り、今石動の近郊に火を放って攻めている。これに対し前田秀継と子の利秀《としひで》は一六〇〇の兵を従えて今石動城から出撃し、苦戦しながらも倶利《くり》伽羅《から》方面からの援軍も得て佐々方を退けたとされている（今石動合戦）。同年八月の羽柴秀吉（のちの豊臣秀吉）が富山城に籠る佐々成政を攻めた富山の役では、倶利伽羅峠《くりからとうげ》（今石動城から南に四・五㌔）に布陣する秀吉本陣の出城としても機能したと考えられる。八月末に佐々成政が降伏すると、前田秀継は平野部に位置する木舟《きぶね》城に移るが、十一月末に発生した大地震により木舟城は倒壊し、秀継夫妻も圧死した。子の利秀は木舟城下の再建を試みるが、翌年の天正十四年に今石動に移り、今石動城主として四万石を領することとなった。利秀は居城としての今石動城を再整備するとともに、木舟城下から寺院や領民を呼び寄せて城下町の建設も進めた。しかし文禄二年（一五九三）に利秀は二六歳の若さで病没し、後

●—主郭からの眺望

継ぎもいなかったため、その翌年に前田利長《としなが》により今石動城は廃されたとされる。

利秀の没後は、家臣であった篠島織部《ささじまおりべ》清了《きよのり》が城代として今石動に配され、以後五代にわたり篠島氏が今石動町奉行、射水・砺波郡奉行などを務め、城下町の今石動町は砺波地域の政治・経済の要所としての機能を長く果たした。

【城の構造】 城跡は、古くは白馬山《はくばさん》とも呼ばれた城山の山頂部にある。前田氏の越中進出の城にふさわしく、山頂の最高所に位置するA郭（主郭）からは砺波平野全体を一望することができる。

ほぼ方形の主郭を中心として、四方に延びる尾根筋に大小様々な規模の曲輪が切岸《きりぎし》によって階段状に連続して設けられている。特に主郭は大規模な切岸をめぐらし、周囲の平坦面からそびえ立つ景観を作り出している。主郭の北東隅に設けられた小曲輪状の虎口《こぐち》①は、同じく前田氏によって築かれた石川県金沢市の切山《きりやま》城虎口と同型とされる。

切岸の多用に対して、堀切《ほりきり》などがあまり用いられていないこともこの城の特徴として指摘されている。現状で敵の攻撃を防ぐ堀跡とみなされるのは竪堀《たてぼり》②・③、堀切④・⑤の四ヵ所だけで、特に真っ先に佐々軍の攻撃を受ける方角にある東郭では竪堀②の一ヵ所のみとなっている。

佐伯哲也は、防御施設が少なく、兵の駐屯地として適した曲輪を数多く造成している点から、築城の時期が従来の天正十三年四月ではなく、成政との交戦がほぼ終了し、秀吉の大軍を迎え入れる準備が必要な八月頃であった可能性を指摘している。しかし、現在の今石動城跡の姿はその後の前田利秀による再築城を経たものであると考えられることから、防御施設の少ない状況が当初の姿ではないことも想定される。ここでは仮説として、以下の三段階の築城過程があった可能性を提示しておきたい。

〔Ⅰ期　天正十三年四月頃〕　佐々方の軍勢が加越国境から退きつつあった時期で、前田方が越中側に大きく進出する橋頭《きょうとう》保《ほ》として今石動城を築城。『三州志』の今石動合戦の記述が事実であれば佐々方との軍事的緊張は依然高く、堀切等の防御施設も現在以上に整備されていた可能性がある。現状で堀切が主郭周辺に多く残ることからは、この時期の城は主郭とその周辺までがその範囲であった可能性がある。

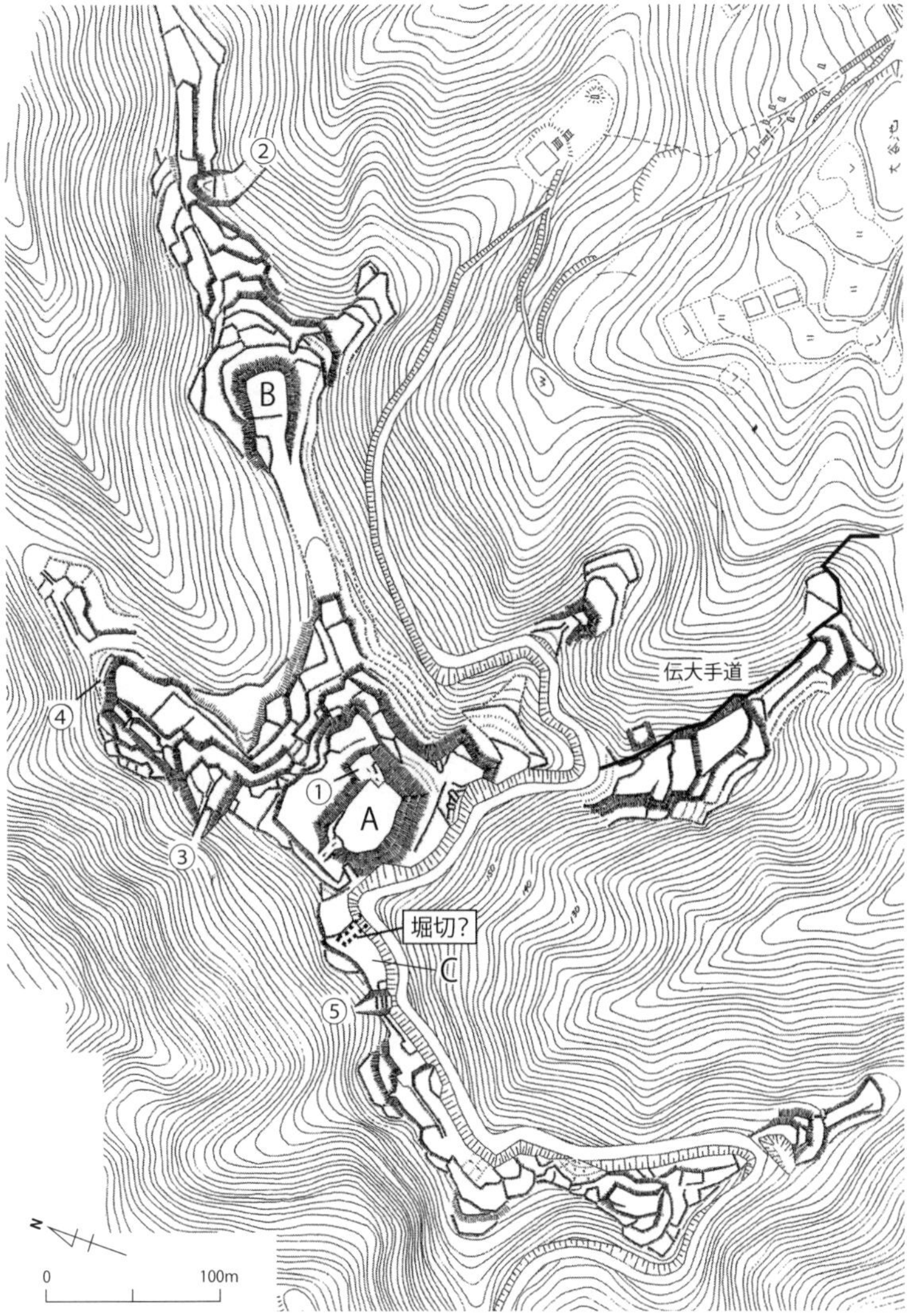

●—今石動城縄張図（作図：佐伯哲也）

〔Ⅱ期　天正十三年五月から八月〕　五月の今石動合戦前後、さらに佐々の軍勢が退く中で、秀吉の大軍の一部を迎え入れる駐屯地として今石動城を拡張。B郭など四方の尾根にも曲輪を造成する。富山県が平成十二年度から十七年度まで実施した

●—伝大手道

中世城館遺跡総合調査では、今石動城には縄張図に示した以外にも周辺に多数の平坦面が存在することが確認されている。発掘調査が実施されていないため、これらがすべて城跡と関係するものであるかは断定できないが、秀吉方の大軍の一部を駐屯させるために多くの平坦面が整備されたものと考えられる。

〔Ⅲ期　天正十四年から文禄二年〕　大地震による木舟城の倒壊翌年からの、前田利秀の居城としての再築城。城下町も整備する中で、城下を見下ろす「領主の城」としてその権威を表す姿に改修したものと考えられる。天正十五年と推定される七月六日付けの前田利秀の書状では、今石動城の築城工事が大詰めを迎えていることが述べられており、この頃までには城は現在の姿に近いものとなっていたと推定される。現在、城下町の方向から本丸方向へと延びる「伝大手道《おおてみち》」と呼ばれる古道が一部残っているが、これもこの時期に整備された道と考えられる。

ここに示した三段階の中で、防御施設としての堀切や土塁《どるい》などは、Ⅱ期あるいはⅢ期に城内移動の障害となるために埋められ、削平されている可能性がある。現在の地権者の話では、主郭の南西に位置する曲輪Cの横をかつて林道建設工事で削り取った際、その断面に幅三メートル程の堀跡が確認され、遺物も出土したという。現在は平坦に見える部分にも、埋没した堀跡が隠れている可能性がある。

【参考文献】『富山県中世城館遺跡総合調査報告書』（富山県埋蔵文化財センター、二〇〇六）、佐伯哲也『越中中世城郭図面集Ⅲ』（桂書房、二〇一三）

（大野淳也）

●佐々氏が北陸道を押さえた国境の城

源氏ヶ嶺城《げんじがみねじょう》

〈所在地〉小矢部市松永・道林寺
〈比　高〉一九〇メートル
〈分　類〉山城
〈年　代〉一六世紀末
〈城　主〉佐々氏
〈交通アクセス〉あいの風とやま鉄道「石動駅」下車。市営バス蟹谷線「寿永荘口」停留所下車、徒歩約三五分。または北陸自動車道「小矢部ＩＣ」から車で二〇分。

【城の由来】　源氏ヶ嶺城は、源平の合戦で知られる倶利伽羅《くりから》峠《とうげ》がある砺波山《となみやま》の支峰で、砺波山から尾根伝いに南東へ約五〇〇メートル離れた場所にある。源氏ヶ嶺城はこの峰の頂部に立地する山城で、最高所に位置するA郭の標高は約二四五メートルである。

『越登賀三州志《えつとがさんしゅうし》』「故墟考《こきょこう》」によれば、寿永二年（一一八三）の源平合戦の際、倶利伽羅山猿ヶ馬場《さるがばば》に布陣した平氏軍に対し、源氏軍の木曽義仲《きそよしなか》がこの嶺に布営築堡したことから源氏ヶ嶺と呼んだとされる。詳しい築城年代は不明であるが、越中の佐々成政《さっさなりまさ》と加賀の前田利家が戦った天正十二年（一五八四）から十三年には佐々方の城となり、加越国境沿いの街道筋に築かれた「境目の城」の一つとして改修されたとみられている。源氏ヶ嶺城の北約五〇〇メートルには、倶利伽羅峠を越える北陸道が通ることから、この道を押さえる要衝として存在したとみられている。加越国境上に位置する砺波山には、加賀側にも北陸道沿いに和田山《わだやま》城と龍ヶ峰《りゅうがみね》城の二つの城があり、天正十二年の開戦時には、源氏ヶ嶺城を含めた三城ともが佐々方の城であったと考えられている。『越登賀三州志』「鞬櫜余考《けんこうよこう》」によれば、成政は天正十二年九月に諸将を集めて守備の配置を定め、倶利伽羅に新塞を作り佐々平左衛門《へいざえもん》・野々村主水《もんど》に兵二〇〇〇で守らせたとされる。この「倶利伽羅の新塞」が実際にどの城を指すのかは明らかではないが、現在の城の縄張から見ると、和田山城と龍ヶ峰城は在地勢力の城の形態であって織豊系城郭の特徴は見られない。源氏ヶ嶺城は、その縄張から旧来の城を改修したものと見られるが、要所に土塁《どるい》や櫓台《やぐらだい》を設置している点や、虎口《こぐち》を明確にしている点から佐々成政による改修が推定されており、天正十二年の「倶利伽羅の新塞」は、成政による源氏ヶ嶺城の改修・再築城を指したものである可能性が高い。しかしその後、佐々方の戦況は悪化する。「鞬櫜余考」によれば、成政は天正十三年五月に鳥越・倶利伽羅から兵を引き、森山（守山《もりやま》城）・木舟（木舟《きぶね》城）・井波（井波《いなみ》城）・増山（増山《ますやま》城）に兵を加えて守らせた。利家はこの動きを見て、倶利伽羅に配下の近藤・岡島・平野を置いて佐々方の動向を監視させたとされ、同月の今石動城下における合戦でも、苦戦する今石動城の前田秀継《ひでつぐ》・利秀《としひで》の軍勢に対して倶利伽羅から援軍が来たと記されている。こうした記述から、この頃には源氏ヶ嶺城のある倶利伽羅一帯は、前田方の勢力下に置かれていたものと考えられる。そして同年八月末に成政が羽柴秀吉（のちの豊臣秀吉）に攻められ降伏すると、加越国境の軍事的緊張は解消され、他の境目の城と同様に、源氏ヶ嶺城も廃城となったと考えられる。

【城の構造】 城は、源氏ヶ嶺と呼ばれる峰の頂部一帯に築かれている。山頂部は東西方向から南北方向へ湾曲する「く」の字形を呈し、西側は深く険しい地獄谷に接し、東側から南東側にかけては平野部の眺望が開けている。深く切り立つ西側を除き、東、北、南側の三方の尾根を堀切《ほりきり》で遮断している。

●—主郭に立つ石碑

主郭は最高所に位置するA郭で、現在はその櫓台跡の上に大正二年（一九一三）に砺波山旧跡保存会が源平倶利伽羅合戦にちなむ旧跡に設置した石碑の一つ、「源氏が嶺」と刻んだ碑が立っている。

A郭からは、さらにB郭、D郭へと階段状に曲輪が続く。A郭とB郭との間には櫓台をともなう喰違《くいちが》いの虎口①を設けて、B郭方面からの敵に備えている。B郭は北陸道方面へと続くI尾根に面しており、この方面からの敵に対してまず、入り口を尾根両側への竪堀《たてぼり》で狭め、さらに竪堀⑤によって行く手を阻み、土塁通路⑩へと誘導する形となっている。そこからは高さ一五メートルの切岸《きりぎし》⑨を登ってようやくB郭に到達する。B郭は喰違いの虎口①と⑥に挟まれた空間となっており、I尾根あるいはD郭方面からB郭に侵入した敵を、A郭とC郭の両方面から挟撃する構造とみられる。また、特にD郭方面から登って来る敵に対しては、A郭北側に塁線土塁を設けて守りを強化している。

A郭の南には、E郭とF郭がある。A郭とE郭の間は堀切と竪堀を設けて狭め、さらに③地点から横矢《よこや》が掛かる構造となっている。南側の尾根からの敵の侵攻を防ぐため、E郭の南に配した幅三〇メートルもの大堀切②で尾根を完全に断ち切って遮断している。E郭にはさらに複数の櫓台を設け、南側や東側からの攻撃に対する守りを固めている。また、南側から

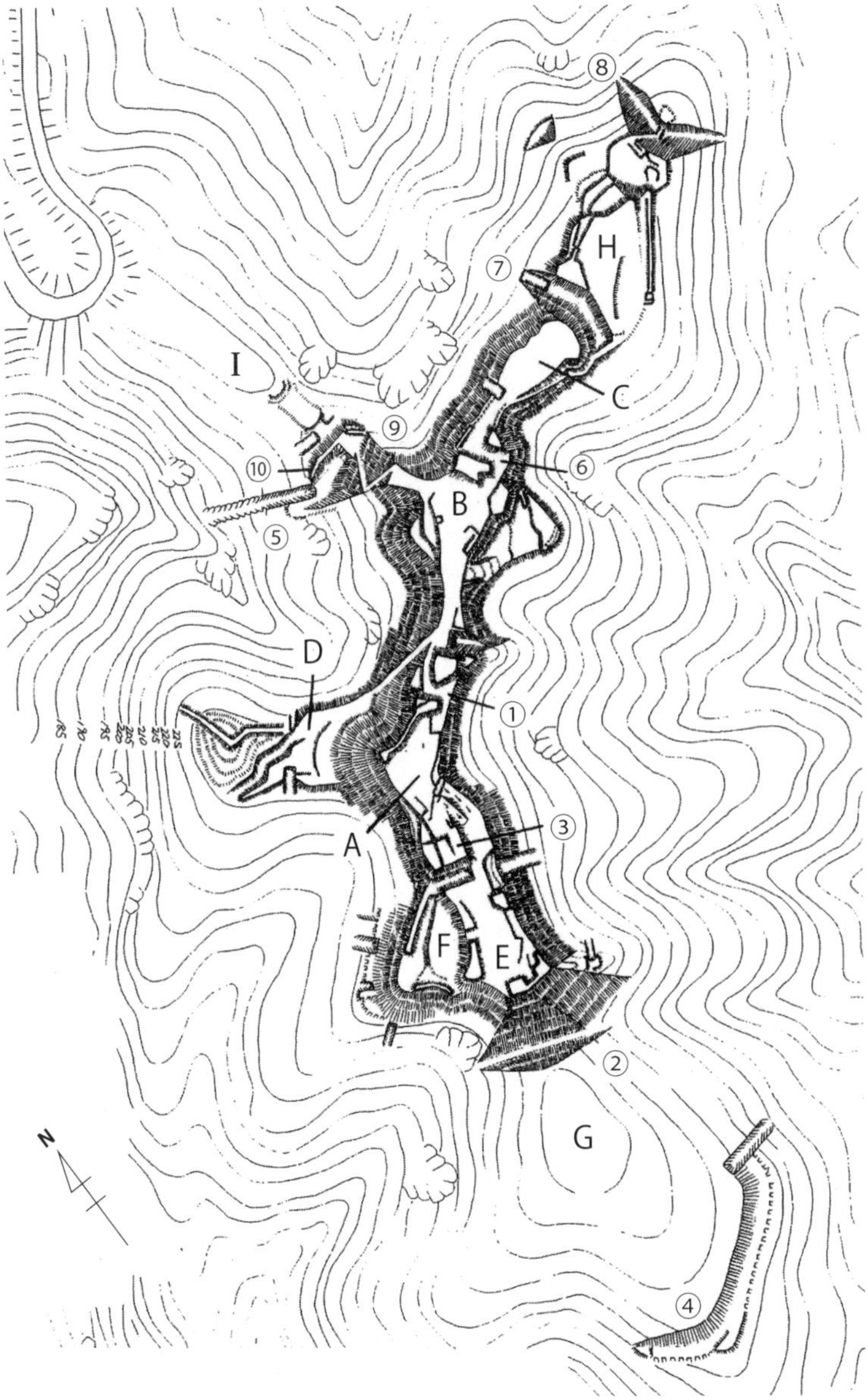

●—源氏ヶ嶺城縄張図（作図：佐伯哲也）

の敵軍がF郭の西に回り込むのを防ぐため、畝状空堀《うねじょうからぼり》群を設けるとともに、その直上に塁線土塁を築いている。堀切②の南側のG地点には、大小様々な不整形の平坦面が確認されているが、堀切②で他の郭と切り離された立地であること等から、後世の耕作による段である可能性が指摘されている。しかしその南側にはさらに防御施設である切岸④や竪堀が設けられており、堀切②と切岸④に挟まれたこの空間には何らかの施設があった可能性も残る。

城の北東部では、C郭の東に堀切⑦・⑧を設けて尾根を遮断し、その間にH郭を設けている。H郭はC郭との間を土橋《どばし》により連結して通路を確保している。

源氏ヶ嶺城の主たる役目は、前述のとおり城の北側を通る北陸道からの軍勢を監視し、食い止めるためのものであったと考えられるが、同じ役目を担った加賀側の和田山城や龍ヶ峰城は旧来の在地勢力の城をそのまま使用したものとみられ、佐々方による目立った改修の跡は見当たらない。それに対し、源氏ヶ嶺城ではクランク状に屈曲する喰違い虎口や主要な郭への櫓台や塁線土塁の設置、大堀切による尾根の切断などの、佐々方によるものとみられる大規模な改修が施されており、成政が国境付近の北陸道を押さえる上で、最後の砦としてこの城を重視していたことが伺える。

そのいっぽう、この城については、B郭に敵軍が入った際にA郭とC郭の連絡通路が無くなる点などにその縄張の甘さが指摘されるとともに、北陸道からやや離れた位置にあって道を直接封鎖していない点でも、松根《まつね》城や一乗寺《いちじょうじ》城といった佐々方の他の境目の城と比べて道に対する軍事的影響力が小さいものと評価されている。前者については、佐々以前の旧来の城を基にしたため、その改修時の縄張にも限界があったことが想定されている。また、後者の道との関係においては、北陸道が通る北側のI尾根方向からの敵を警戒するとともに、城の南側にも大規模な堀切②や切岸④を設けて厳重に警戒していることに注目したい。この方向の尾根上には、「松尾古道《まつおこどう》」と呼ばれる北陸道の間道が通っていることから、この城が本道と間道の両方を押さえる重要な位置にあったとも考えられる。

【参考文献】『富山県中世城館遺跡総合調査報告書』(富山県埋蔵文化財センター、二〇〇六)、佐伯哲也『越中中世城郭図面集Ⅲ』(桂書房、二〇一三)

(大野淳也)

●佐々氏が前田氏と対峙した国境の城

一《いち》乗《じょう》寺《じ》城《じょう》

〔小矢部市史跡〕

〔所在地〕小矢部市八講田・八伏・五郎丸
〔比　高〕八〇メートル
〔分　類〕山城
〔年　代〕南北朝期・一六世紀末
〔城　主〕丹羽吉左衛門・杉山小助
〔交通アクセス〕あいの風とやま鉄道「石動駅」下車、徒歩一二〇分。または北陸自動車道「小矢部IC」から車で二〇分。

【城の由来】　一乗寺城は、小矢部市八講田《はっこうでん》、八伏《はちぶせ》、五郎丸《ごろうまる》にまたがる枡山《ますやま》と呼ばれる山の山頂一帯に立地する山城で、最高所に位置する本丸の標高は二七九《メートル》である。

『越登賀三州志《えつとがさんしゅうし》』「故墟考《こきょこう》」によれば、はじめは桃井直常《もものいただつね》配下の丹羽吉左衛門がこの城に拠り、後に佐々成政《さっさなりまさ》配下の杉山小助が守ったとされる。詳しい築城年代は不明であるが、室町時代の南北朝期にあたる応安二年（一三六九）の『得田章房軍忠状』には、室町幕府に反抗した桃井直常方の軍勢が立て籠もっていた越中の「一乗之城」を、幕府方の能登の吉見氏が攻め落としたと記されていることから、この城が南北朝期に桃井方の拠点として築かれたことが推定されている。

倶利伽羅《くりから》峠を越える北陸道に対する脇街道の一つで、加賀の森本から越中側の八講田へ抜ける山越えの「田近越《たぢかごえ》」が城のそばを通ることから、このルートを押さえる要衝として存在したとみられている。

『越登賀三州志』「鞬櫜余考《けんこうよこう》」によれば、その後、本城の南西三《キロ》に位置する松根《まつね》城には、長享二年（一四八八）に加賀一向一揆《いっこういっき》の将、越智伯耆が布陣し、天文十九年（一五五〇）には同じく加賀一向一揆の将、洲崎兵庫《すのさきひょうご》が在城していたとされる。この時期の一乗寺城に関する記録は確認されていないが、松根城と一乗寺城とは峰続きの指呼の間にあり、ともに脇街道の小原越《おはらごえ》と田近越を押さえる重要な位置にあることから、一乗寺城もまた同時期に加賀一向一揆の軍勢の拠点となっていた可能性が高い。

越中の佐々成政と加賀の前田利家が戦った天正十二年（一五八四）から十三年には佐々方の城となり、加越国境沿いの街道筋に築かれた「境目の城」の一つとして大改修されたとみられる。成政は、天正十二年八月に一乗寺城から西に三・五キロ離れた同じく田近越のルート上に所在する前田方の朝日《あさひ》山《やま》城（金沢市）を攻撃して、反秀吉の旗色を鮮明にする。「鞬嚢余考」によれば、佐々方は佐々平左衛門、前野小兵衛を主将にし、五〇〇〇の兵を二隊にして松根・横根の二方面から来たとされ、松根方面の兵は松根城から、横根方面の兵は一乗寺城から軍勢を出したものと考えられる。翌天正十三年二月には、前田方が越中の蓮沼《はすぬま》城を攻めているが、この際には佐々方の杉山小助も兵を出して防戦したとされており、同じく松根城・一乗寺城から軍勢を出したものと考えられる。同年八月末に成政が羽柴秀吉（のちの豊臣秀吉）の大軍に攻められ降伏すると、越中の西半分は前田利長《としなが》に与えられ、加越国境の軍事的緊張は解消された。この時期に一乗寺城は廃城となったと考えられる。

【城の構造】 城跡は、古くは枡方山《ますかたやま》とも呼ばれた枡山の山頂部にある。城へ向かう西側の入り口には、昭和五十二年（一九七七）に建立された「一乗寺城址之碑」と刻んだ石碑が立っている。石碑に向かって左側には田近越の旧道①が通り、石碑の後方で大堀切《ほりきり》③により尾根を断ち切って削り出された大規模な切岸《きりぎし》の直下に出る。

●—城の入口に立つ石碑

曲輪は、山頂の最高所にあるA郭（主郭）を中心に、切岸によって各曲輪が階段状に配置されている。特に、加賀側に面するB郭は土《ど》塁《るい》の内側で四六×二九メートルの規模をもつ大きな曲輪で、多数の城兵が駐屯できる広さを持つ。先述のように、加賀側から田近越を進軍してきた前田軍は、幅二九メートルの大堀切③で尾根を断ち切って作り出した高さ一七メートルもの切岸に行く手を阻まれる。B郭はこの切岸の上にあり、前田軍からの攻撃を真っ先に迎撃するための兵を配備する曲輪となっている。田近越を直下に見下ろす切岸上の土塁には、横矢《よこや》折れや櫓台《やぐらだい》を設けて防御力を高めている。このような尾根を大規模に断ち切る大堀切の存在やB郭の位置・構造などからは、この城が加賀側からの攻撃に対して厳重に警戒していたことが伺われる。

城の北側はかなり急な斜面となっているが、敵がこちらに回った際の備えとして、大堀切③の北端を竪堀《たてぼり》状に落とすと

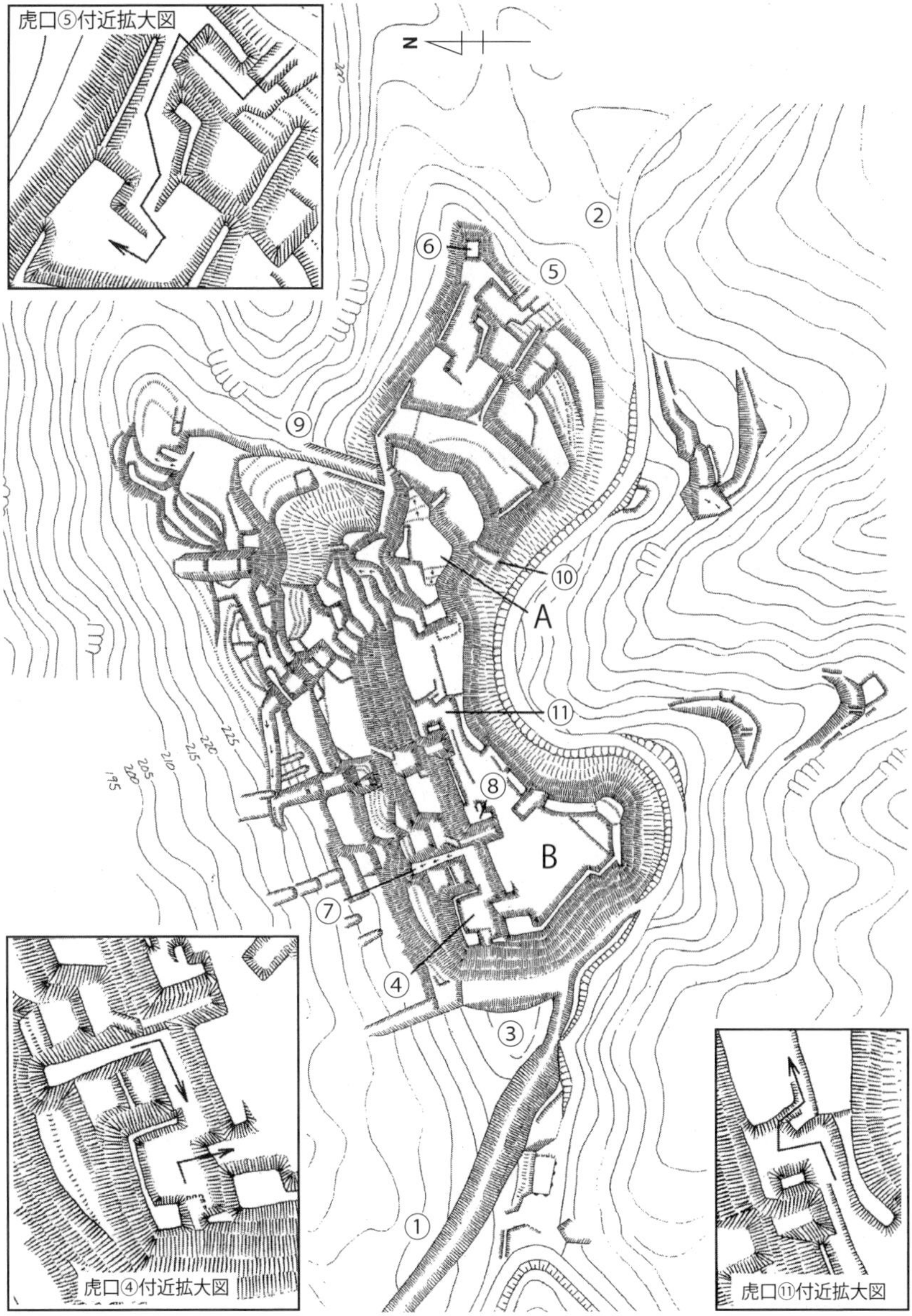

●—一乗寺城縄張図（作図：佐伯哲也）

ともに、さらに数本の竪堀を設けている。

B郭への入口である虎口《こぐち》④には、大堀切③側に小さな開口部があり、その両側の櫓台から厳しく監視されている。この下は高さ一三メートルの鋭角の高切岸となっていて容易に取りつくことはできないことから、平時には梯子等が架

●—大堀切（幅29m・右側が高さ17mの高切岸）

けられた出入り口を設け、戦時には取り外して厳重に閉鎖していたものと考えられている。B郭に至る虎口④に向けては、⑦の坂虎口からの出入りも想定されているが、この方面からの進入者は櫓台⑧やB郭から厳重な監視を受け、敵には横矢をかけることができる構造となっている。

B郭から主郭のA郭に向かう間には、堀切や竪堀が設けられているが、B郭東側の堀切は中央を掘り残して土橋《どばし》とし、連絡路を確保している。その先では、竪堀、櫓台、土塁を組み合わせた高度な防御機能をもつ虎口⑪を設けている。

A郭への越中側からの入口である大手虎口は、東方にある虎口⑤で、ここから入る際には櫓台⑥からの厳重な監視と横矢を受ける。その先も通路は複雑に屈曲し、最後は土塁通路からA郭へと至る。東側からA郭へ向かう敵が北や南に回り込んだ際の備えとして、竪堀⑨・⑩を設けて防御している。

こうした高度な防御施設を設けているのはB郭からA郭、そしてその東の大手にかけての、主に城の上段の部分であり、佐々方が加賀に対しての防御のために改修を行ったのはこの範囲であると考えられる。これに対し、A郭の北側斜面部分にはかなり低位の場所まで雑多な平坦面が階段状に続いている。上段のハイレベルな防御とは異なるあり方をするこれらの平坦面は、佐々方による改修以前の加賀一向一揆勢などが用いた旧来の縄張の可能性がある。

【参考文献】『富山県中世城館遺跡総合調査報告書』（富山県埋蔵文化財センター、二〇〇六）、佐伯哲也『越中中世城郭図面集Ⅲ』（桂書房、二〇一三）、中島光正『一乗寺城跡考』補訂三版（二〇一四）

（大野淳也）

桑《くわ》山《やま》城《じょう》

●桑山山頂に築かれた坊坂氏の城

〔所在地〕南砺市川西
〔比　高〕二九二・五メートル
〔分　類〕山城
〔年　代〕一六世紀
〔城　主〕坊坂四郎左衛門
〔交通アクセス〕ＪＲ城端線「福光駅」下車。なんバス土山線「華山温泉前」停留所下車から徒歩約三〇分。

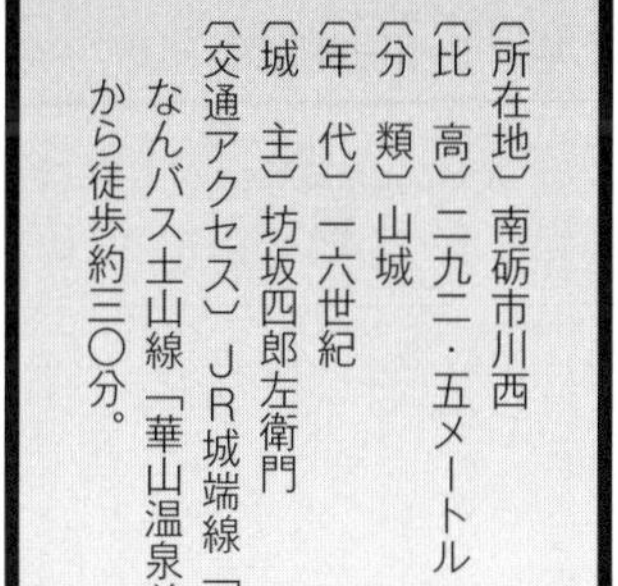

【一揆方に加勢した坊坂氏の居城】　桑山城は、砺波平野西端の医王山《いおうぜん》山地に連なる桑山に立地する。桑山は鉢を伏せたような独特の山容を呈しており、南砺の平野部ではどこからでもその姿を望むことができる。この山の南麓に国道三〇四号が東西に走り、往古から越中と加賀を結ぶ交通路として機能している。この山は、建築用材の桑山石という安山岩質の凝灰角礫岩の産地であり、かつて石切場が多数あったが、今は採掘していない。山頂には桑山石の石段が見事な桑山火宮社が祀られており、麓には拝殿がある。

砺波郡の歴史的な転換点に登場するのが、桑山城である。福満城主石黒氏の持分であったこの城は、坊坂四郎左衛門なる人物が預かっていた。石黒氏は、広大な荘域の石黒荘を本《ほん》貫地《がんじ》とする有力な在地土豪で、坊坂氏はその配下にあった。

一五世紀後半、その石黒氏が壊滅的な打撃をうける出来事が起こる。『闘争記』によると、文明十三年（一四八一）、山田川で福満城主石黒右近光義《みつよし》および育王仙（医王山）惣海寺《そうかいじ》の天台宗徒と、井波瑞泉寺《いなみずいせんじ》に結集する一向《いっこう》宗徒が激突した。いわゆる田屋川原（山田川）の戦いである。瑞泉寺には五ヵ山勢・近在百姓・山田谷・般若野郷の百姓が参集した。このとき、石黒家分として桑山城を守っていた坊坂氏が訳あって城を追い出され、一向宗の土山安養寺にあったが、石黒氏を裏切り、加賀湯涌谷《ゆわくだに》衆と協力して背後から育王仙と福満城下を焼き払い、安養寺の大将となったという。その結果、石黒勢は総崩れとなり、一族郎党が安居寺に逃れ自害して果て

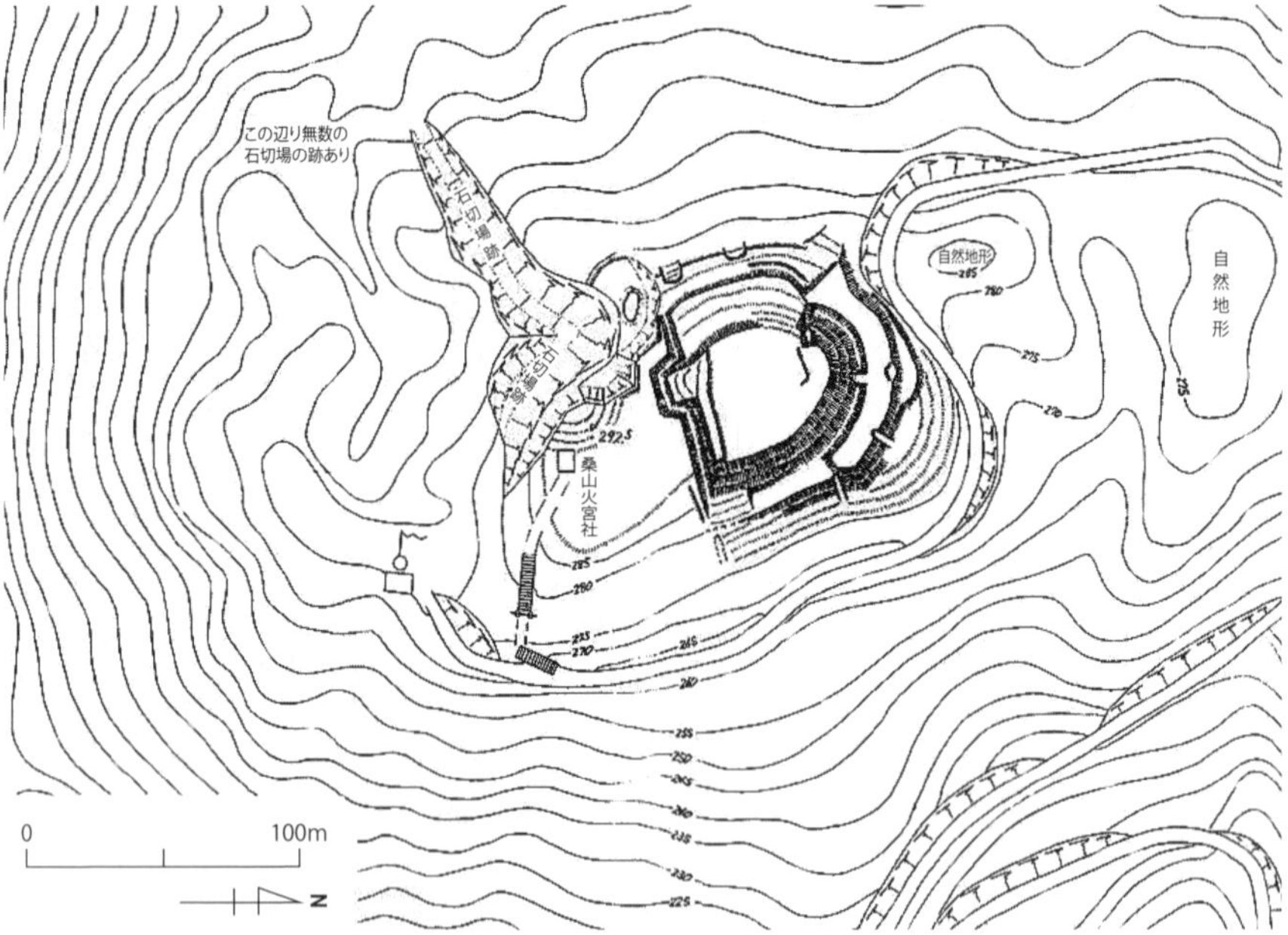

●—桑山城縄張図（作図：佐伯哲也）

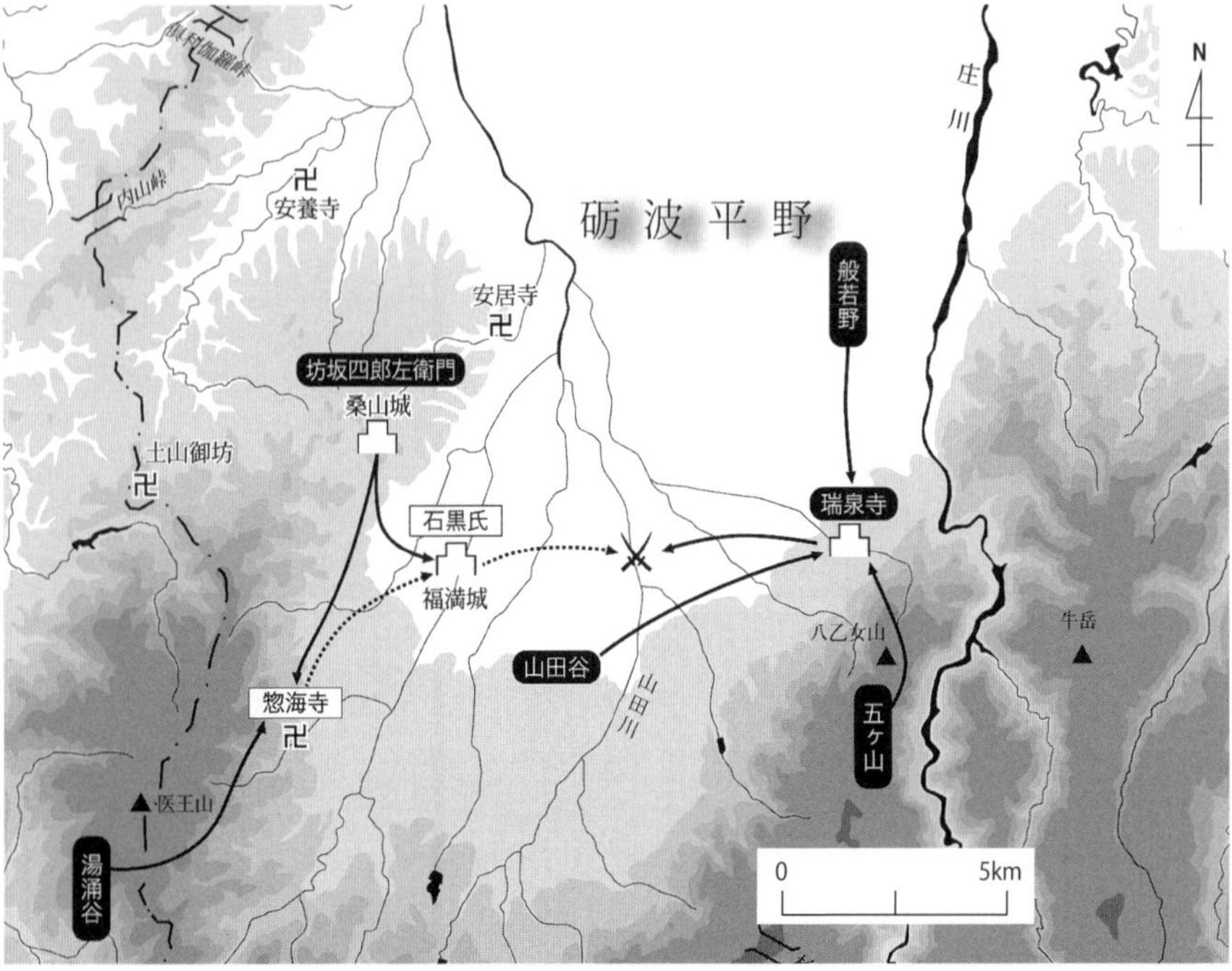

●—田屋川原の戦いにおける勢力図（『富山県史 通史編Ⅱ中世』p.744 を参考に筆者作図）

た。

　この戦いによって砺波郡の南半は山田川を境に、東は瑞泉寺領、西は安養寺領として両寺で分割統治することになったという。

　ちなみに、南砺市法林寺の光徳寺開基である道乗《どうじょう》は、俗名を高坂氏という。同寺の本尊裏書には、文明三年蓮如《れんにょ》に帰依して下付されたとある。このことから久保尚文氏は、この高坂氏と坊坂四郎左衛門が同一人物ではないかと推論している。

【戦国後期のシンプルな縄張】　桑山城は、山頂の北半分を利用して築かれている。南東方向には福満城、南南東にはランドマーク的存在の袴腰山《はかまごしやま》が眺望できる。

　主郭は桑山火宮社の北にあり、横堀と低い土塁によって防御線を築いている。主郭南の横堀は断面がV字状の薬研堀《やげんぼり》

●—主郭南の張出部

●—主郭南の横堀

●—桑山火宮社と桑山石の階段

で、上幅約六メートル、深さ約二メートルを測る。この横堀は途中でコの字に屈曲し、主郭の一部が櫓台《やぐらだい》状に張り出した形となっている。これは、横堀内に横矢《よこや》を効かせるための構造とみられ、戦国時代後期の特徴をもつ。

また、直線的な南側の横堀に対して、北側の横堀は地形に沿って丸みを帯びている。この横堀と腰郭で尾根伝いの敵を防ぐ。横堀の手前で主郭を回り込む敵に対しては、竪堀《たてぼり》を数本設けて横移動を封じている。

横移動を防がれた敵は、主郭の切岸《きりぎし》を正面突破しなくてはいけない。しかし、主郭と横堀の堀底までの比高は最大で七・七メートルを測り、かなりの高低差がある。主郭の東側から北側にかけての切岸は急峻であり、巨大な山城の主郭に匹敵するような迫力がある。そうやすやすと登ることはできない。

主郭への動線はよくわかっていない。主郭北西の横堀が切れた箇所から、主郭北西隅の小平坦面に進入するルートも考えられるが、表面観察では判然としない。

歴史的には一五世紀後半に登場するが、縄張は戦国時代後期の形態をとどめる。おそらく室町時代に築かれた山城に、戦国時代後期になって改修を加えたものとおもわれる。

城下は麓の西勝寺集落とみられる。主郭の標高は二九二メートルで、集落との比高差は二〇〇メートル以上である。

城への行き方は、国道三〇四号から華山温泉の横の林道を道なりに進むと、桑山火宮社の石段にたどり着く。林道は未舗装路で道路状況はかなり険しいため、自走にはRV車で行くことを強くおすすめしたい。

【参考文献】『富山県中世城館遺跡総合調査報告書』（富山県埋蔵文化財センター、二〇〇六）、佐伯哲也『越中中世城郭図面集Ⅲ』（桂書房、二〇〇三）、久保尚文「真宗の浸透―瑞泉寺と五箇山―」『南砺の城と人―戦国の寺・城・いくさ―』（南砺市教育委員会、二〇〇八年）

（野原大輔）

●三重堀切が残る要害の城

広《ひろ》瀬《せ》城《じょう》

〈所在地〉南砺市福光町舘
〈比　高〉二一〇メートル
〈分　類〉山城
〈年　代〉一六世紀
〈城　主〉加藤右衛門佐他
〈交通アクセス〉ＪＲ城端線「福光駅」下車、タクシーにて三〇分、後徒歩四〇分。

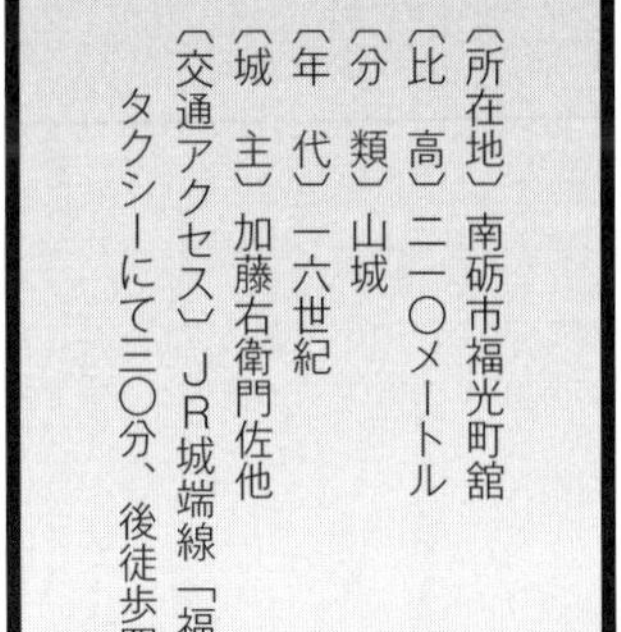

【加越国境越えの要衝】　霊山で名高い医王山《いおうぜん》から東側に派生した尾根の突端、通称城山山頂に築かれている。周囲を急峻な斜面に囲まれており、天然の要害となっている。城跡の東麓の小坂集落からは、糸谷・菱池乗越を経由して加賀の大菱池町に至る「白兀《しらはげ》越え」が通っている。この「白兀越え」は加賀と越中を繋ぐ街道の一つであり、このことが城地選地の一因となったのであろう。

【歴　史】　広瀬城に関する一次史料は存在しない。江戸期の地誌類『越登賀三州志』「故墟考」は城主について、加藤右衛門佐《えもんのすけ》・上田作兵衛《さくべい》・山口新左衛門《しんざえもん》・清水将監《しょうげん》が居城したと伝えているが、在城時期についてまで述べていない。ただし、在地土豪による築城を推定することができよう。

城跡西側の沢（①地点）には「鑓《やり》の先清水」と呼ばれる湧水があり、佐々成政《さっさなりまさ》関係の伝承を伝えている。このような伝承が残っていることを考慮すれば、一六世紀後半に至って佐々成政が使用したことを物語っているのであろうか。

城跡には遊歩道や案内板が整備されているが、多少荒れ気味である。登城口を事前に調査しておくことをお勧めする。

【城跡の現状】　主郭はA曲輪で、背後の尾根続きを三重堀切③で完全に遮断し、さらに櫓台《やぐらだい》②を設けて厳しく監視している。櫓台と三重堀切《ほりきり》がセットになった防御施設と理解できる。尾根続きはやせ尾根で、とても敵軍が進攻してくる可能性はないと考えられるが、城主としては心配だったのであろう。B曲輪の西斜面に階段状に設けた削平地を配置し、④地

●—主郭Aの櫓台②　城内の司令塔でもある

点には竪堀《たてぼり》を付属させた横堀、そして終端にはこれも竪堀を付属させた堀切⑤を設けている。この方面には現在進行ルートは存在しないが、これほど厳重な防御態勢をとっていることから、当時は存在したのであろうか。

主郭Aの東側にC曲輪があり、尾根続きを堀切によって遮断すると共に、敵軍が両サイドに回りこまないように竪堀を設けている。C曲輪から主郭Aに入るには、まず木橋《きばし》で竪堀を渡り、竪堀と堀切に挟まれた土橋を通って主郭Aに入ったと推定される。土橋は人一人しか通れず、しかもC曲輪からの横矢《よこや》が掛かり、土橋《どばし》を無事通過するのは至難の業だったと推定される。主郭虎口《こぐち》Aに多数の敵軍を直行させない、ある程度発達した縄張へと進化していることを読み取ることができる。

主郭Aにはきれいな内枡形《うちますがた》虎口⑥が残る。この存在によって広瀬城の使用期間が一六世紀後半まで下ることを物語っている。しかし一折れするのみで、櫓台や土塁も用いていない単純なものである。

C曲輪から東側は尾根が二股に分かれ、北側はD曲輪、南側はE曲輪が敵軍の進攻を食い止めている。D曲輪の北側には畝状《うねじょう》空堀《からぼり》群⑦があり、さらにD曲輪からC曲輪にかけての北斜面には数本の竪堀があり、敵軍の北斜面の移動を阻止している。またE曲輪は東側の斜面に竪堀二本を設けて、敵軍が東側に回りこまないようにしている。つまりC曲輪南側の斜面およびE曲輪西側斜面には防御施設がほとんど認められないのである。恐らく城道は敵軍の攻撃を受けないようにF地点を通り、E曲輪西側の⑧地点を経由してC曲輪の南側に出て、C曲輪に守られながら虎口⑥に入ったのであろう。

D・E曲輪とC曲輪との間には大規模な堀切があって完全に遮断している。各曲輪が孤立している縄張は、在地土豪の城郭そのものである。G曲輪はD曲輪方向に伸びる尾根の最

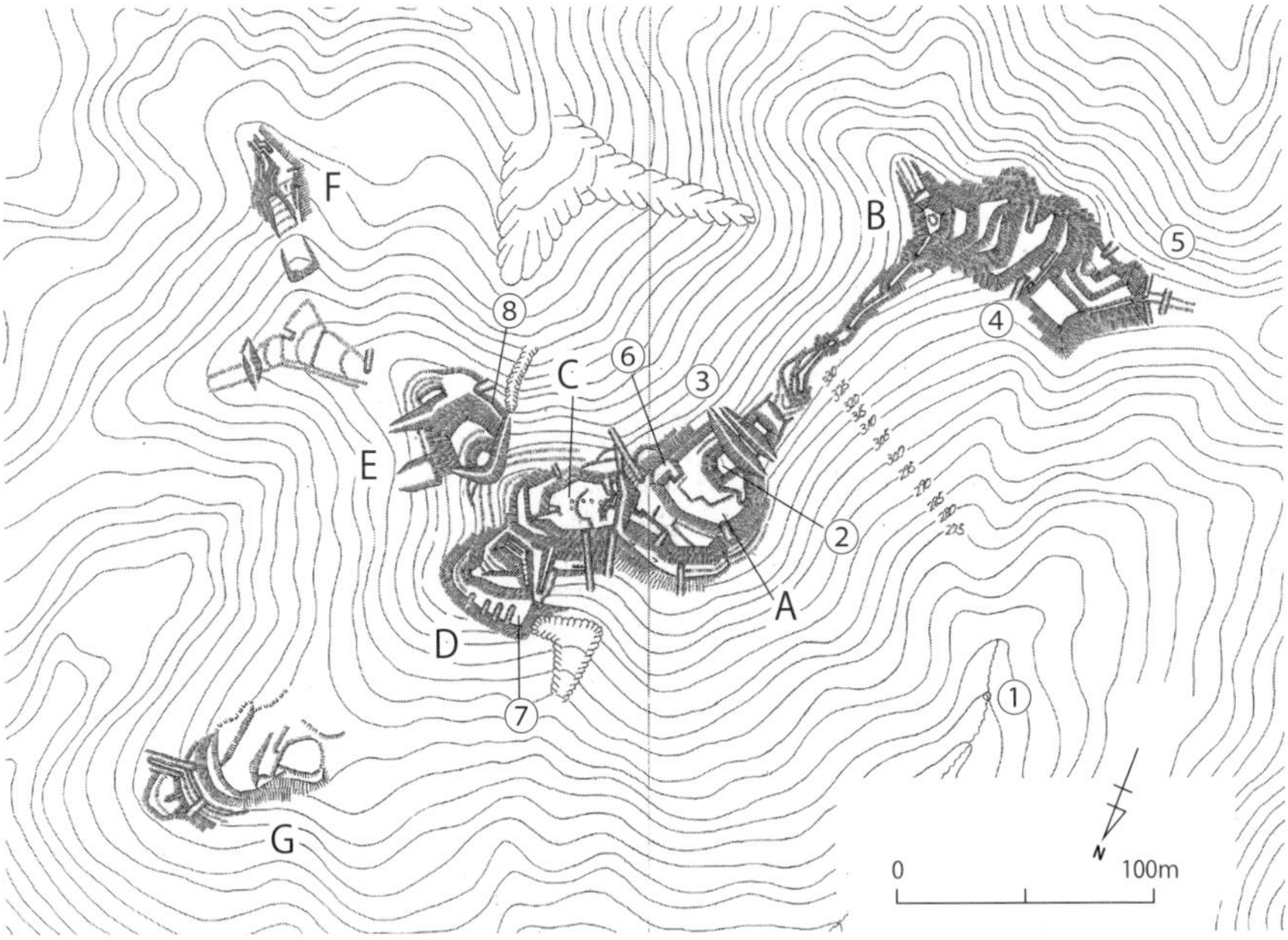

●—広瀬城縄張図（作図：佐伯哲也）

先端を守る曲輪と位置付けられる。先端に土塁と横堀をセットにした防御線を配置し、竪堀を付属させて防御力を増強させている。最前線を守備するにふさわしい曲輪だが、主要郭群から完全に孤立してしまっている。

このように広瀬城の各曲輪は独立性が強く、主郭からの求心力がおよびにくくなっている。基本的には古い縄張であり、後に改修した可能性を指摘することができよう。

【一六世紀後半の特徴】　縄張には一六世紀後半の特徴が各所に残る。まず櫓台②と三重堀切③とのセットになった防御施設であり、櫓台設置により防御力を増強している点に注目したい。もっとも注目したいのは、内枡形虎口⑥である。織豊系城郭の枡形虎口にまで発達していないことから、これのみで織豊系武将＝佐々成政の改修と断定するわけにはいかない。越中においても天正期になると、在地土豪の城郭でも枡形虎口を持つものが出現するからである。戦国末期の在地土豪の改修も視野に入れて考慮すべきであろう。

D曲輪に残る畝状空堀群⑦は、細長い帯曲輪ではなく、曲輪そのものを潰して設けている。つまり現存遺構は、古い時代に存在していた旧城を改修していることが判明するのである。戦国末期の改修を推定する大きな判断材料となる。

【山岳宗教遺構の可能性】　もう一点注目したい遺構がある。

●—主郭A・C曲輪間の堀切

それはC曲輪の竪穴群である。霊山医王山の中腹に位置し、さらに主郭Aには小堂が建っていたスペースを想定することができる。ここからは、秀麗な医王山を搖拝することができる。このことから竪穴は、入定窟（恐らく廃城後）の可能性を指摘することができよう。

【まとめ】現存遺構は、戦国末期に旧城を改修したことが推定される。三重堀切と櫓台・内枡形虎口・畝状空堀群が戦国末期、すなわち一六世紀後半の遺構と推定される。当初存在していた遺構の築城期については詳らかにできない。

改修者については、内枡形虎口の存在から佐々成政の可能

●—C・D曲輪間の堀切

性が高い。しかし前述のように在地土豪でも十分構築可能なレベルであり、両方の可能性を示しておきたい。かりに成政だとしたら、枡形虎口のみの改修に留まったと考えられる。

主郭Aに立てば真正面に医王山を搖拝することができる。山城と山岳宗教遺跡はオーバーラップすることが多い。もちろん廃城後もさまざまな目的で城跡は再利用される。そのような視点でも、今後研究していくことが重要と言えよう。

【参考文献】『医王山文化調査報告書「医王は語る」』（福光町、一九九三）

（佐伯哲也）

●越中一向一揆の拠点

井《い》波《なみ》城《じょう》

〔南砺市史跡〕

〔所在地〕南砺市松島東島
〔比　高〕八メートル
〔分　類〕平城
〔年　代〕一五～一六世紀
〔城　主〕瑞泉寺・佐々氏
〔交通アクセス〕北陸自動車道「砺波ＩＣ」から車で一五分。

【城の由来】　越中一向一揆の重鎮・瑞泉寺《ずいせんじ》が築いた城郭として有名である。『闘争記』（富山県史中世古記録に記載）によると、文明十三年（一四八一）山田川の戦いで、福満《ふくみつ》城主の石《いし》黒《ぐろ》氏を滅ぼした瑞泉寺は強大な軍事力を保有することになり、「夫《それ》より井波を要害にカマへける」と記している。これが井波城の築城とされている。

上杉謙信の越中征服とともに瑞泉寺は上杉氏に服従するが、謙信の死（天正六年、一五七八）によって織田氏の越中進攻が開始され、瑞泉寺も佐々《さっさ》軍の攻撃を受ける。天正九年瑞泉寺佐運が上杉景勝《かげかつ》の重臣・黒金景信《かげのぶ》に送った書状（富山県史近世上17）によれば、佐々成政《なりまさ》の軍勢が「堀縁」に在陣して攻撃してきていると述べている。瑞泉寺佐運が述べているのだから、「堀縁」とは瑞泉寺を囲む堀と考えられよう。さらに人数や鉄砲・弾薬を備蓄していたため、攻撃が数日間に及んだとしても「城中不可有越度候間可御心易候」と述べている。この書状から、瑞泉寺には「城中」と認識される施設が存在し、それは堀を伴っていたと考えられる。これが井波城のことと推定され、瑞泉寺は井波城の中に存在したと推定されるが、なお一考を要す。

「故墟考《こきょこう》」によれば、天正九年の攻撃により井波城は落城したと述べている。成政は井波城を改修して家臣の前野《まえの》小《こ》兵《へ》衛《え》を置いたが、天正十三年豊臣秀吉の佐々攻めにより成政が降伏すると、小兵衛も退城したという。以後、前田氏が使用した形跡がないことから、天正十三年をもって廃城になった

●—井波城上空写真（南砺市提供）

のであろう。

【城の構造】

井波城は現在井波八幡宮の境内や招魂社の敷地となっているが、東・南・西側には土塁《どるい》や水堀も残り、当時の面影を残している（現況図、図2）。特に南から東側にかけて残る土塁の残存状況は良好で、土塁の高さは四～五㍍、堀幅も一七㍍もあり、実戦に対応できる規模と言えよう。土塁の上幅は六㍍もあり、建物が建っていた可能性を指摘できる。南側の堀については、西側が水堀、東側が空堀《からぼり》となっているが、かつてはすべて水堀だった可能性がある。南側の土塁は幾度も屈曲させて塁線に横矢《よこや》を効かしており、櫓台《やぐらだい》①・②を設けて防御力を増強している。③地点も櫓台だった可能性がある。

外縁部の遺構は比較的旧状をよく残しているものの、内部の遺構の破壊は激しい。したがって戦前の『第九師管古戦史』記載の「井波城郭配図」（図1）を参考にしながら述べる。現在井波八幡宮が建つA地点を本丸、招魂社が建つB地点を二ノ丸、C地点を三ノ丸、そしてD地点を枡形《ますがた》と呼ばれた馬出《うまだし》曲輪が存在していたことが判明する。城域のほぼ全周に土塁と堀を巡らしていたことが判明する。

●—井波城二ノ丸（D地点から南東側）（南砺市提供）

城下から城内に入るには、大手口《おおてぐち》（図1）から入ったと推定されるが、三ノ丸や掛形からの横矢に晒されながら、三ノ丸・枡形を経由しなければ本丸に到達できないようになっている。防御態勢は厳重と言えよう。このような縄張は、佐々

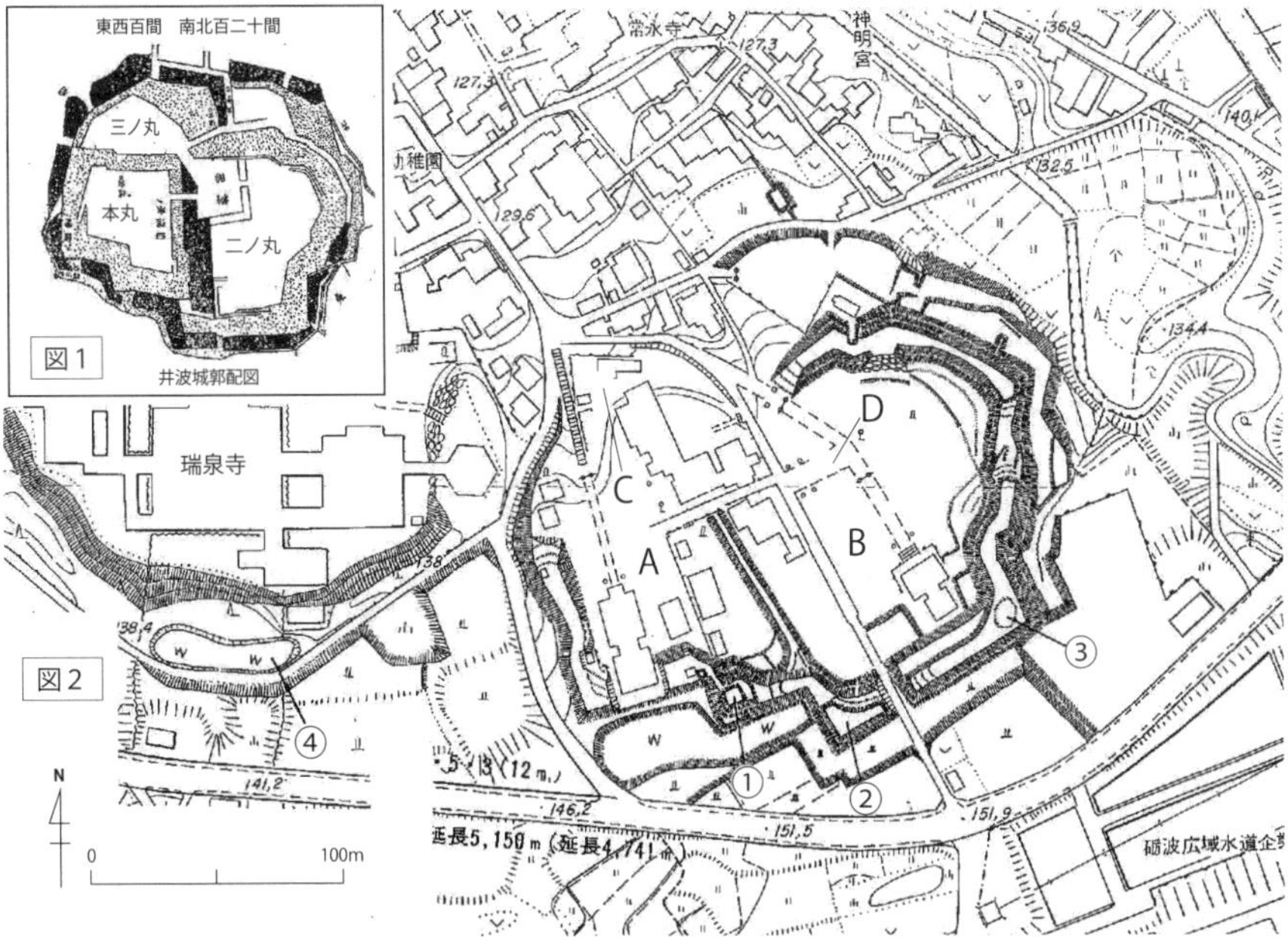

●—井波城縄張図（作図：佐伯哲也）

成政の改修によるものと考えられ、枡形と呼ばれる馬出曲輪の存在は、それを裏付けていよう。

確かに馬出曲輪は佐々期の改修と推定される。しかし横矢折れを設けた土塁は瑞泉寺時代でもよいと思われる。このような土塁を持つ真宗寺院として、山科本願寺《やましなほんがんじ》（天文元年〈一五三二〉以前）・若松本泉寺《わかまつほんせんじ》（享禄四年〈一五三一〉以前）・鳥《と》越弘願寺《ごえぐがんじ》（天正八年以前）・末友安養寺《すえともあんようじ》（天正九年以前）がある。瑞泉寺が戦国期に構築した可能性は高いと言えよう。ただし、門前町をも含む防御線は構築されていなかったようで、門前町との隔絶性が高かった城郭といえる。

現在の瑞泉寺の裏側にも水堀④が残る。構築年代は不明だが、付近から一六世紀の土師皿を採取しているので、戦国期の構築も指摘できる。だとすれば瑞泉寺の伽藍はすでに戦国期から現在地にあった可能性も指摘できるのであり、井波城は純然たる軍事施設として存在していたことになる。戦国期の瑞泉寺の位置については、考古学的成果を期待したい。

（佐藤聖子）

【参考文献】佐伯哲也『越中中世城郭図面集Ⅲ』（桂書房、二〇一三）

●縄張が完存する小ぶりな山城

上《うわ》見《み》城《じょう》

〔南砺市史跡〕

〔所在地〕南砺市上見
〔比　高〕二〇メートル
〔分　類〕山城
〔年　代〕一六世紀
〔城　主〕篠村太左衛門
〔交通アクセス〕ＪＲ城端線「城端駅」下車、徒歩約四五分。

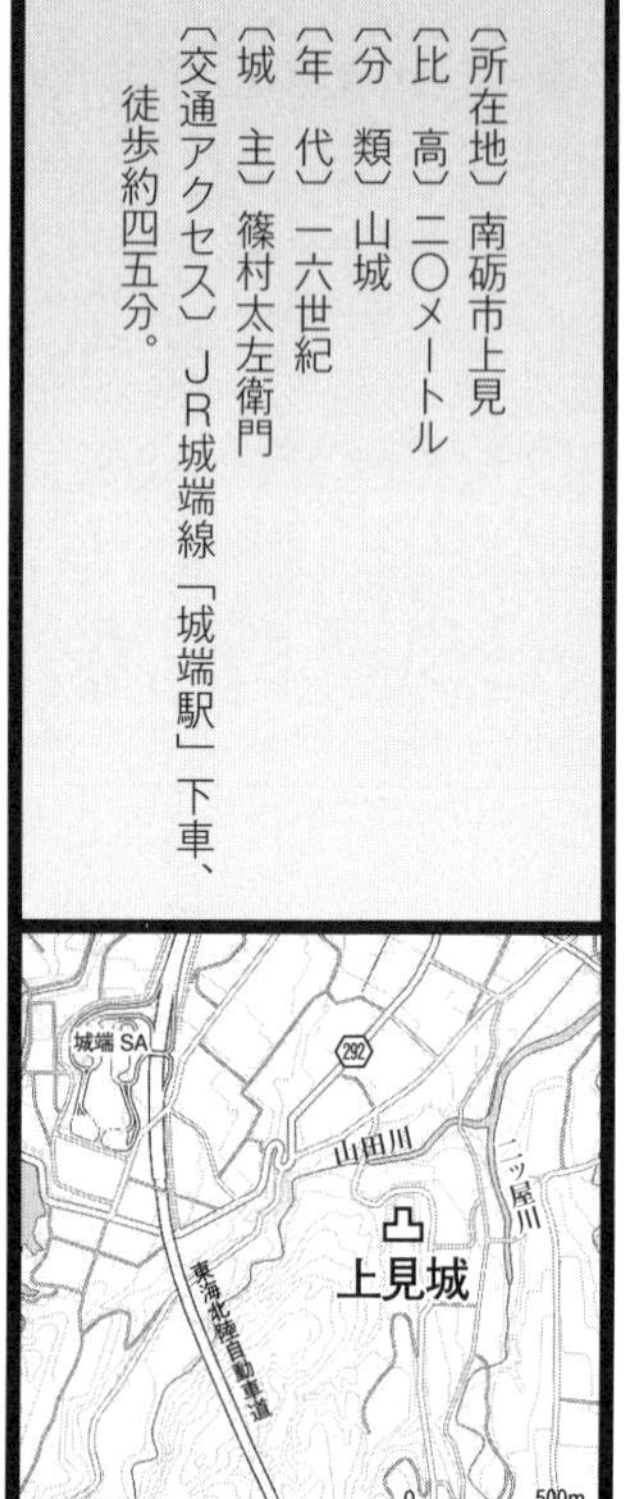

【小ぶりな中世土豪の城】　上見城は、城端市街の南西に位置する上見集落の西にある。城は山田川と二ツ屋川に挟まれた、南北に細長く延びた舌状《ぜつじょう》台地の突端を利用して築かれている。小字を「瀬戸山」、小地名を「城屋敷」という。

　隣接する上見集落とは直結しており、在地土豪の城もしくは村落が有した城とみられる。近世の富田景周著『越登賀三《えっとがさん》州志《しゅうし》』「故墟考《こきょこう》」には、「南北四十間、東西十七間、西北東は深谷、南は山と接す」とあり、天正年間に篠村太左衛門が居城したと伝える。

　また、飛騨白川郷帰雲城主内ヶ島氏の家老、萩町城主山下大和守の系譜に、嫡子氏時の妻に「越中川上郷上見城主篠村太左衛門娘」とある。内ヶ島氏は南朝方であり、この頃飛騨白川と越中砺波に繋がりがあった点が注目される。

　地名の上見は、南北朝時代に上津見保《うわつみほ》という南朝領の荘園名に由来する。上津見保は興国二年（暦応四年、一三四一）六月十四日の後村上天皇綸旨《りんじ》にみえ、合戦で南朝につき勲功のあった滝口蔵人に知行として宛行《あてが》った。滝口氏は越後の新田党で、新田義貞が越前金ヶ崎で挙兵した際、援軍として赴く途上の越中新川で北朝方の守護井上俊清を打ち破った。越後で失った勢力をこの地で回復したのである。

　上見城の歴史を振り返ると南朝との関係が浮かび上がる。この地は南朝方の拠点であった五ヶ山に程近く、南朝勢力の支配領域にあったことがうかがえる。また、上見の東にある南砺市大鋸屋《おがや》には、延元三年（一三三八）越前藤島の戦いで

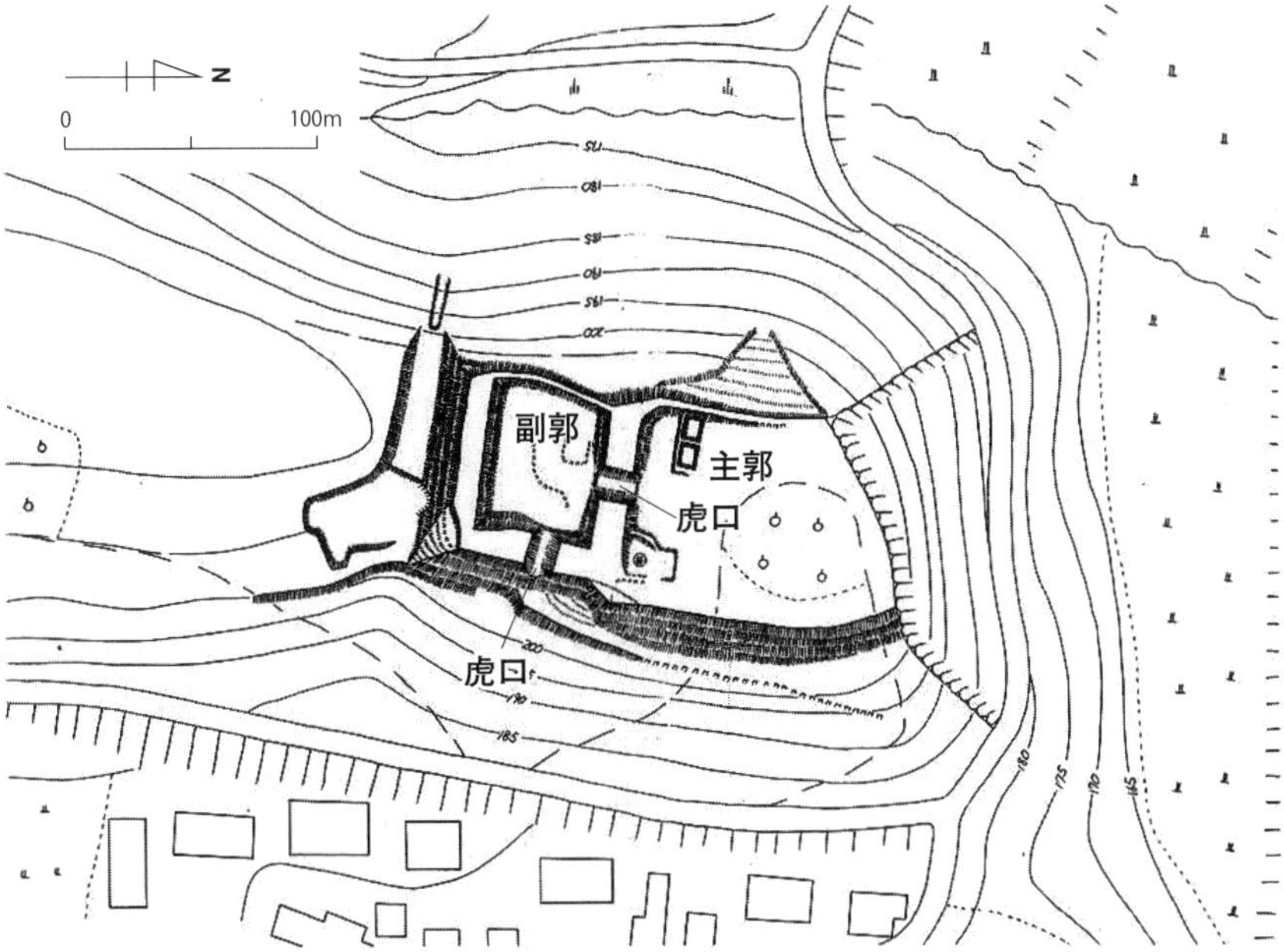

●—上見城縄張図（作図：佐伯哲也）

敗れた新田義貞の家臣畑六郎左衛門時能が、白川郷から五ヶ山を経て逃れて定住したとの伝承もあり、注目される。

【大ぶりな虎口】　縄張は、主郭と副郭の二つの曲輪で成り立つ。至ってシンプルな造りである。主郭北端が道路建設によって削られているが、地元の方の手入れが行き届いており、全体的には保存状態は極めて良好である。越中における小規模な山城では、指折りの存在といえる。

主郭は南以外の三方が急斜面で守られており、砺波平野への眺望が素晴らしい。西・南側に土塁《どるい》が巡り、東側に土塁がない。これは、集落が存在する側であることと、虎口《こぐち》にとりつぐ通路が東側斜面にあることの二点が原因であろうか。

●—主郭からの砺波平野への眺望

主郭の井戸跡は、落城の際に城主の奥方が小判一〇〇〇両を入れた箱をこの井戸に沈めたという言い伝えもある。以前、底を調べたところ、錆びた刃物と薬研《やげん》が掘り上げられたという（『城端町史』）。

城の特徴の一つに、副郭の土塁が全周している点があげられる。とくに北・東・南の土塁は幅広で、建物があった可能性も指摘されている。土塁が増強された背景には、尾根続き方向（南）と虎口の両側が敵の進入が予想されることが要因と考えられる。

もう一つの特徴は二ヵ所の虎口である。東斜面の通路から東の虎口に侵入すると、直角に折れて北の虎口に入る構造となっている。東斜面の通路は常に主郭からの横矢《よこや》が効いている状態で、副郭に侵入しても土塁上からの射撃に晒される。この虎口は技術的に発達した段階と評価され、枡形まで発展していないまでも、天正年間に使用した伝承を裏付けるものといえる。

南の尾根伝いからの敵は、堀切《ほりきり》と竪堀《たてぼり》によって遮断している。

●—堀切と土塁

●—主郭の井戸

●—副郭の全景

【参考文献】城端町史編纂委員会『城端町史』（一九九〇）、『富山県中世城館遺跡総合調査報告書』（富山県埋蔵文化財センター、二〇〇六）、佐伯哲也『越中中世城郭図面集Ⅲ』（桂書房、二〇一三）

（野原大輔）

●越中最高所の城郭

杉《すぎ》山《やま》砦《とりで》

〔所在地〕南砺市城端町および利賀村
〔比　高〕八一〇メートル
〔分　類〕山城
〔年　代〕一六世紀
〔城　主〕——
〔交通アクセス〕ＪＲ城端線「城端町駅」下車、タクシーにて三〇分、後徒歩三時間。

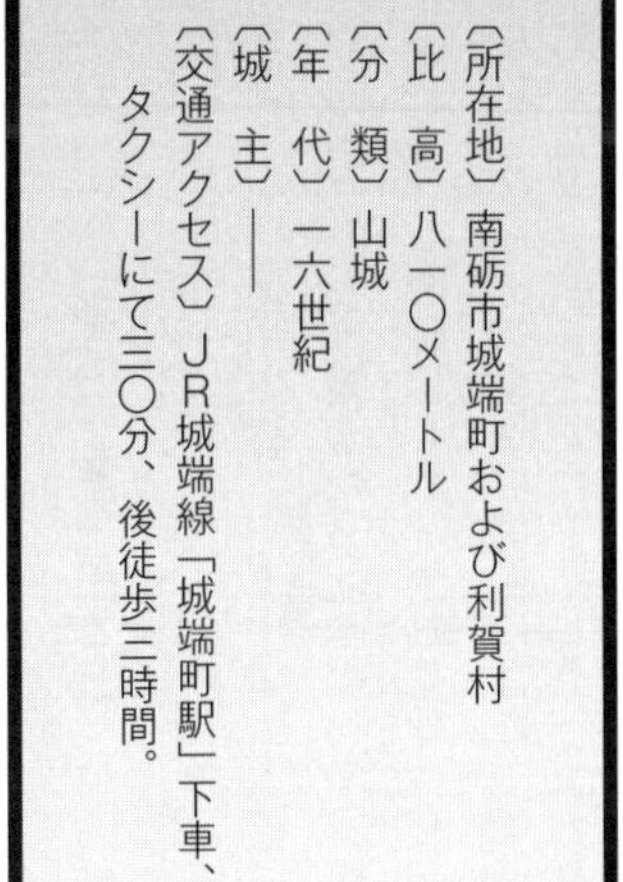

【明瞭な遺構が残る天空の城郭】　雪深い北陸において、標高が六〇〇メートルを越えると、とたんに城郭数が少なくなる。これは豪雪という気象条件もさることながら、戦略上の重要地ではなくなるという根本的な問題を含んでいる。仮に城郭の伝承が残っていても、木曽ケ平砦《きそがひらとりで》（魚津市、一〇七四メートル）のように明確な遺構が残っていない城郭がほとんどである。

このような中、杉山砦は明確な遺構が残る城郭としては、富山県内最高所の城郭である。標高が一一一〇・五メートル、比高が八一〇メートルもあるため、砦跡からの眺望は非常によく、はるか富山湾まで見通すことができる。天空の城といった感じである。富山県はもちろんのこと、北陸においてもトップクラスの最高所に位置する城郭である。

【山岳街道を監視する城郭】　庄川沿いに開ける五箇山《ごかやま》地方は、高清水《こうしみず》山地によって南砺《なんと》山麓から隔絶された形になっている。高清水山地には、尾根沿いに走る「横の道」（＝道宗《どうしゅう》道《みち》）と尾根越えの「縦の道」が存在していた。隔絶された五箇山の集落にとって、南砺山麓と繋がっていた縦横の道の存在は大きかったに違いない。

道宗道は一〇〇〇メートル級の高山を走る山岳街道であり、中世から使用されていたと考えられる。尾根上を通るため、雪崩の被害が比較的少なく、冬季孤立する五箇山にとって、冬季間でも通れる必要不可欠の山岳街道だったのである。

杉山砦は、横の道の道宗道と、縦の道の杉尾峠道が交差する杉尾峠付近に位置する。杉尾峠と杉山砦とはわずか二五〇メートルしか離れておらず、峠を強く意識して選地されたことは明白である。

杉山砦に関する一次史料は存在しない。また江戸期の地誌類にも一切登場せず、伝承すら存在しない。まったく謎の城である。しかし五箇山にとって必要不可欠の街道を監視していることから、五箇山に関連する武装勢力が築城したことが推定される。

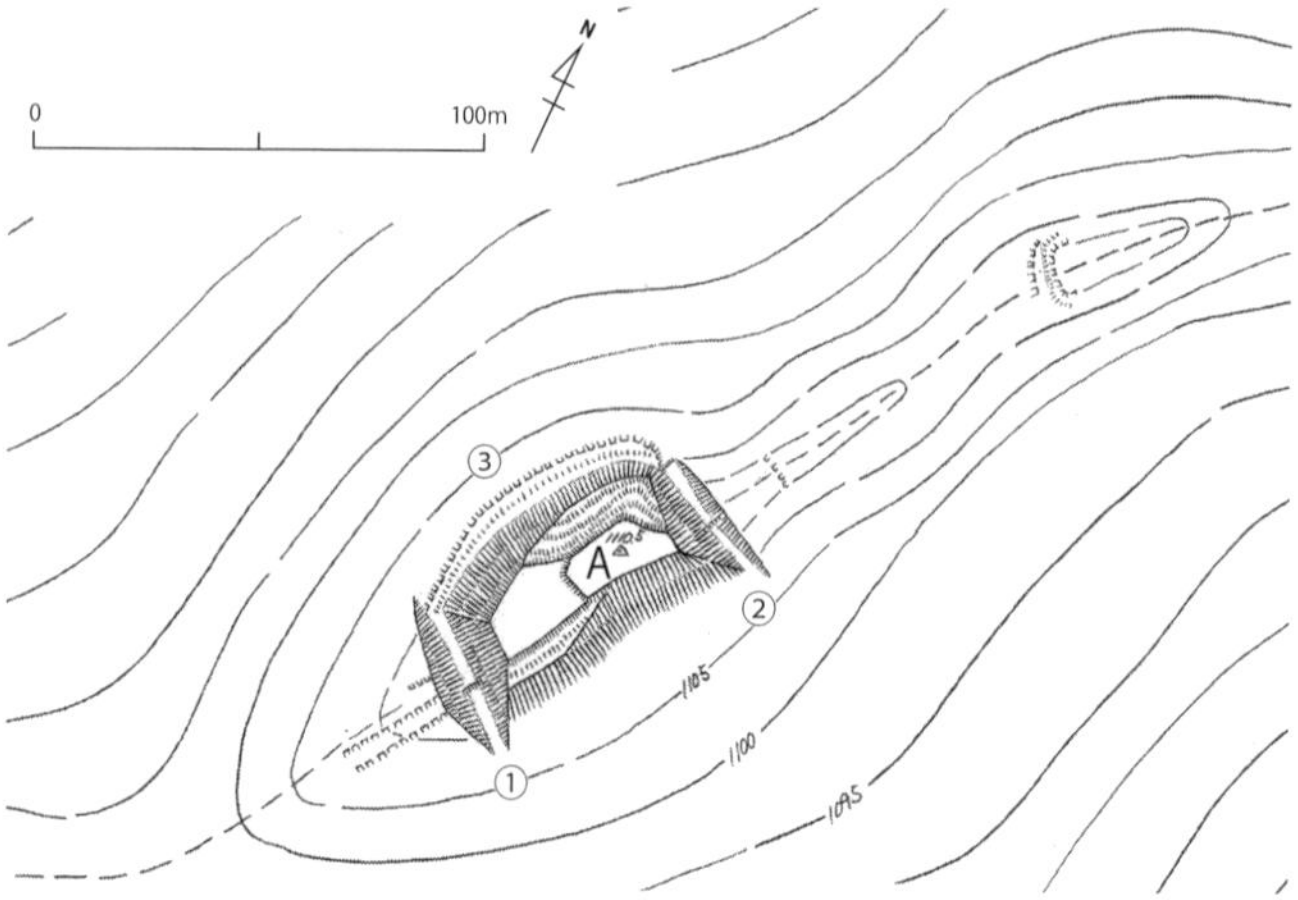

●—杉山砦縄張図（作図：佐伯哲也）

【城跡へのアプローチ】　城跡はトレッキングコースの途中にあるため、麓から約三時間の歩行に耐えれば、比較的簡単に到達することができる。遊歩道も整備されている。しかし城跡に関する案内板等は一切ないため、注意しながら歩行する必要がある。

【城跡の現状】　城跡の比高は八一〇メートルもあり、さらに遮るものはなにもないため、眺望は抜群である。集落から隔絶された場所に築かれていることからも、在地土豪が集落支配のために築城したのではないことが明白である。

【城跡の現状】　縄張は単純で、尾根の前後に堀切《ほりきり》を設けて遮断しているのみである。ただし、堀切①の幅は九メートル、②は六メートルもあり、一応実戦に対応できる規模と言える。主郭Aは一つの曲輪として使用するには高低差がありすぎたのか、ほぼ中央で段差を設けている。帯曲輪③は、堀切①を越えれぬ敵軍を帯曲輪③に誘い込み、主郭Aから横矢《よこや》を効かす防御設備と考えられる。虎口《こぐち》や土塁《どるい》・櫓台《やぐらだい》等は認められない。

【築城者を推定する】　杉山砦の考証については拙稿（参考文献参照）で述べているので、結論だけを述べる。築城年代は元亀年間（一五七〇〜七三）で、五箇山一向一揆《いっこういっき》が築城したと推定した。北陸の一向一揆は、天正年間に入ると、虎口を明確にして、土塁や櫓台を設けるものが出現する。杉山砦はそのような縄張にはなっていないため、元亀年間の築城と推定したのは、妥当な考えと言えよう。

これとは別に、一向一揆が天正年間に五箇山に楯籠っていたことを示す書状が存在することから、杉山砦が天正年間に築城されたとする説も存在する。しかし書状には杉山砦という固有名詞や、杉山砦を示すような文言は一切書かれておらず、また、五箇山に楯籠ったと述べているに過ぎず、城郭に楯籠ったとは一言も書かれていない。さらに縄張は天正年間ではないため、この説を否定したい。ただし、使用したことは考えられるため、廃城年代は天正年間まで下る可能性は考えられよう。

【まとめ】 杉山砦は、富山県最高所で明確な遺構が残る城郭として貴重である。そして史料等がまったく残らない城郭として、縄張研究と文献研究の成果が違った結果になった城郭でもある。この違いをどのように克服していくのか、それは杉山砦のみならず、広く中世城郭全体に課せられた課題と言えよう。

【参考文献】佐伯哲也「遺構から読み取る杉山砦の築城年代について」『北陸の中世城郭』第一九号（北陸城郭研究会、二〇〇九）

（佐伯哲也）

●—主郭Ａ現況

●—堀切②

●—堀切①

●壮大な縄張をもつ北陸屈指の居城

増《ます》山《やま》城《じょう》

〔国史跡〕

〔所在地〕砺波市増山字一の丸ほか
〔比　高〕七〇メートル
〔分　類〕山城
〔年　代〕一四〜一七世紀初頭
〔城　主〕二宮氏、神保氏、上杉氏、一向一揆、佐々氏、前田氏
〔交通アクセス〕ＪＲ城端線「砺波駅」下車。市営バス東般若・栴檀野線「増山」停留所下車、徒歩約一五分。

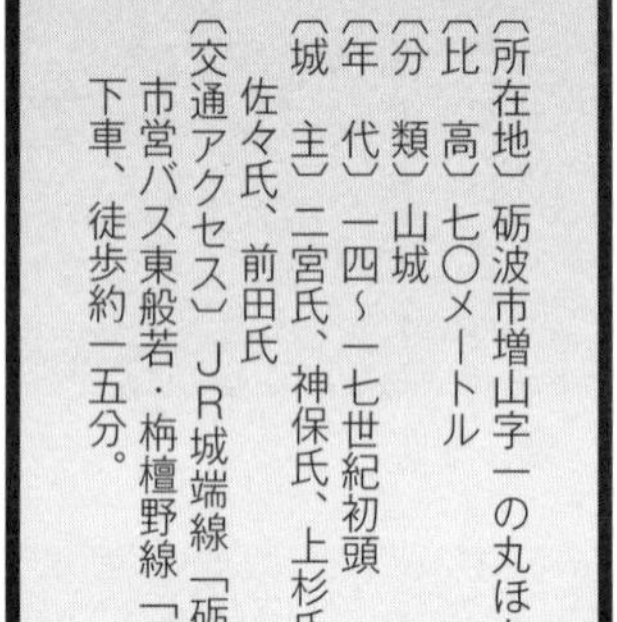

【所堅固の地】　越後の龍と言われた上杉謙信が景虎と名乗っていた永禄三年（一五六〇）、常陸の佐竹義昭《よしあき》に宛てた書状のなかで「元来嶮難之地」（もともと険しい難所）と評した城こそが増山城である。松倉城（魚津市）、守山城（高岡市）と並び越中三大山城に数えられ、越中を代表する山城として名高い。

増山城は、砺波平野東部の庄東山地北端に位置し、和田川に面した急崖の山頂に築城された。付近は牛岳を発して蛇行する和田川によって河岸段丘がつくられ、左岸の中位段丘には城下町、対岸の高位段丘に城が立地する。城の地質は、青井谷泥岩層と洪積礫層でなりたち、掘削しやすい地層だったため城の普請《ふしん》が容易だったと考えられる。

交通の面では、中世北陸道から常国で分岐し、井波に至る近世の「巡検使道《じゅんけんしみち》」にほど近い場所にある。加えて外街道といわれる城の環状線からは射水《いみず》郡や婦負《ねい》郡への道が放射状にのびていた。また、中世に守護所がおかれ、神保《じんぼ》氏が本拠をおいた放生津《ほうじょうづ》とは、和田川の水運で結ばれていた。まさに交通・水運の要衝といえる位置にあった。なおかつ砺波郡・射水郡・婦負郡の「三郡の境」にあり、境目の城として重要視された。

【めまぐるしく変わる城主】　城の歴史は、南北朝期から江戸初期にかけての約二六〇年である。とくに戦国後期、城主はめまぐるしく交代した。

歴史に初めて登場するのは、一四世紀後半の南北朝動乱期

である。貞治元年（一三六二）から翌年にかけて元越中守護・桃井直常《ももいのただつね》らの討伐に従軍した二宮円阿《えんあ》が和田城を守った。亀山城の頁で述べているように、この和田城は増山城の前身であったとする説と亀山城を充てる説があり、考古学的な成果などから前者が支持されつつある。一五世紀後半には、越中守護畠山氏の守護代として射水・婦負両郡に勢力をもつ神保氏が増山城を治めた。神保氏は射水郡の放生津に本拠をおき、天文十二年（一五四三）には神保長職《ながもと》が新川郡に富山城を築いて本拠を移した。つねに増山城は主要な支城として位置づけられ、神保の統治時代に縄張が大幅に増築されたようである。それは神保氏時代に初めて「増山」という城名が現れることからもうかがい知れる。その間、永正三年（一五〇六）には一向一揆と神保慶宗《よしむね》・長尾能景《よしかげ》連合軍が城の近くで戦い、一揆《いっき》方が勝利している。

●—一ノ丸からの眺め

●—一ノ丸からの眺め

　永禄三年、長尾景虎（上杉謙信）が長職討伐のため越中に進軍、富山城を捨てた長職は増山城に逃れた。最終的には城を捨てて逃亡するが、長職の動きからは増山城が最重要支城だった事実が読み取れる。

　永禄五年、上杉輝虎（謙信）は再度越中に出陣。このとき長職は増山城を本拠としていたが、輝虎の攻撃に落城寸前に追い込まれ、能登守護畠山《はたけやま》義綱《よしつな》の取りなしで降伏している。

　長職の死後、増山城には一向一揆方についた反上杉派の旧神保家臣団が入城していた。しかし、天正四年（一五七六）越中制圧をめざす謙信の攻撃を受け落城し、旗本の吉江宗信《むねのぶ》が城の守備についた。謙信死去後、上杉方の基盤は急速に揺らぎはじめ、国人土豪衆の離反が相次いだ。天正九年織田信長方の佐々成政《さっさなりまさ》が越中に派兵されると、上杉方は増山城を焼き払い、木舟城を確保したがまもなく制圧された。

本能寺の変後、成政は天正十一年に越中を平定、本拠を富山城に置いた。翌天正十二年加賀の前田利家と交戦状態に入ると、増山城は越中西部の重要拠点として位置付けられた。天正十三年利家の書状には「ます山の普請なと仕候」とあり、成政が戦に備えて城を修築する様子がうかがえる。しかし成政は抗戦虚しく同年豊臣秀吉の軍門に下り、射水・婦負・砺波郡は前田氏の領有となった。

城には、前田氏の城代として利家重臣の中川光重《みつしげ》がおかれた。主人利家と共に上方で生活することが多かった光重に代わって、城を預かったのは「増山殿」とよばれた夫人の蕭《しょう》であった。文禄二年（一五九三）には蕭から千光寺宛に書状が発給されており、これが増山城が史料上登場する最後となる。

廃城時期は未確定だが、慶長年間作図の「越中国絵図」には「増山之古城」とあり、一七世紀初頭には城としての役割を終えたとみられる。

【壮大な縄張】 増山城の縄張は、北陸でも指折りの規模を誇る。城域の広さも抜きん出ているが、主要な曲輪の面積がそれぞれ大きいのが特徴の一つである。城の中心部を歩けば、大規模な曲輪が屹立する間に、壮大なスケールの堀がめぐり、見るものを圧倒する。もう一つの特徴として、主要な曲輪群にあまり高低差がないことがあげられる。二ノ丸（①）、一ノ丸（②）、三ノ丸（③）、安室屋敷（④）、御所山屋敷（⑤）など、櫓台《やぐらだい》を除けば平坦面の高低差はあまりない。

さて、縄張の概要をみてみよう。まず、天然の外堀として和田川がある。城の外周は、内まわり道と呼ぶ谷地形を空堀《からぼり》としている。和田川を隔てた対岸の城下に土塁《どるい》跡が約八〇メートル保存されており、この土塁までを城の防御線と見なすこともできる。

城の南北にはそれぞれ長大な堀切《ほりきり》が走り、城の中心部を囲む。北の大堀切（⑥）は四つの尾根を連続して切る。直線的な配置のため、計画的に設けられたことがうかがえる。南の大堀切（⑦）は、連続竪堀《たてぼり》群の付近からはじまり、侵入口を鐘撞堂《かねつきどう》（⑧）と南櫓台（⑨）の二つの櫓台で固めている。こちらは三つの尾根を縦断する。これとやや並行する形で堀切（⑩）が走り、これを利用して馬洗池（⑪）がつくられている。城の見所の一つが、これらスケールの大きな空堀群であ

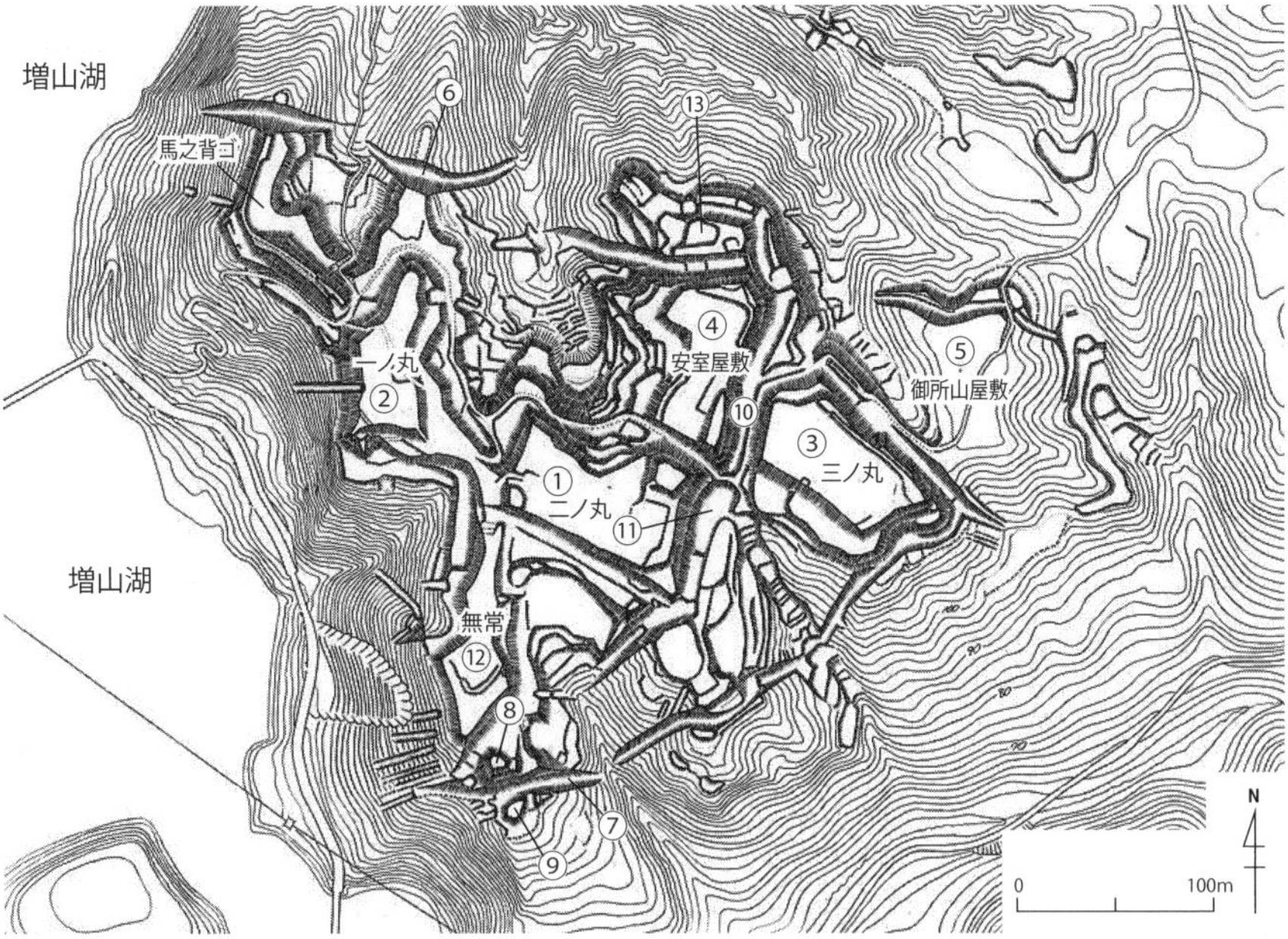

●—増山城縄張図（作図：佐伯哲也）

る。

主郭は、城の中心にある二ノ丸とみられる。一ノ丸、安室屋敷、三ノ丸、無常（⑫）といった曲輪が全方位を固めている。

二ノ丸には横堀がめぐる。曲輪の対角線上に二つの隅《すみ》櫓が置かれ、北東の鐘楼堂とよぶ櫓台は天守台のような風格が漂う。曲輪の中心付近に神水鉢という穴を穿った石造物があるが、古絵図には「旗臺石」（旗台石）とあり、塔心礎の転用品とも推定されている。

●—二ノ丸の鐘楼堂（隅櫓）

二ノ丸の北には安室屋敷があり、二つの曲輪の間に壮大な空堀が走る。安室屋敷の東辺には巨大な土塁が築かれており、多《た》聞《もん》櫓のような建物が建っていた可能性もある。また、北の曲輪⑬とは土橋《どばし》で繋がっている。

亀山城との間には池ノ平等屋敷がある。単独で存在する曲輪で、周囲に土塁がめぐり、三ヵ所の虎口《こぐち》がとりつく。曲輪の名のもとになった素掘り井戸（神保夫人入水井戸）がそばにある。

城とあわせて城下も見ておきたい。かつて増山町といわれた城下は、一六世紀末から一七世紀初めに栄えたとみられる。「寺土居町」には、防衛のために寺を集中させた寺町と長大な土塁（土居）があった。土塁は半分が現存する。近年の発掘により本来は二本の土塁が対になり、喰違《くいちが》い虎口であった可能性が高いことが判明した。

●—神水鉢（旗台石）

●—水をたたえる馬洗池

●—大堀切

【参考文献】砺波市教育委員会『増山城跡総合調査報告書』（二〇〇八）、『富山県中世城館遺跡総合調査報告書』（富山県埋蔵文化財センター、二〇〇六）、佐伯哲也『越中中世城郭図面集Ⅲ』（二〇一三）

（野原大輔）

●増山城北方の独立峰に築かれた山城

亀《かめ》山《やま》城《じょう》

〔国史跡（増山城跡の内）〕

〔所在地〕砺波市増山字高津保里山ほか
〔比　高〕八〇メートル
〔分　類〕山城
〔年　代〕一六世紀後半
〔城　主〕上杉氏、佐々氏、前田氏
〔交通アクセス〕ＪＲ城端線「砺波駅」下車。市営バス東般若・栴檀野線「増山」停留所下車、徒歩約二五分。

【射水平野への見張りの城】　亀山城は、増山城の北方に谷を隔てて隣接する山上に築かれた。その山は高津保理山《たかつぼりやま》という、円錐形の独立峰である。標高は一三三・一メートルで、増山城の中心部よりも九メートルほど高い。今は杉林で覆われているが、かつては射水平野方面への眺望が開けていた。また、山頂には、大正七年（一九一八）に合祀された高坪里《たかつぼり》神社の跡がある。

歴史を繙くと、南北朝期の文献史料にみえる「和田城」を亀山城に比定する見方がある。康安二年（一三六二）から翌貞治二年にかけて、反幕府方の桃井勢と幕府方の斯波勢が和田城の麓で戦った。いわゆる和田合戦である。このとき、戦後処理として二宮氏が和田城を警護したと記録にある。しかし、のちの江戸時代に森田柿園《しえん》は「和田城と云は、今云増山城なるべし」（『越中志徴』）と述べている。

近年、亀山城主郭の発掘調査がおこなわれ、出土遺物の年代が一六世紀後半を主とすることがわかった。加えて、土師《はじ》器《き》に付着した煤の炭素年代測定では、一六世紀第２四半期の年代値が示された。いずれも戦国時代後期の年代で、南北朝期の和田城と結びつけるには否定的な材料が揃う。

考古学的には、和田城は亀山城ではないと結論付けられたようにみえるが、立地や縄張の特徴などから、亀山城を和田城に充てる見方も根強い。一方、富田景周の『越《えつ》登《と》賀《が》三州《さんしゅう》志《し》』には、増山城と亀山城を「同蹟也」とし、両城を同一視していることも忘れてはならない。

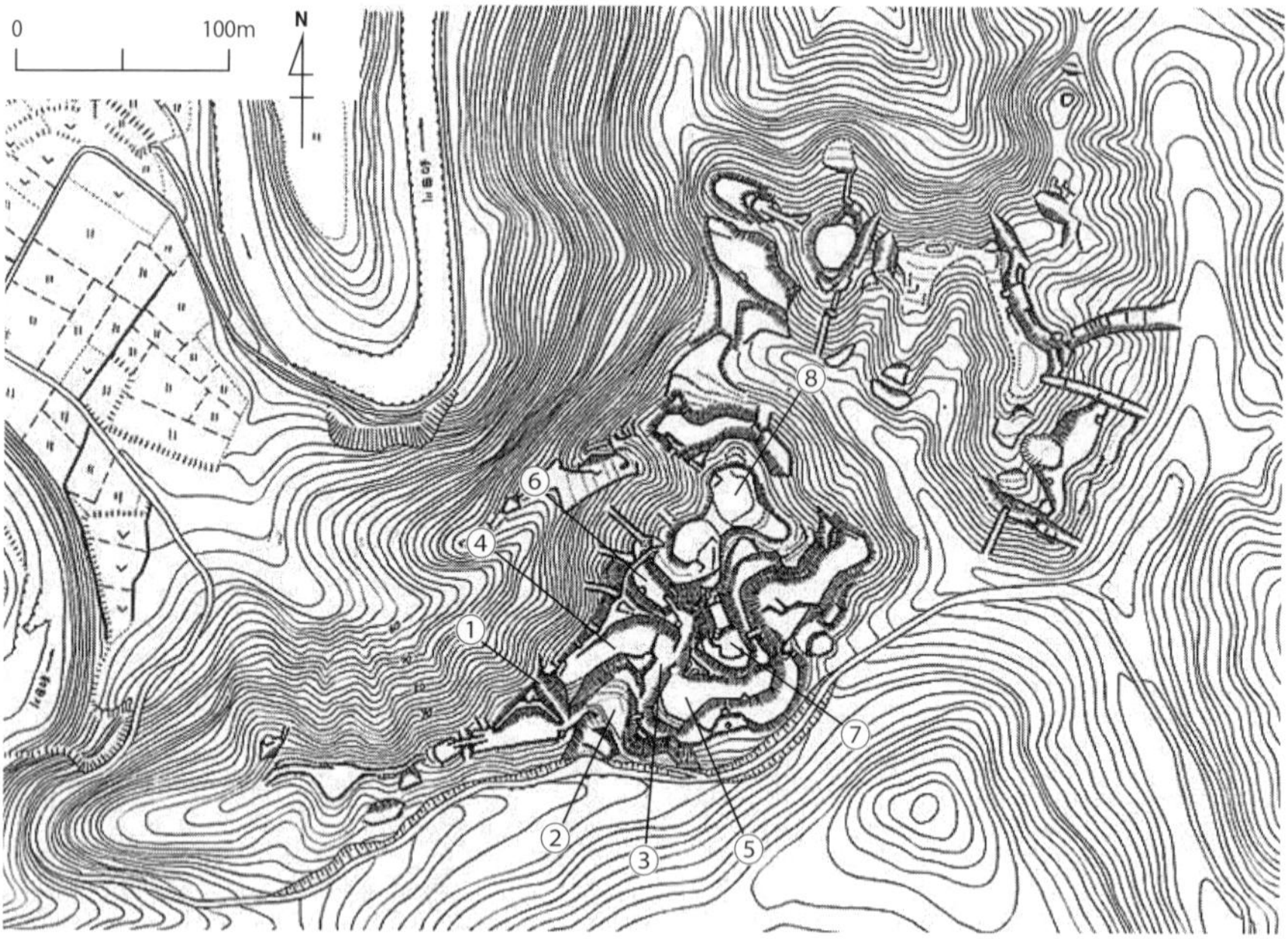

●—亀山城および孫次山砦縄張図（作図：佐伯哲也）

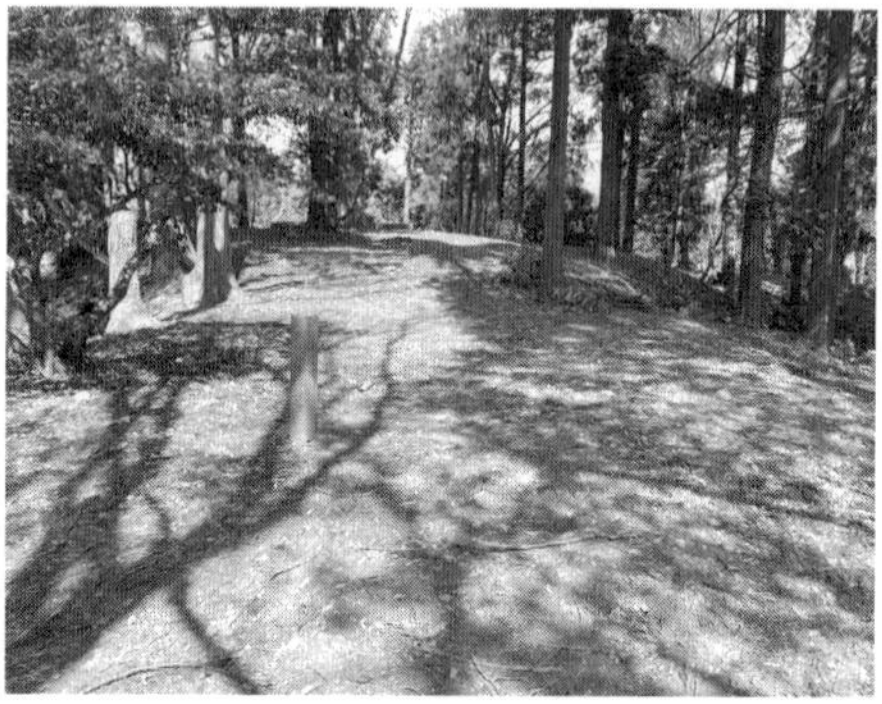

●—主郭

【独立峰を巧みに利用した縄張】　亀山城は、独立峰を巧みに利用し、随所に折れを設けて敵の侵攻速度を落とし、曲輪からの横矢掛《よこやが》かりを徹底し、侵入路を細くすることで一列縦隊にさせる。つまり、少人数で防御することが可能な縄張といえる。

山頂の平坦面を主郭とする。平坦面は不整円形が二つつながったような形状をしており、中央のくびれた部分に深さ約五〇センチの浅い溝がある。防御性が低いため、堀ではなく区画の溝ともおもわれる。

大手は西の尾根筋と考えられるが、地形的に守りが弱いため、二本の堀切《ほりきり》で防御している。堀切①は上幅が一三メートルに達する本格的な規模をもち、厳重に敵を遮断する。万一堀切を越えた敵の回り込みを防ぐため、北の斜面には大小の竪堀《たてぼり》が五本も掘られている。

堀切①で尾根伝いの進路を阻まれた敵は、②から③に進むものの、曲輪④・⑤からの挟撃に晒される。たとえ曲輪⑤にたどり着いたとしても、つねに曲輪⑦からの横矢が掛かり、東に回り込もうにも竪堀で進路を阻まれる。

③から曲輪⑥をへた敵は、主郭の腰郭からの横矢に長時間晒され、容易に主郭に近づけない。③から曲輪④をへて進む敵は、尾根筋が細くなっているので一列縦隊で進むことしかできず、進んだとしても曲輪⑥・主郭⑧から狙われる。以上、尾根筋の大手から主郭まで明確な進路が読み取れる。佐伯哲也は虎口が完全な枡形に発展していない点などから、縄張の構築年代を天正前期と想定し、築城者を上杉氏と推察している。考古学的に築城者を特定するのは難しく、新たな文献史料の発見が見込めない中、表面観察で得られた推察は傾聴すべきものである。

また、亀山城の北には孫次山砦があり、増山城の最盛期には一体的に機能したとみられる。

【参考文献】砺波市教育委員会『増山城跡総合調査報告書』(二〇〇八)、『富山県中世城館遺跡総合調査報告書』(富山県埋蔵文化財センター、二〇〇六)、佐伯哲也『越中中世城郭図面集Ⅲ』(桂書房、二〇一三)

(野原大輔)

●—主郭の高坪里神社跡

●—北側斜面の竪堀

●—堀切①

●三条山山頂にある小ぶりな山城

千《ち》代《よ》ヶ《が》様《ためし》城《じょう》

〔所在地〕砺波市庄川町庄
〔比　高〕二三〇メートル
〔分　類〕山城
〔年　代〕一六世紀
〔城　主〕桃井氏・石黒氏?
〔交通アクセス〕JR城端線「砺波駅」下車。市営バス庄川線「ゆずの郷やまぶき」下車、徒歩約二五分。

【壇ノ城との関係】　庄川右岸の三条山山頂に築かれている。北に位置する壇ノ城とは七五〇メートル程の距離で比較的近く、尾根伝いで地形的にも繋がっている。

南北朝期の「得田《とくだ》章房《あきふさ》・得江《とくえ》季員《すえかず》軍忠状」によると、応安二年（一三六九）九月、幕府方の能登勢が反幕府方の桃井直《もものいただ》常《つね》らの拠る千代ヶ様城を攻め落としたとある。

桃井氏は鎌倉幕府滅亡後の越中に守護として入国、しだいに国内の在地武士を被官化し、南朝方と結んで強力な軍事勢力をなした。観応の擾乱では、足利政権内では足利尊氏の執事高師直《こうのもろなお》派と足利直義《ただよし》派の対立抗争が生じた。この抗争の中で直常は直義派の中核を担い、京に攻め上がる軍事行動を展開した。このため桃井方を討伐する幕府方の軍勢がたびたび越中へ派遣され、砺波や氷見を中心に戦いを繰り広げた。

貞治元年（一三六二）には増山城の前身である和田城のほか、野尻や井口、庄城（壇ノ城か）が攻撃の対象となっている。応安二年直常は井口・五位など越中各地を転戦し、幕府に反抗した。その転戦地の一つとして千代ヶ様城が登場するのである。

千代ヶ様城は、少なくとも南北朝期は南朝方の拠点として機能していたことがわかる。これは、北方の壇ノ城と同じである。距離の近い両城は、南朝方の城郭として一体的に整備された可能性がある。

しかし、その後の史料には登場せず、戦国期の実態は明らかではない。おそらく壇ノ城を拠点とした石黒氏が両城を改

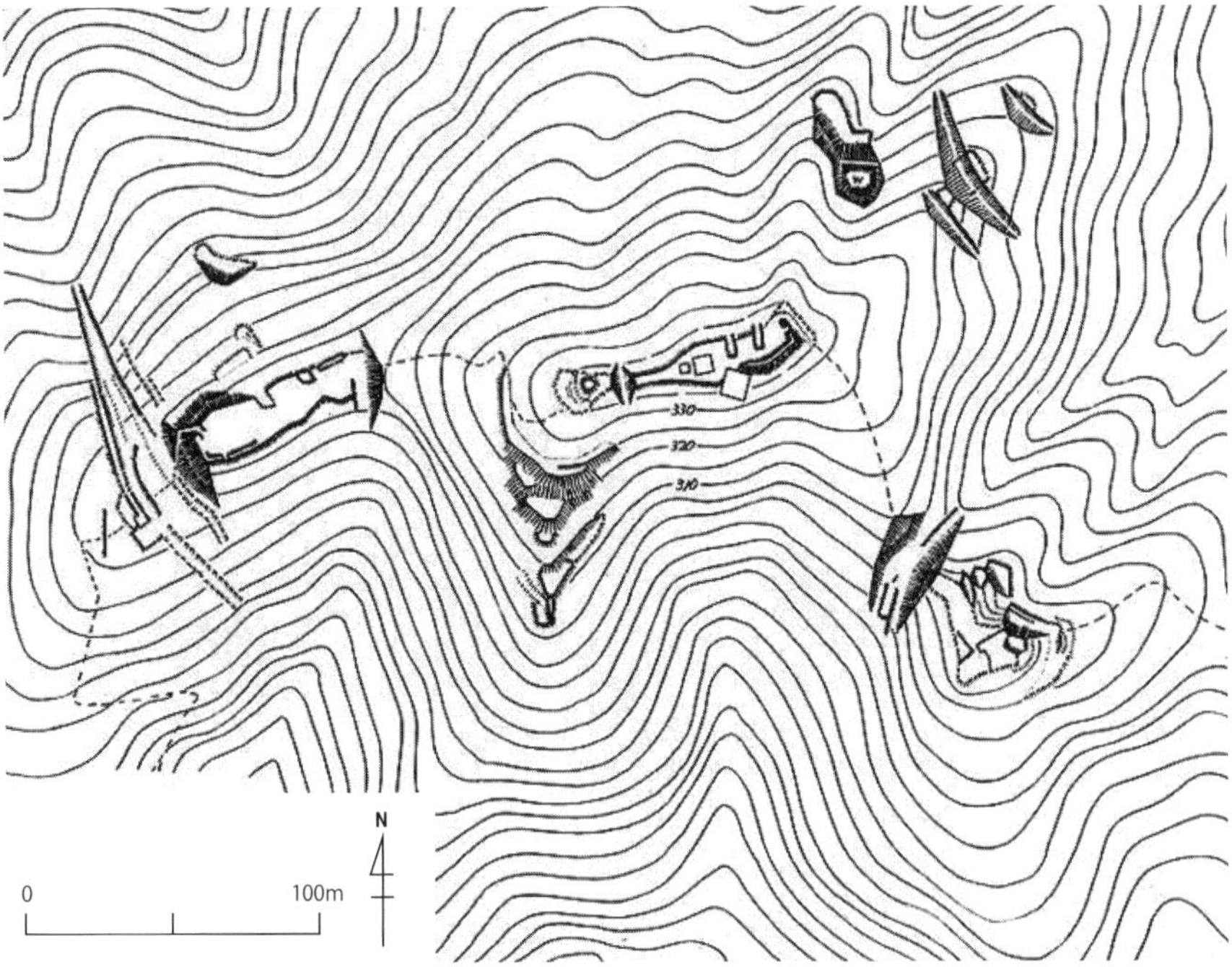

●—千代ヶ様城縄張図（作図：佐伯哲也）

●—主郭からの砺波平野の眺望

●―東南の堀切

修して再利用したのではないだろうか。

【縄張は戦国期に改修か】 史料的には南北朝期の様子しかうかがい知ることができないが、現地の遺構は戦国期の後世のものと考えられている。

●―主郭東側の土塁

三条山の最高所が主郭であり、南側から東側にかけてL字状に土塁《どるい》がめぐる。現在は東側土塁の一部を破壊して出入口としているが、かつては土塁を回り込んで侵入したと考えられる。土塁内から外に向けて横矢《よこや》が掛かる状態で、北側の竪《たて》

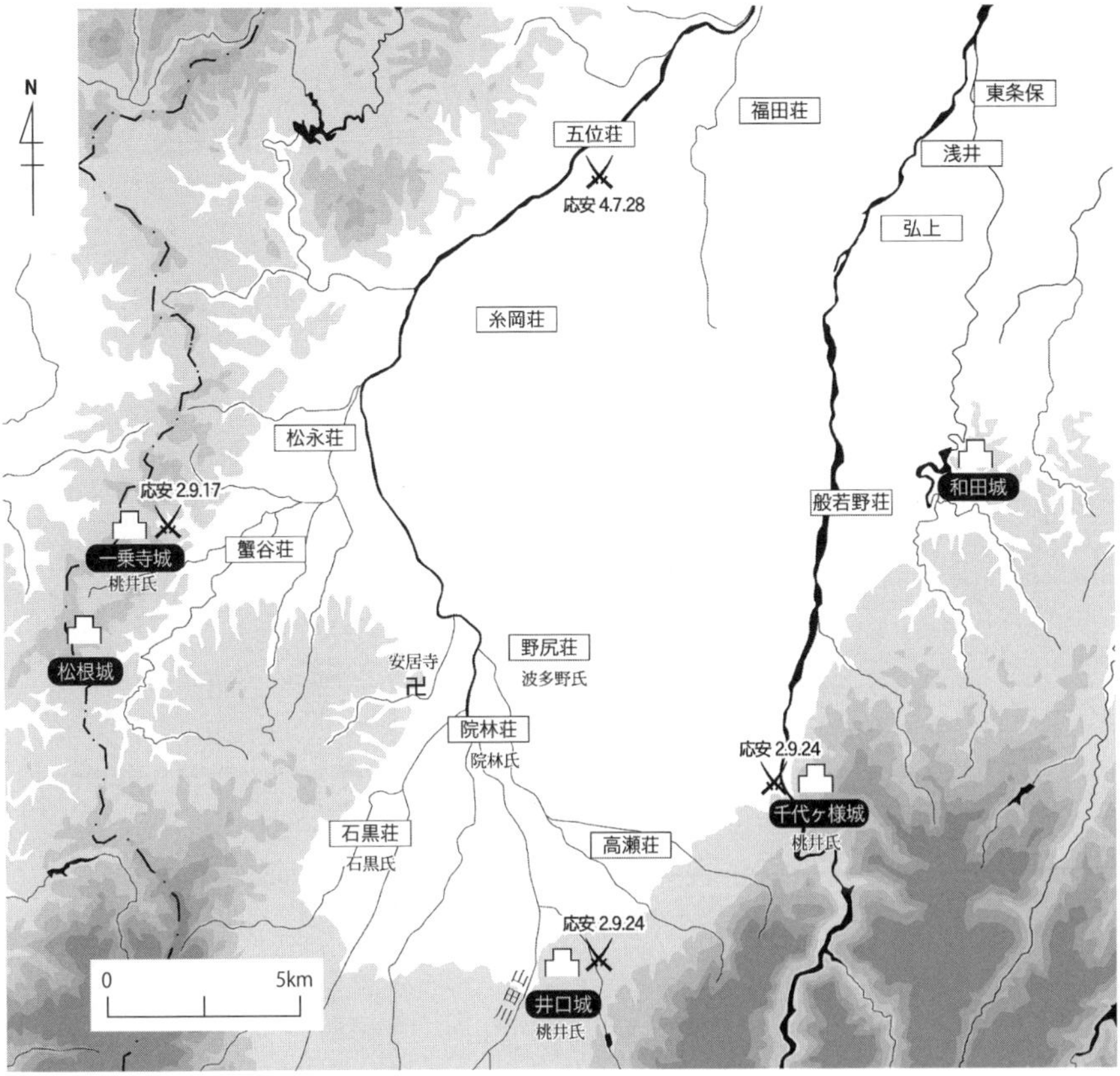

●―砺波平野における桃井直常の転戦（『富山県史 通史編Ⅱ中世』p.1333 を参考に筆者作図）

堀《ぼり》二本とセットで屈曲して主郭に入るよう設計されている。

山頂から派生する三本の尾根には、それぞれ堀切《ほりきり》を設けて敵を遮断している。とくに壇ノ城から続く北東の尾根筋には三本の堀切を連続で設け、防御力を増強している。

現在残る遺構は、その構造から戦国期に改修を受けたものとみられる。北方にある壇ノ城との関係から、戦国期に壇ノ城を拠点とした石黒氏が詰城として改修した可能性が考えられる。

【参考文献】『庄川町史上巻』（庄川町、一九七〇）、『富山県中世城館遺跡総合調査報告書』（富山県埋蔵文化財センター、二〇〇六）、佐伯哲也『越中中世城郭図面集Ⅲ』（桂書房、二〇一三）（野原大輔）

●城主居館と山上の詰城がセットの希少例

壇《だん》ノ《の》城《じょう》

〔砺波市史跡〕

〔所在地〕砺波市庄川町庄
〔比　高〕九〇メートル
〔分　類〕山城
〔年　代〕一六世紀
〔城　主〕桃井直常、石黒与三右衛門
〔交通アクセス〕JR城端線「砺波駅」下車、市営バス庄川線「中野一区公民館前」停留所下車。徒歩約一五分。

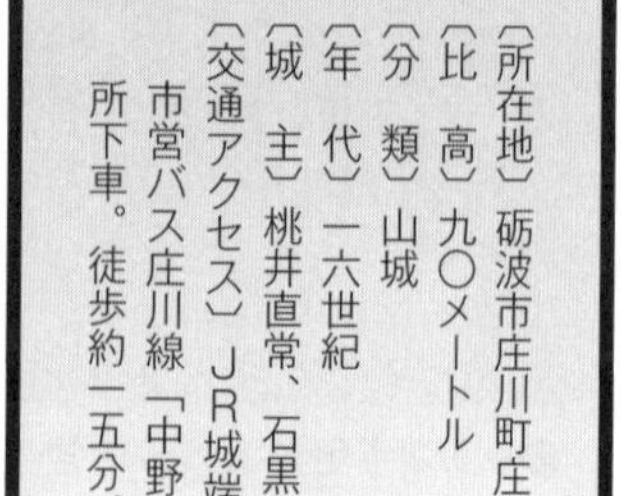

【南朝方の拠点】　別名は庄城という。城は、庄川《しょうがわ》右岸の雄神《おがみ》橋《ばし》東詰の山上に築かれている。通称「だん」と呼ばれる広い平坦地は「台所屋敷」ともいわれ、城主の居館跡と推定される。その背後の山上には詰城《つめじろ》があり、居館と山城がセットで残る、富山県内でも数少ない例として知られる。

眼下には、近世に「巡検使道《じゅんけんしみち》」と呼ばれた、古くからの街道が通っていた。この街道は北陸道から常国で分岐し、増山城下のそばを通り、城の付近にある藤掛橋を渡って、瑞泉寺のある井波に向かう。城が立地する場所は、中世から近世にかけての交通の要衝であり、渡河点であった。

また、庄川を挟んだ対岸に元雄神神社「弁才天社」がある。ここは弁才天島（別名、寛喜島）といい、かつて城と地続きだったが、寛喜年間（一二二九～）の洪水で中州となったという。この場所は庄川が平野部に出て幾筋もの支流に分岐する地点であり、洪水の起こりやすい箇所でもあった。

城の麓にある庄集落は、奈良時代の荘園絵図に登場する木波村が前身と考えられ、中世には城下として機能した。

城の歴史は古く、南北朝の争乱時に初見される。「二宮円《にのみやえん》阿《あ》軍忠状」には、貞治元年（一三六二）南朝方の桃井《もものい》方が立てこもる庄城（壇ノ城）を、円阿ら幕府軍が攻め落とす、とみえる。南北朝時代には南朝方の拠点となっていたようである。そのためか、雄神地区周辺には南朝方の伝承がいくつか残されている。

また、近世の富田景周著『越登賀三州志《えっとがさんしゅうし》』「故墟考《こきょこう》」によ

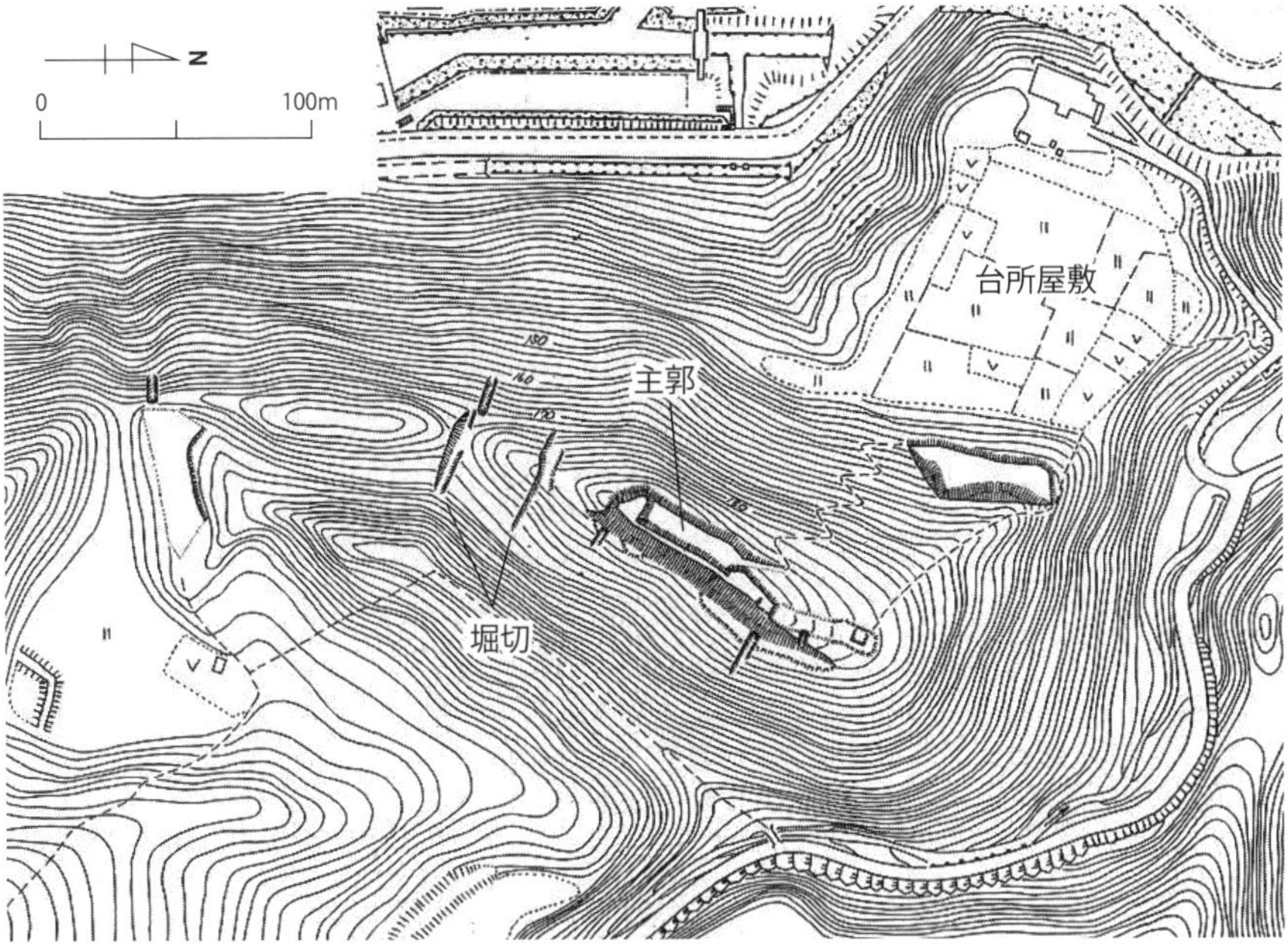

●—壇ノ城縄張図（作図：佐伯哲也）

れば、長尾為景が居城した後、石黒与三右衛門が拠ったが、上杉謙信に攻められて退城したという。

与三右衛門は木舟城主石黒成綱《なりつな》（左近蔵人）の弟で、家老の職にあった。太田牛一『信長公記（町田本）・巻一四』によれば、天正九年（一五八一）上杉方との内通を疑われた成綱は、与左衛門（与三右衛門のことか）とともに、織田信長の命で丹《に》羽《わ》長秀《ながひで》によって近江長浜で謀殺された。

【居館と山城の組み合わせ】現在、弁天温泉のある段丘に「だん」という平坦面があり、これが城名の由来になっている。この平坦面は「台所屋敷」とも呼ばれ、城主の居館があったと推定されている。

●—台所屋敷の現況

一九八三年には庄川町教育委員会によって発掘が行われ、一五～一六世紀を中心とする遺物が出土

●—A郭の土塁

●—A郭東側の竪堀

●—南側の堀切

した。発掘の成果から一六世紀前半に一度焼失していることも判明し、居館跡の可能性は高まった。遺物とともに中庭や池跡、礎石建物も発掘されている。

さらに平坦面の背後の山上には、詰城とみられる山城遺構が残っている。主郭には細長い削平地があり、東側に高さ一・八メートル程度の土塁《どるい》が設けられている。この土塁の南北の両端は、櫓台《やぐらだい》状に幅広となっている。主郭の東側斜面には竪《たて》堀《ぼり》、南の尾根には二本の堀切《ほりきり》を設けている。また、主郭の西斜面の中腹にも平坦面がある。

壇ノ城は、一五世紀に在地領主の居館として造成され、一六世紀の戦国期になって山上の詰城が築かれたと考えられる。また、詰城から尾根続きに三条山の千代ヶ様城があり、戦国期には壇ノ城と一体的に機能していた可能性がある。

【参考文献】『庄川町史上巻』（庄川町　一九七〇）、庄川町教育委員会『壇ノ城跡試掘調査報告書』（一九八四）、『富山県中世城館遺跡総合調査報告書』（富山県埋蔵文化財センター　二〇〇六）、佐伯哲也『越中中世城郭図面集Ⅲ』（二〇一三）

（野原大輔）

●中世の政治経済の中心地

放《ほう》生《じょう》津《づ》城《じょう》

〔射水市史跡〕

〔所在地〕射水市中新湊
〔比　高〕一メートル
〔年　代〕一三～一六世紀
〔城　主〕名越時有、神保長誠、神保慶宗
〔交通アクセス〕万葉線「中新湊駅」下車、徒歩五分。または北陸自動車道「小杉IC」から車で二〇分。

【城の歴史】　放生津城は、射水市中新湊の標高一メートルの平地に立地する平城である。北は約五五メートルで富山湾に面し、東は約三〇メートルでかつての放生津潟である富山新港に面する。城跡は現在放生津小学校の敷地となっている。地上には城の遺構は残っておらず、グラウンドの北側にある公園に、城址と彫られた石碑と説明板がある。

築城の年代は明らかでないが、鎌倉時代に守護所が置かれたのは一三世紀末と考えられている。歴史上に現れるのは、元弘三年（一三三三）のことである。『太平記』によれば、五月十七日、越後・出羽の朝廷方の軍勢一万に攻められ、守護の名越時有《なごえときあり》は妻子を奈呉《なご》の浦へ沈め、城に火を放ち一族郎党とともに自刃したという。その後、守護所は再建されたが、桃井直常《もものいただつね》が守護であった時、直常の反幕府抗争の際に再び焼け落ちた。その後、応安元年（一三六八）に斯波義将《しばよしまさ》が守護になったときは、守護所は現在の高岡市守山へ移ったとみられている。

永享年間（一四二九～四一）、守護畠山氏の重臣で射水・婦負郡の守護代となった神保氏の居城が放生津に置かれた。神保氏は、国宗《くにむね》の後の長誠《ながのぶ》の時代（一四六〇～一五〇一）には、敵対する越中勢を打ち従えて、三〇年間守護的立場にあるといわれた。

明応二年（一四九三）、幕府の内紛により将軍足利義材《よしき》が放生津へ逃れてきた。義材はその後五年間放生津に滞在し、越中公方と呼ばれ幕府の形態も整えられたという。

長誠は、霊峰立山への信仰が厚く、立山山麓部も官掌下に置き、雄山神社前立社壇本殿や立山権現社殿の用材の寄進を行っている。

文亀元年（一五〇一）に長誠が没し慶宗《よしむね》が家督を継いだ。その頃一向一揆が大きな勢力となっていた。永正三年（一五〇六）、加賀一向一揆が越中に攻め入り、神保氏ら国衆が国外へ追い出された。越後守護代長尾能景《よしかげ》は、一揆鎮圧のため越中へ出陣したが砺波の芹谷野《せりだにの》で討死。永正十七年十二月二十一日、能景の子為景《ためかげ》が新庄城で神保慶宗らと戦い、敗走した慶宗は自刃した。これによって、放生津神保氏は滅亡となった。天文元年（一五四三）、神保氏は長職によって再興されたが、富山城が築城され、その拠点が富山へ移った。

●—城跡であることを示す石碑

●—グラウンドの下に眠る城跡（東から）

永禄十一年（一五六八）、椎名康胤《しいなやすたね》が一向一揆と結び上杉輝虎《てるとら》に反旗を翻す。輝虎は鎮圧のため越中へ進攻し放生津に陣をしいて一揆軍がよる守山城を攻めた。天正十三年（一五八五）には前田利家の武将奥村永福《ながとみ》が、文禄元年（一五九二）には利家の武将山崎長鏡《ながあきら》が守ったと伝えられており、そののち廃城となったようである。

廃城後畠地となっていたが、享和三年（一八〇三）に加賀藩が御蔵を建設。明治三十五年（一九〇二）には新湊高等小学校（放生津小学校）の敷地となった。

【城の構造】『越登賀三州志《えっとがさんしゅうし》』「故墟考《こきょこう》」によれば、本丸南北七〇間西方二四間、東方四六間、高さ一〇丈、二の丸が南北二八間・東西二〇間とあり、二郭で構成されていた。周囲

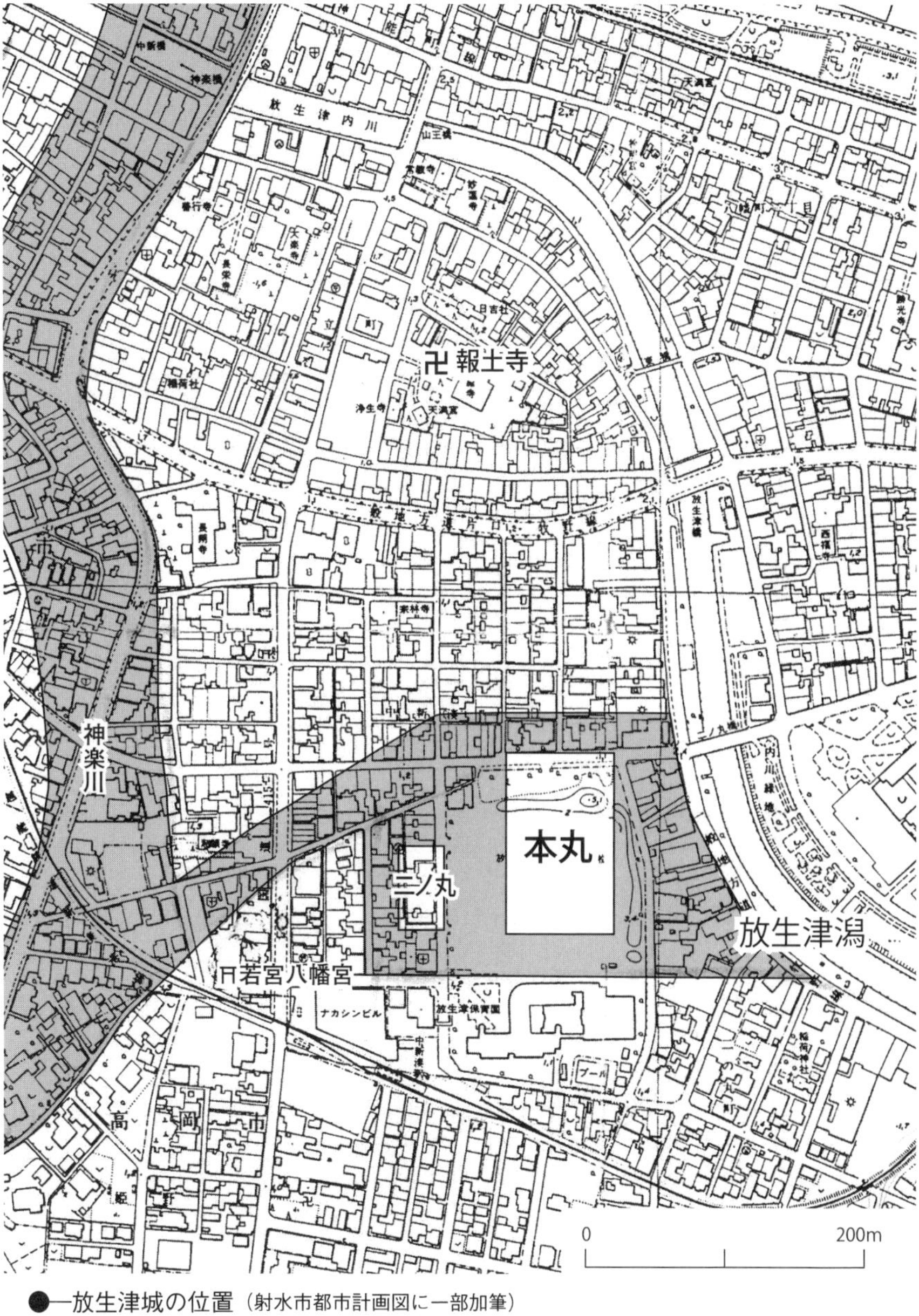

●―放生津城の位置（射水市都市計画図に一部加筆）

は潟や深田・川などに囲まれていた。

メートルになおすと、本丸は南北一二六《メートル》、東西八一《メートル》、高さは丈が尺の誤りとすると三《メートル》、二の丸は南北五〇・四《メートル》、東西三六《メートル》となる。西と南は幅一八《メートル》、北と東は大川（内川）が堀の役目をしていたようである。

柴家『放生

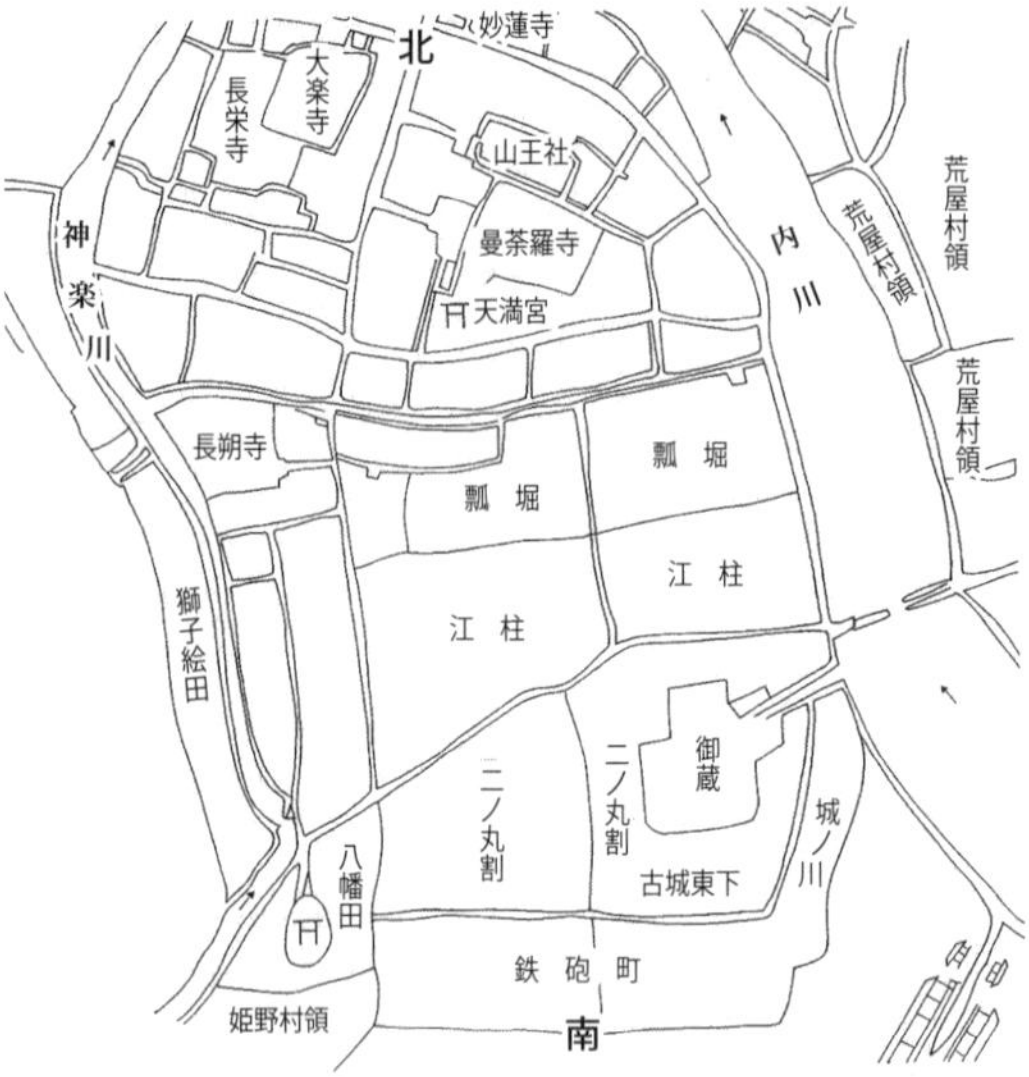

●—放生津城跡周辺の字名　「放生津町総絵図」

津町総絵図』には、御蔵の西側に「二ノ丸割」の字名が記されており、御蔵に本丸があり、その西に二の丸が位置していたと考えられる。

昭和六十三年（一九八八）・平成元年（一九八九）・同三年に放生津小学校の建替えに伴い新湊市教育委員会により発掘調査が実施された。その結果、深さ一〜一・五《メートル》のところに、南北朝から戦国時代（一四〜一六世紀）の地層が確認され、珠洲《すず》焼、中世土師《はじ》皿、中国製の青磁・白磁・青花《せいか》、瀬戸美濃焼の天目《てんもく》茶碗・皿、漆碗、銅銭、るつぼや砥石《といし》、五輪塔の火輪などが出土した。

中世の地層は、現在の海面より五〇〜九五《センチ》低いところにある。当時の気候は寒冷で、海面は今より一〜二《メートル》低かったと考えられる。

城の西約一五〇《メートル》のところには、神楽川と呼ばれる川が北へ流れていた。川幅は一〇〇《メートル》近くあり、港の機能を果たしていたと考えられる。この川をさかのぼると増山城へ至る。放生津の名が知られるのは鎌倉中期だが、砺波郡般若野《はんにゃの》荘の年貢米が放生津を経由して都へ運ばれていたとみられ、平安末期から神楽川へつながる諸河川による水運網が整備されていたようである。

現在の放生津町の東西方向は北に対して六五度西に傾いているが、放生津城周辺は北に直交している。中世城下町の町割を残している可能性がある。室町時代の城下町には、時宗の報土寺、浄土真宗の光正寺、臨済宗の興化寺と兜率《とそつ》尼寺などの寺院や放生津八幡宮や天神社などの神社があった。

（久々忠義）

【参考文献】『新湊市史』（新湊市、一九六四）、久々忠義『放生津城跡を掘る』（新湊市教育委員会、一九九二）

●一向一揆が上杉軍を破る

日宮城《ひのみやじょう》

〔射水市史跡〕

〔所在地〕射水市日宮
〔比　高〕二一メートル
〔年　代〕一六世紀
〔城　主〕神保長職
〔交通アクセス〕市営コミュニティバス小杉駅金山線「橋下条コミュニティセンター前」停留所下車、徒歩三分。または北陸自動車道「小杉IC」から車で一〇分。

【城の歴史】日宮城は、射水市南部の標高二七・三メートルの丘陵上に立地する山城である。北側眼下に中世北陸道（ほぼ現在の県道富山戸出《といで》小矢部《おやべ》線の道筋）が東西に通じ、西側は下条川が開析した谷が南に深く入り込む。その川下には放生津城、川上には増山城や富崎城が、七〜八キロの距離を隔て立地する。射水・婦負《ねい》両郡を領する神保《じんぼ》氏の重要拠点を繋ぐ位置にある。

城の西麓には日宮集落、南側に真言宗薬勝寺《やくしょうじ》と日宮社がある。城跡は市指定史跡、日宮社境内の樹叢は県指定天然記念物で、その上がり口に城跡と社叢の説明板がある。

築城の時期は、神保長職の代（一六世紀中頃）とみられ、『越登賀三州志《えっとがさんしゅうし》』「故墟考《こきょこう》」には神保孫太郎、神保長職《ながもと》がいたと記されている。薬勝寺墓地には、南北朝時代の五輪塔が残されていることから、その頃すでに武士の居館があった可能性がある。

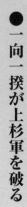

日宮城が歴史上特筆されるのは、元亀三年（一五七二）のことである。この時、城は上杉謙信の支配下にあり、越中における上杉方の最前線拠点であった。越中は、越後の上杉、甲斐の武田、本願寺顕如《けんにょ》率いる加賀・越中の一向宗門徒（一《いっ》向一揆《こういっき》）による勢力争いの渦中にあった。神保長職と武田信玄は前年一向一揆と手を組み上杉に対する情勢であった。

城は長職家臣の神保覚広《ただひろ》・安藤職張《もとはる》・水越職勝《もとかつ》・小島職鎮《もとしず》が守っていたが、長職が死んだことにより上杉方に与するようになっていた。同年五月、本願寺家宰杉浦玄任《げんにん》率いる一向

●—城跡遠景（北から 中央高所が本丸）

●—日宮城合戦図（『越中戦国浪漫紀行』より）（富山県埋蔵文化財センター提供）

一揆軍二万五〇〇〇が河上・五位荘に集結した。河上は南砺市福光・井波で、瑞泉寺衆、五位荘は現在の高岡市福岡町で、加賀御堂衆と小矢部市末友の安養寺衆の軍勢である。一揆軍は富山城を目指し進軍した。五位荘の一揆軍は、中世の北陸道を東進、高岡市中田付近で河上の一揆軍と合流したであろう。

日宮城と中田は六㌖。ほどなく日宮城は一揆軍に囲まれたのであろう。同月二十三日、城将神保覚広らは、新庄城（富山市）に駐屯する上杉氏武将鰺坂長実《あじさかながざね》に一揆軍の動きを伝え、援軍を送るよう要請した。翌日鰺坂は春日山城の謙信に

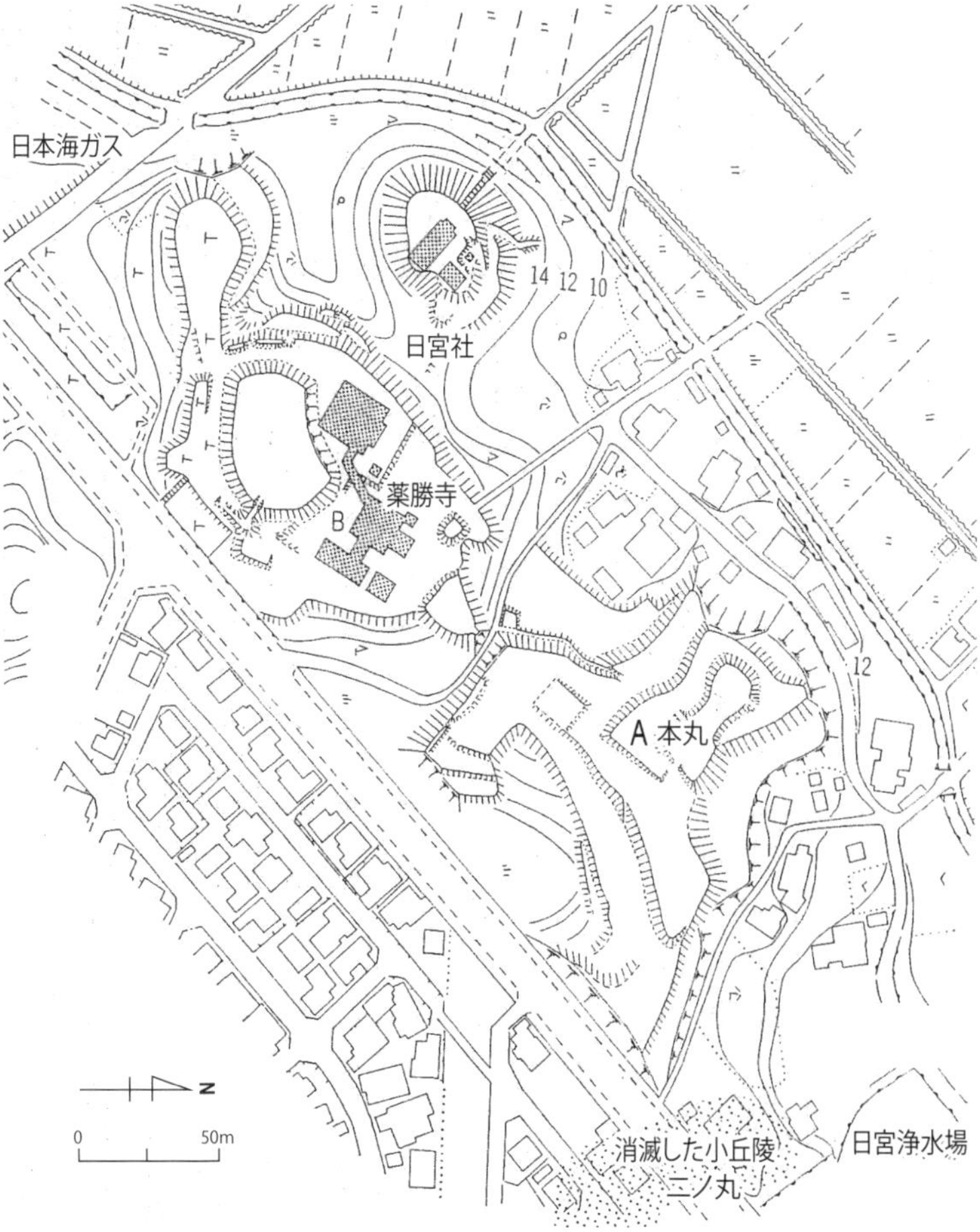

●—日宮城測量図（『小杉町史』より）

報告していた。六月十五日、鯵坂は魚津城の河田長親と談合し、五福山（白鳥城）へ兵を上げて、日宮勢を助けようとした。しかし、日宮城は陥落し、城将たちは石動山天平寺へ逃れた。一揆軍はさらに五福山へ進軍、上杉勢は退却したがその攻撃はすさまじく、神通川の渡し場で二十余人が討死する敗北を喫した。この日、謙信は一揆の平定を祈願して、愛染明王の法十七日、仁王経・尊勝陀羅尼《だらに》経を読経させているが、加護は得られなかった。

その後、一揆勢は富山城に布陣、上杉勢は三・五キロ離れた新庄城にあって、謙信の出馬を待った。謙信が新庄城へ着陣したのは八月十八日のようである。しかし大きな戦闘は行われず、一カ月後の九月十七日、一揆軍は日宮城へ退去した。

天正十三年（一五八五）八月、豊臣秀吉が佐々成政《さっさなりまさ》を攻めた時、この城に数日留まり、前田利家が茶を献じたという。

【城の構造】『越登賀三州志』「故墟考」には、「本丸東西二十一間南北七間、南丸東西十六間南北廿二間。南有小嶋・寺島両第跡」とある。高樹《こうじゅ》文庫所蔵の「日宮新村見取絵図」（文化九年）には、薬勝寺の北側に本丸と二丸と書いた二つの山が描かれている。

見取絵図が正しいとすると、本丸は図のAの位置にあたり、二の丸はその下の消滅した小丘陵にあたる。本丸は四段の平坦面で構成されており、最上段は東西約四五メートル南北九〜一八メートルである。二段目は幅一〇メートルほどの平坦面で、最上段とは約三メートルの段差がある。三段目は幅一〇〜二〇メートルの平坦面で、二段目とは約五メートルの段差がある。四段目は西側の平坦面で、幅が広いところで幅二〇メートルである。段差は約五メートルである。

二の丸は削平されて今は残っていない。二の丸は幅二〇メートル長さ八〇メートルとあるので、位置も規模も「故墟考」にある南丸にはあたらない。南丸が本丸の南を指すとすれば、薬勝寺がある場所にあたる可能性がある。寺の南側は、東西約三七メートル南北四四メートルの平坦面で、南丸の規模にほぼ近い。ここは周囲とは高さ五メートルの段差があり、その下は幅一〇〜二〇メートルの平坦面となっている。「故墟考」には、南は小嶋・寺島の屋敷跡であるという。そのさらに南側は、現在墓地となっており、そこには五輪塔《ごりんとう》・宝篋印塔《ほうきょういんとう》・板石塔婆《とうば》の中世石造物が残されている。

「故墟考」や見取絵図は、廃城後二〇〇年以上も後の記録である。そのため、史上に登場する城の様子を伝えているかどうかはわからない。そのため、当時の本丸の場所については別の見方がある。塩照夫は早くに薬勝寺のあるところを本丸とみている。佐伯哲也も同様の見方をしている。薬勝寺庫裏の南が虎口《こぐち》にあたり、馬出《うまだし》曲輪の性格をそなえた防御の構えがみられることを根拠にあげている。塩は、薬勝寺境内を二の丸、その南の墓地を西出丸《でまる》、日宮社のあるところを北出丸とする。

しかし、Aの場所は、薬勝寺のある場所より標高が高く、眼下に中世北陸道を見下ろす位置である。平成十四年に本丸の南東部の下二段目にあたる平坦面の発掘調査が行われた。その結果、一五・一六世紀代の遺構・遺物が検出され、本丸が城の遺構であることが明らかとなった。「故墟考」の南丸というのは、二の丸と南がつづまったものとすると、薬勝寺境内とその南のB地点が小嶋・寺島の屋敷跡と考えられる。

【参考文献】塩照夫『越中の古城』（北国出版社、一九七二）、『小杉町史』（小杉町、一九九七）、小杉町教育委員会『日宮城跡発掘調査概要』（小杉町、二〇〇三）、佐伯哲也『越中中世城郭図面集Ⅰ』（桂書房、二〇一一）

（久々忠義）

お城アラカルト

飯久保城から想像する城兵の暮らし

いなもとかおり

飯久保城（氷見市）は富山湾の海岸線から直線距離で約六キロ離れた丘陵地に築かれた城だ。北には仏生寺《ぶっしょうじ》川が流れ、この当時川の下流には布施水海という潟湖が広がっていた。

その飯久保城では平成十三年（二〇〇一）度と平成十四年度に発掘調査が実施された。報告書によると、一部に近現代の遺物もあるが、主郭からは土師器《はじき》皿や磁器の染付碗、越前焼の甕または壷の破片、土錘《どすい》、石造物など一六世紀を主体とする時期と考えられる遺物が出土している。なかでも、注目したいのは「土錘」である。

土錘とは、漁で使う網に取り付けた土製の錘《おもり》のことで、残存長さ三・九センチと三・七センチのものが二点見つかった。土師器皿や甕などは山城で生活が行われていたことを表す証拠となったわけだが、漁に使う道具が見つかるというのは面白いではないか。ちなみに、中井均の研究によると、土錘は日本全国で八四の城郭遺跡から出土しているという。出土例が多いとみるか少ないとみるかは難しいところだが、特徴としていえるのは守護大名や戦国大名などの居城ではなく、むしろ小規模な山城や屋敷の方に集中しているというのが興味深い。

在地領主の居城だった飯久保城は、上杉や織田の勢力間で右に左に振られながらも生き抜こうとした戦国時代の城だ。これは想像でしかないが、日々戦の準備に奔走する城兵たちにとって、たまに城を抜け出し漁をする時間が、心癒されるひとときだったのではないだろうか。その時間を糧に、寒い日も暑い日も踏ん張って仕事をこなしていたのかもしれない。さらに細かくいえば、漁の道具が城門付近や山の麓ではなく、主郭に保管されていたということも注目すべき点だ。彼らにとって漁の道具はそれほど大事なものだったことを意味するのであろうか。もし盗まれないよう大事に保管していたのだとしたら、城兵たちが愛おしくて胸が苦しい。

【参考文献】『氷見市埋蔵文化財調査報告第三八冊　飯久保城跡』（氷見市教育委員会、二〇〇三）、中井均『城館研究叢書Ⅰ　中世城館の実像』（高志書院、二〇二〇）

お城アラカルト

山城ガイドから地域貢献へ

――増山城解説ボランティア「曲輪の会」の紹介

曲輪の会

国指定史跡・続日本百名城として、お城ブームの中で多くの訪問客を迎えている増山城跡。富山県砺波市はチューリップや散村《さんそん》（散居村）が有名だが、それらに次ぐ新しい観光名所といっても過言ではない。

増山城は平成二十一年（二〇〇九）に国指定史跡となり、案内の要望が急増した。そこで翌年、市でボランティアガイドの養成講座が開かれ、県内各地から受講生が集まった。その修了生が中心となって設立されたのが「曲輪の会」である。会のネーミングは、会員個々が城の曲輪のように強固に結束してほしいとの願いが込められている。

さて、会の活動を紹介しよう。主な活動は、①ガイド活動、②城攻め、③ＰＲ活動の三つの柱で成り立っている。①は活動の基本。個人客だけでなくツアー観光や各種の団体、そして市内小学六年生の校外学習などの依頼に、有料でガイドをおこなっている。

会員は多士済々。巧みな話術で引きつける百戦錬磨の老将もいれば、地元のお母さんのような温もりのある方やクイズを交えて最後まで楽しませる方などもおり、充実した時間を過ごしていただけるよう工夫を重ねている。

特に小学生向けの解説は、次の世代に増山城を継承する上で重要である。一見すると普通の山林に見えてしまう山城の特性を逆手に取り、地形を生かした築城術の凄さを理解してもらえるような解説を心がけている。ただ歩いて紹介するだけではハイキングに終わってしまう。幸いにも増山城には多数の遺構が綺麗に残っているので、「登るときは攻め手の気持ちで、下るときは守り手の気持ちで」と前置きし、気分を盛り上げている。もっとも児童たちの感嘆を集めるポイントは中心部の最高地点（標高約一二四㍍）の鐘楼堂《しょうろうどう》で、安室屋敷との間の空堀はダイナミックの一言。はじめは興味を示さず、ハイキング気分で登ってきた児童がここで初めて驚きの声を上げる。関心を寄せるかどうかは、ガイドの腕しだいなのである。

②の城攻めは、お城見学のこと。会員がもっとも楽しみにし

ている行事の一つである。富山県内の主要な城を訪れるだけでなく、泊まりがけで県外へ遠征に出かけることもある。これまで「攻略」した城は、新潟・春日山城、静岡・諏訪原城、神奈川・小田原城、東京・八王子城など。あくまでも城攻めの目的は、他城での知見をガイド活動に生かすことである。

③のPR活動については、会の活動をブログ（https://www.city.tonami.toyama.jp/blog/group/kuruwa/）に綴っているほか、全国山城サミットなどのイベントにブース出展も行う。ほかにグッズ制作と販売もしており、これまでに名誉城主・春風亭昇太師匠揮毫《きごう》の戦国ポロシャツ、クリアファイル、コースターなどを作った。なかでも御城印は一番の人気商品である。

このほか城の保全活動にも取り組んでいる。毎年六月に行われる「三世代草刈り&バーベキュー」は地元主催の子・親・祖父母の三世代で行うイベントで、草刈り後に皆でバーベキューをして舌鼓を打つ。楽しみながら作業を行い、結果的にそれが城の保全につながればという趣旨の行事で、持続可能な活動として今後も続けていきたい。会では参加の小学生親子に城の説明をおこなったり、地元で手が届かない箇所の除草・除伐をおこなったりしている。華やかな活動も大事だが、こうした地道な保全活動こそ重要である。全国からお越しになる来場者が気持ちよく散策できるよう、おもてなしの心で城をきれいにしておきたい。

また、毎年秋に開催される「増山城戦国祭り」では、目玉イベントのウォークラリーを担当している。一年でもっとも多くの会員が集まり、賑わいをみせる。

令和二（二〇二〇）年、会は設立十周年を迎えた。会員数は三六名を数える。今では県内だけでなく石川県の会員も活躍中だ。我々は、増山城を通して戦乱の時代を逞しく生きた先人たちの息遣いを感じてもらい、さらに郷土愛に繋げてほしいと願っている。これが種となって児童たちが成長した時に新たな実をつけるよう、また地域振興の拠点となるよう活動を続けていきたいと思う。

●—戦国祭りにて

◇増山城ガイドを希望の方へ（砺波市HP）
https://www.city.tonami.toyama.jp/info/1532932239.html

呉東

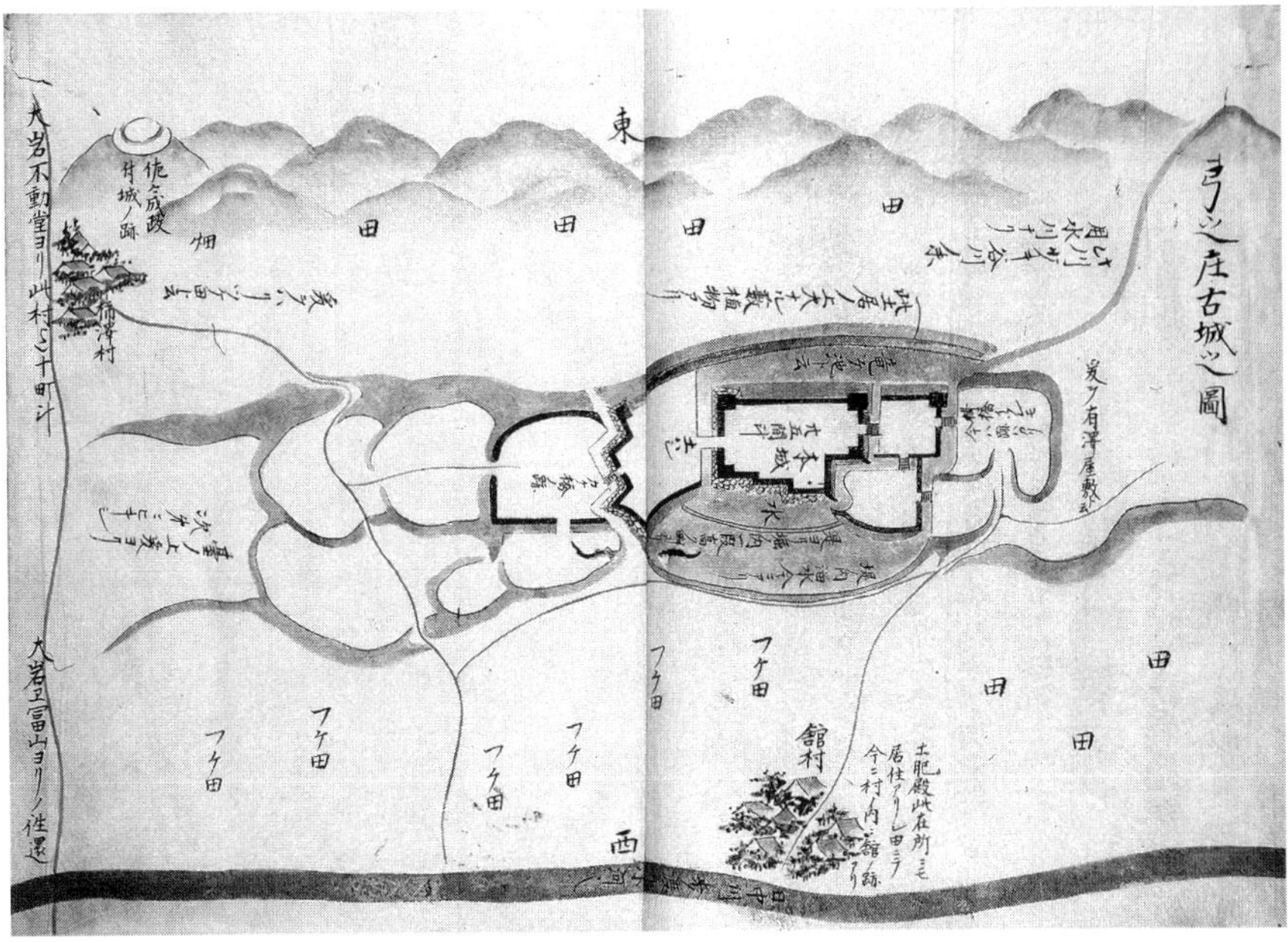

「弓之庄古城之図」（金沢市立玉川図書館蔵）
失われてしまった弓庄城の構造を知ることができる貴重な絵図である.

●発掘調査が進む謎の中世富山城

富《と》山《やま》城《じょう》

〔所在地〕富山市本丸
〔比　高〕約二メートル
〔分　類〕平城
〔年　代〕一六世紀中頃～一九世紀
〔城　主〕神保氏、上杉氏、佐々氏、前田氏
〔交通アクセス〕JR・あいの風とやま鉄道「富山駅」南口より、徒歩一〇分。または北陸自動車道「富山IC」より富山市街方面へ車で一五分。

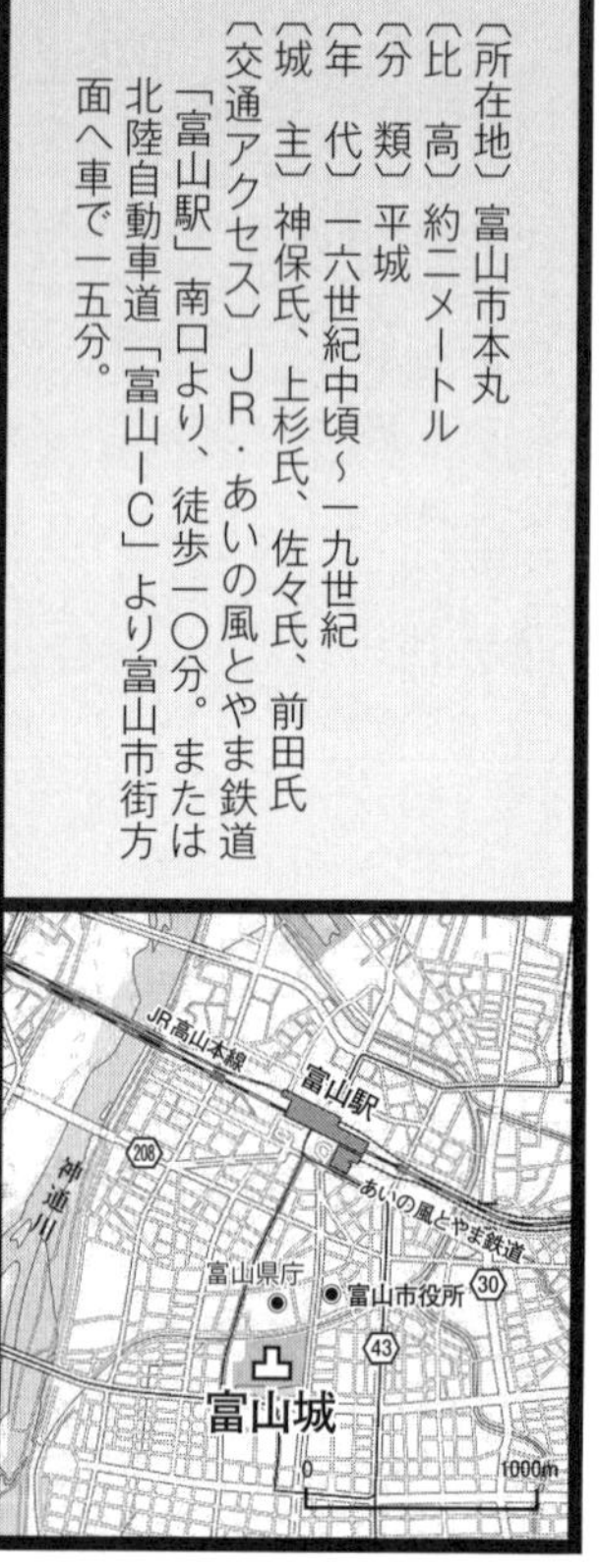

【城の歴史】　富山城は、富山市北部の標高約一〇メートルの平野部に立地する。近世までは城のすぐ北側を蛇行した神通川《じんづうがわ》が流れていた。

天文十二年（一五四三）頃に自家の再興を図る神保《じんぼ》長職《ながもと》が富山地域への進出の足がかりとして築城した。しかし、その勢力拡大は上杉謙信の出兵を招き、永禄三年（一五六〇）長職は富山城を追われる。上杉氏に攻略された富山城だが、天正六年（一五七八）の謙信死後は、織田信長勢が進出した。同八年に佐々成政《さっさなりまさ》が越中に派遣され、十年には富山城主となる。本能寺の変後、成政は豊臣秀吉によって越中支配を認められたものの、後に秀吉と対立した。そして天正十三年、秀吉の越中出陣を受け、成政は降参、富山城は破却《はきゃく》された。

この後、慶長十年（一六〇五）に加賀藩二代藩主前田利長《としなが》の隠居にともない、城と城下の改修が行われ、近世城郭として整備された。富山藩分藩後の寛文元年（一六六一）にも大規模な改修があり、現在みられる基本構造ができた。

このように、富山城は、佐々成政以前の中世期と前田氏の近世期に大きく分けられる。前者は「中世富山城」、後者は「近世富山城」と呼ばれ、構造に違いがあった。ここでは中世富山城を中心に記述する。

現在は、近世富山城域の本丸・西ノ丸部分が城址公園として整備され、その他は市街化している。石垣や堀は近世のもので、天守閣（富山市郷土博物館）は戦後建てられた模擬天守である。中世富山城の遺構は地下に残っており、発掘調査

でその一部が明らかになっている。郭の配置は不詳なため、以下、発掘地点などを記す際は近世富山城の郭名をもって行う。

【史料に記された中世富山城】　中世富山城の絵図は確認されておらず、城の状況を記す史料も限られる。

●—模擬天守が建つ富山城址公園

そのなかで神保氏時代の富山城を記した史料として『富山之記』がある。主な内容は、①西の神通川がある方を搦手《からめて》とする。②三方に二重の堀を構え、堀の間はさまざまな竹が植えてある。③土塁《どるい》上は物見《ものみ》窓を開けた塀を設け、矢倉や垣楯《かいだて》などによって何重もの構えとなっている。④三方の堀の外側は深田によって人馬の足も立たない。⑤城の周囲は家臣の屋敷などが並び、城下町も繁栄している、などである。誇張や事実と異なる部分があり、正確な史料ではないものの、周辺の自然環境を生かした

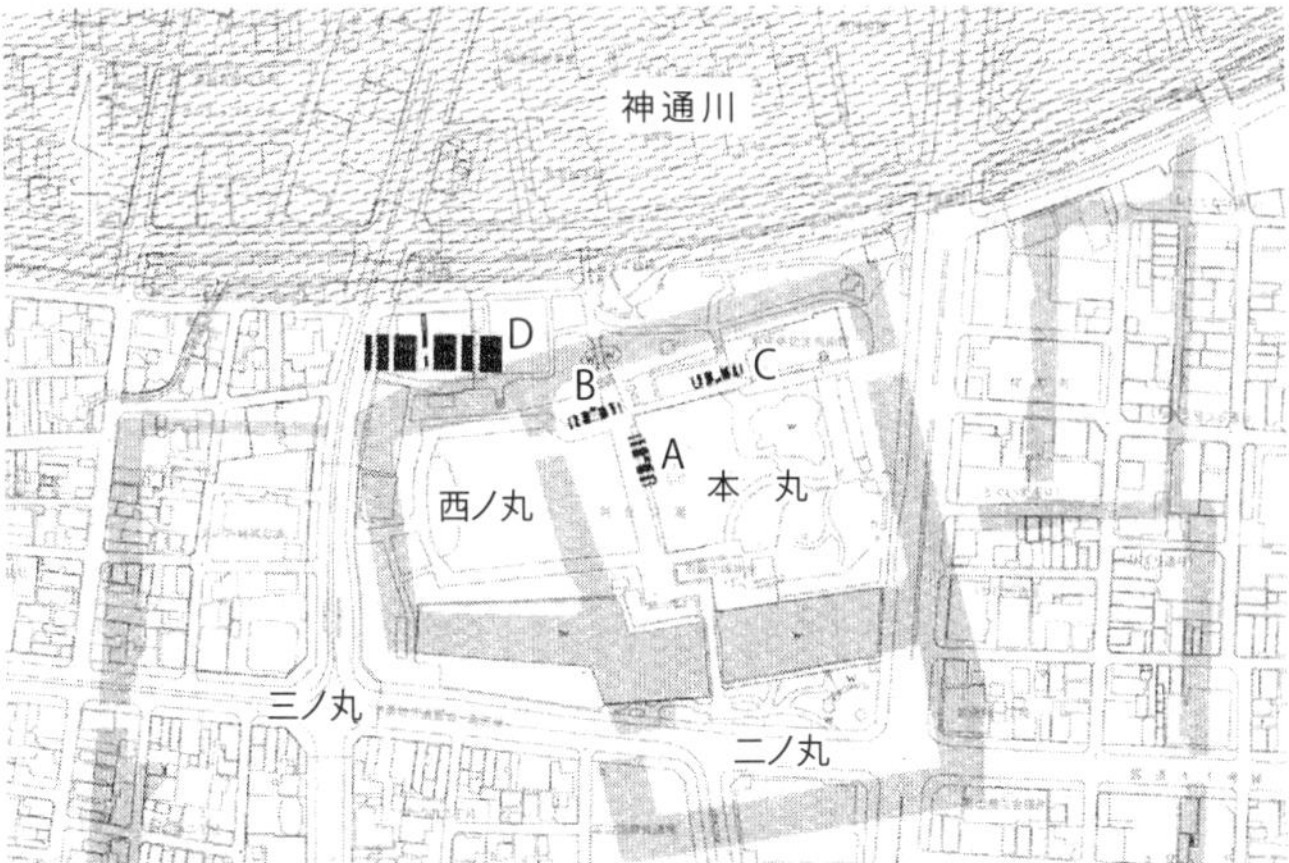

●—中世富山城の堀と推定される遺構

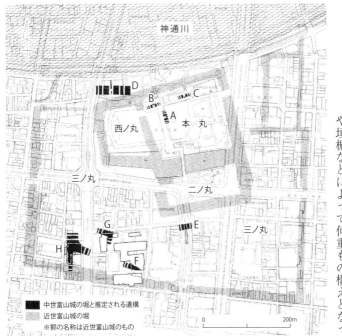

堅固な城だった様子が読み取れる。

また、天正年間の越後上杉氏の史料によると、富山城は「安城《あんじょう》」と呼ばれていた。天正十一年「上杉景勝判物《はんもつ》」には、上杉方の土肥氏が、佐々方の「安城外町」を放火したとの記述があり、外町と呼ばれる町場（城下町）が形成されていたことがわかる。城の東側に、微高地となる自然堤防が広がり、本丸東側の桜木町周辺で一六世紀前半〜中頃の遺構・遺物が確認されていることから、この時期の城下町は東側を中心に展開していた可能性がある。

【堀からみた城の構造】 史料が限られる中世富山城についてはいまだ謎が多い。しかし、ここ二〇年ほどの間に発掘調査が進み、断片的に遺構が確認されてきている。そのなかでも堀と推定される大規模な溝が各所で確認されていることが注目される。前頁の図にその地点を示した。

本丸の北部では東西方向（B・C地点）とそれに直交する南北方向（A地点）の堀が推定されている。また、本丸北辺では近世の堀と一部重複して、幅約二〇メートル、深さ約六メートルの堀が確認された（D地点）。この堀はかなり大きく、すべてを人工的に掘ったのではなく、神通川の氾濫で生じた流路を堀として利用したものとみられている。また、三ノ丸のE地点では、幅九・五メートル以上、深さ一・六メートル以上、F地点では幅一二メートル、深さ約二・八メートルの堀が検出された。また、H地点では分岐する堀が確認されている。

これら中世の堀は、近世の堀と位置や方向が近似し、近世富山城への改修にあたって中世の地割や構造の一部が踏襲されたことが推測される。また、近世富山城の縄張から、内郭は神保氏時代の縄張が踏襲され、外郭は天正十年以降の織豊期に整備されたとする指摘がある。

堀の確認範囲から中世富山城は、南北方向については近世富山城に近い四〇〇メートルほどの規模を有していた可能性がある。また、図示した堀がどの程度同時期に併存していたかは検証を要するが、縦横に複数検出されている状況から、複数の郭で構成されていたことを示す。

【発掘調査で確認された遺構】 中世富山城の主郭は、近世の本丸とおおよそ同じ場所、標高が最も高い神通川沿いに位置していたとみられる。本丸の西部で確認された南北方向の堀（A地点）の東側が主郭とみられる。このA地点の堀からは、中世富山城の三時期の埋土層が確認された。このうち二期の堀からは焼けた木材や穀類、かわらけなどが出土している。永禄三年「佐竹義昭宛長尾景虎書状写」には、上杉謙信襲来の報を受け、神保氏が富山城を「自落」したとの記載があり、焼けた遺物は神保長職が退避する前に自ら火を放って敵に城を使わせないようにした「自焼没落」の痕跡と推定されている。また、三期の土層は、天正十三年の秀吉の破却命令による埋め立て土と考えられる。

その他の遺構として、本丸の北西部で一六世紀後半とみられる礎石建物がある。堅く整地した層の上に三尺（約九〇センチ）間隔で並ぶ四個の礎石が見つかっている。また、本丸北東部では井戸がある。西ノ丸では鍛冶遺構が検出されている。鞴《ふいご》の羽口《はぐち》、鉄滓《てっさい》、砥石のほか、刃物を鍛える際に出る鍛造剥片や刃物の表面の仕上げに使う金雲母《きんうんも》などが出土し、城内で一連の鍛冶工程を行っていたことを示す。

●—三ノ丸で発掘された堀（F地点）（富山市埋蔵文化財センター提供）

三ノ丸では、特に図のF・G地点の調査区で多くの遺構が見つかった。上記した幅一二メートルの堀の内側には、この堀と平行・直交する溝がある。郭内の屋敷地などを分ける区画溝とみられる。また、複数の井戸や、かわらけを大量に廃棄した土坑なども確認された。

【破却と近世富山城の整備】天正十三年、秀吉の命により富山城は破却された。このとき堀などが埋められたことが発掘調査でも推測されている。

その後、慶長十年の前田利長の隠居にともなう改修は、堀を掘り直すとともに、石垣の築造、瓦葺建物の建築などそれまでの富山城にない新たな要素を導入した。また、神通川に船橋を架設して、北陸道を城下に引き込んだことで都市域の拡大を促すこととなったのである。

（野垣好史）

【参考文献】佐伯哲也「中世富山城について」『富山城跡試掘確認調査報告書』（富山市教育委員会、二〇〇四）、高岡徹「「安城」の所在に関する研究」『富山県中世城館遺跡総合調査報告書』（富山県埋蔵文化財センター、二〇〇六）、城下町科研・金沢研究集会実行委員会『中近世移行期前田家領国における城下町と権力』（二〇一六）、『富山市の遺跡物語』No.二〇～二二（富山市埋蔵文化財センター、二〇一九～二〇二一）

●織豊系城郭の最高峰

白《しら》鳥《とり》城《じょう》

〔所在地〕富山市吉作
〔比　高〕一三〇メートル
〔分　類〕山城
〔年　代〕一二～一六世紀
〔城　主〕神保氏、上杉氏、前田氏
〔交通アクセス〕JR高山本線「西富山駅」下車、徒歩三〇分。

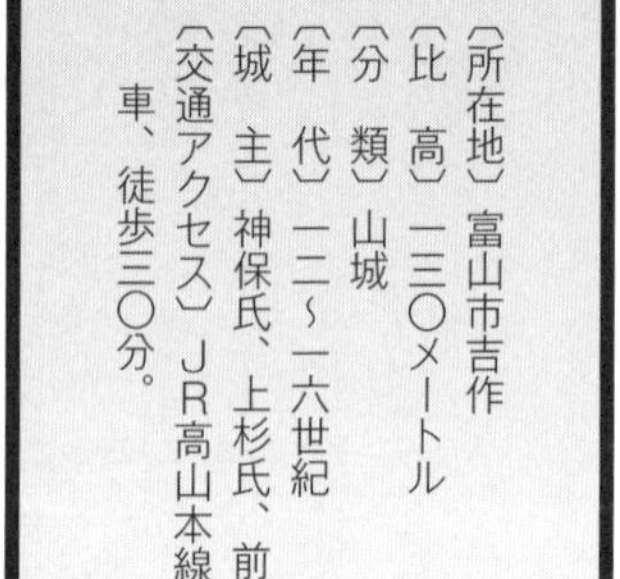

【ハイレベルの縄張】現存する縄張は、天正後期に織豊系武将が大改修したものである。つまり土造り城郭の縄張レベルが最高潮に達したときのものである。さらに形式だけのものではなく、実戦に耐えられるだけの実用的かつ大規模な遺構となっている。城郭ファン必見の城郭と言えよう。

【歴　史】富山平野のほぼ中央に位置し、富山平野の東西を広く眺望できる山上に位置する。さらに城域の西側には、隣接するように中世北陸街道が通っていた交通の要衝でもあった。このため古くから武将達に注目されていたと考えられ、源平合戦の時、寿永二年（一一八三）木曽義仲の家臣今井兼平《かねひら》が布陣したと伝えられている。

史料初見とされていた永禄五年（一五六二）上杉輝虎《てるとら》書状の「凶徒呉増山《ごますやま》」は、白鳥城の別名「呉（五）福山」とされてきた。しかし近年発刊された上越市史は「凶徒号増山」と解読し、増山城（砺波市）のこととしている。現在はこの説が広く支持されている。

元亀三年（一五七二）五月、加賀一向一揆は大挙越中西部に押し寄せ、上杉方の日宮城（射水市日宮）に迫る勢いを見せた。これを救援すべく上杉軍は六月十五日援軍を日宮城に向かわせる。しかし同日日宮城は陥落してしまい、落城を知らない上杉軍は日宮城を救援するため五福山（白鳥城）に布陣し、合図として火の手を上げる。これが攻撃目標となったのであろう。一揆軍は同日白鳥城を落城させ、上杉軍は何もできず敗走し、二〇人余りが討ち取られてしまう。さらに一揆軍は攻撃の手を緩めず、山麓の神通川の渡し場でも上杉軍を撃破してしまう。このように白鳥城は上杉氏の中継基地として使用され、篝火《かがりび》を用いて連絡していたことが判明して面白い。しかし、謙信不在の上杉軍は、こうも弱いのかと驚かされる。

天正十三年（一五八五）羽柴秀吉が越中富山城主佐々成政《さっさなりまさ》を攻めた、いわゆる佐々攻めの時、秀吉が白鳥城を本陣として富山城を攻めたとされるが、これは明確な誤りである。すなわち同年八月二十六日秀吉が加越国境の倶梨伽羅《くりから》峠に布陣すると、徹底抗戦の不利を悟った成政は降伏のため秀吉本陣に参陣し、佐々征伐が終了するからである。ちなみに「髪ヲソリ」「墨衣体」と、成政が法体（僧の姿）とな

●—城外に立つ白鳥城址の碑

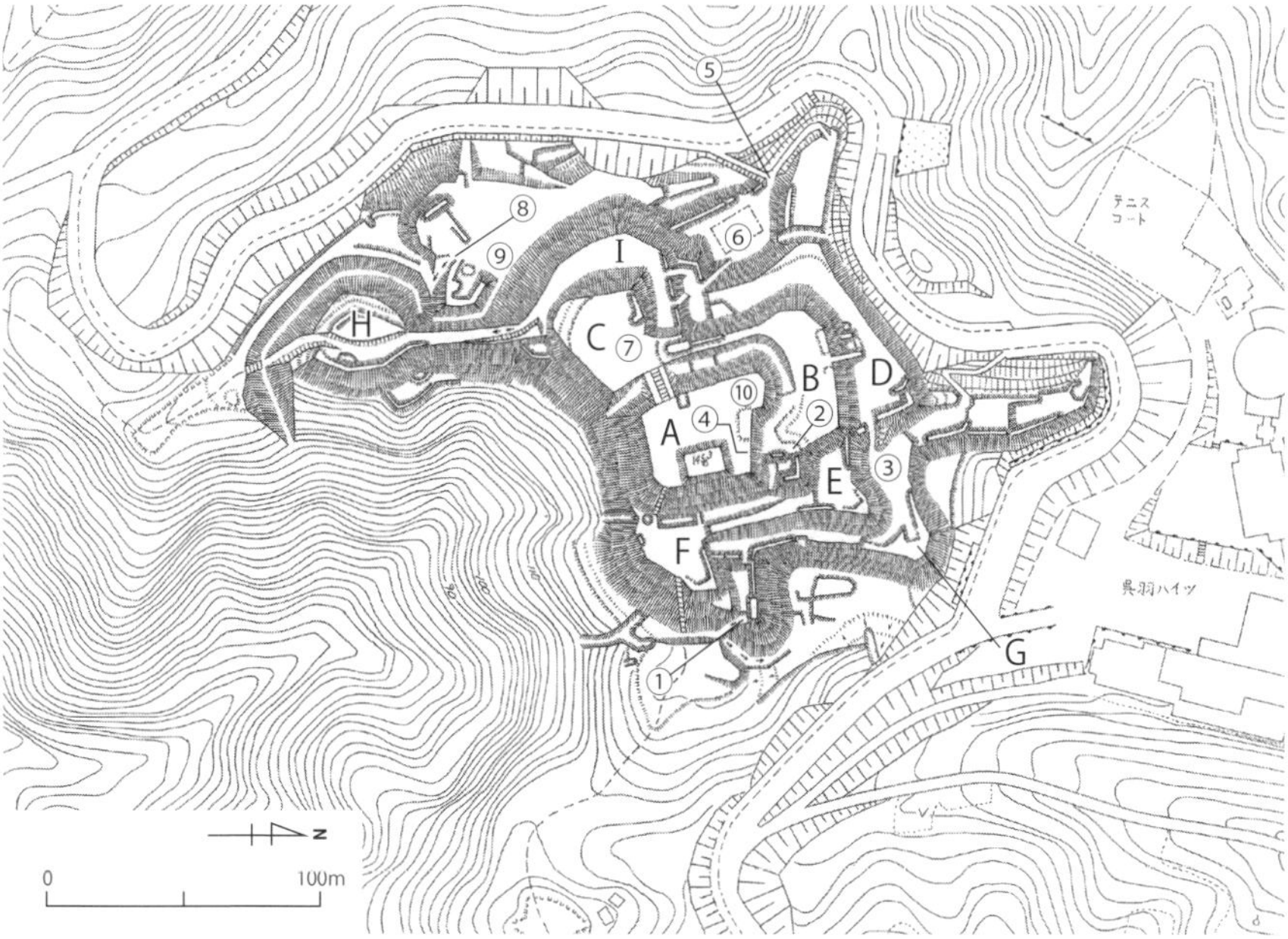

●—白鳥城縄張図（作図：佐伯哲也）

って参陣していることを羽柴秀吉書状等が記述している。なお秀吉は閏八月一日富山城に入城しているが、これに先立って、一時的に白鳥城に滞在していた可能性は残る。

同年閏八月佐々攻めが終了し、越中西半国が前田利長《としなが》領となる。白鳥城が位地する呉羽丘陵が前田・佐々氏の領地境となり、白鳥城はふたたび佐々領を監視する戦略上重要拠点となる。恐らく現存遺構は、このとき大改修されたものと考えて良い。佐々氏の逆襲に備えて、実戦に耐える構造になっているのは、このためであろう。

前田氏時代の白鳥城には、前田家の部将片山延高《のぶたか》・岡嶋一《かず》吉《よし》が在城する。翌天正十四年上杉景勝が上洛する途中、五月二十五日西岩瀬において五福山の武主三人から供応を受けている。三人の内二人は片山・岡嶋両将であろう。

白鳥城の廃城時期は不明だが、一吉が慶長四年（一五九九）安居寺（南砺市安居）に寄進した石灯籠の刻銘に「五福山安慶長四」とあるため、慶長四年まで存続していたことが判明する。しかし多くの城郭が慶長五年以降に廃城になったのと同様に、白鳥城も関ヶ原合戦以降後、ほどなく廃城になったのであろう。

【城跡へのアプローチ】 城跡は史跡公園として案内板や遊歩道が整備され、非常に観察しやすくなっている。また駐車場やトイレも完備されている。ただし、過去の公園化によって一部遺構が破壊されているのが惜しまれる。

【城跡の現状】 白鳥城は東と南側に虎口《こぐち》を開口する。まず東側に開口した虎口①は、櫓台《やぐらだい》を設けて防御力を増強し、虎口①が占領されても、頭上のF曲輪からの攻撃を受け、結局撤退を余儀なくされてしまう。E曲輪の櫓台が虎口①を監視していることも注目したい。

正規のルートは虎口①を北進し、突き当たりを右折してG曲輪に入り、虎口③からD曲輪に入ったと考えられる。細長い通路を通るため少人数しか進入できず、さらに頭上のE曲輪からの攻撃を受けながらの進撃となる。細長い土橋《どばし》通路を通ってB曲輪に入り、さらに主郭Aの張出⑩からの横矢《よこや》攻撃を受け、虎口④地点を突破して、ようやく主郭Aに辿り着く。E・F曲輪の城兵を主郭Aに収容する虎口が外枡形《そとますがた》虎口②である。主郭と直結する重要な虎口のため土塁《どるい》で固めている。

一方、南側を固めるのがH曲輪である。この曲輪の西直下には中世北陸街道が通っているため、大規模な横堀を設け、完全に遮断している。北陸街道から進攻した敵軍は、H曲輪の横矢を受けながら細長い土橋状通路を通ることになる。城兵は⑧を通ったが、敵兵は⑨を通らされたと考えられる。ここから虎口⑤に進攻したものの、三方の上部曲輪から攻撃を受け、さらに虎口⑥に進んだとしても、やはり三方の上部曲輪から攻撃を受けることになる。I曲輪に入っても、C曲輪からの横矢攻撃に晒される。C曲輪には⑦から入ったと考えられ、この後は主郭Aからの横矢に晒されながらB曲輪に入り、虎口④を経由して漸く主郭Aに辿り着く。

【発掘調査】　昭和五十五～五十八年（一九八〇～八八）に富山市教育委員会によって発掘調査が実施され、礎石群四ヵ所、石組溝一ヵ所、敷石五ヵ所が確認された。礎石群からは五間×四間の建物一棟が復元され、敷石および礎石の上には、湿気を嫌う火薬・火縄を格納する倉庫が建っていたと推定される。鉄砲を装備していたということは、発掘からも織豊系武将による改修が裏付けられたと言えよう。

　このように虎口から主郭まで計画的に設定されたルートを読み取ることができ、さらに上部の曲輪が下部の曲輪を防御（保護）できるようになっている。さらに要所要所に塁線土塁や櫓台を設けて防御力を増強しているのも注目したい。現存する縄張は極めて高度な技術で構築されており、さらに実際の籠城戦に耐えうる規模となっている。やはり天正十三年前田氏が佐々成政監視のために大改修したのが、現存遺構と考えたい。

●—主郭Ａ南側横堀

●—Ｂ曲輪現況　きれいに整備されている

【参考文献】『上越市史　別編2（上杉氏文書集二）』（上越市、二〇〇四）、『婦中町史通史編』（婦中町、一九九六）

（佐伯哲也）

●復元整備された戦国時代末の平城

安《やす》田《だ》城《じょう》

〔国史跡〕

〔所在地〕富山市婦中町安田
〔比　高〕約一メートル
〔分　類〕平城
〔年　代〕一六世紀末
〔城　主〕岡嶋喜三郎一吉
〔交通アクセス〕ＪＲ高山本線「婦中鵜坂駅」下車、徒歩約二五分。または富山地方鉄道バス富山大学附属病院行き「安田」停留所下車、徒歩約五分。北陸自動車道「富山西ＩＣ」から車で一〇分。駐車場有。

【安田城の立地】　安田城は、呉羽《くれは》丘陵東麓の扇状地に立地する平城である。現在は、富山市婦中安田城跡歴史の広場として、三つの曲輪や城を防御した水堀、土塁《どるい》などが復元整備されている。

城の東面には、天然の要害であり、水上交通の便を提供する井田川《いだがわ》が流れる。当時、その下流には大峪《おおがけ》城があり、さらに河川を下れば本流の神通川《じんづうがわ》に面する富山城にも通ずることができた。

当時城の西側には、現在の安田集落に繋がる安田村があり、村内には飛越間の幹線道である飛騨街道が通過していたとされる。街道は北陸街道から現富山市五福《ごふく》で分岐して、呉羽丘陵の東麓沿いに南下する南北ルートであり、大峪城・白鳥城・安田城を陸路で結んでいた。付近にはほかに、射水《いみず》平野から金屋《かなや》の渡し場を経て富山方面に向かう山越えの東西ルートもあったようである。

このように安田城は水陸の交通路を抑え、三位一体の関係にあった城との連携を考慮した場所に築かれている。

【秀吉の越中出陣】　天正十三年（一五八五）八月、羽柴秀吉は、富山城の佐々成政《さっさなりまさ》を討伐するため、越中に出陣した。秀吉軍は富山城西方の呉羽丘陵一帯に陣をしき、最高峰にある白鳥城には先遣隊総大将の織田信雄《のぶかつ》が布陣した。この時白鳥城の支城となったのが丘陵東麓の安田城と大峪城であり、富山城と神通川を挟んで対峙する前衛の役割を担ったとされる。この戦では、総勢七万人という秀吉方の大軍勢を前にした成政がほどなく降伏したため、安田城が実際の戦闘に使用されることはなかった。秀吉は富山城への入城を果たした後、白鳥城に数日間滞在し、富山城の破却を命じて帰京したという。

『越登賀《えつとが》三州志《さんしゅうし》』には、白鳥城が秀吉の本陣となった際に、それまで白鳥城に拠っていた前田利家家臣の片山伊賀守《いがのもり》延高《のぶたか》が大峪城に、岡嶋喜三郎一吉《きさぶろうかずよし》が安田城に移ったことが記されている。

【越中平定後の安田城】 秀吉による国分の結果、越中西半国（砺波・射水・婦負郡）は先遣隊一番手であった前田利家の嫡男利長《としなが》に任され、成政領は新川郡《にいかわ》のみとなった。領地境となった神通川に近い安田城は、戦後も成政領を監視する境目の城として重要な役割を果たし、天正十五年に成政が肥後に移った後も、前田氏による在地支配の拠点として機能したと考えられている。

安田城の西側にある中堂《ちゅうどう》寺には、天正十八年に岡嶋が小泉村の田畠二町を同寺に寄進したことを記す書状が残り、この頃安田の地が前田氏の管理下にあったことが分かる。また『越登賀三州志』には、慶長二年（一五九七）に利長が守山《もりやま》城から富山城へ移る際、岡嶋と片山がふたたび呉服山《ごふくやま》（白鳥城）に配置されたが、風が烈しいため同城を詰城《つめじろ》として、安田に戻り居城したと記される。さらに、慶長四年、岡嶋は現南砺《なんと》市の安居寺《あんご》に石燈籠を寄進しており、そこに刻まれた「五福山安〇〇」という銘文から、この頃には五福山（白鳥城）と安田城の城主として一帯を統治していたことが察せられる。「越中安田《やすだ》古城《こじょう》之図《のず》」によると、岡嶋が金沢に帰還した後、安田城には岡嶋の代官である平野三郎左衛門が居城したが、やがて金沢に帰り廃城になったという。

【絵図や地名にみる安田城】「越中安田古城之図」（以下、絵図と記す）は、江戸時代文化年間に富山藩士安達淳直《きよなお》・直章《なおあき》が安田城跡を調査・測量した絵図である。ここには土橋《どばし》で結んだ三つの曲輪や土塁《どるい》、井田川から水を引き込んだ堀などの城の遺構のほか、付近にある安田村の家並みや北側に流れる水路の様子が描かれている。また、各曲輪の規模も詳細に記されており、『越登賀三州志』の安田城に関する記述はこの絵図に基づいている。

また、付近には城にちなむ地名が伝わる。城の範囲には殿町や殿町割、安田村周辺には前田一番割・二番割という小字《こあざ》名があるほか、土地の人々は本丸をオオシロ、二の丸をコシロ、右郭《みぎくるわ》をカネツキドウと呼んでいた。

こうした絵図や地名等による縄張の分析は、その後の発掘調査に大きな手掛かりを与えた。

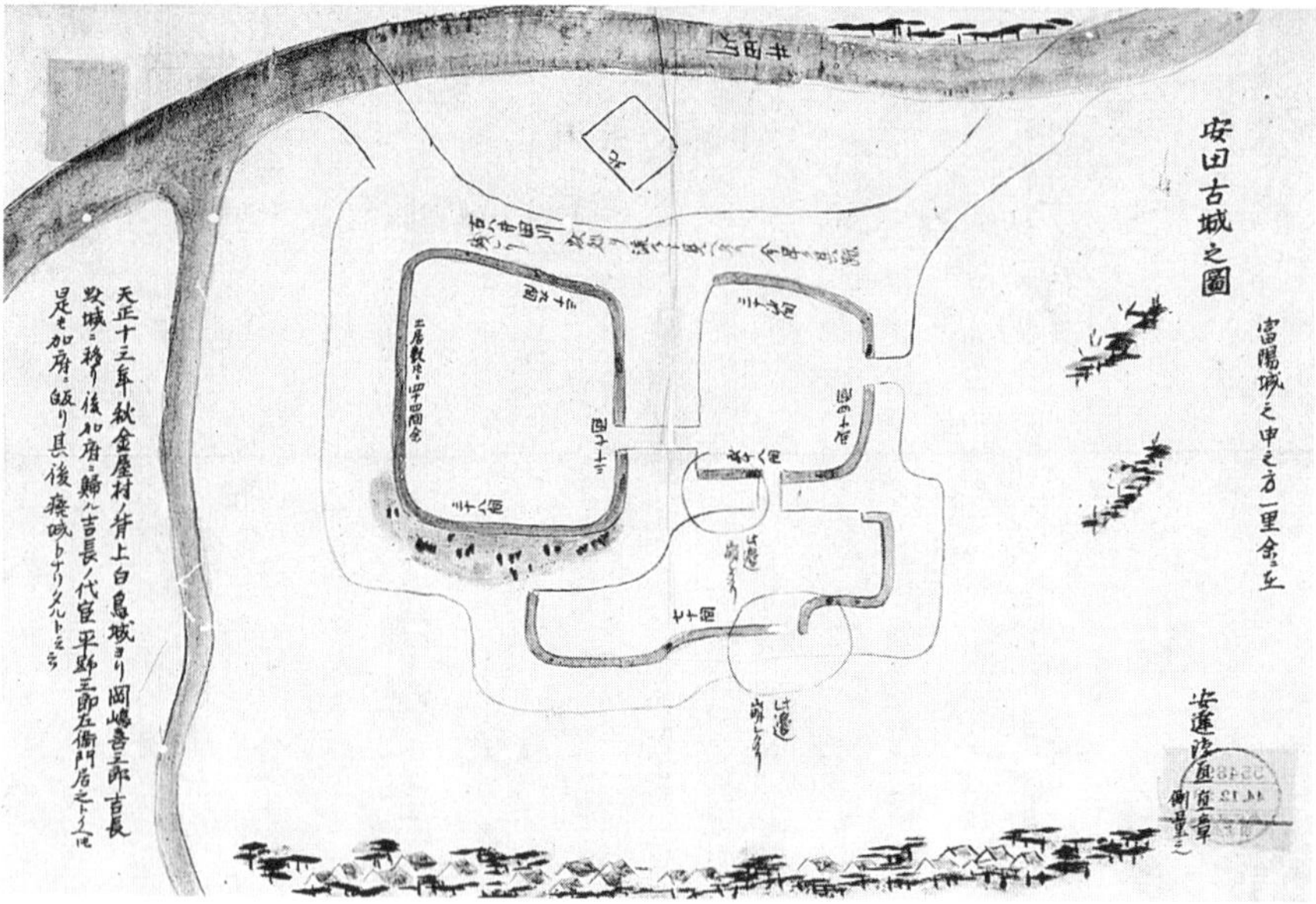

●―「越中安田古城之図」（金沢市立玉川図書館蔵）

●―整備された安田城（富山市埋蔵文化財センター提供）

【遺構】 県営ほ場整備事業にともない、昭和五十二年（一九七七）から始まったトレンチ調査では、約三万四〇〇〇平方メートルの範囲に城の遺構が確認された。これらは、先述の絵図等から推測された城の縄張とほぼ重なるものであった。

調査で分かった曲輪の規模は、本丸が東南辺八五メートル、東北辺七五メートル、西北辺八三メートル、西南辺九〇メートル、二の丸が北西辺一三〇メートル、東南辺八〇メートル、西南辺五〇メートル、右郭が北西辺一三〇メートル、東西幅一〇〜二五メートルである。堀は平均して二五メートル幅で、右郭北端側のみ一〇メートル幅と狭くなり、深さは〇・八〜一・四メートルである。土塁は、本丸入口東側での断割り調査の結果、基底部幅約一四メートル、高さ約二・四メートルと推定された。勾配は四〇〜四五度で、中央に粘土を山形に置いた後、砂礫土と粘土を交互に斜め積みし、表面を礫で覆って強度を高めている。なお、土塁断面は現在、本丸東側の土塁内に設置された展示施設において観察できる。

攻守の要となる城の出入口は、絵図では二ヵ所描かれているが、発掘調査では二の丸南側の橋は廃城後に架けられたものであり、本来この部分には堀が巡っていたことが判明した。従って出入口は、西の安田村側から右郭に入る一ヵ所のみということになる。

曲輪を防御した土塁については、二の丸では本丸側、右郭では本丸側・二の丸側には存在しない。土塁をこのように配置することで、城兵側からは見通しがよく、敵兵側からは郭内の様子を探りにくくなり、曲輪や土橋を通過しようとする敵兵を土塁や堀越しに複数方向から迎撃することができる。

安田城は、本丸に二つの曲輪を連結させた構造であり、西側の土橋から右郭に入り、さらに土橋を渡って二の丸に進み、左に折れてから木橋《きばし》を渡って本丸に至る経路となる。こうした縄張から、二の丸や右郭は馬出《うまだし》の性格をもつ曲輪とも理解されている。二の丸北西端には橋台とみられる張出しが検出されており、二の丸と本丸の間に長さ約一八メートル、幅二・六メートルの木橋が架けられていたと推定されている。この部分だけが木橋であるのは、有事の際、城の中枢部である本丸に通じる橋を外して、時間を稼ぐための仕掛けとみられる。

本丸の平面形は方形であり、土塁から崩落した石の堆積状況から曲輪の隅の形状はほぼ直角と分かる。一方、二の丸の平面形は隅丸の台形、右郭は北側で幅が狭くなる不整形である。こうした平面形の違いや、二の丸・右郭の主軸が本丸と約三〇度ずれている点、戦国時代以前の遺物が出土している点から、安田城は元々あった在地有力者の居館などをベースに、前田氏が最新の築城技術を導入して三郭構造に改変したと推測されている。ただし改修時期や各曲輪の前後関係については諸説あり、今後のさらなる研究の進展が待たれる。

　本丸東南部の発掘調査では、直線的に並ぶ柱穴群や建物礎石とされる石を詰めた穴、井戸の可能性のある一辺三メートル以上、深さ一・五メートル以上の穴などが検出され、廃棄された多くの灯明《とうみょう》皿が出土した。

　しかし、発掘調査がなされたのは城跡のごくわずかな面積に過ぎず、各曲輪の内部構造などの詳細は分かっていない。

●―本丸東南部の発掘調査（富山市埋蔵文化財センター提供）

【出土品】　現在までに出土している遺物の九割は、中世土師器で占められ、その多くは灯明皿として使用されたものである。本丸からは、中世土師器《はじき》、珠洲《すず》焼、越中瀬戸焼、瀬戸美濃焼、輸入陶磁器（朝鮮系徳利、中国製染付皿）などの焼物、柄に漆が付着した短刀、鉄釘、天聖元宝、石臼、石鉢などが出土した。また、鍛冶に使用する取瓶《とりべ》や溶解炉《ようかいろ》の破片、鉄滓、砥石も出土していることから、本丸には鍛冶工房が設置されていたようである。現在、これらの出土品の一部は、城跡に併設された安田城跡資料館で見学することができる。

【参考文献】富山県教育委員会『富山県ほ場整備関連事業埋蔵文化財発掘調査概要　婦中町安田城跡　魚津市佐伯遺跡』（一九七九）、婦中町教育委員会『史跡安田城跡環境整備事業報告書』（一九九三）、高岡徹「地域に生きる歴史的環境」『かんとりい№二号』（一九七八）、古川知明「慶長期富山城内郭の系譜―越中における聚楽第型城郭の成立と展開―」『富山城の縄張と城下町の構造』（桂書房、二〇一四）

（大野英子）

●独立丘陵に築いた出城

大《おお》峪《がけ》城《じょう》

〔所在地〕富山市五福
〔比　高〕四メートル
〔分　類〕平城
〔年　代〕一六世紀末
〔城　主〕片山延高
〔交通アクセス〕ＪＲ高山本線「西富山駅」下車、徒歩七分。または北陸自動車道「富山西ＩＣ」から車で一四分。

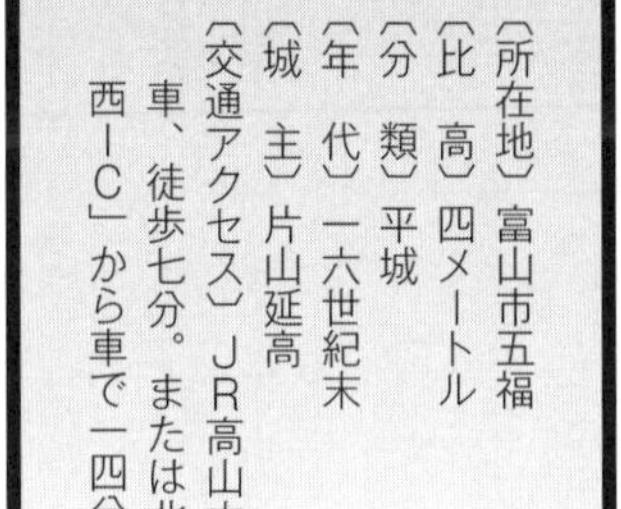

【城の由来】　大峪城は、古川（旧神通川）に面した独立丘陵に立地する平城で、本丸の標高は一五メートルである。

天正十三年（一五八五）、羽柴秀吉（のちの豊臣秀吉）が富山城に籠る佐々成政《さっさなりまさ》を攻めた富山の役が起きた。『越登賀三州志《えっとがさんしゅうし》』「地理志稿《ちりしこう》」によれば、白鳥城が秀吉の本陣となった際に、前田家家臣片山伊賀守延高《のぶたか》が白鳥城の一・七キロ東にある大峪城、岡嶋喜三郎一吉が白鳥城の二・〇キロ南にある安田城に移ったとされ、両城は白鳥城の出城であったと考えられている。最近の研究では、白鳥城に布陣したのは先遣隊総大将の織田信雄《のぶかつ》であり、秀吉は加賀と越中の国境の倶利伽羅《くりから》峠（小矢部市）にいたとされる。

大峪城には、二枚の江戸時代後期の絵図が現存する。一枚は、脇田尚保旧蔵の「越中富山領大ガケ古城図」、もう一枚は富山藩士安達直章が測量し描いた「越中大峪之古城分間之図」である。そのうち分間図は、文化九年（一八一二）に渋谷孝本らが測量したと『越登賀三州志』「地理志稿」に記されている。二枚の絵図から城の構造が本丸、二の丸が並びそれを囲う総曲輪《そうぐるわ》で構成された輪郭式の城であったことがわかる。江戸時代に大峪古城とよばれたこの城は、片山伊賀守延高が城主であったことから、別名「伊賀城」ともよばれている。

明治二十五年（一八九二）に城跡には東呉羽尋常小学校（のちの旧五福小学校）が建てられた。本丸はグラウンドとなり、総曲輪の一部には木造校舎が建てられた。

昭和四十四年（一九六九）に旧五福小学校校舎が鉄筋コンクリート造校舎に建て替えられることとなり、グラウンドだった本丸に校舎が建てられた。木造校舎が建っていた総曲輪の一部はグラウンドになり、校舎とグラウンドの入れ替えが行われたこととなる。以後平成二十八年（二〇一六）に小学校が移転するまで旧五福小学校の敷地であった。

令和三年（二〇二一）、小学校跡地に富山市五福芝生スポーツ広場が造成された。本丸には盛土が施され、遺構は保護されている。

二の丸は、南半分は大きく後世の削平を受けており、遺構はほぼ現存せず、北半分は住宅街となっている。総曲輪はほぼ住宅街となっており、遺構を確認することは難しい。ただし、周辺には「宇ノ津」「大工町」「城割」「城ノ下割」「城」などの城や町に関連する地名が残っており、城下町などが存在していた可能性がある。

【城の構造】「越中大峪之古城分間之図」を基に書かれた『越登賀三州志』「地理志稿」によれば、各曲輪の規模は以下の通りである。

・本　丸　西辺四四間（八〇メートル）
　　　　　東辺五一間（九二・七三メートル）
　　　　　南辺五九間（一〇七・二七メートル）
　　　　　北辺三八間（六九・〇九メートル）
・二の丸　南辺二八間半（五一・八二メートル）
　　　　　東辺四九間（八九・〇九メートル）
・総曲輪　北辺九一間（一六五・四五メートル）
　　　　　東辺百二九間（二三四・五五メートル）

絵図から本丸には四方すべてに土塁《どるい》がめぐり、南東角と南西角には櫓台《やぐらだい》が設けられていたことがわかる。櫓台は南側の旧神通川の対岸を見張るために設けられたと考えられる。本丸虎口は曲輪南東部に設けられ、二の丸とは土橋《どばし》で繋がっていた。

本丸の土塁および櫓台が残存していたことは、校舎建て替え直前の昭和四十三年の写真からも知ることができる。しかし、鉄筋コンクリート造校舎建築にともなう敷地拡張が施工された際に、北・西・南の三方の土塁および櫓台は削平されてしまったようで、現存していない。唯一、東土塁のみが現存を確認できる（ただし、芝生スポーツ広場の盛土をしたため、現在は東土塁も見ることはできない）。

二の丸には本丸側である西方を除く三方に土塁がめぐっている。二の丸虎口《こぐち》は横矢《よこや》が効くように北東部のやや奥まった位置に設けられている。二の丸虎口と本丸虎口は対角に設けられていることから、敵が二の丸虎口から侵入し本丸虎口に

●—大峪城本丸（昭和 43 年撮影）　五福小学校所蔵（富山市埋蔵文化財センター提供）

到達するためには、二の丸を南北に縦断しなくてはならず、長時間本丸からの横矢に晒されることとなり、防御を意識した縄張となっている。

本丸と二の丸の周囲には横堀《よこぼり》（内堀）がめぐり、南側は旧神通川を天然の堀としている。総曲輪にも土塁と横堀（外堀）が巡っている。内堀に囲われた内郭（本丸＋二の丸）が方形本丸＋角馬出《かくうまだし》＋虎口空間で構成されており、聚楽第《じゅらくてい》型城郭と評価されている。

小学校移転後の令和二年に芝生スポーツ広場造成に先立ち試掘調査が実施された結果、絵図からではわからなかった本丸の構造がいろいろと明らかになった。

本丸は調査前までは土を盛り上げて築城されたと考えられていたが、そもそも存在した独立丘陵を利用して築城されたことがわかった。本丸の曲輪外周には、独立丘陵を削りだした急峻な切岸《きりぎし》が施されている。切岸の最大傾斜角度は五一・六度である。

東土塁で断ち割りを行った結果、土塁は簡易な土を積み上げて作られており、版築工法など強固な作り方ではないことがわかった。東土塁の規模は幅約七メートル、高さ一・一七メートル、検出長約七九メートルである。また、南土塁・西土塁の基底部が削平されずに一部残存していることを確認した。北土塁は旧校舎北側斜面に築山が造成されていたため、大きく削平されて全く残っていない。

　本丸北側山裾に本丸北堀を確認した。北堀の規模は、幅五・六メートル以上、深さ一・九四メートルで、形状は箱堀である。堀底と本丸上面との比高差は五・八八メートルとなる。消失した北土塁を復元した場合、堀底との比高差は約七メートルとなる。埋土の状況から堀は空堀であったと考えられる。

　本丸の土塁内側の平坦面は、独立丘陵の上面に盛土をして平らに整地していることがわかった。整地盛土層から一六世紀末のかわらけが出土しており、城が一六世紀末に築城されたものと考えられる。

　総曲輪の一部では戦国時代の遺構・遺物とも見つからなかった。

　二の丸で平成元年に試掘調査が実施されており、本丸と二の丸の間に幅一四メートル、深さ約三・五メートルの本丸東堀が確認された。続けて実施された発掘調査で、東堀の南端付近で本丸と二の丸を繋ぐ土橋が確認された。

（堀内大介）

●—大峪城本丸東土塁断ち割り（富山市埋蔵文化財センター提供）

●—大峪城本丸北堀（富山市埋蔵文化財センター提供）

【参考文献】堀内大介「大峪城跡の試掘調査結果」『富山市の遺跡物語 No.21』（富山市埋蔵文化財センター、二〇二〇）、『富山県中世城館遺跡総合調査報告書』（富山県埋蔵文化財センター、二〇〇六）、古川知明「慶長期富山城内郭の系譜—越中における聚楽第型城郭の成立と展開—」『富山城の縄張と城下町の構造』（桂書房、二〇一四）

●さまざまな武将が拠った越中の重要拠点

新《しん》庄《じょう》城《じょう》

〔所在地〕富山市新庄町1丁目
〔比　高〕一メートル
〔分　類〕平城
〔年　代〕一五世紀～一六世紀
〔城　主〕三輪飛騨守、轡田備後守、神保氏、鰺坂直実、神保長住
〔交通アクセス〕富山地方鉄道「東新庄駅」下車、徒歩八分。または北陸自動車道「富山ＩＣ」から車で一七分。

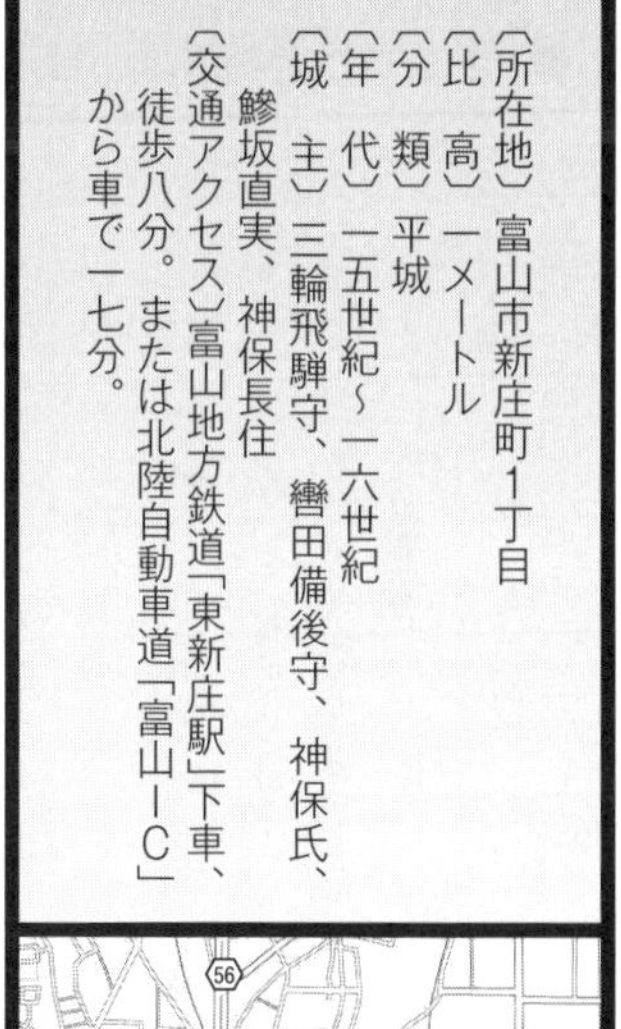

【城の由来】　新庄城は常願寺川左岸の氾濫平野の標高一三～一四メートルに立地する平城で、現在は富山市立新庄小学校が建っている。城は、三・八キロ西にある富山城から続く北陸街道沿いにあり、周囲には岩瀬往来《おうらい》、上市往来、藤木往来など様々な方面へ向かう街道が分岐する交通の要衝に造られた。

永正十七年（一五二〇）、越後の長尾為景《ためかげ》が父能景《よしかげ》の仇敵である神保慶宗《よしむね》や一向一揆衆と戦った際に新庄の地に陣城《じんしろ》（臨時の城）を築き二ヵ月近く拠点とした。この陣城が新庄城の前身と考えられている。

新庄城の正確な築城年は詳らかではないが、天文年間（一五三二―五五）に射水・婦負郡守護代神保《じんぼ》長職《ながもと》の家臣であった三輪飛驒守が築城したと伝わる。天文十九年、三輪飛驒守は椎名方の大村城主轡田《くつわだ》豊後守と争い没した。その後、轡田氏が城主となったとされる。

永禄三年（一五六〇）、長尾景虎（のちの上杉謙信）が盟友椎名氏を救援すべく越中へ出馬し、富山城、増山城を攻めて、神保氏は一時没落した。二年後の同五年、一向一揆《いっこういっき》の加勢を受けた神保長職が勢力を回復し、新庄城と堀江城（滑川市）を攻め落とし、さらに椎名氏の本拠地松倉城（魚津市）の近くまで軍勢が迫ったとされる。その後、椎名氏が上杉氏を裏切ったため、同十二年に輝虎《てるとら》（謙信）が椎名氏の松倉城を攻め落とした。その時に新庄城も同時に攻め落とされている。以後、謙信は新庄城に在番衆として鰺坂直実《あじさかなおざね》を置き、この城を越中攻めの拠点とした。

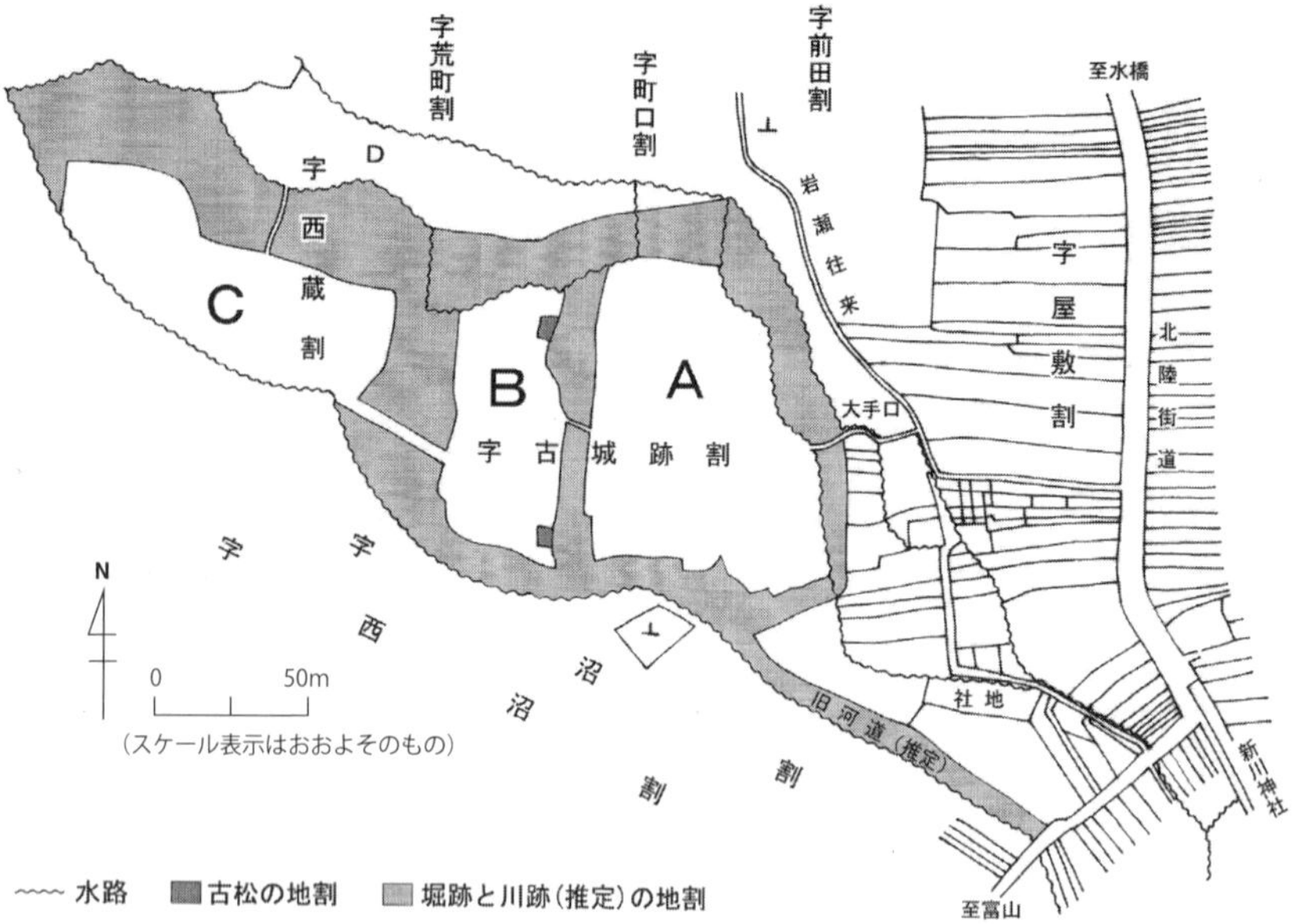

●—新庄城推定縄張図（作図：高岡徹）

元亀三年（一五七二）、富山城に立て籠る一向一揆衆を攻めるため、謙信自らこの城に着陣した。翌同四年初めには、稲荷・岩瀬・本郷・二宮・押上に向城を築き富山城の包囲を強めた。そのうち富山城と新庄城の中間地点にある稲荷砦には新庄城から部隊を移している。

天正六年（一五七八）謙信が急死したことにより織田信長勢が越中に進出し始めた。同八年には織田方の神保長住《ながずみ》（長職の子）に新庄城は攻め落とされている。この後、この城は織田方が魚津城や松倉城など上杉方の城に対する攻撃拠点となった。同十一年、佐々成政《さっさなりまさ》が弓庄城の土肥氏らを駆逐し越中を平定した以降は、文献に新庄城が出てくることはなく、廃城となったと考えられる。

城跡には江戸時代に前田家の作食《さじき》御蔵《おくら》が置かれていた。明治二十八年（一八九五）に新庄尋常高等小学校（のちの新庄小学校）が建てられた。

城のあったこの一帯は、むかし「御屋敷山」と呼ばれ、小高い丘になっていたと伝わっている。このことは元亀三年の『杉浦玄任《げんにん》書状』に「輝虎出勢、一昨日十八日者、新庄表山際ニ野陣仕」とあり、輝虎が新庄城の表に陣を張った場所を「新庄表山際」と表現していることからも、新庄城が山のような小高い処に建つ城であったことが想像される。しかし、現在の新庄小学校にはそのような小高い場所はない。新庄尋常高等小学校や新庄小学校の造成・拡張に伴い削平されたと考えられる。

【城の構造】　新庄城の構造は、高岡徹によって推定縄張図が作成されている。それに基づけば、城は主郭A、副郭B、西《にし》出丸《でまる》Cの三郭から構成され、三郭は土橋《どばし》で繋がっていたとみられる。三郭の周囲には堀がめぐり、南東の旧河道から水を引き込んだ水堀であった。東の岩瀬往来から主郭Aに入る大手道は一度クランクしており、防御を意識した進入路となっている。郭の規模は、主郭Aが北辺三八《メートル》、西辺九四《メートル》、南辺八〇《メートル》、東辺一〇五《メートル》あり、副郭Bが北辺三六《メートル》、西辺七二《メートル》、南辺四〇《メートル》、東辺九〇《メートル》である。小字《こあざ》として、主郭Aと副郭Bには「古城跡割」、西出丸Cには「西蔵割」が残る。

副郭B中央部で発掘調査が実施された結果、副郭Bが大掛かりな盛土で造成されていることが明らかとなった。主郭Aと副郭Bの間の堀は盛土後に開削されており、主郭Aと副郭Bは同時に盛土造成が行われたと考えられる。遺構は主郭Aと副郭Bの間の堀、石組井戸1基以外は検出されなかった。これは、小学校の造成・拡張にともない盛土上面が削平され遺構が消失しているためと考えられる。文献史上で謙信含めさまざまな武将が拠ったことで知られている新庄城であるが、発掘調査で建物配置など曲輪の内部構造を解明することは難しくなったといえる。

【新庄城の下層遺構】　発掘調査で新庄城の盛土下には下層遺構が存在し、新庄城築城より古い時代からこの場所で人々が暮らしていたことが明らかとなった。下層遺構は出土遺物の年代より平安時代、室町時代、戦国時代の遺構で、掘立柱《ほったてばしら》建物、井戸、鍛冶場などを検出している。墨書土器や円面硯《すずり》などが出土していることから、平安時代に公的施設が存在していた可能性がある。室町時代中頃になると武家屋敷が建ち、その後数回わたりに館の造り替えが行われている。館の造り替えの変遷を見ていく。

・**新庄城Ⅰ期（一五世紀前半）**

室町時代中頃に土塁《どるい》をともなう堀に囲まれた武家居館が建てられた。発掘調査で館の北西部分が見つかり、北土塁と西土塁が「L」字状に検出された。土塁は削って造ったもので、土塁の規模は幅二・四《メートル》、高さ〇・八《メートル》である。西土塁に平行する西堀があり、堀の規模は幅二・五〜三・五《メートル》、深さ一《メートル》である。堀は埋土から水堀であったと考えられる。北堀もあったと思われるが、Ⅳ期の大型堀に削平されている。

・**新庄城Ⅱ期（一五世紀中頃）**

Ⅰ期の堀の東一二《メートル》に新たに土塁をともなう堀が掘削され

●—新庄城Ⅳ期　陣城の堀（富山市埋蔵文化財センター提供）

た。堀の規模は幅五・〇メートル、深さ一・四五メートルである。土塁はたたき土居であり、規模は幅四・七メートル、高さ〇・六五メートルである。Ⅰ期に比べて堀・土塁ともに規模が大きくなっている。堀は埋土から空堀《からぼり》であったと考えられる。この頃の越中は越中守護畠山氏の後継者争いによって「国中錯乱」となっていた時期で、居館の守りをより強固にする必要があったのだろう。

・**新庄城Ⅲ期**（一五世紀後半～一六世紀初頭）

調査区北端に新しい南土塁と南堀が確認できる。土塁の規模は幅二・五メートル、高さ一・〇メートルである。堀は幅一・六～三・五メートル、深さ〇・四五メートルである。この館の南側にもⅠ期の土塁、Ⅱ期の堀を一部壊して新たな溝が掘られているところもある。一五世紀後半～一六世紀前半は加賀一向一揆衆が越中に侵入してきている時期であり、北陸街道沿いという交通の要衝であるこの地に一向一揆衆の越中国内での勢力拡大に対抗すべく新たな城館に造り直されたと考えられる。

・**新庄城Ⅳ期**（一六世紀前半）

Ⅲ期の土塁に沿って、下層で最大の堀が掘削された。堀の規模は幅六・〇メートル、深さ一・八～二・〇メートルで、検出長四四メートルである。永正十七年（一五二〇）、長尾為景が新庄を陣城とし二ヵ月半滞在していたときに陣城の防御強化のために掘削されたと考えられる。『長尾為景感状』には「殊《ことに》昨日廿一、凶徒悉《ことごとく》打振、新庄際へ取懸候上、遂一戦得大利」とあり、神保慶宗らの総攻撃を打ち払って、大勝利を得たとされる。陣城で行った堀の改修などが大きく戦況に影響を及ぼしたのかもしれない。その後、城全体に施された盛土造成でⅣ期の陣城の堀などすべての下層遺構は埋め立てられ、天文年間に文献史上で知られる新庄城が築城された。

【参考文献】富山市教育委員会『富山市新庄城跡発掘調査概報』（二〇一四）、高岡徹「戦国期における新庄城と武将の群像」『富山市考古資料館紀要』第三三号（富山市考古資料館、二〇一四）

（堀内大介）

●越後上杉氏に与した国人寺崎氏の居城

願《がん》海《かい》寺《じ》城《じょう》

〔所在地〕富山市願海寺
〔比　高〕〇メートル
〔分　類〕平城
〔年　代〕一五世紀～一六世紀
〔城　主〕寺崎民部左衛門
〔交通アクセス〕JR高山本線「富山駅」下車、富山地方鉄道バス「富山短期大学口」停留所下車、徒歩三分。または北陸自動車道「富山西IC」から車で一一分。

【城の由来】　願海寺城は射水《いみず》平野の低地に立地する平城で、標高は一メートルである。北陸街道沿いの交通の要衝に造られた。この地に願海寺が建立されていたことから、願海寺城とよばれる。城主は越中の国人寺崎民部左衛門盛永である。

願海寺は、延暦元年（一二一一）に立山町栃津に親鸞の直弟子で、越中三坊主の一人である願海房信性《がんかいぼうしんしょう》が開基した浄土真宗の寺である。延文五年（一三六〇）頃水橋小出に出て寺を建立したが、天正元年（一五七三）頃、上杉方の軍勢に焼き討ちされた。そのため、同五年頃射水郡開発村（現富山市願海寺）に移住して願海寺を建立した。開発村周辺で熱心に布教活動が行われた結果、末寺が三八ヵ寺に達し、願海寺が建つ開発村はいつしか願海寺村とよばれるようになったとされる。しかし、石山合戦（一五七〇～八〇）での本願寺と織田信長の対立があった時期であったため、天正七年頃本願寺派の願海寺は一時期織田方に与していた寺崎氏の夜討ちにあい、焼失したと伝えられている。その後、各地を転々としながら寛文三年（一六六二）に五番町に再建され、明治七年（一八七四）に現在の清水町三丁目に移転している。

寺崎氏が射水郡開発村に移住し居を構えたのは天文六～八年（一五三七～三九）頃と推測されている。寺崎民部左衛門は、天正五年の『上杉家家中名字尽』に守山城主神保氏張《じんぼうじはる》や新川郡の土肥但馬守、婦負《ねい》郡の斉藤次郎右衛門、砺波《となみ》郡の石黒左近蔵人などの越中の国人とともに名を連ねており、越後上杉氏の麾下《きか》にいたことがわかっている。しかし、翌同六

●—願海寺城（右下端が加茂社稲荷神社）（富山市埋蔵文化財センター提供）

年上杉謙信が急死すると、織田信長勢が越中への侵攻を始めた。このことで越中の国人は上杉方、織田方のどちらにつくかを迫られ、寺崎氏、土肥氏、石黒氏などは織田方へついた。同九年三月、京都で信長の御馬揃が行われ、越中攻めをしていた神保長住《ながずみ》・佐々成政《さっさなりまさ》も参列した。上杉景勝方は長住・成政の越中不在を狙い小出城を攻めた（小出城の戦い）。この戦いを境に寺崎氏、土肥氏、石黒氏など過去に上杉氏麾下にいた国人らは上杉方へ復帰している。

二ヵ月後の同年五月、上杉方に復帰したことで寺崎氏は織田方に攻められることとなり、七尾城代菅屋長頼《すがやながより》に願海寺城は攻められた。その際織田方に内応した寺崎氏家臣の小野大学助、大貝采女《うねめ》が菅屋氏を二の丸まで引き入れて本丸に詰め寄ったため、民部左衛門の子喜三郎が守る願海寺城はすぐに落城した。民部左衛門は願海寺城が攻められる前に能登で切腹させられた（『信長公記』では、同年七月に佐和山〈滋賀県〉にて民部左衛門と喜三郎父子は謀殺と伝える）。

【城の構造】　天正九年の『田中尚賢等連署状』に本丸、二の丸をさす「實城」、「二之廻輪」の記載がみえることから、この城が二郭以上の曲輪で構成される複郭式の城であったことがわかる。

願海寺の小字「舘本」に建つ加茂社稲荷神社が本丸跡と推

定されている。神社の周辺には「蔵地」や「ダイカク」、「チゴデラ」など寺崎氏の家老と伝わる蔵地氏や草野大学、家臣の児寺氏にちなむ地名があり、彼らの屋敷や所領があったことが推測される。また、神社の北東には「ナカマチ」、「アラマチ」、「コオリマチ」など城下町が存在した可能性を示す地名もある。

城の防御は、搦手《からめて》である西側には砂川が流れる。南側から南東側にかけては「前田」、「深田」、「ドブケ」などの地名があることから、田んぼや湿地帯に守られていたと考えられる。東側には「願海寺の七曲り」と呼ばれる北陸街道が一キロに渡って人工的に何度も折れ曲がった道が造られている。この七曲りは東の呉羽丘陵から攻めてくる軍勢の進軍スピードを緩めるために造られたもので、深田などの湿地帯とともに防御に大きな役割を果たしたものといえる。

●―願海寺城の新堀と旧堀（富山市埋蔵文化財センター提供）

近年の発掘調査や工事立会で、堀や井戸などの遺構が見つかり少しずつではあるが、縄張など城の構造が明らかとなってきている。

本丸と推定されている加茂社稲荷神社の北東に隣接する場所で行われた発掘調査で、西から北へ逆L字に屈曲する幅九メートル、深さ一・〇メートルの堀を検出した。検出長は二九メートルである。堀底から一六世紀前半〜中頃の越前焼の甕が出土しており、堀がその頃に開削されたものと考えられる。これは、寺崎氏が開発村に移住したとされる時期（天文六〜八年頃）と合致する。堀の南法面から東法面にかけて土塁《どるい》の崩落土と見られる埋土があり、堀に沿って土塁が巡っていたと推測される。

神社の南東一二〇メートル地点の発掘調査でも幅一〇メートルを超える堀を検出した。堀からは一六世紀後半〜末頃のかわらけ、焼けた木材などの遺物が出土した。天正九年の落城時の遺物が廃棄されたとされる。

工事立会で神社東側を走る県道東老田白石線沿いに幅一七メートルの堀が約二〇〇メートルに渡って確認された。この約二〇〇メートルの堀の西側が本丸に当たるが、正確な規模は不明である。二の

●—加茂社稲荷神社（富山市埋蔵文化財センター提供）

丸は位置も規模も未だにわかっておらず、城全体の縄張はまだ不明な部分が多い。

発掘調査で見つかった両方の堀とともに中央付近に幅狭で底の深い堀が見つかっている。埋土から一五世紀代のかわらけ、一四世紀代の青磁などが出土している。遺物と同じ埋土から出土した炭化材で放射性炭素年代測定を行った結果、一五世紀前半〜中頃を示した。遺物の年代とも合致することから、旧堀が一五世紀前半から中頃に埋没し、その旧堀に沿って願海寺城の堀が一六世紀中頃に新たに開削されたと考えられる。

願海寺城では珍しい遺物が出土している。金粒が付着した取鍋《とりべ》である。戦国時代の遺跡で金属生産遺物に金粒の付着を確認できたのは、武田氏館跡（山梨県甲府市）、七尾城跡（石川県七尾市）、津久井城跡（神奈川県相模原市）など全国でも二九例しかなく、富山県では初の確認事例である。国人領主の小城である願海寺城の中で金メッキ製品などの金を使った金属製品の生産が行われていたことを示している。

【畠山持富】　越中守護畠山満家の三男。享徳元年（一四五二）没。寛永九年（一六三二）に畠山匡明《ただあき》が記した畠山氏の系図『源畠山吉益系図』によれば、持富が越中中郡願海寺を領知していたとされる。発掘調査で見つかった一五世紀前半〜中頃の旧堀が、在京していた持富の代わりに願海寺地区を治めていた国人領主の館の堀であった可能性がある。

【加茂社稲荷神社】　願海寺地区は中世倉垣荘の荘域にある。倉垣荘は院政期に下鴨社領として成立した寄進地系荘園で、室町時代末まで続いた。倉垣荘の各村には加茂社と神宮寺が対になって設置される特徴がある。願海寺地区にも加茂別《かもわけ》雷命《いかずちのみこと》を祀る加茂社稲荷神社がある。神宮寺は廃寺となっていて現存していないが、一五世紀前半〜中頃の旧堀が室町時代にあった加茂社稲荷神社と神宮寺を取り囲む堀であった可能性もある。

【参考文献】　富山市教育委員会『富山市願海寺城跡発掘調査報告書』（二〇二〇）、舟竹孝『願海寺・野々上いま・むかし』改訂版（二〇一七）、松山充弘「宗教装置が構築する景観—越中に移入された洛北—」『富山史壇』第一六〇号（越中史壇会、二〇〇九）、『羽曳野資料叢書　第三巻　畠山家文書集』（羽曳野市、一九九一）

（堀内大介）

●上杉方の越中進出の重要拠点

太田本郷城《おおたほんごうじょう》

〔所在地〕富山市太田南町
〔比　高〕比高は不明。標高：三八メートル
〔分　類〕平城
〔年　代〕一六世紀
〔城　主〕蜷川氏、河田長親、斎藤新五
〔交通アクセス〕JR「富山駅」下車、富山地方鉄道バス富山斎場・大場行「太田」停留所下車、徒歩五分。

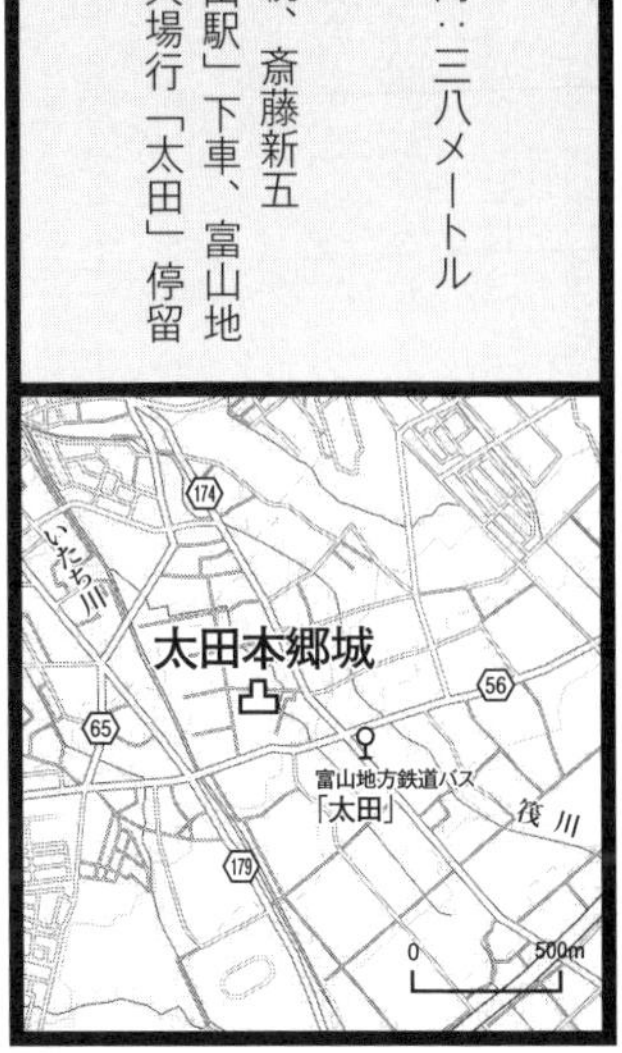

【城の歴史】　太田本郷城は、常願寺《じょうがんじ》川左岸の標高三八メートルの扇状地上に位置する平城である。

常願寺川の支流で富山城下町東に至る鼬《いたち》川の右岸、川の東約二七〇メートルに城が立地している。

中世期には、周辺は国衙《こくが》領太田保《ほ》に含まれる。太田保は一二世紀初頭に成立したとみられ、はじめは太田保を領した蜷《にな》川《がわ》氏が居城したとも伝わる。南北朝期には一部が管領《かんれい》細川氏の知行地となった。永正十二年（一五一五）に太田保への越後衆長尾為景《ためかげ》の乱入、同十七年には神保慶宗《じんぼよしむね》が太田保に陣を置き、新庄城の長尾為景を攻撃し敗れるなど、以後、一向一《いっこういっ》揆《き》方と国人土豪層、上杉氏と神保・織田氏らの争乱の舞台となった。

とくに元亀三年（一五七二）には、上杉謙信方の武将河田長親《ながちか》が一向一揆に備え太田本郷に着陣した。同年に飛驒口の猿倉に拠る井上肥後・塩屋秋貞らに攻め込まれ、上杉方新庄城守鯵坂長実《あじさかながざね》がこれを撃退した。長実の書状の中で、新庄、太田二ヵ所の「寄居」と呼んでいる。翌年に上杉謙信は富山城に拠る一向一揆勢を攻めるため、稲荷・岩瀬・本郷・二宮・押上に「向城」を築いたとの記録が上杉謙信書状にある。この「本郷」が太田本郷城とみられている。天正元年（一五七三）の上杉謙信判物案《はんもつあん》によると「太田之上郷」が村田秀頼に、「太田之下郷」が河田長親に料所として与えられている。

天正六年に越中を制圧していた上杉謙信が急死すると、織

●—「太田本郷城址」石碑と案内板

田方の神保長住《ながずみ》や美濃斎藤氏一族であった斎藤新五《しんご》らが飛騨方面から越中へ攻め込んだ。斎藤氏は神通川《じんづう》左岸の八尾町城生城に本拠を構えた。この時、上杉方の河田長親・椎名小四郎らが飛騨口に近い津毛城を守っていたが、織田勢侵攻を知り撤退、同城には神保長住が入り、太田本郷には斎藤新五が陣取った。『信長公記』によると河田・椎名ら上杉方は今泉城に立てこもっていたので、斎藤新五は今泉の城下に火を放ち、月岡野で追撃してきた上杉方と戦い勝利した。

城跡は江戸期以降田畑となり、現在は「太田本郷城址」の石碑が立っている。

【城の構造】 城の構造は、絵図などが残されていないため不明であったが、平成三年（一九九一）度の市道拡幅工事の際に、堀とみられる溝の一部がみつかった。堀の覆土から一六世紀後半のかわらけが三〇〇点以上出土した。かわらけには墨書や線描とみられるものが数点含まれていた。墨書されたかわらけには、吉祥に関連するとみられるものもあり、戦時の出陣・退去における祭祀に伴う廃棄行為が推測されている。

他に中世期の遺物として、珠洲《すず》焼や瓦質土器、青磁がある。堀跡は東西方向に延長一七・五メートル、幅最大一・八メートルを検出した。堀の北肩を検出したが、堀幅はさらに南に延びる。堀底は平坦で箱掘りであったようだ。近世以降の掘削や圃場《ほじょう》整備などにより掘り込みは二〇〜三〇センチと浅いが、外側に土塁《どるい》が存在していたと推測される。

この市道の東側に面した水田で平成十二年（二〇〇〇）に

駐車場造成工事計画があり、試掘調査を実施したところ、戦国時代後期の堀や溝、掘立柱《ほったてばしら》建物、畑跡などを検出した。出土遺物には戦国期のかわらけや中世八尾焼・珠洲焼がみられた。この時にみつかった堀は、南北方向に延長七〇メートル以上、堀幅七・二〜一〇・五メートルを測る。堀の断面形態は緩やかな傾斜をもち、堀底で幅約二メートル、最深部で検出面から一・二メートルの深さがある。堀の覆土からは、かわらけや陶磁器・焼土のほか、被熱した礫《れき》も複数出土した。平成三年度の調査で検出された東西の堀とL字型に繋がり、堀によって囲まれた範囲が曲輪であったと推測され、城郭構造を解明する手掛かりが得られた。曲輪部分とみられる所で、径二〇〜三〇センチの柱穴とみられる小穴を数基、径一メートル以上の円形の穴などを検出したが、柱穴に伴う建物規模は不明である。

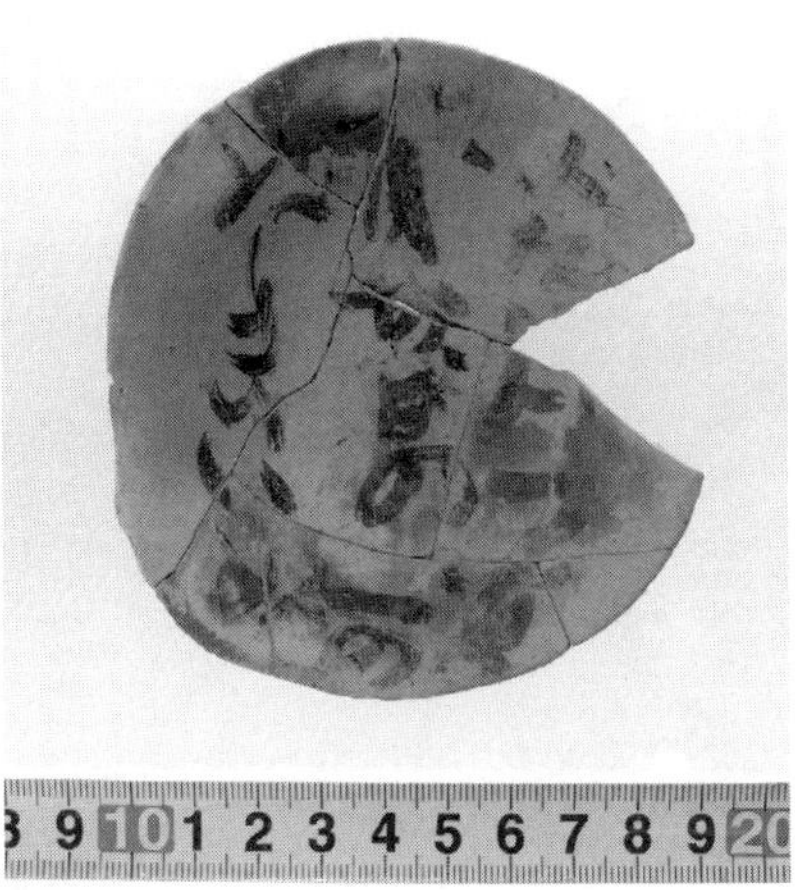
●—出土墨書かわらけ

平成三・十二年度の二次の調査によって、太田本郷城の位置がおおむね特定できた。幅一〇メートル規模の堀や一六世紀後半に製作された三〇〇点以上のかわらけがまとまって廃棄されている状況から、これらの遺構群は城郭遺跡であることを示しているとみて、太田本郷城の本体の一部と考えられた。東西方向の堀は曲輪の南辺、南北方向の堀は曲輪の東辺とみられる。

さらに、平成二十七年度に刊行された発掘調査報告書では、地割図からみた城郭構造の復元が試みられている。L字に繋がる二本の堀の方向に一致する地割があることが判明した。東西一三〇メートル、南北一四〇メートルの区画である。これに隣接する水路跡がこの地割の方向を意識して直角の屈曲を幾度か繰り返す。この屈曲は曲輪周囲の水堀として利用したと考えられ、調査で検出された堀の外堀の役目を担っていたと推測される。

また、城跡の北側の水田において、わずかながらかわらけが採集されている。城下町或いは家臣団集住地の形成が推定される。

太田本郷城が、戦国期における上杉方の越中進出の重要拠点として位置づけられた理由について、立地条件から検証する。城の近くを流れる鼬川は、戦国期富山城及び城下町へと流入しており、鼬川に沿って南西方向の上滝・立山方面へ向かう道がある。富山城下から周辺地域の連絡網としての幹道の一つで、太田本郷城の側を通っていた。江戸期には立山へ登拝する信仰道であった。

もう一つは、馳川左岸上流側の布市から太田本郷を経て町新庄へ抜ける道である。布市には室町期の武将、桃井直常《もものいなおつね》が創建した臨済宗興国寺があり、その付近には布市城が築かれた。興国寺には永禄十年（一五六七）、美濃の武将斎藤龍興《たつおき》が織田信長に敗れた後に同寺に逃れたとの伝承もある。町新庄には、上杉方の拠点となる新庄城がある。

これらの幹道は戦国期に城と城を結ぶ軍事上重要なもので、それらが交わる交通の要衝におかれた太田本郷城は、街道や水路を押さえ、監視するための役割を担っていたであろう。

【参考文献】富山市教育委員会『富山市内遺跡発掘調査概要XV―太田本郷城跡ほか―』（二〇一五）

（鹿島昌也）

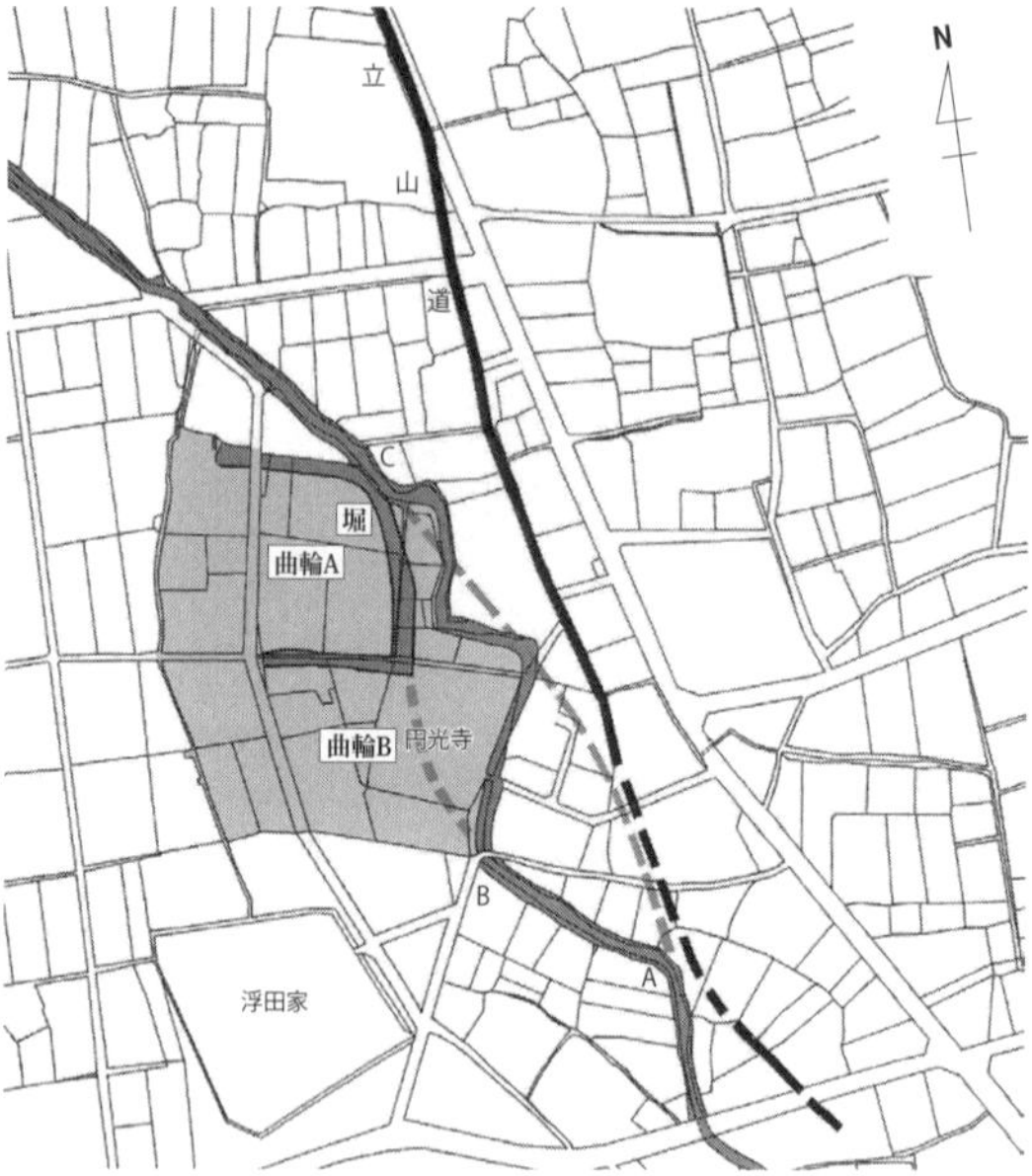

●—太田本郷城構造復元

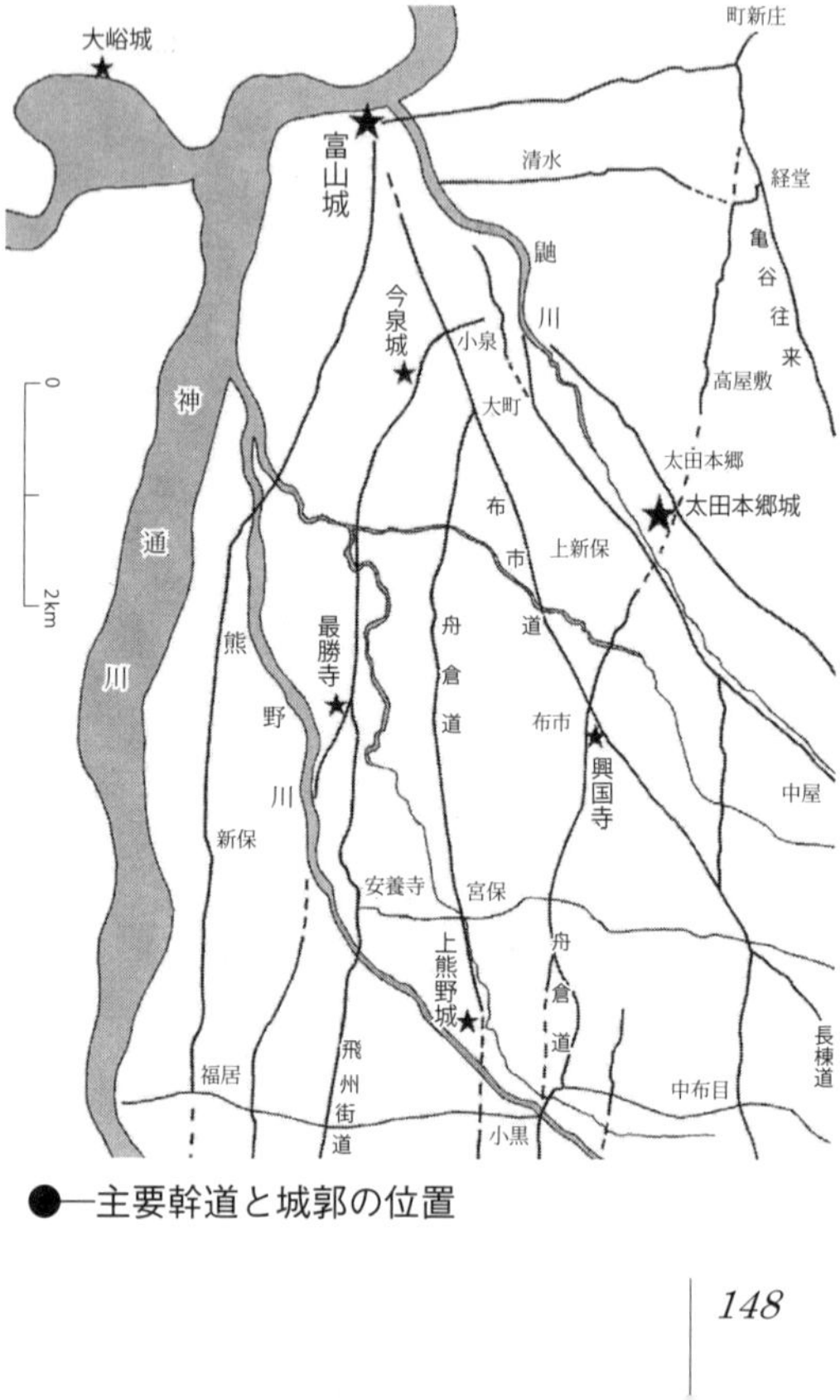

●—主要幹道と城郭の位置

●折りを連続させた塁線・横堀・外縁土塁

富《とみ》崎《さき》城《じょう》

〈所在地〉富山市婦中町富崎
〈比　高〉五〇メートル
〈分　類〉平山城
〈年　代〉一六世紀後半前後
〈城　主〉神保氏?、寺嶋牛助、小嶋甚助
〈交通アクセス〉JR高山本線「千里駅」下車、北西に向かって「丘の夢牧場」を目指し、徒歩約二〇分で城跡入り口。または、北陸自動車道「富山西IC」から車で一五分。

【城の歴史】　富崎城は、滝山城とも呼ばれる。元亀三年（一五七二）九月二十三日付け上杉謙信書状（慶応大学所蔵文書）によれば、加賀一向一揆と神保《じんぼ》氏旧臣の水越氏が籠る「滝山」城を上杉方が猛攻し、「諸廻輪《くるわ》」を打ち破り「実城《みじょう》」ばかりにして焼き払い、次いで破却したとある。当時、主郭部にあたる「実城」と外縁部の「諸廻（曲）輪」から構成される城郭であったことが知られる。

天正九年（一五八一）五月六日付けの田中尚賢等連署状（上杉隆憲所蔵文書）によれば上杉方として守備していた寺嶋牛之介・小嶋甚助は、織田信長方の攻撃を受けて自ら「滝山」城に火をつけ退去したとある。

具体的な築城・廃城時期等は不明ながら、長く諸勢力による争奪の対象となった要の城郭であった。ちなみに江戸期の『越登加賀三州志』「故墟考」には嘉吉元年（一四四一）に神保八郎左衛門、永禄六年（一五六三）には神保長職《ながもと》がいたと記している。

【選　地】　井田川の支流である山田川右岸（南側）の丘陵上にある。城域は東西約一八〇メートル、南北約一五〇メートルにおよぶ。丘陵上はおよそ西から東に向かって緩やかに下降しており、城域でも主郭より西側の曲輪の方が高くなる。城郭の東方約二五〇メートルの平地部に広がる集落を見下ろす上では、丘陵東端に選地する方が望ましい（東端の一角、本覚寺裏には銀納砦《ぎんのうとりで》が存在する）。周囲を一望する場所を求めれば、南西約一・一キロの位置にある標高一七二メートル地点が良いだろう。

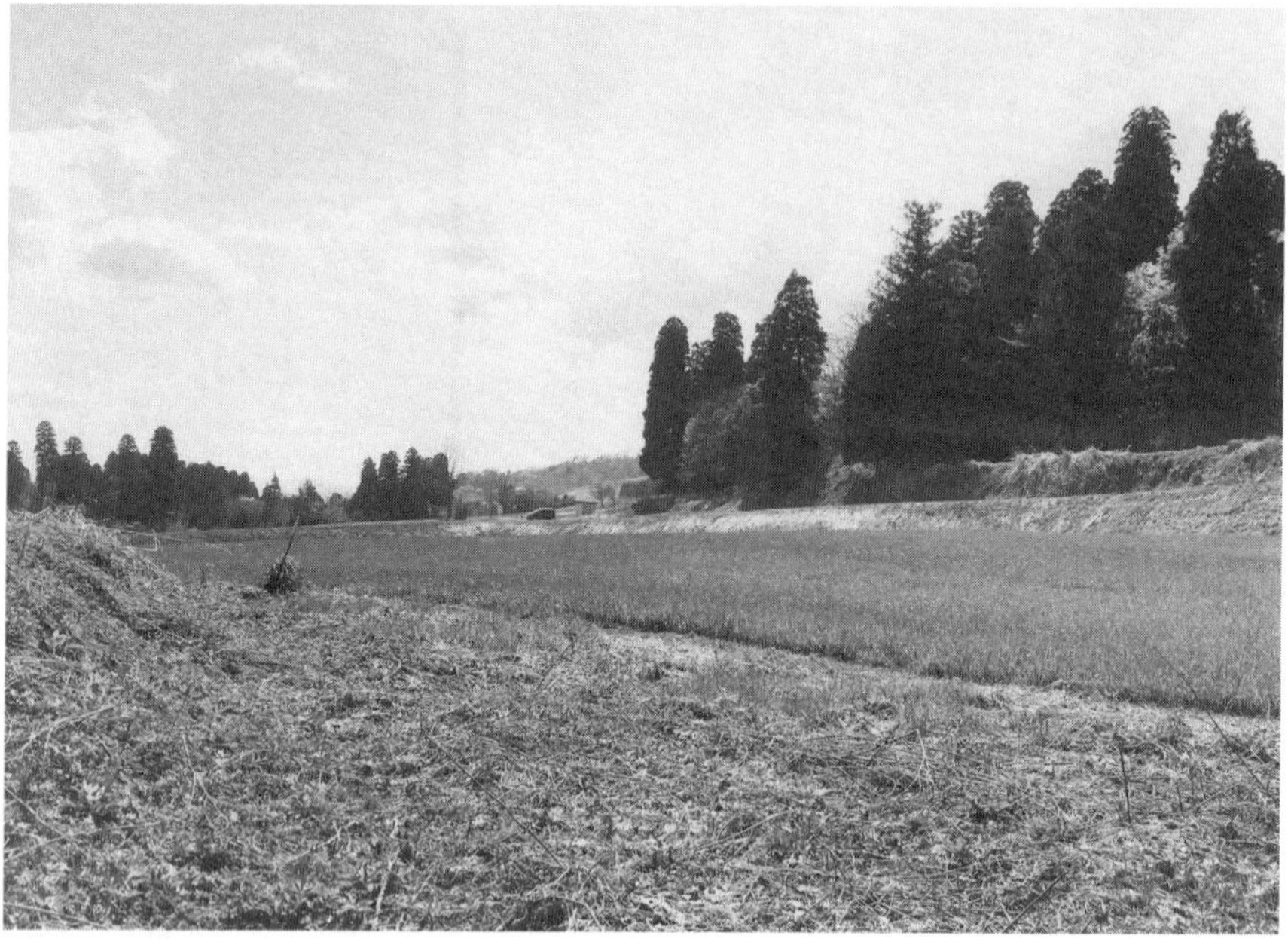

●—北東側から見た富崎城（左手は四隅突出型墳丘墓）

一見したところ、丘陵上のやや中途な場所に城郭は構えられた感がある。しかし選択肢がある中で、現在の位置に築く理由があったのは疑いない。理由として、まず北側から西側は山田川に面した崖線を利用できた点がある。東側は、約四メートルの段差（後述）を活用できた点が挙げられる。そして南側は浅いながらも谷地形が入り込んでいた点がある。微地形であるためわかりづらいが、地形上の要害性を利用でき、普《ふ》請《しん》量を必要最小限に抑えられる位置に城郭は築かれたと言える。

こうした選地を通じて知られるのは、およそ現状に近い形で築城時以来、城郭が展開していたであろうことである。

山田川の対岸には国道三五九号が延びて富山市街地方面と砺波市方面等を結んでいる。中世段階にも同様の街道が存在しており、これに干渉しうる位置であったとも言えよう。

なお城郭の東方約五〇メートル、畑の中には「鐘突堂《かねつきどう》」と呼ばれる高まりAがある。これは四隅突出《よすみとっしゅつ》型墳丘墓と呼ばれ、日本海側の一部地域に集中して分布する弥生時代後期の墳墓である。古代の墳墓が大きく均されず、今に残されることに驚かされるが、これは周囲の地形が築城に際して大きな改変を受けていないことを示す。そして城域東端の約四メートルの段差も、築城以前から存在した高低差に由来すると考えられるの

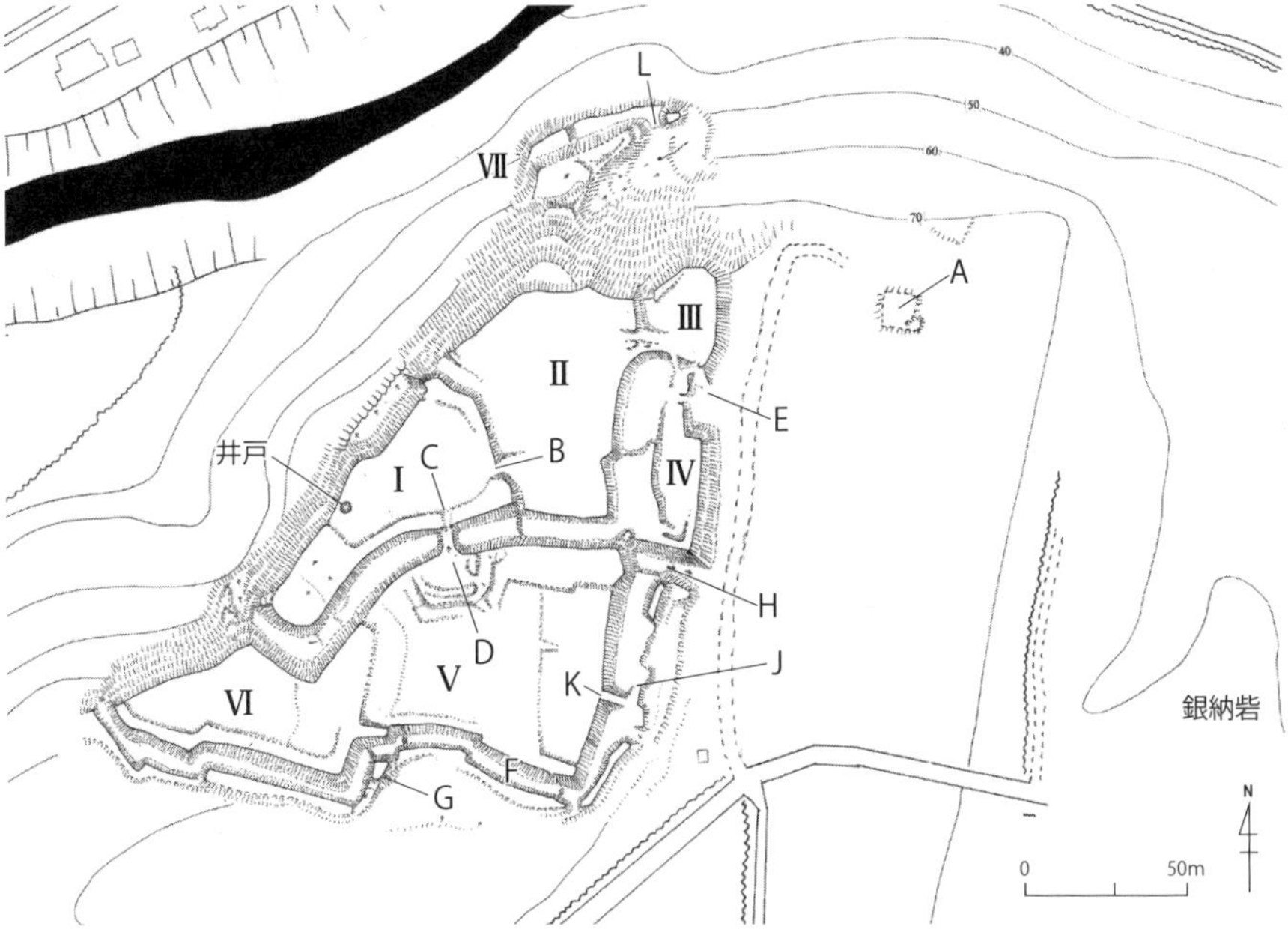

●—富崎城縄張図（作図：髙田徹）

である。

【遺　構】　城跡は雑木林となり、保存状態は良好である。主郭までの間は夏場でも歩きやすいのだが、端部の堀や多くの曲輪は樹木が繁っていて倒木が行く手を阻むところさえある。遺構を余すことなく見ようとするならば、晩秋から春期までの探訪が望ましい。

　主郭であるⅠ郭は東西に長い曲輪である。西端は一段高くなっており、その続きは南側を囲む土塁《どるい》となる。Ⅰ郭の中央やや西寄りの位置には、井戸がある。周囲を柵で囲まれているため十分覗き込めないが、かなり深い。Ⅰ郭の虎口《こぐち》は、B・Cの二ヵ所がある。虎口BはⅡ郭へ続くものであり、高低差を利用している。Ⅰ郭とⅡ郭の間、北端部には埋没した堀の痕跡を思わせる箇所がある。虎口Bは単調な造りに見えるが、元は堀をともなうとか、動線を複雑にしていたのかもしれない。

　いっぽうの虎口Cは、Ⅰ郭を囲む堀を土橋《どばし》で渡して、対岸に小区画Dを設ける。Dは土橋を渡った先にあり、馬出《うまだし》状を呈している。実際、Dの西側から南側にかけて浅い堀状の凹地が巡らされる。D西端では堀が途切れるけれども、土橋があった痕跡は見いだせない。またDの南・東側には不明瞭な段がともなう。Dの本来の形状、通路の通し方については慎

●—主郭Ⅰ西側の堀（南側から）

重に評価すべきであろう。

Ⅱ郭の北東にはⅢ郭、その南側にⅣ郭がある。Ⅳ郭の北東には虎口Eがある。虎口E付近は改変を少なからず受けているが、Ⅳ郭の塁線が折れて横矢《よこや》掛《が》かりを意識している。以前は虎口Eから道が東へ向かって延びていた。

小区画Dの南側にはⅤ郭、その西側の一段高い位置にⅣ郭がある。Ⅵ郭南西端からⅤ郭南東部にかけて、多重に折れる堀Fが設けられている。南側に広がる緩斜面からの侵入を防

●—東側から見た主郭Ⅰ（奥は井戸）

ぎ、迎え撃つべく対処していたのであろう。

堀Fは段差・傾斜をともないつつ、東へ向かって下降する。堀の外側には低い土塁を設けて、堀を深くしている。外側の土塁中でGはとりわけ高く、前後の土塁がスロープ状となる。内側のⅥ郭とほとんど比高差もなく、橋を渡すことも可能であろう。しかしながら、城外から城内で最も高い位置にあるⅥ郭へ直接入らせる形になってしまい、これでは不自然である。

Ⅴ郭の北東にあるHは、竪堀《たてぼり》状を呈する虎口・通路である。東側からの動線はHを直進した後、Ⅴ郭の塁線にあたって左（南）へ折れる。続いて帯曲輪状のJを南に進み、Kのスロープで Ⅴ郭に上がったとみられる。ただし虎口Hに比して、スロープKの幅は狭い。帯曲輪状のJの北側は、土塁をともなうが南側は崩された形跡がある。スロープKや帯曲輪状のJは、現状といくらか違った造りであったのではないか。

なおⅡ郭の北側、山田川に面したⅦ付近には数段からなる平坦地がある。このうちのLでは、小尾根が明瞭に掘り切られている。崩落して消滅した状況も考えておくべきだが、現状ではⅡ郭とⅦを結ぶ通路・虎口が認められない。さらに全体の防御上、Lを掘り切る必要性が見いだせない。そもそもLの南北には、それぞれ平坦地が広がっている。これら平坦地は、畑として利用された形跡がある。思うに畑を拡幅し、前後を行き来しやすくするために設けられたのがLではなかったか。

【評　価】　当城では、Ⅰ・Ⅱ郭を囲む堀とⅤ・Ⅵ郭を囲む堀の形態が顕著に異なる。これは両者の築かれた年代差に起因すると考えることもできる。一方で弱点となりやすい南側に対する防御性を高めるため、Ⅴ・Ⅵ郭外側にあえて多折する堀を設けて区別したと考えることもできる。またⅠ郭に対する小区画Dの配置は、取って付けたような感もある。長期にわたって使われた城郭であるから、改修・拡張を受けた部分があってもおかしくはない。

Ⅰ・Ⅱ郭に対応する虎口E、Ⅴ・Ⅵ郭に対応する虎口Hが並列状に東を向くことは、これら曲輪群どうしでの使い分けがなされていたことを推測させる。

縄張上、解釈の難しい面はあるが、それだけ見るべき、考えるべき点の多い城郭である。

【参考文献】高岡徹「富崎城」『日本城郭大系　第七巻　新潟・富山・石川』（新人物往来社、一九八〇）、佐伯哲也『富崎城塁群の変遷』（私家版、一九九〇）、佐伯哲也『越中中世城郭図面集Ⅰ』（桂書房、二〇一一）

（髙田　徹）

●尾根を巨大土塁として中腹の主郭を守る山城

長《なが》沢《さわ》城《じょう》

〔所在地〕富山市婦中町長沢
〔比　高〕八〇メートル
〔分　類〕山城
〔年　代〕一六世紀
〔城　主〕寺嶋氏
〔交通アクセス〕ＪＲ高山本線「富山駅」下車、富山地方鉄道バス国立富山病院線「国立富山病院口」停留所下車、徒歩四〇分。または、あいの風とやま鉄道「呉羽駅」下車、市営コミュニティバス「古洞の森」停留所下車、徒歩三〇分。

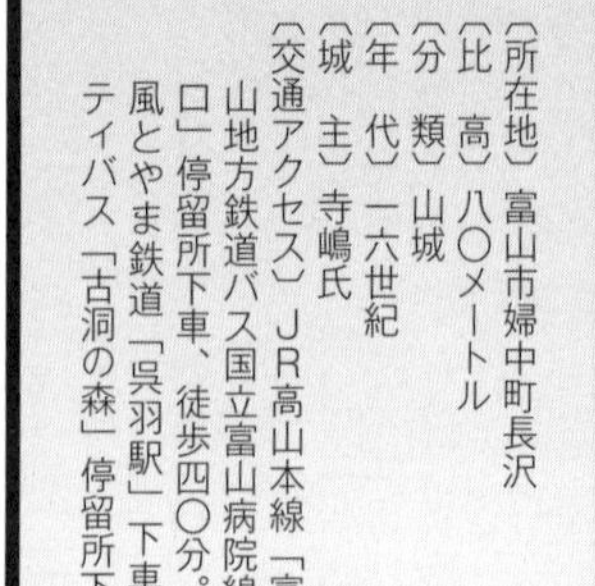

【城の由来】　長沢城は辺呂川《べろがわ》の左岸、「石山」と呼ばれる山上に築かれた山城である。南側は辺呂川による深く急峻な谷で守られ、北側は現在古洞《ふるどう》池という貯水池があり公園化されているが、かつては山深い丘陵地帯であった。

『花営三代記《かおうさんだいき》』によると、応安三年（一三七〇）三月、室町幕府に敵対した桃井直常《もものいただつね》の子直和《ただかず》が長沢へ出兵し、守護の斯波義将《しばよしまさ》と戦い討ち死にしたことが記されており、『三州志』はこの時に築かれたと推測している。その後戦国期には神保《じんぼ》氏の家臣である寺嶋牛之助が居城したというが、詳細は不明である。富山藩士の安達淳直《あつただ》・直章《ただあき》によって測量された「長沢之旧塁図」という図面も存在する。

城跡へは南側の谷から入ることは困難である。北側には古洞池に沿ってハイキングコースが設けられており、遊歩道上の案内板から城跡へ向かう山道がある。随所に説明表示があるので迷うことはないだろう。

【城の構造】　城内の最高所は（1）であるが、主郭はＡ。中腹にありながら非常に広く、削平もしっかりしており、さらには内部を石垣で固めた井戸（2）があり現在も水が湧いている。居住性が高く、長期間使われたことを物語っている。野崎雅明の『肯構泉達録《こうこうせんたつろく》』には「古城、蔵、屋敷跡あり。今に、焼米、土中にあり。また古井、石にてたたみ今につぶれず」とあり、江戸時代から井戸の存在が知られ、焼米が出土していたようである。

城は明らかに南の谷を警戒する構造となっている。麓か

●—長沢城縄張図（作図：佐伯哲也）

●—虎口

ら登ってくると、（3）の長い横堀《よこぼり》に阻まれ、尾根筋は（4）の堀切《ほりきり》、そして（5）の切岸《きりぎし》によって（6）の虎口《こぐち》へ誘導される。この虎口には櫓台《やぐらだい》が設けられ、手前で通路を屈折させるという見事な守りを見せている。長沢城での最大の見所であろう。虎口を見下ろす（7）の狭い平坦面は、現場の案内板では「武者隠《むしゃがく》し」と説明されているが、何か特別な構造をしている訳ではない。

敵がこの虎口を突破してB郭にはいっても、主郭Aへは高さが三メートルを超える（8）の土塁《どるい》で阻まれる。主郭は東側で尾根をそのまま大土塁としており、地形をうまく利用した防御といえよう。その尾根の頂部Cは削平が甘く自然地形を残しているが、（1）の部分で櫓台を設けており、見張り

●—A郭

台の役目があったのだろう。「長沢之旧塁図」には「狼煙《のろし》台《だい》」と記されている。

北側の尾根筋は、Dを詰めの曲輪として、(9)の堀切を設けて通路を狭め、切岸(10)で守りを固めて警戒しているが、南側の防衛力と比べれば、非常に弱い。この長沢城の北側尾根筋には、かつて砺波の増山城から東の各願寺へ向かう中世の山街道があったという。それを考えれば、むしろ警戒すべきは城の北側なのだが、実際は手薄の縄張になっていることは、長沢城の存在時期を考えるうえで重要な要素だと思われる。増山城の出城として機能した時期があったのだろうか。辺呂川対岸の富崎城を攻める際の陣城だったという見方もあろう。

【家老屋敷城】 長沢城から谷を一つ隔てた東側の尾根には「家老屋敷城」が存在する。「長沢之旧塁図」には長沢城と北

●—狼煙台

側でつながる一城別郭のように描かれ、長沢城を「長沢西城」、家老屋敷城を「長沢東城」としている文献もある。その名の通り長沢城の家老が住んでいたと伝えられており、土塁をともなう削平もしっかりした曲輪群で明確な虎口も存在する。ただ、城と言うよりむしろ集落の様相で「無常山」の地名があることから、本坊と支坊を連ねた寺院跡ではないかという指摘もある。そもそも長沢城自体も、中腹に広い主郭を持つ風変わりな構造であり、宗教施設だったと考えても無理はない。あくまでこれは仮定の話なので、今後の研究結果に期待したい。

【参考文献】『婦中町史』通史編(婦中町史編纂委員会、一九九六)、『日本城郭大系』第七巻(新人物往来社、一九八〇)

(太田　寿)

●中央を三重の堀切で分断する一城別郭の山城

高《たか》山《やま》城《じょう》

〔所在地〕富山市婦中町高山
〔比　高〕一一〇メートル
〔分　類〕山城
〔年　代〕一六世紀
〔城　主〕寺嶋氏
〔交通アクセス〕ＪＲ高山本線「富山駅」または「速星駅」下車、富山地方鉄道バス牛岳温泉健康センター線「三の瀬」停留所下車、徒歩二〇分。

【城の由来】　高山城は別名を三瀬城・三瀬山城ともいい、山田川右岸の標高一九〇メートルの山上に築かれた山城である。城跡からは、山田川沿いの集落を見下ろすことができ、西方・砺波方面の眺望もよい。

『三州志』には「山上を平均す。有小塹。背後有瀑流。名大谷。其の河下に町的場・坊屋舗の迹残る」とある。城主については「神保《じんぼ》牛之助」が居城していたという伝承があるが、これは「寺嶋牛之助」の間違いであろうとしている。

その寺嶋牛之助は兄・小島甚助とともに、守護代・神保氏の重臣として活躍した武将である。戦況に応じて越中各地を転々とし、特に山田川沿いに位置する富崎城、高山城、大道城には寺嶋が在城したと伝えられている。特に高山城は富崎城の詰めの城としての役割もあったと考えられ、二城の間には尾根に沿って砦跡や土橋《どばし》状の道など防衛施設が多数存在して連絡道を設けているので、お互いに密接に連携し、神保氏にとって重要な拠点であったに違いない。城跡へは、高山集落の県道に表示があり、山田川の橋を超えたところに案内板が設置されている。主郭までの山道はあるが、城内には道はない。

【城の構造】　城は山田川に沿って南北に伸びる尾根に多数の曲輪と堀切を設けている。東西の斜面は急峻で、容易に攻め上がれるものではない。

主郭はA曲輪である。ここは二〇×四三メートルの方形できれいに削平されており、長期間使用されたのであろう。かつて

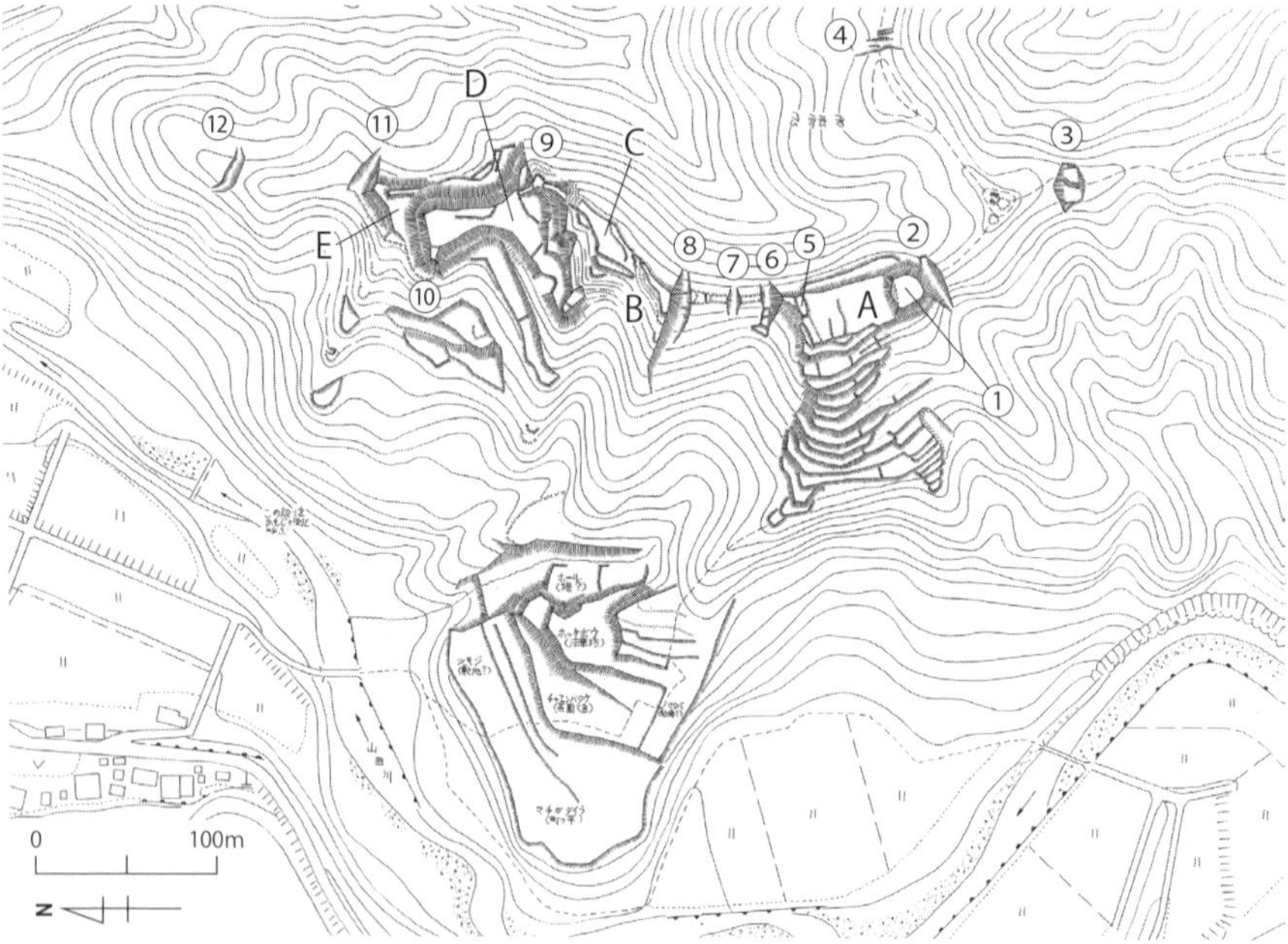

●—高山城縄張図（作図：佐伯哲也）

●—(1)の鐘突堂

焼米が出土したといわれ、何らかの建物があったのであろうか、「クラアト（倉跡）」の地名がある。主郭南端には櫓台《やぐらだい》（1）が存在し「カネツキドウ（鐘突堂）」と呼ばれている。櫓台の直下は巨大な堀切《ほりきり》（2）を設け、南側尾根を遮断し警戒している。それでも足らないのか、離れた場所に（3）と（4）の堀切を設けている。特に（3）は中央が土橋状になっている。かつてこの尾根に沿って古道が存在し、南から富崎城への連絡道となっていた。その監視の役目もあったのではなかろうか。

●—(2)の堀切

主郭A西側には小規模な削平地が数多く存在し、西側の守りを固めているが、その多くは後世の耕作地であろう。そして主郭北の端には櫓台（5）を設けて尾根筋を警戒しているのだが、問題はその先。高山城の最大の特徴である、三重の堀切（6）（7）（8）が存在する。もともと細い尾根なのだが、ここまで徹底して遮断していると、主郭Aにとって北側はよほど驚異であったに違いない。三重の堀切を越えると、北側曲輪群の最高所である曲輪Bに入る。ここは「ゆの木が原」と言われており、榎《えのき》の巨木が立っている。榎の存在は江戸時代の文献にも記され、麓からもよく見えるので高山城のシンボルのように扱われる。曲輪は狭く自然地形を残しており、

●—(6)の堀切

見張り程度の役割だったのだろうか。曲輪Cは、土塁《どるい》を設けて東側を警戒している。さらに尾根に沿った土塁状の高まりを経てD曲輪に降りる。曲輪Dは主郭Aに匹敵する広さで、重要な役割を果たしたであろう。「ジョウ（城？）」と呼ばれている。三方を切岸《きりぎし》で守られており、敵も容易に登れるものではない。Dからさらに北側には七㍍を超す高い切岸を隔てて曲輪Eがあり、ここも土塁を設けて東側を警戒している。さらに尾根筋を⑾と⑿の二つの堀切で遮断している。

E曲輪から⑽を通ってD曲輪に入り、⑼を通ってC曲輪に入るルートが推定できるが、明確な虎口《こぐち》は存在しない。全体的に構造は古い山城で、寺嶋氏が神保氏の家臣として越後・上杉氏と戦った永禄年間に使用されたものと推定される。

【一城別郭の謎】 それにしても、気になるのは城の中央に位置する三重の堀切である。これでは敵兵の移動を阻止できても、守備側の連携が取れなくなるため、主郭Aの求心力は著しく低下する。南北を分断し一城別郭の様相にする必要性は何だったのだろう。北と南で城主が違う時期が存在したのであろうか。東を警戒する北の曲輪群に対して、南側は方形の主郭A一つを徹底して守っており、明らかに性格が違う。兵力の事情から、北側を切り捨て、主郭だけで防御せねばならない時期があったのだろうか。いずれにしてもそれらの推測を裏付ける資料はなく、謎である。

【山麓の集落跡】 高山城の西側中腹には広い平坦面があり、ホッケボウ（法華坊）、マチガダイラ（町ケ平）、マタバ（的場？）、ホール（堀？）、チャエンバタケ（茶園畑）といった地名が残っている。おそらくはこの地域を支配した土豪の居館や集落か寺院が存在したと思われる。その構造から主郭Aとの関係があったとも見て取れ、城主の居館が存在したという考えもできるが、それを裏付ける資料も伝承もなく、高山城との関係は不明である。

なお、城の山田川対岸の高山集落の水田には「マチ（町）」の地名があり、民家の庭には寺島牛之助のものと伝えられる墓がある。

【参考文献】『婦中町史』通史編（婦中町史編纂委員会、一九九六）、『日本城郭大系』第七巻（新人物往来社、一九八〇）

（太田　寿）

●山奥に残る枡形虎口を装備した城郭

大《おお》道《どう》城《じょう》

〔富山市史跡〕

〔所在地〕富山市八尾町大道および山田村谷
〔比　高〕三四〇メートル
〔分　類〕山城
〔年　代〕一六世紀後半
〔城　主〕寺嶋氏、小島氏
〔交通アクセス〕富山地方鉄道バス「山田行政センター前」停留所下車、タクシーにて三〇分、徒歩九〇分。

【保存良好の縄張】　大道城は標高が約六四〇㍍《メートル》もあり、かつて富山県ではもっとも標高が高く、もっとも行きにくい城として知られていた。このような山奥にあったことが幸いして、遺構の保存状態は良好で、しかも地元有志の協力により藪も苅払われているため遺構が観察しやすくなっている。さらに春の訪城時は新緑が美しく、ハイキングも楽しめる。是非お勧めしたい城の一つである。

【歴　史】　大道城に関する一次史料は存在しない。江戸期の地誌類『越登賀三州志《えっとがさんしゅうし》』「故墟考《こきょこう》」（以下、故墟考と略す）には「城中三段に区別あり。二つの塹有り。又二つの池有り。其の一つは大にして測れざる水有り。（中略）此の城は神保手下の将寺嶋牛介《うしのすけ》職定・小嶋甚介胤興《たねおき》守るとなり。」とある。さらに「故墟考」は「富崎城」の項で、富崎城に在城する寺嶋牛助・小島甚助は、天正六年（一五七八）佐々成政《さっさなりまさ》に攻められて大道村に逃れたとも述べている。

富崎城・大道城は、ともに山田川沿いに築かれており、同一勢力によって支配されていたと推定できる。大道城は山田川（山田谷）の最奥に位置しており、最終的に楯て籠もるにふさわしい城郭といえよう。

一次史料により、天正九年富崎城には寺嶋・小島両将の在城が認められ、同年五月に織田軍の攻撃によって落城している。このとき両将は、自ら城に火を放って敗走するも、両将の退所は不明となっている。「故墟考」が述べる天正六年富崎城落城は天正九年の誤りだが、「故墟考」が述べる両将の

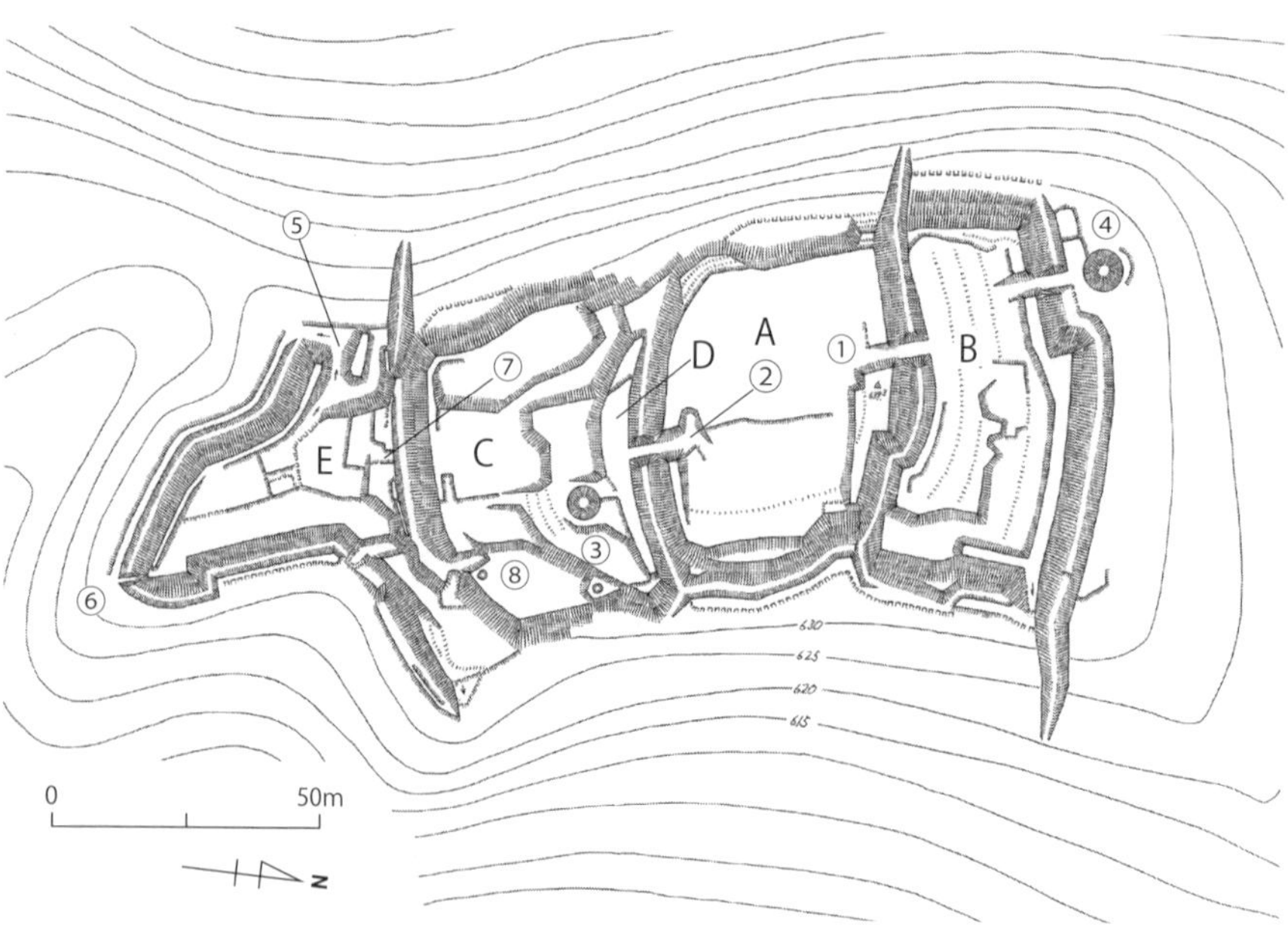

●―大道城縄張図（作図：佐伯哲也）

退所は大道城だった可能性は十分に考えられよう。

天正六年上杉謙信の死去により、織田信長軍の先発隊として、旧越中守護代の嫡系にあたる神保長住《じんぼながすみ》が送り込まれる。このとき長住の増山城（砺波市）攻めに、小谷六右衛門が協力したことにより、六右衛門は長住より大道村を与えられていることが神保長住書状により判明している。六右衛門は大道城東側に位置する室牧谷周辺の土豪と考えられるが、残念ながら書状に大道城のことは記載されていない。

【城跡へのアプローチ】　かつては秘境の山城で、麓の集落から三時間も歩いて行かなければならなかった。しかし現在は林道が城跡直下まで伸びているので、オフロード車ならば五分ほど歩くだけで到達することができる。

【城跡の現状】　城跡は地元有志によって適宜伐採が実施され、遺構が観察しやすい状態となっている。また説明板・案内板も豊富で、初心者でもわかりやすく城内を歩くことができる。

A曲輪が主郭。地元ではゴテン（御殿）と呼んでいる。虎口《こぐち》①は櫓台《やぐらだい》を備えているが、基本的には平虎口である。B曲輪には自然地形が多く残り、整然と削平されていない。さらに意味不明の段も残っている。その反面、尾根続きの先端に位置し、敵の攻撃をダイレクトに受けるため周囲の切岸《きりぎし》や横堀・土塁《どるい》を完成させ、防御施設としての効果は発揮させている。虎口②も単純な内枡形《うちますがた》虎口だが、その前面に馬出《うまだし》曲輪の効用も兼ねる細長いD曲輪を設けて虎口②を防御していることに注目したい。

竪穴③・④「故墟考」の「二つの池」と考えられるが、ともに虎口の前面にあることから、防御施設としての効果も発揮している。防御施設（落とし穴）として使用されたことが確実な井戸と言える。飲料水を得にくい山城のため、二つの井戸を設けたと考えられる。現在は二つとも水は溜まっていないが、古老の話によれば、③は昭和三十年（一九五五）頃まで水が溜まっており、中にイモリが棲んでいたそうである。

●―主郭A南側横堀　原形を良く残している

E曲輪は尾根続きに位置し、敵の攻撃をダイレクトに受けるため、ほぼ全周に横堀を巡らし、尾根続きに面している箇所には塁線土塁を巡らして防御力を増強している。

内枡形虎口⑤は単純な虎口が多い大道城の虎口の中で、唯一明確な枡形状の虎口である。虎口⑤を突破できない敵兵は、長時間E曲輪の横矢《よこや》に晒されながら虎口⑥から入ることになる。内枡形虎口⑤からE曲輪に入った敵兵は⑦地点から横堀を通る。⑦地点を左折した敵兵は、C曲輪の横矢に晒されながら横堀や竪堀《たてぼり》を通らされるのみで、C曲輪には入れない。右折した敵兵のみが、内枡形虎口⑧を通ってC曲輪に入り、さらに井戸③・馬出曲輪Dを通って漸く主郭Aに到達することができる。

【計画的なルートの設定】　一部不明瞭な部分も見受けられるが、内枡形虎口⑤から主郭Aまでルートの設定が確認できる。一方、B曲輪方面は、虎口は平虎口で、ルートも設定されておらず、ほぼ直線的に主郭Aに到達することができる。明らかに南側に防御の主眼を置いている。さらに南側の尾根続きには、山田谷と室牧谷を繋ぐ通称「殿様道」が通っており、この道を制圧するために大道城が築城されたと推定したい。

●—井戸③　人物と比較すると大きさが良くわかる

なお、城跡から北の尾根続き約一キロの地点に、大道城の大手門と伝わる門口《もんぐち》の門跡がある。一キロも離れていることから大手門ではありえないが、大道城関連の関所遺構と推定される。是非大道城訪城の際、見学されることをお勧めする。

【築城者の推定】　内枡形虎口の存在、粗雑ながらも虎口から主郭までのルートの設定、そして単純な構造ながらも馬出曲輪の存在が指摘でき、これと同じ縄張を持つ城郭として富崎城があげられる。一方、横堀や塁線土塁も多用するが、なぜか部分的な使用にとどまり、城域全体の防御ラインの統一を図っていない。さらに各曲輪の機能分化もされていない。この点が、同時期の織田政権城郭と違っている。

以上の理由から天正九年（一五八一）頃富崎城に在城した寺島・小嶋両将によって築城され、富崎落城と同時に廃城となり、織豊武将部による改修はなかったと推定している。ただし両将は上杉方のため、上杉氏の技術指導によって改修・築城された可能性も捨てきれない。いずれにせよ、自然地形が多く残るため、短期間の使用で廃城になったのであろう。

●—主郭Ａ北側横堀　原形を良く残している

【まとめ】　櫓台や虎口・計画的なルート設定に新しさが読み取れる。井戸が防御施設として利用されたことが確認できる数少ない城郭でもある。技術的な限界も見え隠れしており、天正期における在地土豪や上杉氏の築城技術を推定できる貴重な城郭と言えよう。

【参考文献】『富山県史　史料編Ⅲ　近世上』（富山県、一九八〇）

（佐伯哲也）

●小規模ながら発達した城郭

高《たか》嶺《みね》城《じょう》

〈所在地〉富山市八尾町高峰
〈比　高〉六〇メートル
〈分　類〉山城
〈年　代〉一六世紀後半
〈城　主〉神保氏
〈交通アクセス〉JR高山本線「越中八尾駅」下車、タクシーにて三〇分、後徒歩三〇分。

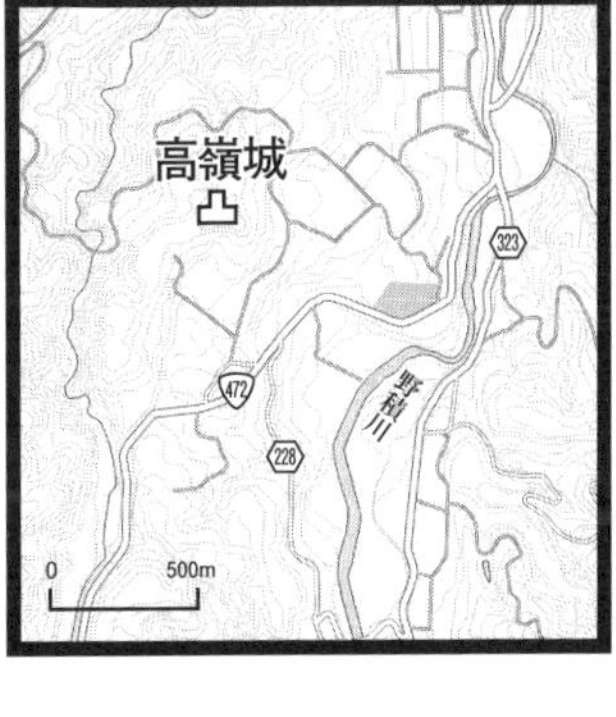

【婦負郡南部のテクニカル城郭】　当城を含め、前述の大道城や下笹原砦のようにテクニカルな縄張を持つ城郭が、旧婦負《ねい》郡南部に集中する。詳述は避けるが、これらは在地土豪が一六世紀後半（恐らく天正年間〈一五七三―九二〉）に改修したものと推定される。旧婦負郡を含む越中中部は、永禄年間（一五五八―七〇）に上杉謙信によって制圧され、在地土豪も淘汰されたと考えられる。しかしなぜか旧婦負郡南部の在地土豪達は生き残り、天正年間に居城を改修しているのである。この奇妙な実態を考えるのに高嶺城は、貴重な城郭である。

【歴　史】　高嶺城に関する一次史料は存在しない。江戸期の地誌類『肯構泉達録《こうこうせんたつろく》』によれば、「南西大峪、東北は堀、城外に屋敷あり。主知らず。また神保《じんぼ》氏の将住すと云ふ」とある。神保氏とは旧婦負郡守護代の神保氏である。つまり神保氏の家臣、あるいは神保氏に服従した在地土豪が居住したと述べる。

　旧婦中《ふちゅう》町・山田村・八尾町西部の城館には神保氏の伝承が多く残っており、当城もその一つである。城跡からは野積《のづみ》谷（川）や谷筋の集落を見下ろすことが出来る。神保氏の持城だったかどうかは即決しがたいが、このような小規模城館が各尾根（峰）上に築かれ、谷筋の集落や谷筋を通る道を見下ろしていることに注目したい。

　案内板や説明図は一切なく、城跡も整備されていない。事前に調査をして訪城することをお勧めする。

●—高嶺城縄張図（作図：佐伯哲也）

【城跡の現状】　ほぼ単郭の城郭で、A曲輪が主郭。主郭Aの三方に塁線土塁をめぐらしている。北側には塁線土塁《どるい》とセットになった横堀が明瞭に残っており、東側にも横堀をめぐらしていた形跡が残っている。北東には巨大な櫓台《やぐらだい》①を設けて、この方面を厳しく監視している。櫓台①から城外に出る土橋《どばし》が残っているが、掘り込まれた溝の末端から土橋となっているため、後世に設けられた可能性が高い。

●—北側横堀　横矢が掛かる

【注目したい外枡形虎口】　外枡形《そとますがた》虎口《こぐち》は城内の土塁や③地点からも横矢《よこや》が掛かり、明確な外枡形虎口に発達している。しかし、土塁や櫓台は設けておらず、在地土豪が構築した虎口と考えたい。

高嶺城の弱点は北東の尾根続きで、この方面には櫓台①を設けて睨みを効かせ、敵軍は長時間主郭Aの横矢を受け、さらに著しく屈曲しなければ虎口②に入れない。逆に西側の尾根続きからは簡単に虎口②に入ることができる。恐らく城主は、北東の尾根続きを敵軍の進攻方向と推定し、櫓台や虎口の位置を決めたのであろう。

【築城者の推定】 櫓台の存在・塁線土塁と横堀がセットになった防御ライン・初原的な外枡形虎口により、在地土豪が天正年間前半に改修したものと考えられる。

越中において天正年間前半に在地土豪が居城を改修するのは、高嶺城のように婦負郡南部周辺と氷見市周辺に限定できる。それは、すなわち上杉謙信の越中制圧にも生き残り、さらに居城の居住を許されていたことになる。この二つの地域に共通していることは、能登畠山氏の影響が強かった地域である。名目上能登畠山政権復活を公表していた謙信にとって、在地土豪の領地領有と居城居住という破格の待遇を許したのであろう。

●—櫓台①　横堀の監視櫓となる

【まとめ】 高嶺城そのものは、在地土豪といえども天正期まで生き残れば、枡形虎口を構築することができる好例といえる。さらに地域全体に目を向ければ、上杉謙信の地域支配の具体像も見えてくる。

このように、縄張研究は一枚だけでは地域史研究に寄与することはできない。しかし地域全体の縄張図を研究すれば、具体的な中世史を見せてくれる好例とも言えよう。

●—北側横堀　横矢が掛かる

【参考文献】佐伯哲也『越中中世城郭図面集Ⅰ』（桂書房、二〇一一）

（佐伯哲也）

●神通川に面した断崖の巨城

城生城《じょうのうじょう》

〔富山市史跡〕

〔所在地〕富山市八尾町城生
〔比　高〕一三〇メートル
〔分　類〕山城
〔年　代〕一六世紀
〔城　主〕越中次郎盛次、斎藤氏、佐々与左衛門、青山佐渡守、篠島織別
〔交通アクセス〕JR高山本線「東八尾駅」下車、徒歩約三〇分。

【斎藤氏が居城し、佐々氏が大改修】　城生城は、神通川《じんづうがわ》左岸の台地上にある。南のみが山続きで、他の三方は断崖になった、まさに要害の地形である。城の位置は、越中の飛騨口を制する要衝で、越中と飛騨を結ぶ神通川左岸の道筋にも面している。

城生を含める旧婦負《ねい》郡南部の楡原保《にれはらほ》一帯は、越中を代表する国人斎藤氏が領していた。斎藤氏は旧婦負郡守護代神保《じんぼ》氏に従属することなく、半ば独立した立場にあったようである。南北朝時代からこの地域を領有したといい、近くの井田館と城生城を拠点とした。天文十二年（一五四三）神保長職《ながもと》の攻撃を受け、斎藤氏は城生城に籠城したが、能登守護畠山義続《よしつぐ》の調停によって両者は和睦した。『越登《えっと》賀《が》三州《さんしゅう》志《し》』によると、天文二十一年、上杉謙信に属する海願寺城主寺崎民部左衛門に攻められ、斎藤利忠は井田館から城生城に逃れたとある。元亀二年（一五七一）には飛騨から塩屋（白屋）筑前守秋貞《あきさだ》が対岸の岩木に砦を築き、栂尾・猿倉の二城を新たに築いて拠点とし、斎藤氏を攻めたという。これに対して斎藤氏は上杉方に救援を求め、栂尾を攻めた上杉氏によって秋貞は飛騨へ退いた。こののち、斎藤次郎右衛門は上杉氏に属したらしく、天正五年（一五七七）「上杉家家中名字尽」（『上杉氏文書』）に名を連ねている。

しかし、翌天正六年上杉謙信が急死して織田方の神保長住《ながずみ》が越中に進出すると、一転して織田方に寝返った。斎藤氏は上杉方の今泉城攻略、同年の月岡野の合戦での勝利にそれぞ

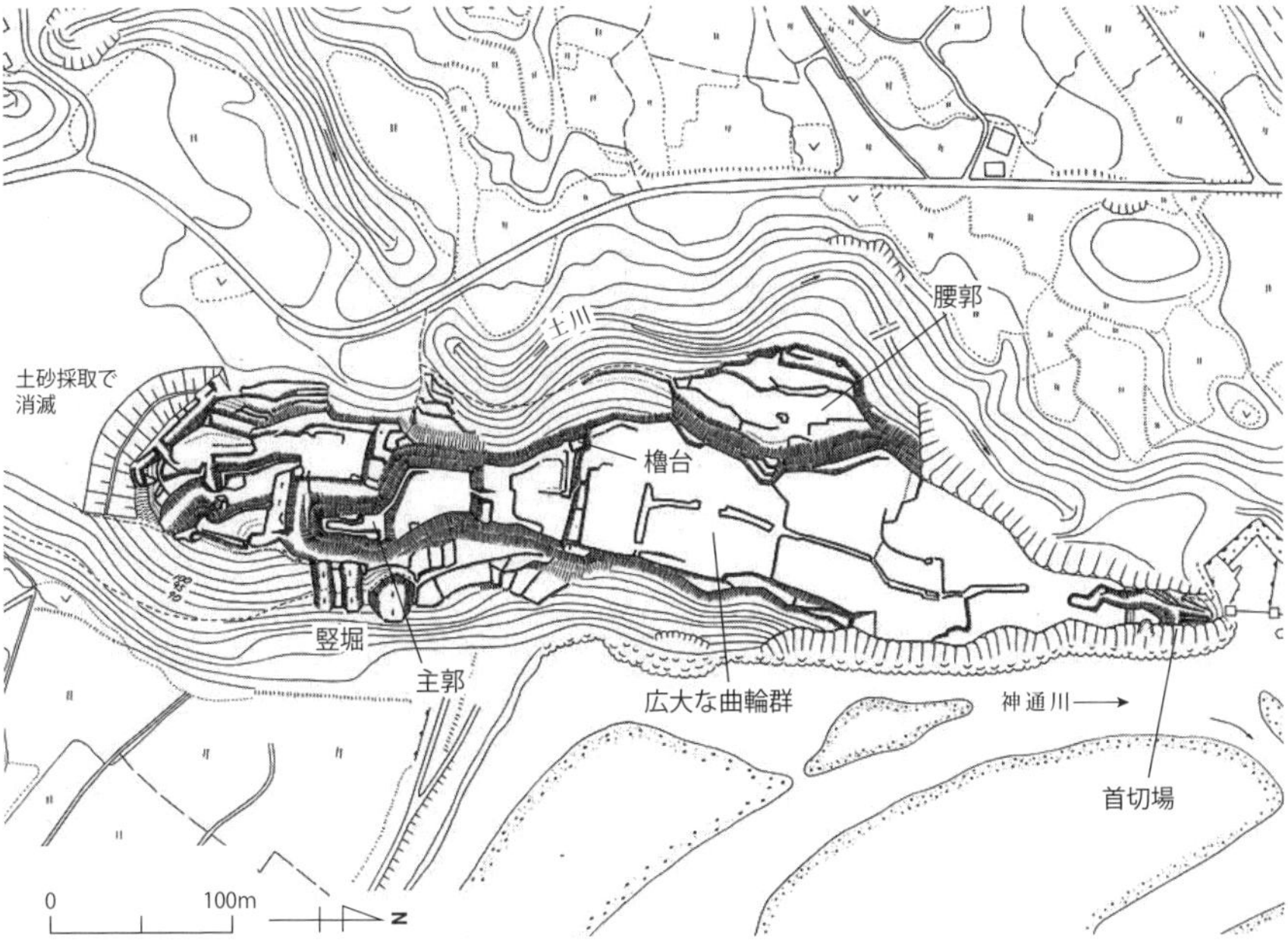

●—城生城縄張図（作図：佐伯哲也）

れ貢献した。『寛政重修諸家譜』によれば織田信長は斎藤次郎右衛門・久右衛門の兄弟に信の一字を与え、二人は信利・信吉と称したという。

ところが、天正九年越中の平定を進める佐々成政《さっさなりまさ》に対し、斎藤氏は弓庄城の土肥氏とともに上杉景勝と結んで敵対したが、天正十一年には佐々成政・神保氏張《うじはる》らに攻められ、越中を追われた。のちに、城生城には佐々与左衛門が置かれるが、天正十三年に成政が秀吉に降伏すると前田氏の領有となり、青山佐渡《さど》、篠島織部《おりべ》らが守将をつとめた。

●—登城口付近の急峻な崖

【川に面した軍艦のような地形】

縄張は神通川に屹立する、南北に細長い地形を巧みに利用している。東側は神通川の断崖を切岸に、西側は土川を天然の堀とした、まさに要

●—主郭の横堀

●—空堀

●—腰郭の櫓台

害堅固の地である。北側の登城口付近は急峻な崖で敵の侵入が容易でないためか、首切場と称する堀切が一ヵ所設けるのみと守りが手薄い。

全体的に縄張の北半分は、防御施設は少なく、広大で平坦な曲輪が連続している。山城とは思えない、広々とした空間である。ここには城兵の居住区または家臣団の屋敷があったと考えられる。土川が屈曲する西側尾根には腰郭がとりつき、その突端には櫓台《やぐらだい》を設け、死角を解消している。北半分とは対照的に、南半分は守備が固い。主郭の横堀は深淵長大で、この城の見所の一つとなっている。東側斜面の竪堀《たてぼり》とあわせて、主郭に敵を寄せ付けない強固な意思を感じる。

南側の空間は、堀切《ほりきり》・土《ど》塁《るい》・櫓台を効果的に配置している。幾重にも横矢《よこや》掛《が》かりを生み出し、敵の侵入を阻む。

惜しまれるのは、土砂採取で失われた南端の縄張である。城の保存状態が良ければ、さらに評価が増したとおもわれる。

【参考文献】『富山県中世城館遺跡総合調査報告書』（富山県埋蔵文化財センター、二〇〇六）、佐伯哲也『越中中世城郭図面集Ⅰ』（桂書房、二〇一一）

（野原大輔）

●飛越国境の要衝

猿《さる》倉《くら》城《じょう》

〔所在地〕富山市舟倉
〔比　高〕一七〇メートル
〔分　類〕山城
〔年　代〕一六世紀後半
〔城　主〕塩屋氏、斎藤氏
〔交通アクセス〕ＪＲ高山本線「笹津駅」下車、徒歩四〇分。

【飛越国境の要衝】　山頂からの眺望は非常に良く、富山平野中央部を一望することができる。また「故墟考《こきょこう》」（前出）に「飛州の喉、東西岐路の要衝也」とあるように、富山から南下してきた飛驒街道が猿倉城西麓で、東道と西道に分岐する交通の要衝でもあった。

【歴　史】　元亀二年（一五七二）四月二十三日長尾景直《かげなお》書状によれば、塩屋筑前守が「昨夜中猿倉之地へ取登、飛州之者共引出普請半《ふしんなかば》候」と述べている。塩屋（筑前守）秋貞《あきさだ》は飛驒の武将で、三木氏の外交を担当する部将。当時上杉方に属していた。二十二日夜中に秋貞が飛驒衆を率いて築城を開始し、半ば完成したと述べているのだが、このときの猿倉山普請が、猿倉城の創築だったかもしれない。

当時の三木氏は上杉氏に従属しており、上杉氏の軍役負担により越中に出陣していたのである。三木氏（塩屋氏）にとっても、飛驒とを繋ぐ城郭が必要だったのであろう。

ちなみに天正四年（一五七六）上杉謙信書状には、能登遠征をするにあたり飛州口を固める必要に迫られ、「飛州口ニ地利二ヶ所取立、仕置《しおき》堅固ニ成之」とある。つまり飛驒口に城郭を二城築城（もしくは改修）していることが判明するのである。二ヵ所の城郭の具体名は不詳だが、一つは猿倉城だった可能性は高い。

天正九年十一月八日斎藤信利《のぶとし》書状によれば、「猿倉両地拙者抱置候」とあり、猿倉城は信利が支配していたことが確認できる。信利は飛驒口の要衝に位置する城生城主であること

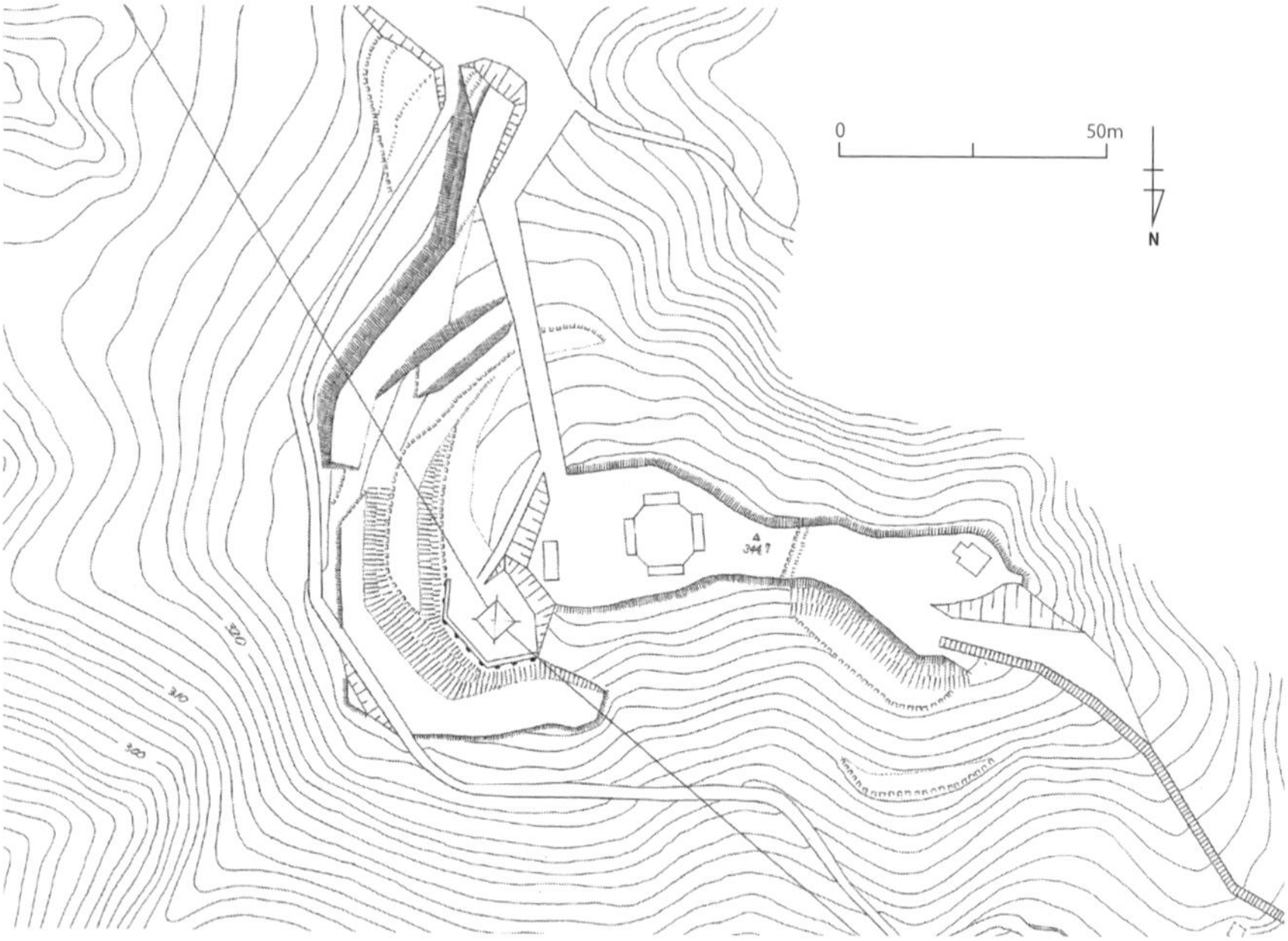

●—猿倉城縄張図（作図：佐伯哲也）

●—現地に立つ猿倉城の碑

から、同じく飛騨口に位置する猿倉城も支配していたのであろう。ちなみにこの時信利は上杉方で、佐々成《さっさなり》政《まさ》に攻められていた。同書状で信利は兵糧が少ないので必ず援助してほしいと上杉景勝に懇願している。この願いもむなしく景勝からの援助はなく、信利は天正十一年に降伏する。その後成政が猿倉城を使用したかどうかは判然としない。

このように、一次史料からも猿倉城が飛騨口要衝の城郭であることが判明するのである。

【城跡の現状】　城跡は風の城公園建設によって見る影もなく

破壊されてしまい、現在は城館遺構と思われる帯曲輪状の平坦面が残るのみである。ただし破壊前の平面図が『越中の古城』に記載されているが、中央に鈎《かぎ》型の小段と端部に列石が描かれているのみなので、すでに猿倉山スキー場のゲレンデとして破壊されていた可能性もある。

いずれにせよ顕著な遺構は存在せず、山頂を削平した単純な縄張を持つ城館だったことが推定される。文献史料が残っているため、発掘調査も実施せず破壊されたことは、本当に残念でならない。

●—公園化されてしまった主郭

●—主郭に立つ風の城　城跡を破壊してしまった

【まとめ】飛騨口の要であり、飛騨国人が在城していたことが一次史料で確認できる城郭である。それが現地の遺構で確認できないのが残念である。破壊の事実はいかんともしがたいが、飛越国境より猿倉城が約一一キロ越中側に位置していることから、実質的な国境は一一キロ越中側にあったことが判明する。この事実を基に、新たな飛越軍事情勢を考慮していくことが、今後の重要な課題と言えよう。

【参考文献】塩照夫『越中の古城』（北国出版社、一九七二）、『富山県史　史料編Ⅱ　中世』（富山県、一九七五）、『富山県史　史料編Ⅲ　近世上』（富山県、一九八〇）

（佐伯哲也）

●土塁で囲まれた曲輪が連鎖

栂《とが》尾《のお》城《じょう》

〔所在地〕富山市舟倉
〔比　高〕一三〇メートル
〔分　類〕山城
〔年　代〕一六世紀後半
〔城　主〕井上肥後?
〔交通アクセス〕JR高山本線「笹津駅」下車、徒歩三〇分程度で市場集落。

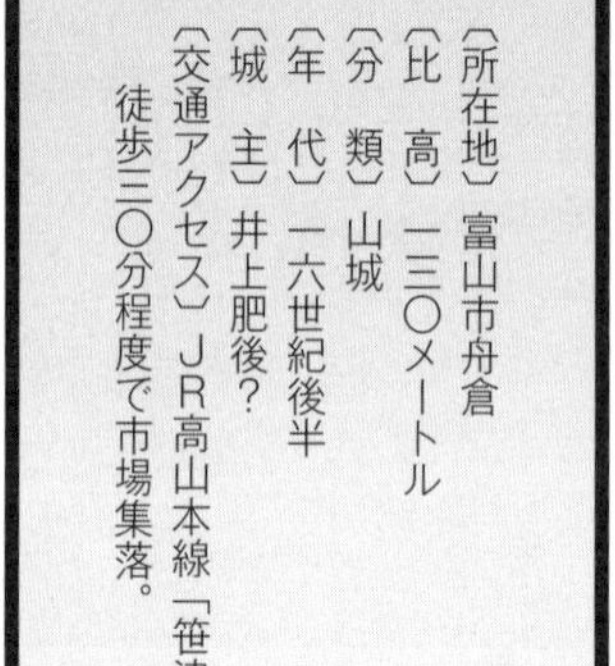

【栂尾城の立地】　栂尾城は富山市舟倉に位置する。神通川《じんづうがわ》の右岸側に位置しており、栂尾城の近くには越中と飛騨を南北につなぐ街道が通っていた。

栂尾城から南へ約一・八キロ離れたところには猿倉城があり、猿倉城のある地点から神通川は平野部に出る。猿倉城や栂尾城の位置は飛騨からみれば越中の平野部への入口にあたり、栂尾城は猿倉城や越中と飛騨とをつなぐ街道と密接な関係があったと考えられる。

栂尾城の西には市場集落がある。現在は城のある山の南側にはメガソーラーの発電所が建設されており、山が削られているが、栂尾城の遺構のある場所までは削られていない。栂尾城は遺構自体はよく残っているが、山へ登る道は不明瞭なので訪問する際には地図をよく確かめるなど注意が必要である。

【縄張の概要】　市場集落の東にある標高約二六七メートルの山を中心に普請がなされている。

山頂に曲輪1があり、ここが主郭である。曲輪1の内部はあまり削平されてない部分もあるが、曲輪の北半は平坦な部分がある。アの部分は枡形《ますがた》と思われ、西北方向の曲輪2から入る場合は、ここが虎口《こぐち》だったのであろう。曲輪1の東には細い尾根が伸び、尾根の東北方向に降ると堀切《ほりきり》がある。

曲輪1の西北方向には尾根が続いており、尾根上にいくつもの曲輪が連続している。曲輪1の一段下が曲輪2で、東側から北側にかけて土塁《どるい》で囲まれている。曲輪2の下には曲輪

3があり、曲輪3も東から北にかけて土塁で囲まれている。曲輪2と曲輪3の間の斜面東側には二本の竪堀《たてぼり》が入れられ、二つの曲輪の土塁とともに東側を警戒している。曲輪3の西側には開口部があるが、恐らく曲輪4と連絡するための道があったのであろう。曲輪4は北側に土塁を設けている。

●—市場集落から見た栂尾城

　曲輪3の北にあるのが曲輪5である。曲輪5は平坦な広い曲輪で、曲輪1から西北方向に続く曲輪群の中で中心となる曲輪だったと思われる。曲輪5から北へは土塁が続き、土塁の西側は緩く傾斜した広い空間となっている。曲輪5の北へ続く尾根上はある程度削平されている。イは小さな枡形とも評価でき、ウは狭いが西から北を土塁で囲んでいる。ウと曲輪6の間は堀切とも見えるが判然としない。

　曲輪6は土塁で囲まれた曲輪となり、その下の曲輪7も同様に土塁で囲まれている。曲輪7から北へ尾根は続いているが城域はここまでである。曲輪1の南には曲輪8がある。曲輪8から南へ尾根が続いており、この尾根には二本の堀切が設けられ、南からの侵入を防いでいる。

　曲輪8から西へも尾根が続く。この尾根をたどっていくと曲輪9があり、曲輪9で北へ向かう。曲輪9の下には小さな曲輪が二段ほどあり、しばらく広めの尾根上を行くとエ地点である。エ地点は尾根の西側に竪堀を入れ、土塁と合わせて尾根道を曲げ喰違《くいちが》いとしている。栂尾城へ入るための関門のような役割を果したのであろう。エから先には標高二三七メートルの高まりがあり、その北側に小さな堀切が設けられている。二三七メートルの高まり付近から西へ降りることができるようで、西側には市場集落があることから、こちら側が栂尾城へ入るメインとなる道であったと思われる。

【縄張の特徴】　栂尾城の縄張の大きな特徴は、曲輪1から北西に続く尾根に土塁で囲まれた曲輪が連続している点である。

　詳しくみていくと、曲輪1、2、3、4が一つのまとまりとして機能し、曲輪5から6、7までがもう一つのまとまりとして考えられる。曲輪7の北から尾根を進んできた敵に対して、最初は土塁で囲まれた曲輪7、6で迎撃をする。城兵が退却する際には土塁で囲まれたウから援護ができる。敵が曲輪5まで侵入した場合は曲輪3が拠点となる。敵が回りこもうとしても、東側は土塁や竪堀で侵入しづらくし、西側から回りこもうとする敵には曲輪4で対応をする。

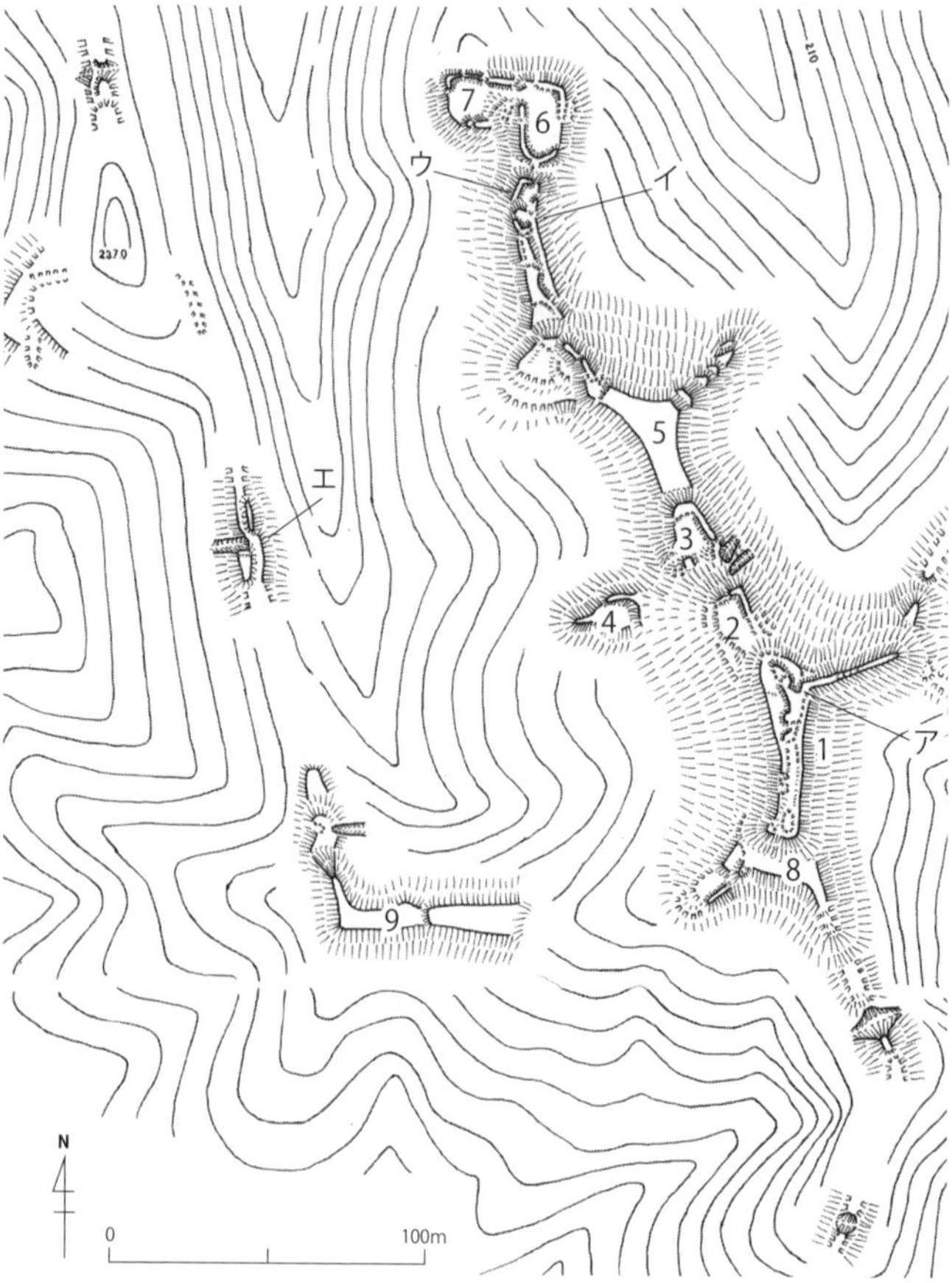

●—栂尾城縄張図（作図：目黒公司）

　このように、曲輪1から北西に続く尾根は土塁で囲まれた曲輪で厳重に警戒しており、曲輪1に枡形とみられるアがあるのも、それと関係していよう。他の尾根に目を向けると、曲輪8から南へ続く尾根は堀切を設けている。山麓の集落から登ってくる西の尾根は、エ地点で尾根道を曲げているのが目立つが、土塁で囲まれた曲輪などはなく、堀切も小さな堀切があるのみである。

　以上の点は尾根ごとに役割が違うことを示しているといえよう。西の尾根は集落から曲輪1へ上ることをメインとしているため、堀切や土塁で囲まれた曲輪がないのであろう。南の尾根は堀切で侵入を阻むことを目的としている。曲輪1から北西に続く尾根に土塁で囲まれた曲輪が多いのは、この尾根から敵が来るのが確実にわかるような状況がいずれかの時点であったのであろう。そのために厳重な警戒をしたものと思われる。

【城の歴史】　元亀二年（一五七一）、上杉氏に味方する飛騨の三木良頼《よしより》の家臣である塩屋秋貞《あきさだ》が「猿倉之地」に普請《ふしん》をしていることが長尾景直《かげなお》書状にみられる。書状には栂尾城への言及はないが、この時期に猿倉城とともに栂尾城も築城された可能性は考えてもよいだろう。

翌元亀三年になると、「船倉」に拠る井上肥後《ひご》が「下山」の者と示し合わせて上杉氏が支配する太田保へ二度にわたって攻め込んでいる。井上らは新庄城の鯵坂長実《あじさかながざね》らにより撃退され、「下山之口」まで追い込められた。井上肥後が拠った「船倉」は恐らく栂尾城だろうと考えられており、太田保に攻め込んでいるということは、この時点では井上肥後は上杉氏と敵対する勢力だった。井上肥後に関しては詳細は不明だが、天正五年（一五七七）の上杉氏将士名簿には「井上肥後守」とあるので、上杉謙信が越中を制圧すると旗下に属したようである。

天正四年に上杉謙信は越中をへて能登に侵攻するが、九月八日付の栗林政頼《まさより》宛上杉謙信書状では、「栂尾・増山落居、飛州口ニ地利二ヶ所取立」とあり、栂尾城と増山城を落城させている。どんな人物が栂尾城にいたのかは不明だが、上杉氏により落城させられているので、上杉氏に敵対する勢力がいたものと考えられる。その後、上杉謙信は能登七尾城を攻撃しているので、能登侵攻にあたり背後となる飛騨口を安定させることを目的に栂尾城を攻撃し落城させたとみられる。飛州口に取り立てた二ヵ所の「地利」とはどこのことなのかは不明だが、上杉謙信は越中と飛騨との境目に近い地域を重要視していたことがわかる。

その後は栂尾城に関係しそうな戦国期の史料はないようだが、天正十年（一五八二）に上杉景勝に味方して佐々成政《さっさなりまさ》に対抗している斎藤氏が「猿倉両地」を保持している。これは猿倉城と栂尾城のことを指している可能性はあるだろう。

【参考文献】高岡徹『富山県大山町中世城館調査報告書』（大山町教育委員会、一九九〇）、大沢野町史編さん委員会編『大沢野町史』（大沢野町、二〇〇五）、佐伯哲也『越中中世城郭図面集1』（桂書房、二〇一一）、萩原大輔「上杉謙信の北陸出兵」福原圭一・前嶋敏編『上杉謙信』（高志書院、二〇一七）

（目黒公司）

●貴重な平地城館

大《おお》村《むら》城《じょう》

〔所在地〕富山市海岸通
〔比　高〕――
〔分　類〕平城
〔年　代〕一六世紀
〔城　主〕轡田氏
〔交通アクセス〕富山地方鉄道富山港線「岩瀬浜駅」下車、徒歩四〇分。

【貴重な在地土豪の平城】　富山湾岸沿いの集落に位置する平城である。中世においては北陸街道（浜街道）が通る交通の要衝であった。大村城は城跡が寺院（瑞円寺《ずいえんじ》）境内になったことが幸いして、周囲の土塁《どるい》や堀が残存している。平野部に残る在地土豪の居城として、貴重な存在と言えよう。

【歴　史】　大村城に関する一次史料は存在しない。江戸期の地誌類『越《えつ》登《と》賀《が》三州志《さんしゅうし》』「故墟考《こきょこう》」には「天正六年（一五七八）謙信下世により、轡田《くつわだ》豊後之に拠るを景勝攻めて轡田戦死せりと言ふ。又言、丹羽源太居たりと。成政《なりまさ》の将か。之考末」とある。

轡田氏の詳細は不明だが、戦国時代には大村城の他に、新庄城（富山市新庄）・東岩瀬城（富山市東岩瀬）・水橋館（富山市水橋館町）を支配していたと伝える。さらに大村城の轡田豊後守は一万石を領有し、大村城から約四〇〇メートル離れた日方江館には豊後守の家老が居住し、三〇〇〇石を領有していたと伝える。轡田氏は大村周辺の土豪で、北陸街道（浜街道）を監視・掌握していた土豪と考えられよう。

【連歌の添削を所望】　轡田氏は戦国期において神保氏の被官となっており、『実隆公記《さねたかこうき》』天文三年（一五三四）四月二十一日条には「越中神保家人轡田某先日連歌点事所望、以外瓦《が》礫《れき》難治」とある。轡田氏は三条実隆に連歌《れんが》の添削を依頼したのだが、瓦礫のように治し難い、と酷評を受けてしまう。連歌はどうしようもない駄作だったようだが、轡田氏が京都に滞在し、文化的教養に強い意欲を持っていたことに注目した

●―水田化した南側堀跡

い。ちなみに添削の礼として「称其礼三百疋進之」と、轡田氏は三百疋（約三〇万円位）進上している。これを高いと見るか、安いと見るか、意見の分かれるところであろう。

【城跡の現状】　現在城跡は瑞円寺の境内となり、境内の周囲

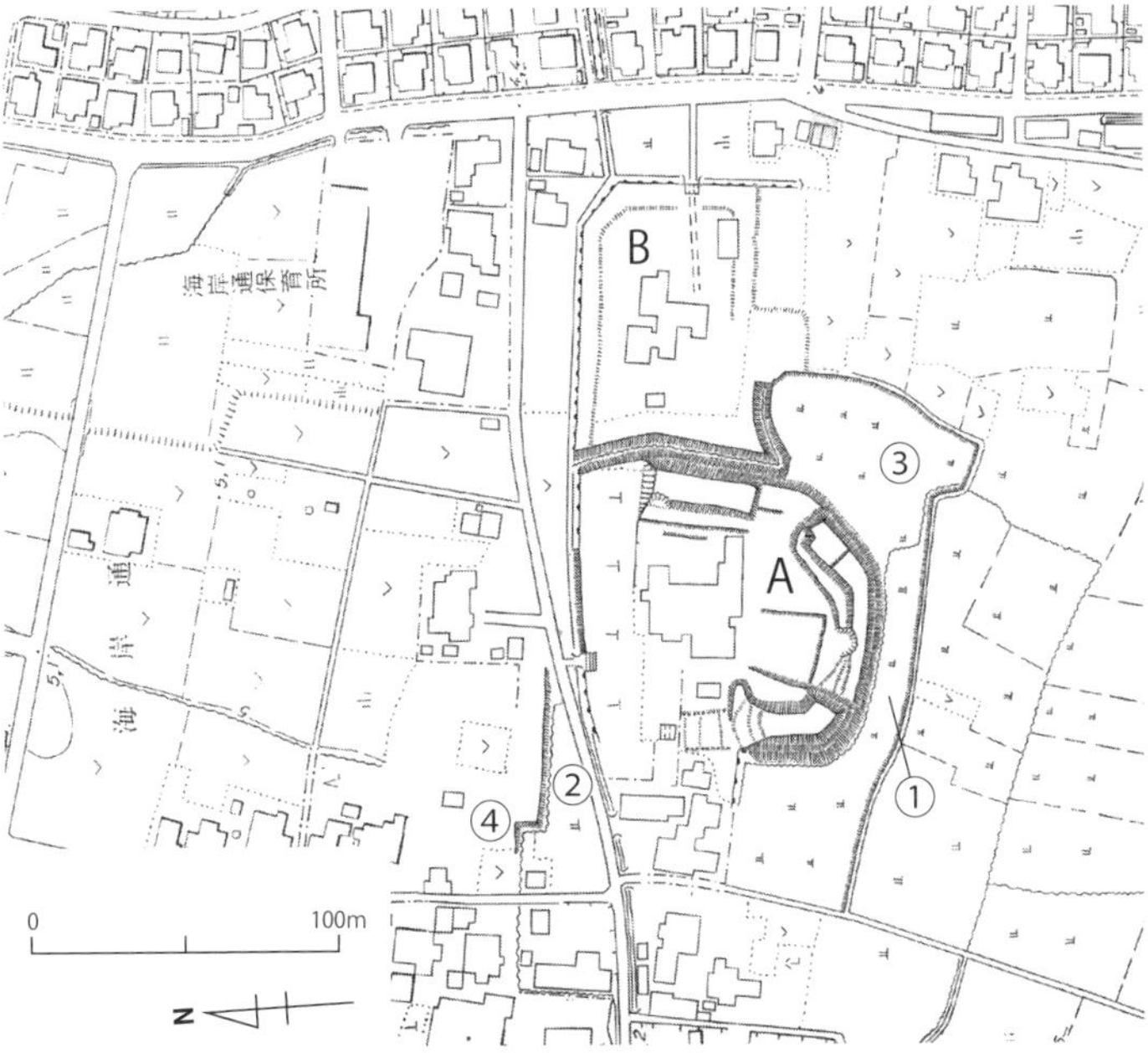

●―大村城縄張図（作図：佐伯哲也）

●—現地に立つ説明板

に土塁が残っている。その外側には、水田となった堀跡を認めることができる。若干歪ながらも正方形をしており、土塁《どるい》の外側で計測すれば、九六×九八《メートル》とほぼ方一町の方形館だったことが推定される。

土塁のコーナーを見れば、当初から直角ではなく、カーブを描いていたことが判明する。地形の影響をまったく受けない平城において、なぜ土塁のコーナーを直角にしなかったのか、判然としない。あるいは施工のしやすさ、それとも維持管理のしやすさからカーブにしたのであろうか。

南および北側の一段低い水田①・②は水堀だったと推定される。南側半分の堀は旧状を保っていると考えられるが、西側は幅四〇《メートル》、南側は幅一〇《メートル》と大きさは一様ではない。沼等を水堀にした場合、このような不揃いの水堀になるのであろうか。遺構から全周に土塁と水堀がめぐっていたと考えられるが、沼等が広がる軟弱地盤を城郭として整備するので、歪な形の方形になるのであろう。

北西隅④およびその対角線上の南東端③は、飛び出ている。偶然にしてはできすぎている。城館遺構かどうかは不明だが、計画的な施工と推定したい。B地点の周囲にも土塁が残っているが、これが城館遺構としての土塁なのか不明。

瑞円寺周辺からは少量ながら珠洲《すず》焼等中世の土器を表面採取できる。遺物からも中世城郭であることを推定できよう。

【まとめ】 以上述べたように、大村城は基本的には方一町の大きさを持つ単郭の方形館だったと推定される。越中土豪の標準的な大きさ・平面形状を持つ平地館跡として貴重な遺構と言えよう。

【参考文献】『富山県史　史料編Ⅱ　中世』（富山県、一九七五）

（佐伯哲也）

●越中での江馬氏の拠点の一つか

論《ろん》田《でん》山《やま》城《じょう》

〔所在地〕富山市小見
〔比　高〕一三〇メートル
〔分　類〕山城
〔年　代〕一六世紀後半
〔城　主〕不明
〔交通アクセス〕富山地方鉄道立山線「有峰口駅」下車、亀谷集落まで徒歩約二〇分。小見発電所の上部水槽までは道路が続いているが、標識等はないので注意。

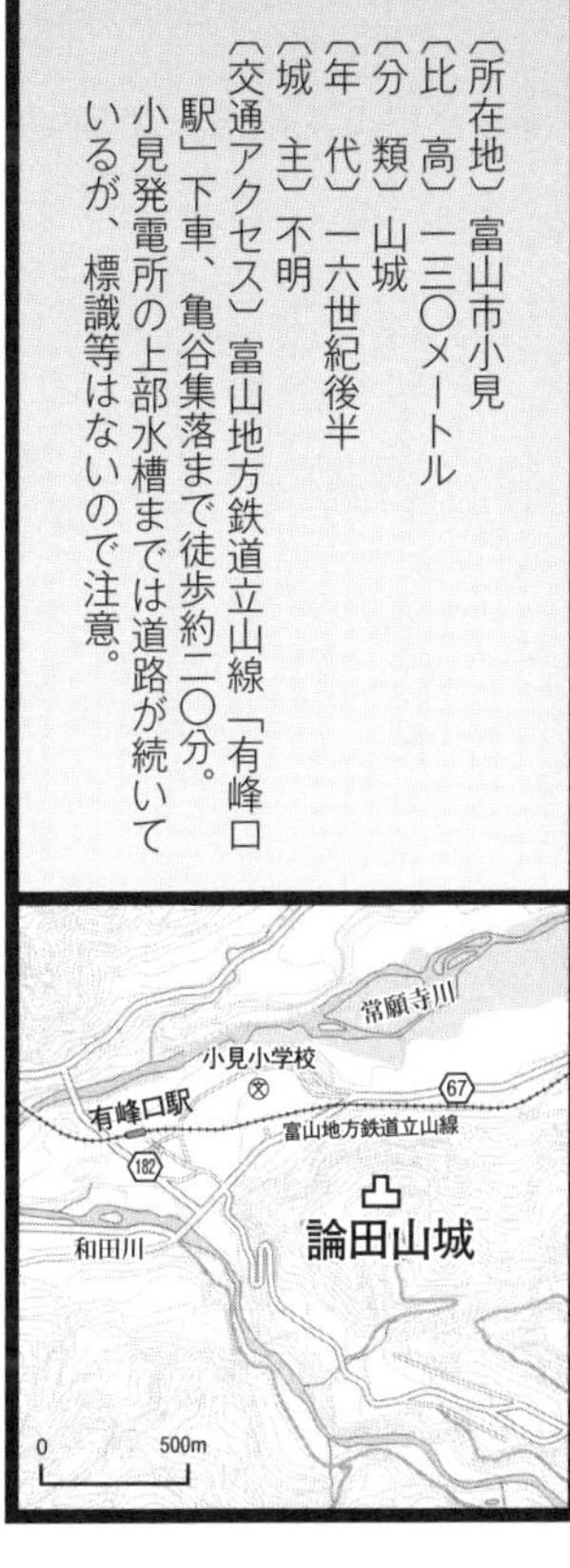

【論田山城の立地】　論田山城は、富山市大山町小見にある。常願寺《じょうがんじ》川と和田川が合流する地点に近い小見集落背後の山上に位置しており、富山地方鉄道有峰口駅からも近い。常願寺川に沿っては立山往来《おうらい》が通っており、立山を越えて信濃へも行くことができた。論田山城から常願寺川を挟んだ対岸には、立山信仰の拠点である芦峅寺《あしくらじ》がある。

論田山城から西に一・八キロほど離れたところに中地山城があり、中地山城は飛騨の江馬氏の越中における拠点となっていた。中地山城からは有峰を越えて飛騨へ通じる「うれ往来」が通っており、中地山城周辺は立山往来と「うれ往来」が合流する交通の要衝であった。

論田山城の位置を考えると、論田山城は立山往来や中地山城の江馬氏との関係性が強いと思われる。また、論田山城の近くには亀谷銀山があり、銀山の確保も築城の要因の一つとなった可能性が指摘されている。城のある論田山には北陸電力小見発電所があり、小見発電所の上部水槽まで自家用車で行くことができるが、標識等はないので地図等でよく確認をした方がよい。上部水槽から林の中に入り、少し歩くと論田山城にたどり着く。

【縄張の概要】　山頂部にある曲輪1が主郭である。曲輪1は東から南、西にかけて土塁《どるい》が廻り、西側の土塁には開口部がある。曲輪1の北側にも一段下がって曲輪がある。曲輪1の東側にあるのが曲輪2である。曲輪2は東と南が土塁で囲まれ、東の尾根続きは堀切《ほりきり》で切断している。堀切を越えた先は

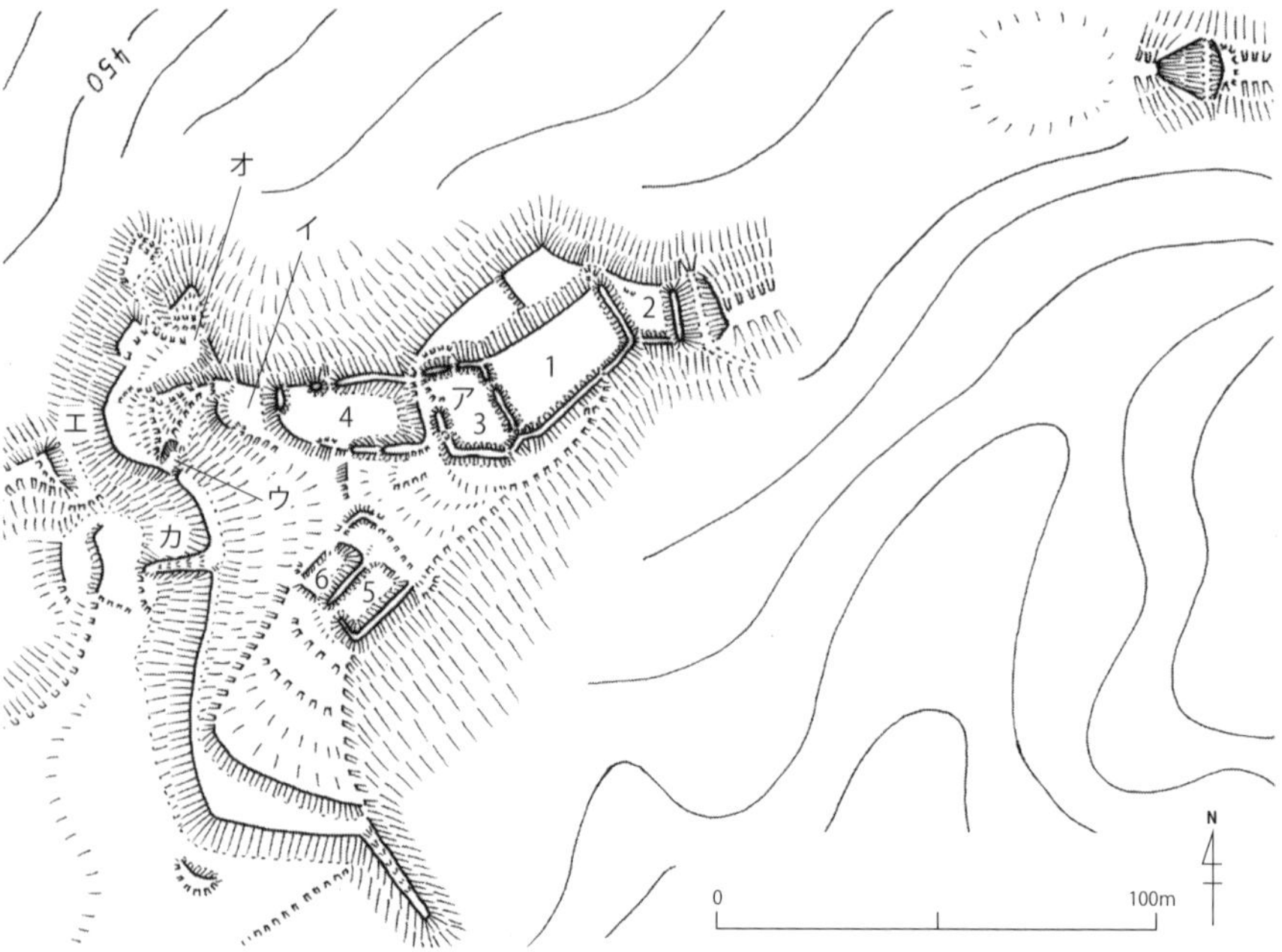

●—論田山城縄張図（作図：目黒公司）

自然地形であるが、一〇〇メートルほど先に高くなった場所があり、そこから東への尾根にも堀切を設けている。

曲輪1の西にあるのが曲輪3である。曲輪3はほぼ全周が土塁で囲まれているが、曲輪1につながる箇所と北側の一部、西側のアに開口部がある。曲輪3に入るのは主にアからだったと思われる。曲輪3の西には曲輪4がある。曲輪4はもともと斜面だった場所を掘り窪めて形成した曲輪で、南と北、西に土塁を設けている。西の土塁の外側にはイの小区画があり、イから降りていくと枡形《ますがた》ウに達する。

曲輪4の南には曲輪5と曲輪6がある。曲輪5は土塁に囲まれ、西側に開口部がある。曲輪6はもともと斜面だった場所を掘り窪めて形成したようである。西の尾根続きは堀切エで切断している。オ地点からは城外へ出る道がある。カは傾斜した土橋《どばし》で、カが論田山城の主要な虎口《こぐち》と考えられる。カの下から南にかけては平坦地が広がる。

【折れ曲がるルート設定と切岸】　論田山城は曲輪1をはじめ平坦地を形成している箇所もあるが、斜面すべてを曲輪や切《きり》岸《ぎし》として加工するのではなく、曲輪6と曲輪4の間など自然の斜面を残している箇所も多い。そのため城内のルートがわかりづらいが、よく観察すると大まかなルートが推定できる。

●—論田山城全景　山上部に城がある

まず、城内へはカの傾斜した土橋から入る。尾根続きは堀切エで切断し、カの南北は人工的に急傾斜を削り出した切岸としているため、城内へはカから入るしかない。カを登ると北に曲がり、枡形ウに入る。枡形ウからイをへて曲輪4の南側を通っていくと、曲輪3の西の土塁にぶつかる。ここで曲がり、アから曲輪3、曲輪1へと至る。

このように論田山城の城内は折れ曲がるルート設定がなされていると推定できる。曲輪5や曲輪6は少し離れているが、カを登り切った地点から枡形ウに行かず、まっすぐ登ろうとした場合などに備えた曲輪であろう。

また、論田山城はカの南北を切岸で急傾斜とすることで、曲輪3から曲輪4とイ、堀切エ方向へ伸びる尾根と、曲輪5と曲輪6方向へ伸びる尾根とをまとめている。佐伯哲也は在地土豪などの城館は城の各曲輪が単独で防御をする方法をとっているが、論田山城は二つの尾根を切岸で一つにまとめることで、縄張全体で防御をする方法へ変化しており、相対的に新しい縄張ではないかと指摘している。論田山城は自然地形も多いが、必要な部分はしっかりと普請《ふしん》している。折れ曲がるルート設定や、縄張全体で防御をする方法をとるなど、工夫された縄張の城といえるだろう。

【築城の契機】　論田山城に関する文献史料は残っていない。

そのため、周囲の状況などから論田山城の築城の契機を探ってみたい。

論田山城の西にある中地山城もはっきりとした築城の時期はわからない。中地山城は、永禄七年（一五六四）に飛驒の江馬氏が江馬輝盛《てるもり》方と江馬時盛《ときもり》方とに分裂し、上杉謙信に味方する江馬輝盛が越中境に進出した時期や、永禄十二年に中地山城の北に位置する池田城に在城した寺嶋職定《もとさだ》が上杉氏に敵対して池田城に立てこもった時期が、築城の時期として推定されている。

このうち、永禄十二年に寺嶋職定が池田城で上杉氏と敵対した時期には、池田城と上杉氏に味方する江馬氏の中地山城との間で軍事的緊張が高まったと考えられる。論田山城の対岸にある芦峅寺へは、池田城から城前峠を経由して出ることができ、寺嶋氏は芦峅寺の衆徒と古くから関係していた。

永禄十二年九月十二日付の芦峅・本宮百姓中宛寺嶋職定書状では、寺嶋職定は立山芦峅と本宮衆徒へ年貢三分の一を三年にわたり免除することを約束しており、上杉氏に敵対していた時期にも寺嶋職定は芦峅寺に勢力をおよぼしていたとみられる。同じ時期に江馬輝盛は芦峅寺に制札《せいさつ》を出しており、芦峅寺周辺は寺嶋氏と江馬氏の勢力とが入り混じっていたようである。

論田山城は芦峅寺の対岸にあることから、寺嶋職定の勢力が芦峅寺から中地山城へ進出するのを防ぐために、江馬氏が論田山城を取り立てた可能性があろう。

別の見方として佐伯哲也は、池田城は城の各曲輪が単独で防御する方法をとっているが、論田山城は縄張全体で防御する方法をとっているので、池田城よりも新しい城と考えられる点や、江馬氏が飛驒高原郷で天正年間に築城した梨打城には塁線土塁や初源的な枡形虎口が残り、自然地形も多く残っていて論田山城と共通性がある点などから、論田山城は天正年間に江馬氏が臨時城郭として築城したのではないかと推定している。また、天正六年（一五七八）に上杉謙信が死去し織田軍が越中に侵攻してくると、江馬氏は中地山城を放棄し、論田山城に一時的に籠城した可能性なども指摘している。

【参考文献】大山の歴史編集委員会編『大山の歴史』（大山町、一九九〇）、高岡徹『富山県大山町中世城館調査報告書』（大山町教育委員会、一九九〇）、佐伯哲也『越中中世城郭図面集1』（桂書房、二〇一一）、佐伯哲也『戦国の北陸動乱と城郭』（戎光祥出版、二〇一七）

（目黒公司）

●越中に残る飛騨江馬氏系の山城

中《なか》地《ち》山《やま》城《じょう》

〔富山市史跡〕

〔所在地〕富山市中地山
〔比　高〕三七〇メートル
〔分　類〕山城
〔年　代〕一六世紀
〔城　主〕江馬輝盛、川上中務
〔交通アクセス〕富山地方鉄道立山線「有峰口駅」下車、徒歩約二五分。

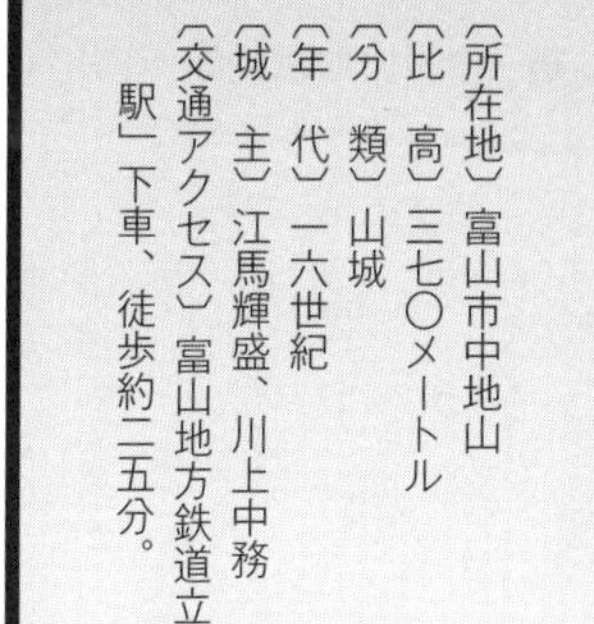

【国境近くにある飛騨の城】　城跡は常願寺川に突き出た台地上にあり、西を小口川、東を和田川によって挟まれた天然の要害ともいえる地形にある。眼下には、常願寺川沿いに立山往来があり、城は芦峅寺《あしくらじ》と岩峅寺《いわくらじ》の間にある。加えて、西麓には水須・有峰・大多和峠を経て飛騨に通じる宇連《うれ》往来が走っており、主要街道の三叉路に位置している。

　中地山城は、越中国新川郡にあった飛騨江馬氏の拠点である。江馬氏はこの城を足掛かりに越中に進出し、上杉氏と連携した。築城の時期は、『越登賀三州志《えつとがさんしゅうし》』によれば天正元年（一五七三）、飛騨の江馬輝盛《てるもり》が越中新川郡七万石を領して中地山に築城し、部将の川上中務・和仁某・神代某を守備に置いた。のちに飛騨の三木氏や広瀬氏が中地山城を攻めると、川上氏らは城を捨てて去り、その後に上杉謙信がこの城を攻め取ったと記されている。江戸期の史料には、城主を川上（河上）中務丞富信《とみのぶ》と記している。川上氏は江馬氏の重臣で、江馬輝盛が天正十年（一五八二）飛騨で三木氏らと戦い討死したあと、有峰の山中に逃れたと伝えられる。

　佐伯哲也は築城時期を二説提唱する。一つは江馬氏が輝盛方と時盛方に分裂し、上杉輝虎（のちの謙信）と結んだ輝盛が、越中境まで進軍した永禄七年（一五六四）。いっぽうは常願寺川対岸の芦峅寺の池田城に、反上杉方（武田方）の寺嶋職定《もとさだ》が在城した永禄十一年夏以降とする。

　江馬氏による中地山城の支配は、後ろ盾の上杉謙信が没した天正六年に幕を下ろしたとみられる。同年九月には飛騨を

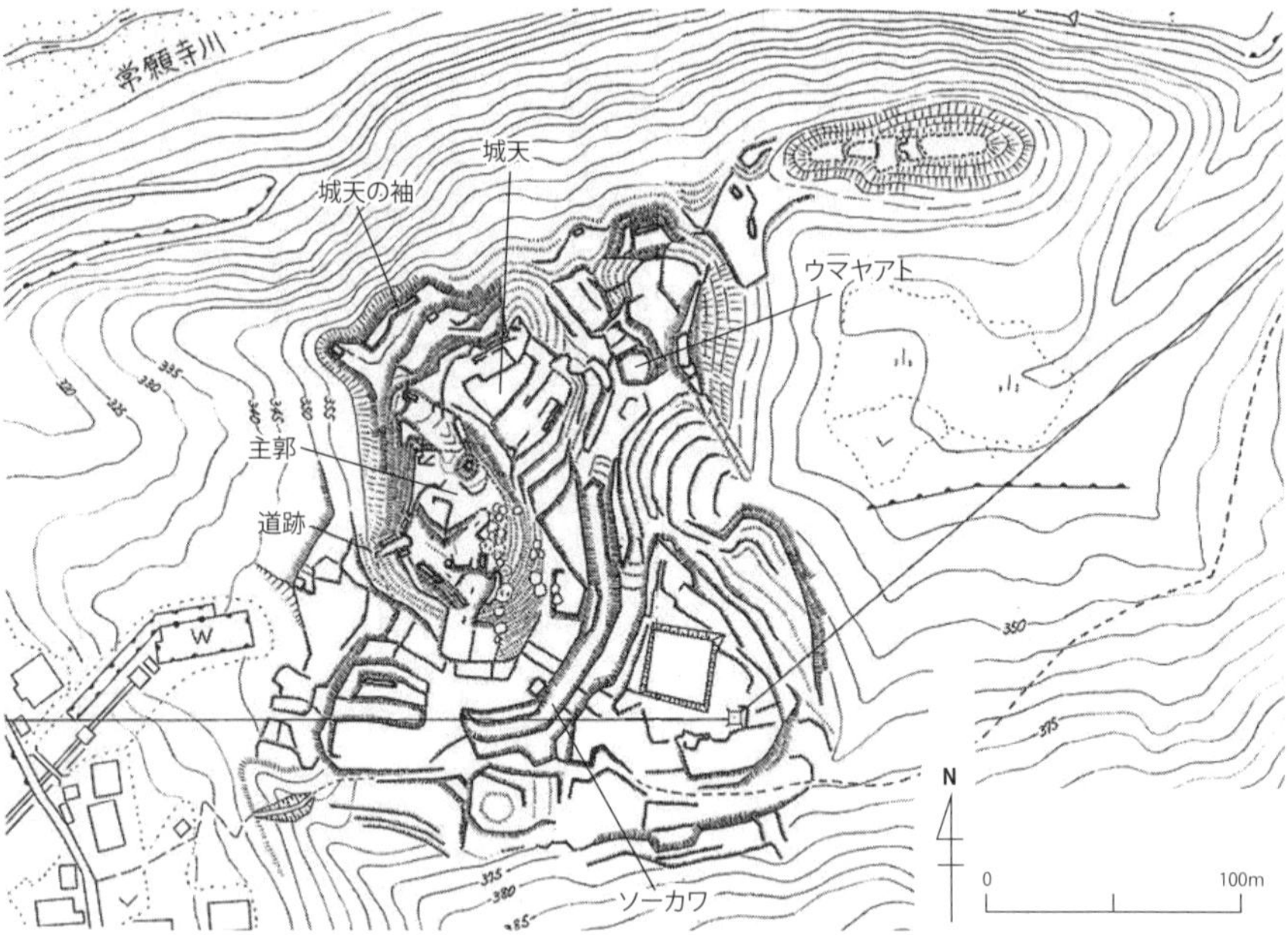

●―中地山城縄張図（作図：佐伯哲也）

●―円錐形の主郭

経由して越中に入った斎藤新五郎等の織田軍は、上杉方拠点の津毛城を攻略。津毛城は中地山城の北西にあり、このとき中地山城は廃城もしくは落城したようである。

【主郭のトンガリ山と総曲輪的な空堀】　麓の中地山集落から切り通しをすぎて登ると、主郭「城山《じょうやま》」の南に出る。ここは、幅広の空堀《からぼり》が切れて土橋《どばし》となる。この土橋は大手虎口《こぐち》とみられ、幅一三～一五・五メートルと広い。空堀は主郭の南から東にかけてめぐっており、明確な防御線を構築している。ソーカワと呼ばれ、おそらく総曲輪（惣構《そうがまえ》）を意味するものであろう。空堀の北東にはウマヤアト（厩跡）と呼ばれる凹地があり、これも空堀の一部として機能した。

空堀を進む敵は主郭方向からの横矢《よこや》に晒されるが、空堀の屈曲点の二ヵ所に置いた櫓台《やぐらだい》によって、さらに強い攻撃に晒される。

大手虎口から北に向かって進み、左折右折を繰り返すと主郭にたどり着く。このルートは常に横矢が掛かっており、計画的に設定された動線とみられる。主郭には円錐形状の地形があって目を引く。櫓台を設けるにも頂きの面積が狭いので、城との関連性はよくわからない。後世の侵食で削られたのかもしれないが、越中の山城において主郭にこのような地形があるのは特異といえる。また、主郭北側には「城天《じょうてん》」と呼ばれる広い平坦面があり、居住施設の存在がうかがわれる。さらに北西の一段下がった場所に「城天の袖そで」という低い土塁状高まりがある。また、常願寺川方向への睨みとして三ヵ所の櫓台が設けられている。とくに北西隅の櫓台は尾根の断崖に突き出た形で、南以外の三方を見通すことができる。

【中地山集落と神社】 麓の集落は根小屋《ねごや》といわれ、城主の川上中務を草分けと伝える。以前に城内にあった「殿様の馬乗り石」は、集落内の中地山神社に移されている。中地山神社は川上中務が潜んだ有峰の宮々の祭神を合祀している。

【参考文献】『富山県中世城館遺跡総合調査報告書』（富山県埋蔵文化財センター、二〇〇六）、佐伯哲也『越中中世城郭図面集Ⅰ』（桂書房、二〇一一）

（野原大輔）

●—幅広の外堀

●—常願寺川を望む

●—ウマヤアト（厩跡）

●上杉氏飛騨口の重要拠点

樫《かし》ノ《の》木《き》城《じょう》

〔所在地〕富山市栃ヶ原
〔比　高〕一三〇メートル
〔分　類〕山城
〔年　代〕一六世紀
〔城　主〕三木良頼、村田秀頼
〔交通アクセス〕富山地方鉄道「上滝駅」下車、タクシーにて三〇分、後徒歩三〇分。

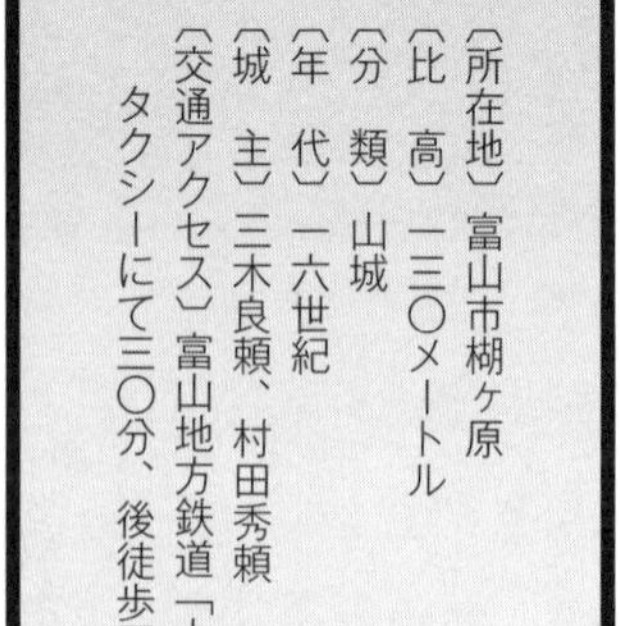

【上杉氏越中南部の総合センター】　上杉氏が飛騨口押さえの重要拠点として築城したと考えられる。樫ノ木城付近における飛越を繋ぐ街道は、桧峠越えの街道だが、樫ノ木城とは尾根一つ隔てており、樫ノ木城からは全く見えない。したがって樫ノ木城は、飛騨口を広範囲に受け持つ総合センターのような存在だったのであろう。

【軍役として三木氏が在城】　元亀元年（一五七〇）八月十日上杉輝虎書状により、飛騨の武将三木良頼《よしより》が上杉方の軍役として樫ノ木城を守備していたことが確認できる。当時の飛騨は三木氏を含めてほぼ上杉方であった。武田信玄の飛騨進攻の圧力を軽減するには、上杉謙信が信濃に出兵するのがもっとも効果的であり、この結果、飛騨諸将は上杉方となったのである。謙信の信濃出兵の見返り（＝軍役）として、良頼は樫ノ木城に在城していたのである。つまり謙信の命令によって在城していたのである。したがって良頼は、越中に領土を拡大する拠点として在城していたわけではないのである。

【三木氏に越中移転を命令】　右記書状によれば、謙信は良頼に居城を明け渡して新庄城（富山市）に移るように命じている。移るならば、替地五ヵ所を用意すると謙信は述べている。良頼は飛騨最大の実力者で、桜洞城（岐阜県下呂市）に居城していた。五ヵ所の替地がどこなのか不明だが、この程度の条件で良頼が先祖伝来の飛騨を捨てて、越中に移ると本気で思っていたのであろうか。もちろん良頼は越中に移っていない。家臣の塩屋秋貞《しおやあきさだ》を越中に派遣する程度の範囲に止まっている。

【村田氏の在城】 江戸期の地誌類に樫ノ木城を「村田城」とも記し、村田氏が在城したと述べている。村田氏は上杉方の武将で、村田秀頼《ひでより》は天正元年に謙信より樫ノ木城南方の太田上郷を料所として与えられているので、秀頼の樫ノ木在城もこの頃であろう。おそらく謙信は樫ノ木城を越中南部の押さえとして、三木氏や村田氏に守らせていたのであろう。

【廃城年代】 廃城時期は不明だが、天正六年（一五七八）三月謙信の死去によって翌四月に越中南部から織田軍が進攻し、九月には上杉方の拠点だった津毛城が陥落している。十月にも織田軍との合戦で上杉方は大敗しているので、この頃廃城になった可能性を指摘することができよう。

　城跡に関する案内板・説明板は一切設置されていない。さらに城跡は整備されておらず、薮が生い茂っている。準備万全で訪城することをお勧めする。

【城跡の現状】 樫ノ木集落から登る①地点がかつての大手道《おおてみち》と推定され、道の両脇に計三本の竪堀《たてぼり》を設けている。現在は直進して城内に入っているが、かつては右折して入ったと推定される。樫ノ木集落へつづく尾根は②地点で堀切《ほりきり》二本と竪《たて》堀《ぼり》一本設けて遮断しており、さらにE曲輪を設けて警戒している。現在一部しか確認できないが、かつてE曲輪は北側すべてに土塁《どるい》が設けられていたと推定される。さらに両側に通路用としての土塁を設けてD曲輪と連絡している。土塁を通路として使用するのは、樫ノ木城の特徴の一つである。東側は湧水地点が二ヵ所認められる。もちろん中世までさかのぼる確証はないが、城兵達の飲料水だった可能性は十分ある。

　D曲輪は広々とした地形で、日当たりも良いため、居住施設が建っていたと推定される。ただし、大小さまざまな平坦面については、昭和五十年（一九七五）頃まで耕作地として使用されていたこと、計画性があまり認められないことから、城郭城館遺構としての平坦面とは考えにくい。畑等の平坦面と考えた方が良さそうである。

　横堀《よこぼり》③から南側には、鋭く切り立った高切岸《きりぎし》が存在し、より強固な防御線を構築している。この防御線の中央には、一直線に延びる幅約三㍍の道が設けてあり、B・C曲輪の中央を貫通して山上曲輪群に至っている。明らかに計画的に設けられた道であり、それはC曲輪の道沿いに設けられた土塁・櫓台《やぐらだい》が物語っている。恐らく平常時の城道なのであろう。

　これとは別に、曲輪の端部の④・⑤地点には土塁通路が設けてあり、これが非常時における城道と推定される。D曲輪から中央の道を進んでC曲輪に入り、土塁通路④（あるいは⑤）→B曲輪→土塁通路⑥→F曲輪と進んだと考えられる。

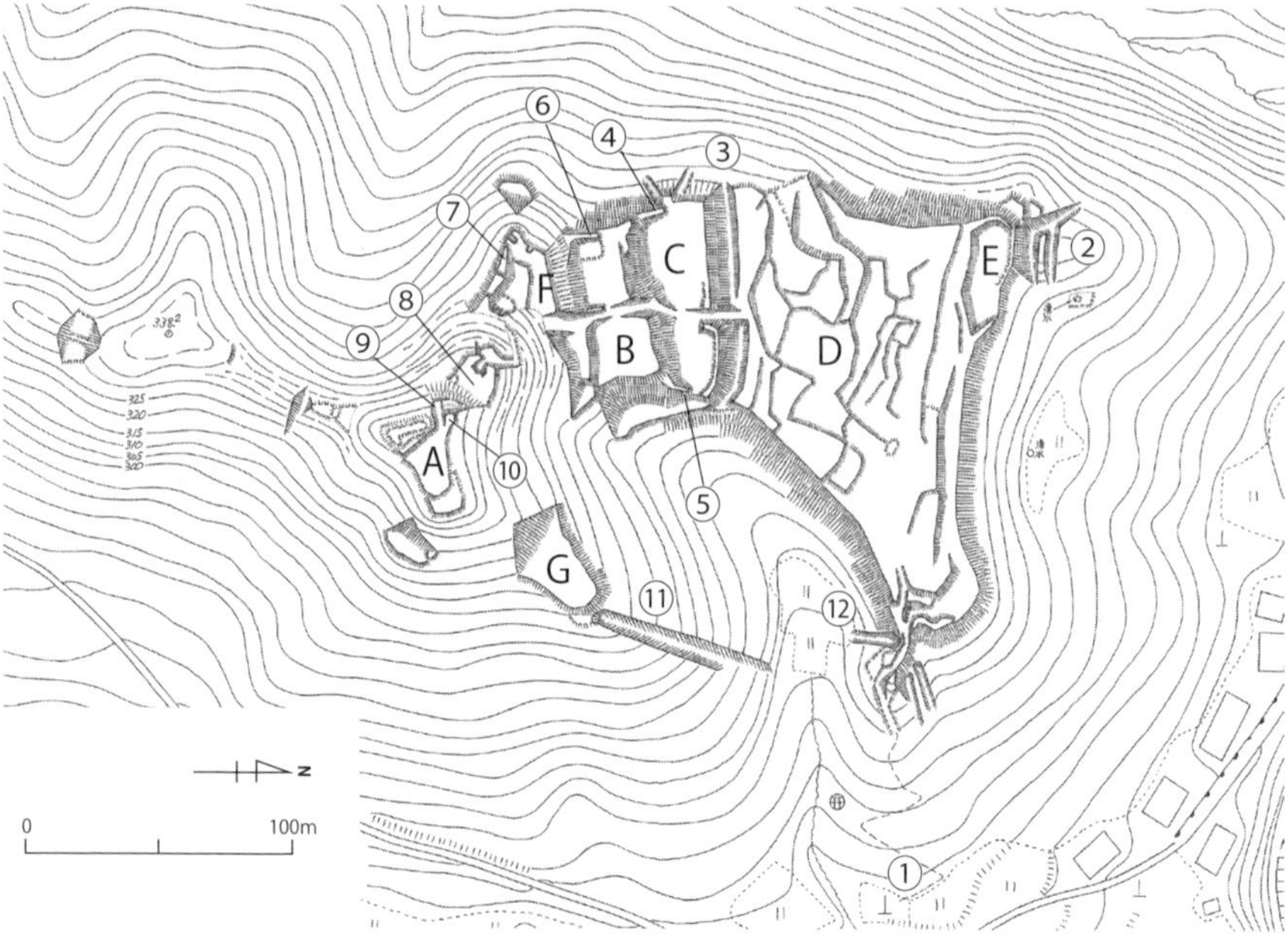

●—樫ノ木城縄張図（作図：佐伯哲也）

④地点に張出《はりだし》と竪堀を設けて警戒しているのは、この地点に敵兵が進攻してくると想定していた証拠となろう。さらに土塁通路の直下にも小規模な竪堀を設けて登りにくくしている。

F曲輪からは土塁通路⑦・虎口《こぐち》⑧地点を通過し、枡形《ますがた》虎口⑨を突破して漸く主郭Aに辿り着く。枡形虎口⑨は、入る直前に⑩地点からも横矢《よこや》が効いており、技術的な進歩が見て取れる虎口である。なお虎口⑧には一部石積みが見られる。一〇～二〇センチ程度の小石だが、かつては石積みで飾られていた虎口だったかもしれない。

主郭Aの背後の尾根続きには、堀切二本を設けている。この尾根続きからの敵兵の進攻はほとんど考えられない。ただし主郭Aにダイレクトに進攻できる尾根なので、最弱点ポイントとも言える。この結果、堀切を設けて遮断したのであろう。

もう一点注目したいのは、G曲輪から延びる大竪堀⑪と、対岸の竪堀⑫の存在である。

敵兵が①地点を通らず、谷をさかのぼる可能性もある。そうすれば敵兵は計画的な城道や各曲輪を通らずに、ダイレクト主郭Aに進攻してしまう恐れが出てしまう。この敵兵を遮断するのが谷筋全体を遮断する防御線と考えられ、敵兵を監視する曲輪がG曲輪だったと考えられる。あるいは現在水田になっている平坦面に居住施設が存在し、その居住施設の防御線だったかもしれない。

　なお、防御線の外側には、通称「谷田の宮」という小社が存在する。山麓の樫ノ木集落には、これとは別に村社が存在しているため、集落の社ではない。主郭の鬼門（北東）に位置していることから、鬼門除けの小社という仮説が成り立とう。

【まとめ】　このように樫ノ木城には、計画的に設けられた城道と、枡形虎口の存在を確認することができる。現存の遺構は、天正年間まで下る可能性を指摘することができる。天正六年（一五七八）上杉謙信の死去によって軍事的緊張が高まった結果、上杉方が改修したという仮説も成り立とう。

●―虎口⑧の石垣　化粧用と考えられる

●―横堀③　主要曲輪群の防御ラインとなる

●―E曲輪直下の堀切　樫ノ木集落からの遮断線となる

【参考文献】『富山県史　史料編Ⅱ　中世』（富山県、一九七五）

（佐伯哲也）

●典型的な在地国人の城

池田城《いけだじょう》

〔立山町史跡〕

〔所在地〕立山町池田
〔比　高〕一三〇メートル
〔分　類〕山城
〔年　代〕一六世紀後半
〔城　主〕寺嶋職定
〔交通アクセス〕北陸自動車道「立山IC」から車で一五分。

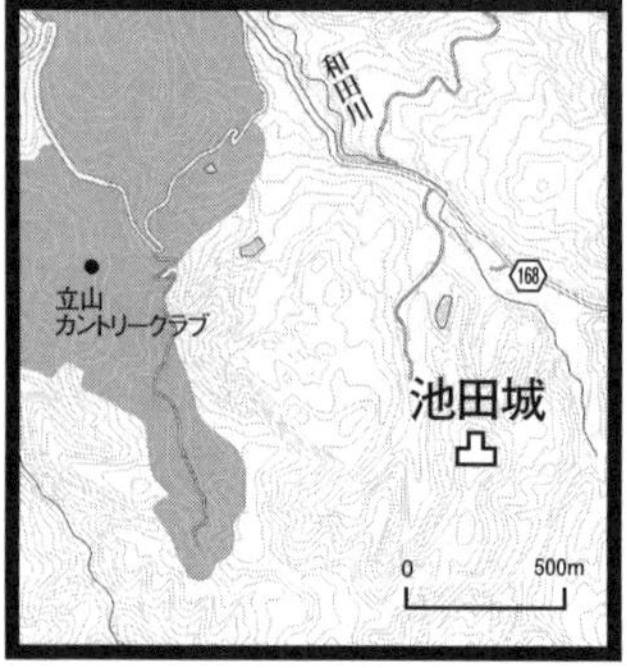

【城の由来】　池田城は白岩川支流の和田川を遡った、池田集落南方の通称城山の山頂に築かれた山城である。麓の池田集落には城前峠を経由して芦峅寺《あしくらじ》集落に至る立山往来が通る。

中世における立山信仰組織は多数の僧兵を有する宗教的勢力であり、越中守護代神保氏《じんぼし》は立山信仰組織の監視・掌握のためその任務を重臣の寺嶋職定《もとさだ》に任せていた。池田は南に芦峅寺の衆徒・僧兵、西には岩峅寺の衆徒・僧兵、北には上末千坊の僧徒に通じる重要な場所であった。寺嶋氏と芦峅寺衆徒との関係は文明七年（一四七五）から確認できるが、池田城がその頃から存在していたかは不明である。

『越中立山芦峅寺古文書』には永禄十二年（一五六九）～十三年にかけて寺嶋職定が反上杉方として池田城に居城し、これに芦峅寺衆徒が協力したことが記されている。職定は芦峅寺衆徒に対し謝意を示すとともに、今後一層の協力を求めている。職定と芦峅寺衆徒の関係は永禄十一年から確認できるので、職定の池田居城は永禄後半からと推定される。

芦峅寺衆徒の協力を得た職定だったが、これ以降芦峅寺周辺での史料が見られなくなり、永禄十三年～元亀初年頃には池田城を明け渡したと考えられる。

池田城にはこのほか近世に書かれた史料によって、江馬氏家臣河上中務《なかつかさ》や土肥氏家老川瀬与八郎が居城したことが伝えられるが、詳細は不明である。

【城の構造】　城が築かれた城山は凝灰岩質から成り、多くの谷が入り込んで分岐した尾根を形成している。城は南側の尾

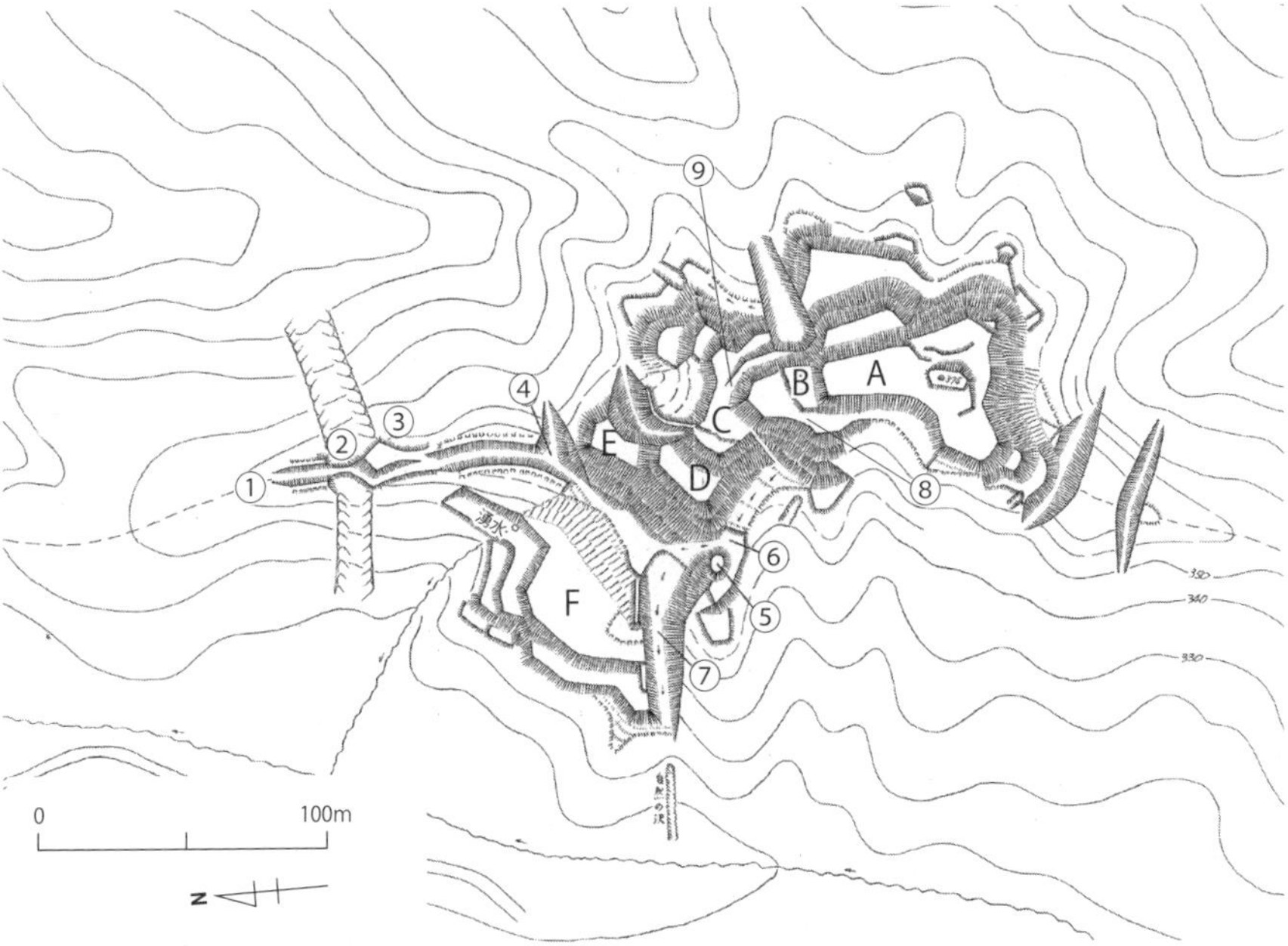

●—池田城縄張図（作図：佐伯哲也）

●—池田城遠景（撮影：古川知明）

根続きを二重の堀切《ほりきり》で遮断し、大手方向となる北側尾根は堀底道①と土橋《どばし》道②を設け、城域を設定していたと考えられる。池田集落から登ってきた尾根道は堀底道、土橋道によって少人数の進攻しかできなくしており、さらに櫓《やぐら》台《だい》③から横矢《よこや》をかけている。堀底道を直進すると④地点で高さ約一二メートルの高切岸《きりぎし》に突き当たる。左に進むと城外に出てしまい、右に進むと高切岸の下に進むことになるが、頭上のC・D・E

●—池田城登山口

曲輪から横矢がかけられている。⑤地点には櫓台があり⑥地点に木戸が存在していたと推定される。木戸に遮断されスロープ状に下る竪堀《たてぼり》⑦に進むと曲輪Fから横矢を受けてやがて城外に出される。曲輪Fには土塁《どるい》が設けられ防御力を高めている。ここは通称千畳敷と呼ばれており、付近には湧水も確認できる。しかし二六×五三メートルしかなく、平時における居住スペースとしては狭く、あくまで籠城時における臨時的な居住空間であったと考えられる。⑥地点から木戸を抜けると曲輪Cに登る通路がある。戦国期にこのような通路が存在していたか確証はないが、⑧地点から横矢をかけることができるので、戦国期から存在していた可能性は高い。曲輪Cから主郭Aまでの経路は判然としないが、スロープ状の通路⑨から曲輪Bに上り、主郭Aに入ったと考えられる。主郭Aは三〇×五五メートルの広さで、南側に小さな櫓台があり、ここが城山の最高地点である。この櫓台の軍事施設としての性格はよくわからないが、池田集落には池田城から出土したと伝わる観音坐像懸《かけ》仏《ぼとけ》があり、池田城廃城後に眺望のよい城跡に集落の宗教施設を建てたのかもしれない。

各曲輪を繋ぐ明確な通路・虎口《こぐち》が設けていないことや、高切岸によって完全に連絡通路を遮断した縄張は、一六世紀中頃の国人領主の城郭として典型的な縄張である。廃城以後、後世の改修を全く受けていない池田城は、越中土豪の標準的な山城を知るうえで貴重な城郭である。

【参考文献】佐伯明夫「寺嶋氏と池田城」『立山町史』上巻（一九七七）、佐伯哲也『越中中世城郭図面集Ⅰ』（桂書房、二〇一一）、富山県［立山博物館］『戦国武将と立山』（二〇二〇）

（間野　達）

呉東

●佐々成政の築いた弓庄城攻めの付城

日《にっ》中《ちゅう》城《じょう》

〔立山町史跡〕

〔所在地〕立山町日中
〔比　高〕―
〔分　類〕平城
〔年　代〕―
〔城　主〕佐々成政
〔交通アクセス〕北陸自動車道「立山IC」から車で一〇分。

【城の由来】　日中城は白岩《しらいわ》川左岸の河岸段丘上に築かれた台地城郭で、白岩川を挟んで東方の弓庄城と相対している。

天正十一年（一五八三）、佐々成政《さっさなりまさ》は越中有数の国人土肥《どひ》氏の本拠弓庄城を攻めるにあたって数ヵ所の付城を築いたとの記録があり、『越登賀三州志《えっとがさんしゅうし》』「故墟考《こきょこう》」では成政が築いた四つの付城の一つとしている。成政は同年四月頃から本格的に攻め、七月頃には弓庄城を落城させている。

【城の構造】　城は白岩川の段丘崖の直上に位置する。北・西・南側は台地が広がっており、この方面を土塁《どるい》と横堀《よこぼり》を設けて遮断している。東側は白岩川によって浸食された高さ約三〇メートルの断崖絶壁で、土塁・横堀は設けられていない。曲輪Aはほぼ正方形で、土塁の内側で約三七メートル四方の大きさである。西側に土塁の開口部があり、土《ど》橋《ばし》によって城外と繋がっている。周囲に土塁と横堀を巡らせただけの単純な縄張である。白岩川を挟んだ東方約二キロの対岸には弓庄城がある。日中城に立てば弓庄城がちょうど同

●―日中城近景

●—日中城と弓庄城（撮影：古川知明）

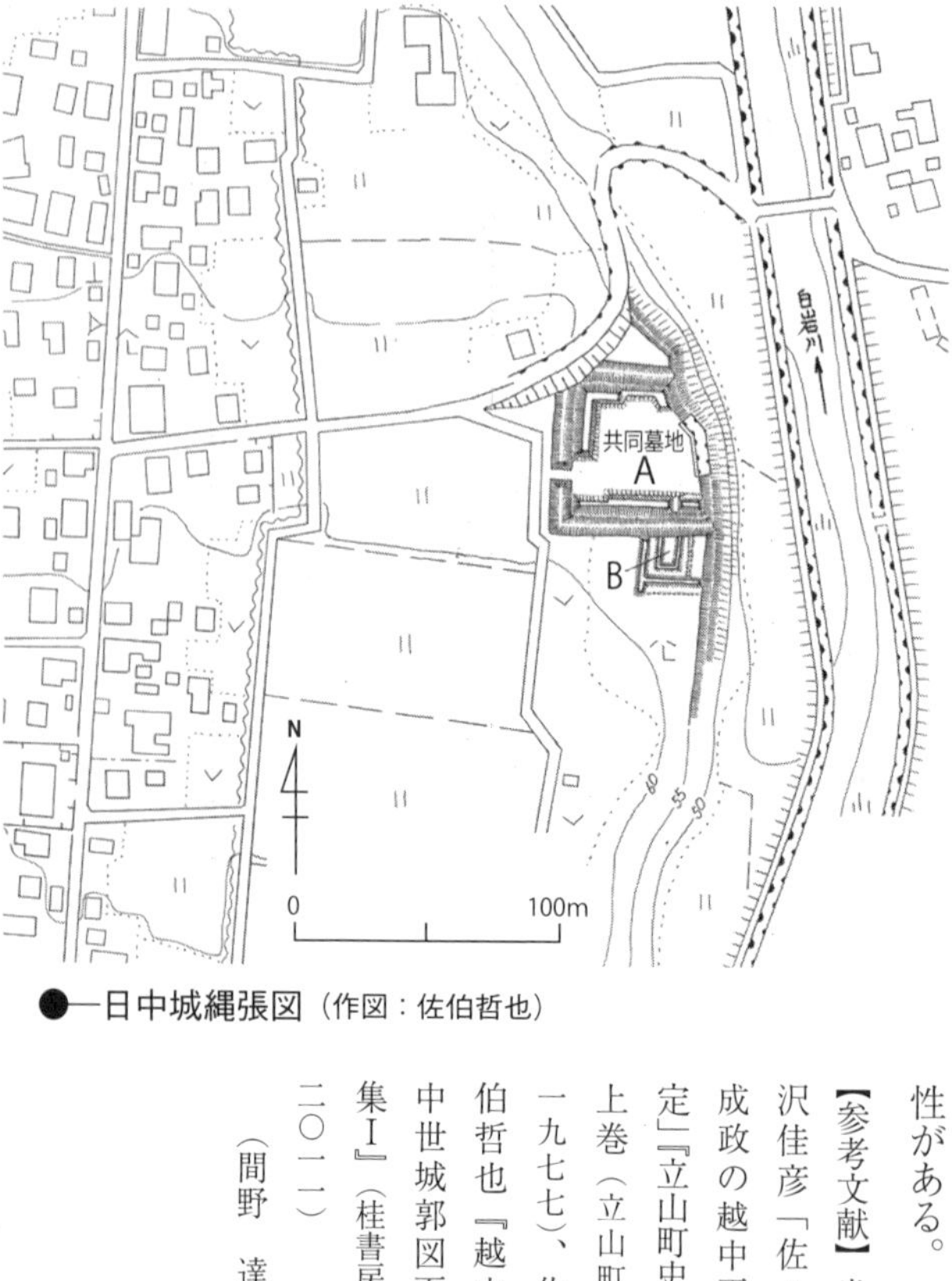

●—日中城縄張図（作図：佐伯哲也）

じ目の高さで見え、この場所が弓庄城攻めの付城《つけじろ》を置く格好の地であったことがうかがえる。

現在は城跡全体が集落の墓地になっているが、この南側の横堀を隔てた外側に、火葬場が置かれていた地点Bがある。北の横堀を背に三方を囲む二重の土塁があり、火葬場の区画としては過剰に思われ、馬出《うまだし》のような小曲輪が存在した可能性がある。

【参考文献】米沢佳彦「佐々成政の越中平定」『立山町史』上巻（立山町、一九七七）、佐伯哲也『越中中世城郭図面集I』（桂書房、二〇一一）

（間野　達）

●越中土肥氏の最重要拠点

弓《ゆみの》庄《しょう》城《じょう》

〔上市町史跡〕

〔所在地〕上市町館
〔比　高〕七メートル
〔分　類〕平城
〔年　代〕一六世紀、天正十一年（一五八三）廃城
〔城　主〕土肥氏
〔交通アクセス〕富山地方鉄道「上市駅」下車、町営バス柿沢・大岩線「柿沢二区」停留所下車、徒歩一〇分。または予約のりあいバス陽南線「弓の里歴史文化館」停留所下車すぐ（平日のみ）。

【城の歴史】　弓庄城は、中世の新川郡西部一帯で権勢を振るった国人「土肥《どい》氏」の居城である。土肥氏は源頼朝の重臣として知られる土肥次郎実平《さねひら》を祖とする一族で、越中に入った正確な時期や経緯については不明だが、いくつか伝わる系図では土肥氏中興の祖とされる土肥実綱《さねつな》の弟・頼平《よりひら》が「堀江館主」とされており、建長年間（一二四九～五五）には越中に入ったものと推測されている。他方、寛元二年（一二四四）の「関東下知状」には、「国継法師心仏」なる人物が祇園社領堀江荘の地頭代として名を見せている。この人物は南北朝時代の文献に現れる土肥心覚の祖とみられ、少なくとも鎌倉時代の比較的早い時期から「土肥」を名乗る人物が越中に存在していたことがうかがわれる。

こうして堀江荘に土着した土肥氏は、管領《かんれい》家であり越中守護家でもあった畠山氏の雑掌をつとめ、遊佐・神保・椎名氏らの守護代とは違った独自の立場で勢力を拡大する。

その後、土肥氏の一派は永正年間（一五〇四～二〇）には鹿王院領井見荘の代官職を得て同地域へ進出する。これが「弓庄系土肥氏」で、その本拠となったのが弓庄城である。「弓庄」の名は、武を尊ぶ思想から井見荘の「井見」を「弓」に読み替えたものであろう。

越中入部以来長年にわたって権勢を振るっていた土肥氏は、永正十七年の新庄の戦いで神保氏らとともに長尾為景に敗れ、一時的に衰退期を迎える。そして天文十二年（一五四三）以降には、神保・椎名氏の抗争を中心とした「越中大

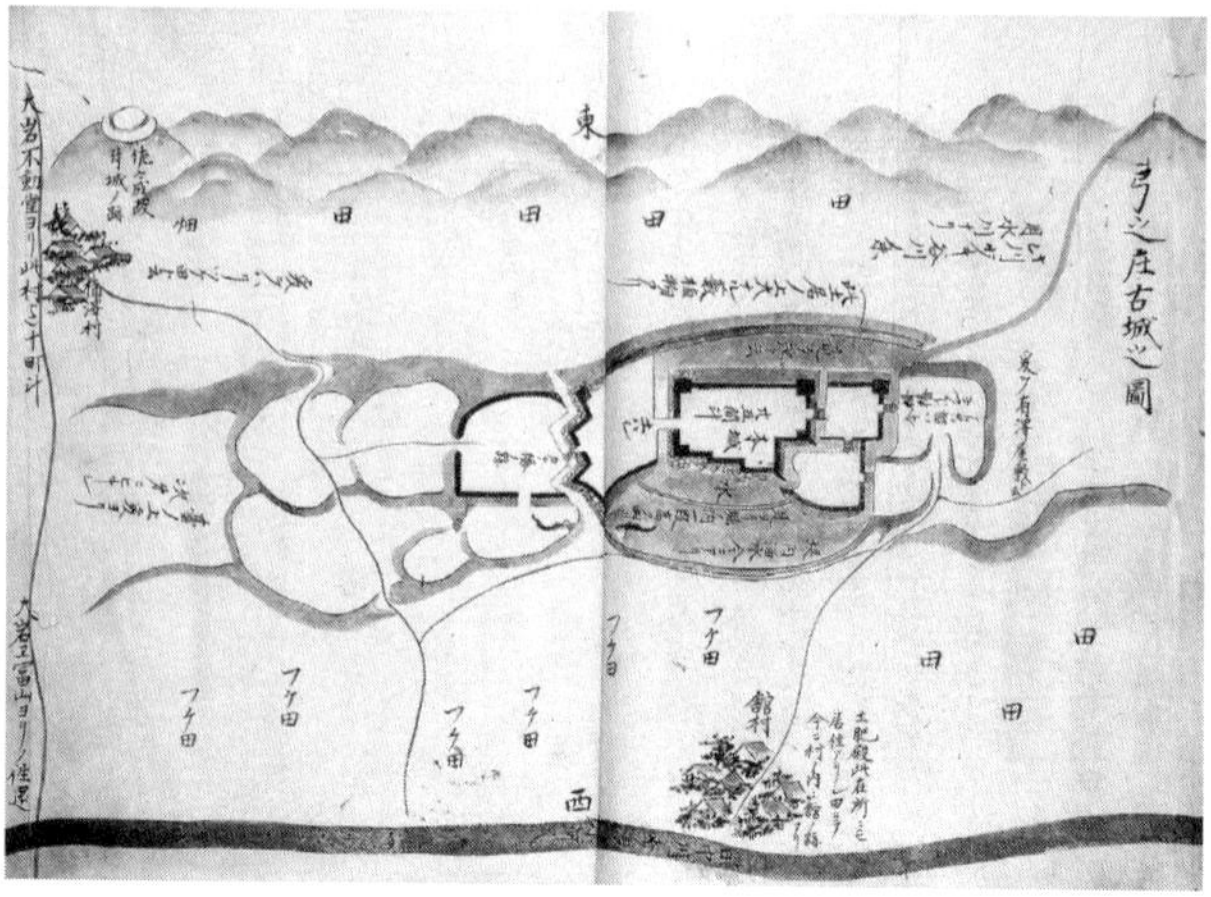

●—「土肥家記」弓之庄古城之図（金沢市立玉川図書館蔵）

乱」に巻き込まれ、さらなる窮地に陥った。

　その後土肥氏は越中一帯に勢力を伸ばしてきた越後の上杉謙信方に属し勢力の回復を図ったものの、天正六年（一五七八）三月の謙信急死を受け、天下統一を目指す強大な勢力であった織田信長の陣営に移る。ところが、四年後の天正十年六月、信長が本能寺で討たれるとふたたび上杉方に属するという大きな転換を行い、織田方の佐々成政《さっさなりまさ》に敵対することとなった。

　佐々成政は、弓庄城の周囲に郷田砦や日中砦（日中城）などの向城（付城《つけじろ》）を築き、同年八〜九月と翌年四月以降の二次にわたり弓庄城を包囲・攻撃した。土肥氏は機を見て出撃を繰り返しながら籠城を続けたものの、頼みの綱としていた上杉方からの援軍も得られぬまま、ついに天正十一年七〜八月頃、成政と和議を結び城を明け渡して越後へ退去した。主だった家臣たちもこれに同行して去り、また成政も直後に富山城へ入ったことから、弓庄城はこの時点で廃城になったものと考えられる。最後の城主は、土肥美作守政繁《まさしげ》であった。

【城の構造】弓庄城は、白岩川右岸の河岸段丘縁辺部に立地する。現況は水田が広がり詳細な縄張を復元することは難しいが、「弓之庄古城之図」（金沢市立玉川図書館蔵）により、往時の弓庄城の姿をある程度うかがうことができる。

　「弓之庄古城之図」は、土肥美作守政繁の家老・有澤図書助の一族で加賀藩の軍学者であった有澤永貞が延宝九年（一六八一）に記した『土肥家記』に付された絵図である。この絵図は、寛文年間（一六六一〜七三）に永貞が実際に現地に赴いて描いたものとされる。

　絵図では、城は本城（主郭）を中心に南北に郭を連ねた連郭式平城として描かれている。主郭は二五間（約四五・五メートル）の規模で、北側と西側の二面に石垣、四隅には櫓台《やぐらだい》を設ける。郭は直線的な塁線で構成され、西側には横矢《よこや》をかける屈折が設けられている。虎口《こぐち》は南北に各一ヵ所あり、北が土《ど》橋《ばし》、南は木の掛橋で堀を渡している。主郭の北に続く郭は北側に屏風状《びょうぶ》の著しく屈折した塁線を設け、石垣を築いている。北東隅には櫓台があり、北側中央の出入口には堀の上に木橋があったように描かれ、「カケ橋ノ跡」と記す。この郭の北には土塁《どるい》を巡らせた郭があり、北と西の出入口から先は不整形な平坦面が連なる。また、北の出入口には城外から続く道が通じている。

いっぽう、主郭の南側では南東隅に櫓台を設けた方形の郭があり、南と西には各一ヵ所の木橋が描かれ、それぞれ外側の郭と結ばれている。木橋には「掛橋イツレモ今ハ跡ハカリ」と添え書きがある。この郭は主郭南側の虎口を守り、城兵の出撃に利用される馬出《うまだし》郭としての性格を持っていたものであろう。この郭の西側には南と西を土塁で守った郭があり、南には木橋を描いている。これら二郭の南には東西二段の平坦面が連なり、「舘村」からの道が通じている。

主郭を中心とした郭群の東には東方の山から水を引き込んだ水堀が描かれ、「竜ヶ池ト云」の記入がある。竜ヶ池の東には堤が描かれ、「此土居ノ上大ナル藪植物アリ」と記している。土塁の上に植栽を施し、外部から城内を見通されるのを防いだ名残であろうか。竜ヶ池からつながる水堀は主郭群を守るように巡り、西側では堤（土塁）によって上下二段に分けられている。また西方には南北に流れる日中川（現在の白岩川）との間に「フケ田」の文字が多くあり、水分が多く深い沼状の水田が広がっていたことがうかがわれる。

永貞が目にしたのは廃城後約八〇年が経過した姿であること、近世城郭図に特有の誇張表現が見られること、軍学の知識による想像上の復元が加えられている可能性があることなどから、この絵図がどこまで実態を反映しているかは不明である。しかし、後述する発掘調査によって、ある程度の正確性をもって描かれていることが明らかとなった。

【発掘調査】 弓庄城では、昭和五十五（一九八〇）～五十九年の五ヵ年にわたって県営ほ場整備事業に伴う発掘調査が行われた。主郭の一帯については工事の計画変更等により幸いにも現状保存されたが、それ以外の部分では「弓之庄古城之図」にも描かれていた土塁や堀、石垣などが実際に確認されたほか、七五棟の掘立柱《ほったてばしら》建物跡、井戸、溝、墓地など多数の遺構が検出された。また、廃城後は比較的速やかに無住となり徹底的な破却行為や後住者による普請《ふしん》などを免れたと見られ、中世城館としては破格とも言える膨大な量（整理箱五〇〇箱超）の遺物が出土した。生活用品では多量の土器・陶磁器類をはじめ木製品（漆器・櫛・将棋駒等）、金属製品（包丁・刀子・簪《かんざし》等）などがあり、中でも茶碗や茶入などいわ

●—発掘調査で見つかった水堀を分ける土塁

ゆる「茶の湯」に関わる物品が豊富なことや、陶磁器類でも青磁・白磁・染付といった中国産の高級品を多く含むことが注目され、土肥氏の誇った栄華の一端を垣間見ることができる。またその一方で、甲冑の破片、鉛玉、鏃、槍の柄など、いわゆる「戦い」の存在を示す遺物も目に付く。

　古絵図の城は南北に長く描かれているが、発掘調査の成果では南半部の主郭周辺が一六世紀代、北半部が一二～一三世紀代の遺構・遺物を中心としており、土肥氏の築いた弓庄城の範囲は南半部に限られる可能性もある。

　なお、一二～一三世紀代の活動痕跡は井見荘成立以前に存在した「日置荘」に関連するものと考えられる。白岩川を利用した水運の便が良いこの地に荘園の主要施設が置かれ、一種の地域的中心地となっていたものであろう。そして永正年間に至り、この地に進出した土肥氏がほぼ同じ場所に自らの城館を築いたものと考えられる。

●—本丸跡石碑と弓の里歴史文化館

【見どころ】　弓庄城周辺は前述したように水田が広がるが、主郭の一帯は旧状の地割をある程度残しており、「弓庄舘城跡」として上市町の史跡となっている。一角には「弓庄城本丸跡」の石碑があり、また隣接する「弓の里歴史文化館」では復元模型や出土品、写真等を見ることができる。

【参考文献】上市町教育委員会『富山県上市町弓庄城跡第五次緊急発掘調査概要』（一九八五）、上市町教育委員会『富山県上市町中世城館調査報告書』（一九九四）、『新上市町誌』（上市町、二〇〇五）

（三浦知徳）

●遺構が完存する平地館址

郷《ごうの》柿《かき》沢《ざわ》館《やかた》

〔上市町史跡〕（中世豪族屋敷跡）

〔所在地〕上市町郷柿沢
〔比　高〕——
〔分　類〕平地館址
〔年　代〕一六世紀
〔城　主〕土肥孫十郎
〔交通アクセス〕富山地方鉄道「新宮川駅」下車、徒歩三〇分。

【遺構が完存】　平地館址は立地上開発されやすく、地上から姿を消してしまったものが多い。しかし郷柿沢館は、周囲の水堀・土塁《どるい》がほぼ完存しており、平地館址としては稀有な存在といえる。中世土豪の居館の面影を伝える貴重な館址と言えよう。

【歴　史】　郷柿沢館に関する一次史料は存在しない。江戸期の地誌類『越登賀三州志《えつとがさんしゅうし》』「故墟考《こきょこう》」には館主を土肥《どい》孫十郎としている。なお、館址に建つ西養寺《さいようじ》は、旧主松倉城主椎名《しいな》康胤《やすたね》の七男兵部を招いて建てたと伝えている。

【館址の現状】　純然たる平地館址である。館跡に西養寺が建つ。土塁や堀の一部が破壊されている箇所もあるが、周囲の土塁と水堀がほぼ完存している。越中における中世城郭で水堀が残っているのは、郷柿沢館以外では井波城（南砺市）しかなく、それだけでも貴重な存在と言える。

郷柿沢館はほぼ正方形をしており、方一町（一〇〇×一〇〇㍍《メートル》）と中世土豪の居館として標準的な大きさとなっている。①と②の高まりは櫓台《やぐらだい》と思われるが、張出による横矢掛《よこやが》けは設けられていない。

土塁の開口部は③・④・⑤の三ヵ所。当時から三ヵ所も虎《こ》口《ぐち》があったとは思われない。③は現在寺の正門として使用されているが、入るとき横矢はまったく掛からない。④は櫓台②の真下に位置し、土塁と若干食い違っているため、④に対して横矢が掛かる。

三ヵ所の虎口の中でもっとも注目したいのが⑤である。外

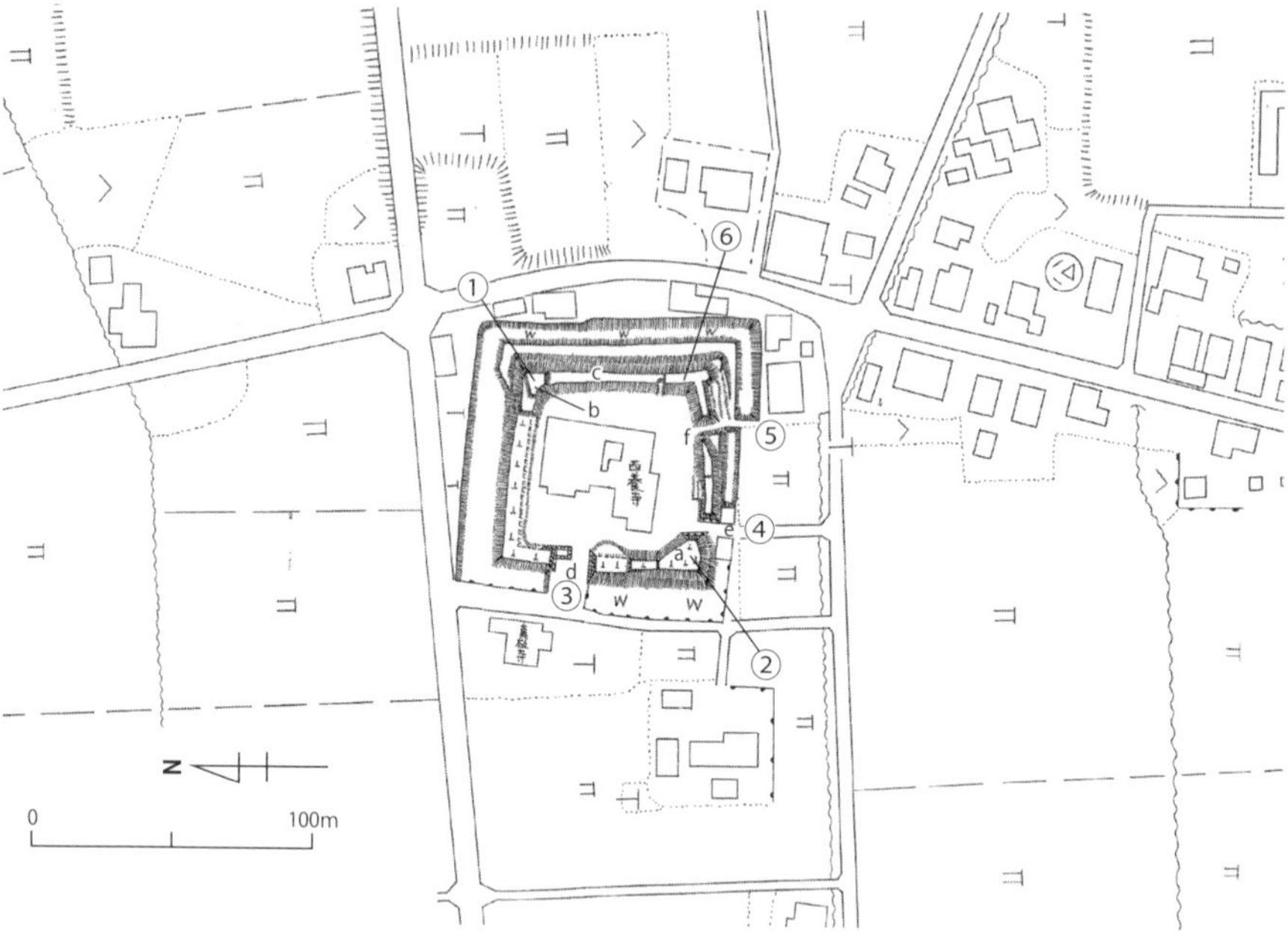

●—郷柿沢館縄張図（作図：佐伯哲也）

●—虎口⑤の土塁

側の水堀は完全に食い違っており、しかも屈曲しなければ入れないようになっている。さらに少し遠いが、⑥地点は張出しており、虎口⑤に対して横矢が掛かるようになっている。

このように見るなら、⑤が城館の虎口として良い。③は城館が廃絶した後に寺院の正門として整備された出入口と評価できる。④は城館としての虎口なのかどうか、現状では判断できない。なお『越中の古城』に記載された図面によれば、真敬寺付近を馬出曲輪のような小曲輪を書いているが、現状では確認できない。本当に馬出《うまだし》曲輪が存在したのなら、③は城館としての虎口の可能性が出てくる。

●―虎口⑤付近の水堀

【まとめ】 基本的には正方形の単郭で、周囲に土塁と水堀をめぐらしており、これが中世土豪の標準的な平地館址とすることができる。しかし戦国期の特徴として、櫓台・横矢掛けを備えており、虎口も喰違《くいちが》いや屈曲構造となっている。平地館址といえども軍事施設化することを物語っている。

さらに真敬《しんきょう》寺付近に小曲輪が存在したのなら、複郭化していたことになる。今後発掘調査を実施して、小曲輪の有無を確認するのが重要な課題の一つと言えよう。

【参考文献】塩照夫『越中の古城』（北国出版、一九七二）

（佐伯哲也）

●―西側水堀　今でも満々と水を湛えている

●在地土豪の枡形虎口城郭

千《せん》石《ごく》山《やま》城《じょう》

（所在地）上市町千石
（比　高）四六〇メートル
（分　類）山城
（年　代）一六世紀
（城　主）土肥氏
（交通アクセス）富山地方鉄道「上市駅」下車、タクシーにて六〇分、後徒歩六〇分。

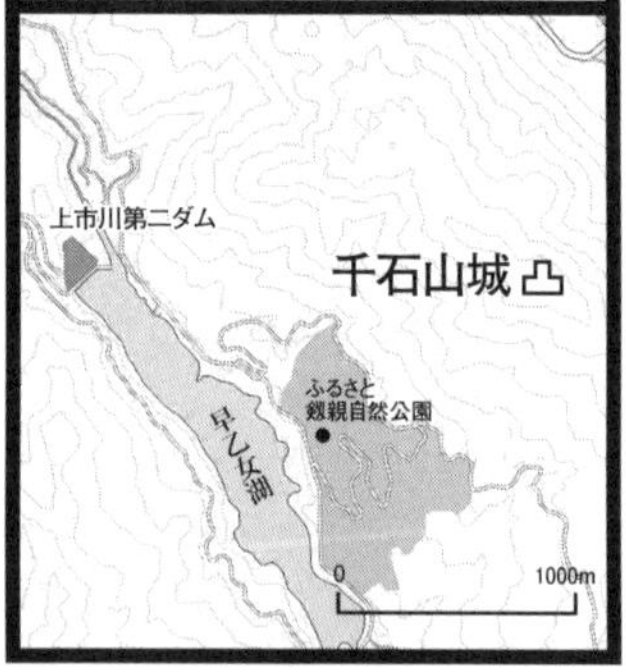

【かつては秘境の城郭】　千石集落（廃村）からの比高が四六〇《メートル》もあり、また道もなく、薮こぎを三時間も強いられてようやく辿り着ける秘境の城郭だった。そして比高は四六〇《メートル》もある眺望絶佳の城、尾根の両斜面を急峻な地形に守られた天然の要害でもあった。上市川右岸に位置し、城跡に立てば上市川沿いの集落を一望することができ、上市川を強く意識して築かれたことは明白である。

【歴　史】　千石山城に関する一次史料は存在しない。伝承では堀江城の詰城《つめじろ》、つまり万一の場合の逃げ込み城と伝えられている。江戸期の地誌類『越登賀三州志《えっとがさんしゅうし》』「故墟考《こきょこう》」では土肥《どい》弥太郎が堀江落城のさい、千石山城に逃げてきたと記述している。

上市川中流域には堀江荘《ほりえのしょう》があり、一四世紀中頃から土肥氏が支配していることが確認できる。土肥氏の本拠は堀江城（滑川市堀江）で、やはり上市川右岸に位置する。上市川沿いには千石山城を含めて堀江城の支城が五城確認されている。千石山城はその中でも上市川最奥で最高所に築かれており、堀江城の詰城としてもっともふさわしい位置に築かれていると言えよう。

土肥氏の城館には二系統あり、一つは堀江城を中心とし上市川沿いに築かれた堀江城系統。千石山城は堀江城系統に属する。堀江城系統は史料的には堀江城が永禄十二年（一五六九）落城後、使用されなくなったと考えられている。もう一つは弓庄城を中心とする弓庄城系統で、堀江城落城後に弓庄

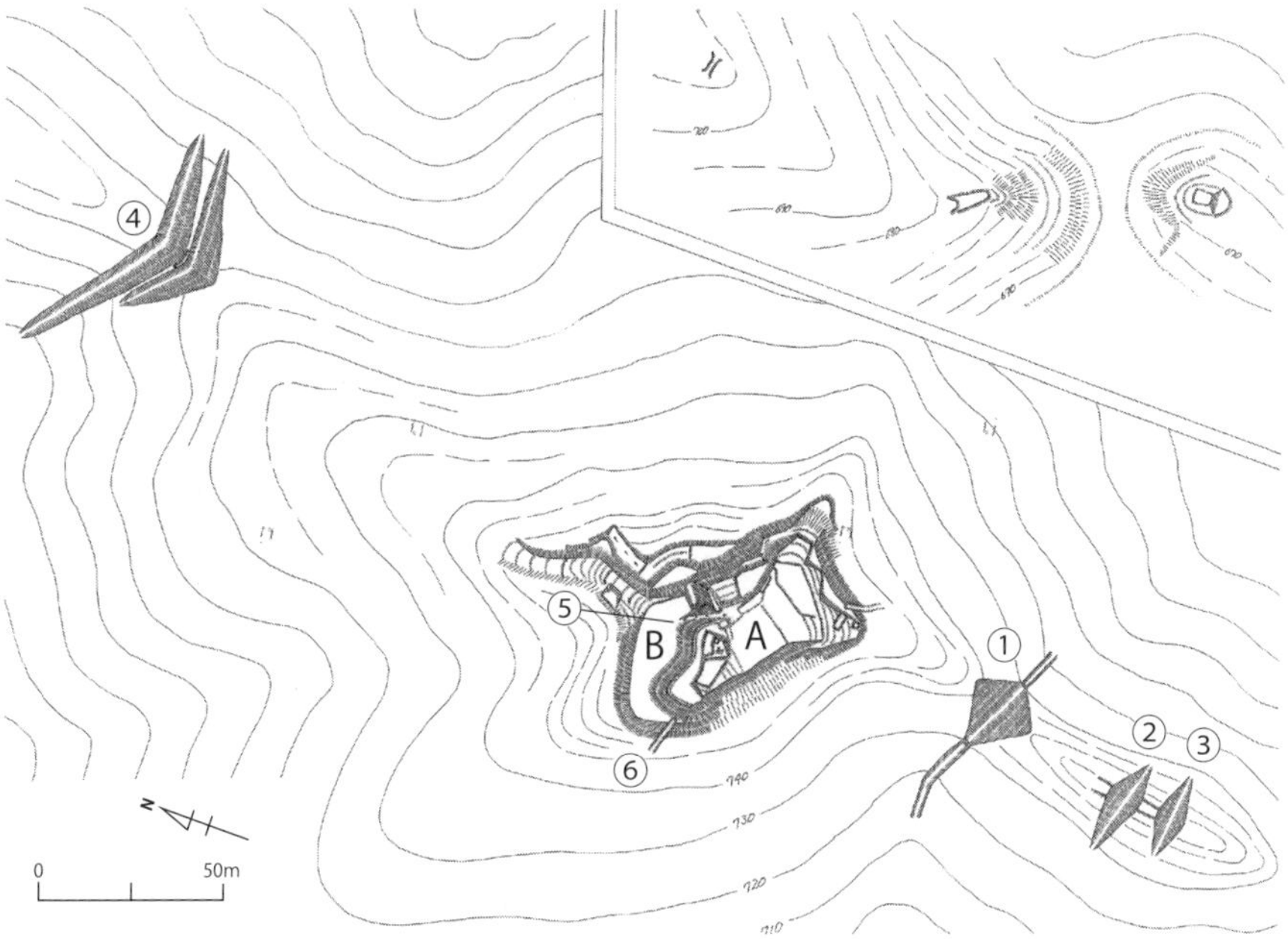

●—千石山城縄張図（作図：佐伯哲也）

城に土肥氏の本拠が移ったと考えられている。その弓庄城も天正十一年（一五八三）佐々成政《さっさなりまさ》の攻撃によって落城し、土肥氏による堀江荘支配は終了する。

このような来歴ならば、堀江城系統である千石山城も永禄十二年に廃城になったと考えられる。しかし後述のように、現地に残る枡形《ますがた》虎口《こぐち》は明らかに天正年間のものである。

【城跡へのアプローチ】 前述の通り、かつては藪が生い茂る山だった。しかし近年城跡付近まで林道が設けられ、さらに遊歩道も整備されたため、わずか徒歩二〇分程度で城跡に到達できるようになった。また、藪も苅払われ、説明板・案内板も設置されているため、休日はファミリーハイカーで賑わっている。とくに城跡からは、名峰剣岳の美しい姿を搖拝することができる。

【城跡の現状】 山頂に主郭Aを設けているが、削平はあまく自然地形が残っている。北寄りに櫓台《やぐらだい》状の高まりを設けているが、不規則な形をしており、実際にどのような建物が建っていたか（建っていなかった可能性もある）不明。主郭Aの南側はゆるやかな傾斜の自然地形と不規則な段が続いているだけで、遮断線としての強力な切岸《きりぎし》は設けていない。このためなのか、不足する防御力を補うため、南側の尾根続きには堀切《ほりきり》①・②・③を設けて遮断している。

●―登城道入口に立つ「千石城山登山道」　この木標を目指して登ればよい

一方主郭Aの北側は、塁線土塁《どるい》を設け、その直下に高さ約四メートルの切岸を巡らして防御しており、計画的な防御ラインを設けている。さらにその先端には二重堀切④を設けて尾根続きを遮断する。

このように北側は計画的に防御施設を設けており、南側とは対照的な縄張となっている。千石山城は基本的には北側を重視した城郭と言えよう。

【発達した枡形虎口】　注目したいのは主郭AとB曲輪を繋ぐ虎口⑤である。まず虎口⑤に敵兵を集中させるために竪堀《たてぼり》⑥を設け、敵兵がB曲輪の西縁から主郭Aに上がるのを防いでいる。このため敵兵はB曲輪から主郭Aに進攻するには虎口⑤を通らざるをえなくなる。虎口前面の細長い通路は一列縦隊でしか通れなかったと推定され、通るとき主郭Aからの横矢に晒されることになる。通路を通らず、東斜面を移動する敵兵を阻止するために竪堀と土塁をセットで設けている。

こうしてB曲輪から主郭Aに上がる可能性のあるルートを徹底的に潰し、虎口⑤のみ残し、しかも少人数しか通行できなくしているのである。虎口⑤の土塁と櫓台は一直線に並ぶため、両者の間には木戸が存在した可能性を指摘することができる。虎口⑤は櫓台を設けた内枡形虎口で、通過する敵兵に対して強力な横矢が効いており、敵兵は横矢攻撃に晒されながら右折して、漸く主郭Aに入ることができる。

【構築者の推定】　このように虎口⑤からそれに続く通路は計画的に設けられており、さらに主郭Aからの横矢攻撃や、虎口⑤へ誘い込もうとする縄張の工夫が見られる。単なる内枡形虎口のみにとどまらず、縄張全体で防御する構造になっており、ハイレベルな縄張と評価できよう。形式としては、櫓台を備えた内枡形虎口と、計画的に設定された城道がセットになった防御施設とすることができる。

しかし虎口⑤は内枡形状に構築されているものの、織豊系武将の城館によく見られる土塁囲みの内枡形にまで発達していないのも、着目点の一つである。

内枡形虎口と通路がセットになった遺構は、天正六年～七年頃に改修されたと推定される樫ノ木城（富山市）や中村城（氷見市、中村城は築城）にも見られ、千石山城の最終年代も天正年間まで下る可能性を持つ。土塁囲みとはなっていないため、やはり土肥氏単独の構築としたい。

従来の弓庄城の詰城は茗荷谷山城と考えられてきた。しかし茗荷谷山城の縄張は、平坦面と堀切だけであり、古いパターンの縄張であり、とても天正年間まで使用されたとは考えにくい。したがって天正十一年年頃、佐々成政の攻撃を受けるにあたって土肥氏最後の当主・政繁が弓庄城の詰城として千石山城を改修したという仮説を立てることができるであろう。

●―主郭Ａ現況　ベンチ等が整備されている

【まとめ】　千石山城は織豊政権の影響を受けなくても、天正年間に入れば在地土豪単独でも枡形虎口を構築できることを実証する城郭として、貴重な事例である。

千石山城を含めた中世城郭のほとんどは、一次史料は存在せず、また発掘調査も実施されていない。したがって縄張から城歴を推定する作業が必要となる。千石山城は他城郭と比較すれば、最終的な改修年代を解明でき、縄張研究の重要性を語ってくれる城郭としても、貴重な事例と言えよう。

●―堀切①　原形を良く残している

【参考文献】佐伯哲也『越中中世城郭図面集Ｉ』（桂書房、二〇一一）

（佐伯哲也）

●滑川市・上市町境界の城

蓑《みの》輪《わ》城《じょう》（護《ご》摩《ま》堂《どう》城《じょう》）

〔所在地〕滑川市蓑輪、上市町護摩堂他
〔比　高〕約四九〇メートル
〔分　類〕山城
〔年　代〕一四～一六世紀代
〔城　主〕蓑輪五郎左衛門他
〔交通アクセス〕北陸自動車道「滑川ＩＣ」出口から県道五一号線を南東方向に車で約一五分で城の麓。

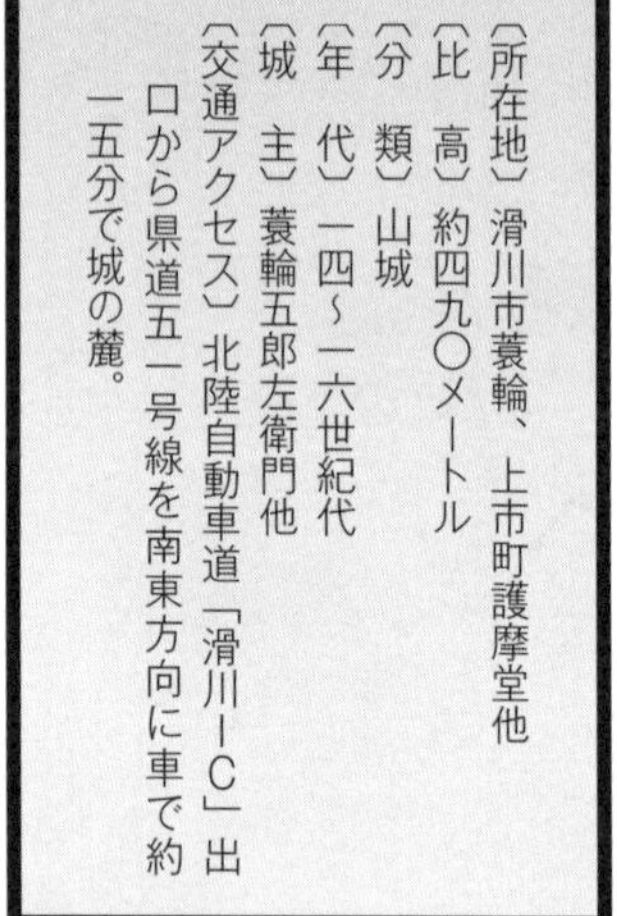

【城の位置】　蓑輪城（護摩堂城）は、富山県東部の滑川市・上市町境界にある標高約四九〇メートルの通称「城山」山頂に位置する。城山の東側には、北アルプスの剱《つるぎ》岳に端を発する急流河川の早月川《はやつきがわ》が流れ、流域には滑川市蓑輪地区が所在する。これに対して南西側は、上市町護摩堂地区が所在しており、山頂付近を境として市町が分かれている。

　このような地理的環境や史料の表記から、「蓑輪城」・「護摩堂城」など複数の呼称が存在するが、本書では煩雑を避けるため、「蓑輪城」で統一する。

　なお山頂からの眺めは非常に良く、早月川を挟んで対岸にある魚津市側の松倉城郭群を望むことができるほか、早月川の下流域も幅広く眺望できるなど、立地に優れている。

【蓑輪城の成立】　当城の築城年については明確でないものの、城内からは一四世紀代の珠洲《すず》焼が採集されている。

　そのため、この時期には何らかの形で利用されたものと考えられるが、近隣には一二世紀後半頃に隆盛を迎える剱岳信仰の拠点施設があった国史跡の上市黒川《かみいちくろかわ》遺跡群が所在することから、宗教遺跡との関係も想定しておく必要があるだろう。かつては当城周辺から剱岳に至る修験道が存在したとも考えられている。

【城　主】　城主については、蓑輪五郎左衛門（平左衛門尉、平太左衛門）、三浦五郎左衛門など諸説あるが、三浦五郎左衛門については、松倉城郭群を支配した椎名氏の家老であると伝えられる。早月川以西は、鎌倉時代から現地支配を行っ

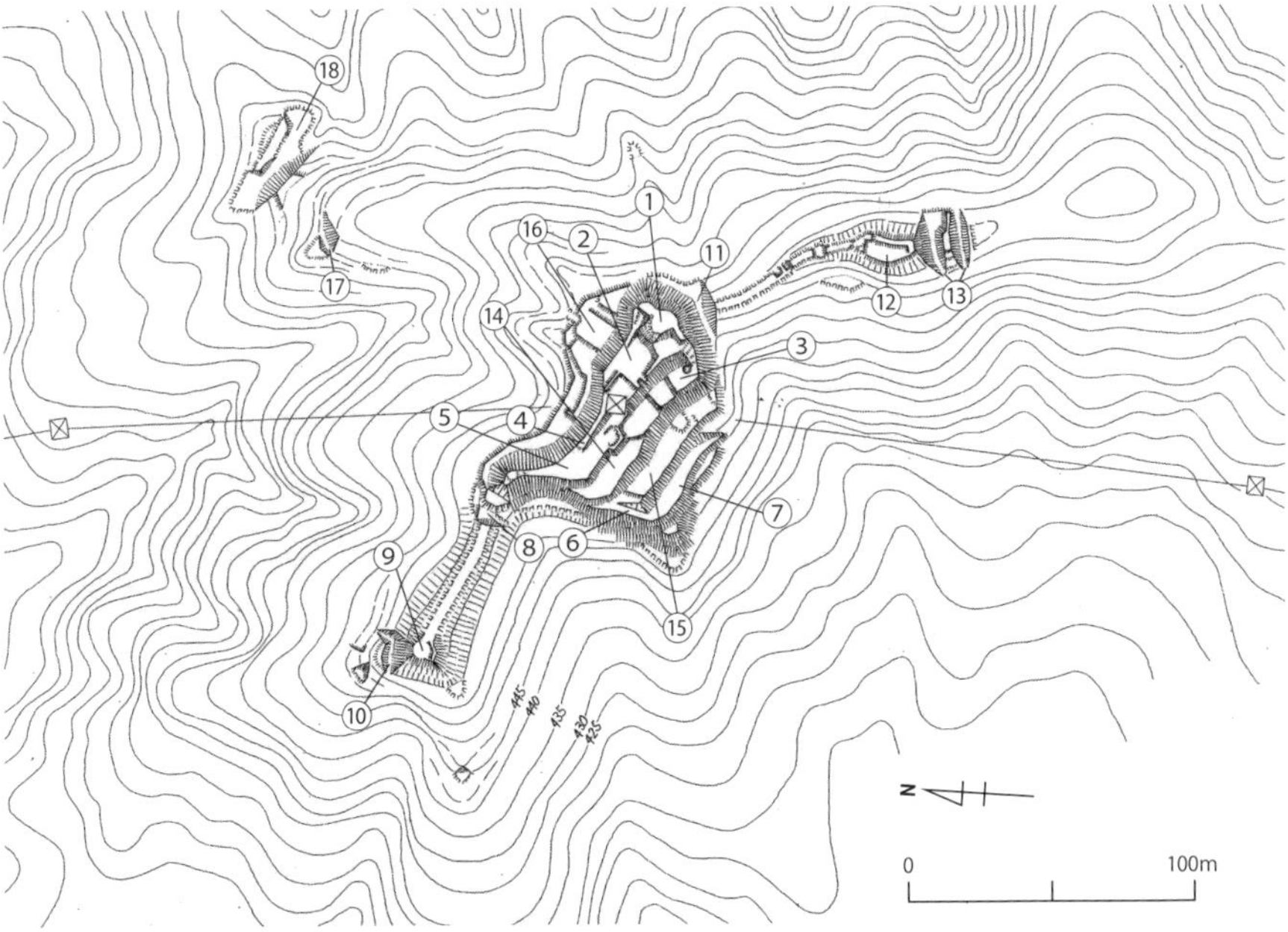

●―蓑輪城跡縄張図（作図：佐伯哲也）

た土肥氏の勢力圏だったため、城主が椎名方だった場合、当城は土肥氏方面の監視を兼ねた支城として機能したのだろう。

なお早月川以西で椎名方と伝わる城館は少ないが、滑川市森野新に所在した森野新館は例外的に椎名氏家老が居住したと伝わる館跡で、昭和四十八年（一九七三）のほ場整備以前は、「砦跡」と呼ばれる土塁の一部が残存していた。

一方で、蓑輪五郎左衛門（平左衛門尉、平太左衛門）についての詳細は不明である。蓑輪集落に根ざした土豪であったと考えられるが、彼を城主とする史料が残ることから「蓑輪城」と呼ばれたとも考えられる。

【蓑輪城の縄張】　当城は、北西―南東方向に延びる尾根筋に築かれており、城内最高所に主郭①が設けられている。主郭の東西には土橋《どばし》状の通路が伸び、曲輪②・③と接続できる。曲輪③の内部には、井戸跡と考えられる窪みを確認できる。

城内には送電用の鉄塔（☒印）が建設されており、工事による改変で旧状を推し量ることは難しいものの、曲輪②の北西にある土塁《どるい》④は、曲輪⑤へ繋がる土橋状の通路だったと思われ、曲輪の出入り口に位置することから虎口《こぐち》として機能していたと考えられる。ただし平虎口であり、横矢《よこや》はまったくかかっていない。

●—蓑輪城山頂から北（松倉城）側を望む

●—蓑輪城を東から

なお道路⑥は、新たに削平された鉄塔の管理道路の一部であり、遺構ではない。管理道路は上市町護摩堂地区を起点として城内に通じており、南西側の帯曲輪⑦を通って道路⑥へと繋がる。

遺構は曲輪⑤の北西にある尾根にも続いている。小堀切《ほりきり》⑧を隔てた尾根の突端には小曲輪⑨が設けられており、隣接した北側の堀切⑩とともに、北側尾根から進攻して来る敵を防いでいる。ただし防御施設としては小規模なため、敵の主たる進攻ルートとしてはあまり想定されなかったようである。城山の北側斜面は急峻であるため、天然の要害に頼るだけでも一定の防御性能を有している立地でもあった。

北側の様相とは対照的に、南東の尾根筋には大規模な堀切群が設けられている。主郭①から延びる尾根筋には、大規模な堀切⑪を含め、少なくとも三本の堀切が設けられている。その先には曲輪⑫が位置しており、さらに二重堀切⑬が続く。城主が敵の進攻を最も想定していた場所である。

二重堀切⑬から尾根筋に約四〇〇メートル南下した先も堀切が設けられているが、当城に付属するものかどうかについては不明である。

南西にある上市町護摩堂側の斜面では、少なくとも三段の帯曲輪⑭・⑮・⑦が階段状に設けられており、各曲輪は切岸《きりぎし》により遮断することで守りを固めている。

守りを固めた南西斜面に対して、北東斜面は、曲輪⑯が一ヵ所設けられているに過ぎない。比較的緩やかな防御に見えるが、北側と同様に険峻な斜面によって隔てられることから、防御性能は低くなかったと考えられる。

なお北東斜面から約一〇〇メートル下った蓑輪地区側には、堀切⑰とともに曲輪⑱が設けられている。この曲輪は、地元で「うまだし」と伝えられる平坦面であるが、城館遺構なのかどうか、明確ではない。

以上が蓑輪城の縄張である。上市町護摩堂地区との比高差が少なく、アクセスしやすい南西斜面に複数の帯曲輪を設けて守りを固めると同時に、敵は南東の尾根筋から進攻してくると強く想定していることがうかがえる。その一方で、北西や北東の防御施設は少ない。北西側の尾根筋突端に設けられた曲輪は、防御よりも監視に重きを置いているようにも見えるが、いずれにせよ、この方面は自然地形に頼った守りで十分だったのだろう。

【近世史料にみる蓑輪城】 蓑輪城に関する近世史料として、築城年をはじめとした沿革を詳細に伝えるものはないが、複数の史料で城主名や城名を見ることができる。

まず城主については、「蓑輪五郎左衛門」・「蓑輪平左衛門」・「蓑輪平太左衛門」・「三浦五郎左衛門」などと記される。この内、三浦五郎左衛門については、松倉城郭群を支配した椎名氏の家老だとされている。「三浦」は「蓑輪」の転《てん》訛《か》であると考えると、これらはすべて同一人物である可能性もあろう。蓑輪氏は、現滑川市蓑輪地区に根付いた土豪であり、椎名氏の家臣として付き従ったのであろうか。

続いて城名について、『越中史徴』には「蓑輪城」と記載されるものの、「護摩堂村古城」・「護摩堂村領館跡」・「護摩堂館跡」と記す史料が多く、「蓑輪村・護摩堂村・東福寺村入合山之内城跡」と記す例も見られる。

なお当城の規模については、「文政元年城跡館跡由来申伝之趣書上申帳」（加越能文庫）に詳しい。「東西拾五間程度」、「南北四拾間程度」と記載されており、この規模は、主郭①から曲輪⑤までの範囲に近似する。また南北六〇間・幅二間程の「馬場」が築かれたとあり、この場所については、東側に位置する通称「うまだし」に相当すると考えられるが、規模が異なるため、十分な検討が必要である。

【参考文献】高岡徹「護摩堂城」『中世城館調査報告書』（上市町教育委員会、一九九四）、『富山県中世城館遺跡総合調査報告書』（富山県埋蔵文化財センター、二〇〇六）、佐伯哲也「蓑輪城」『越中中世城郭図面集Ⅰ―中央部編（富山市・中新川郡・射水市）―』（桂書房、二〇一一）

（盛田拳生）

●中新川地域を拠点とした土肥氏の城

堀《ほり》江《え》城《じょう》

〔所在地〕滑川市堀江
〔比　高〕約一四メートル
〔分　類〕平地城館
〔年　代〕南北朝時代?~戦国時代
〔城　主〕土肥氏（土肥弥太郎ほか）
〔交通アクセス〕富山地方鉄道「中加積駅」下車、南東方向に徒歩で約一五分。

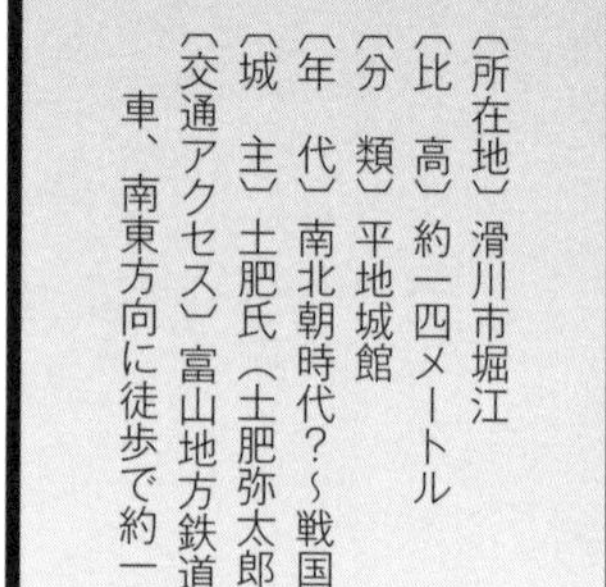

【堀江荘の展開】 堀江城は滑川市堀江地区に所在するが、この堀江地区を中心として、平安時代末頃から室町時代にかけて、祇園社領の荘園「堀江荘《ほりえのしょう》」が展開していた。堀江荘の範囲は、現滑川市の大部分をはじめ、現上市町・富山市の一部まで含まれる広大なものであった。

荘園領主である領《りょう》家《け》職《しき》として荘園を経営したのは主に祇園社だったが、鎌倉時代以降は地頭職として名越氏が支配の一端を担うこととなる。その名越氏によって地頭代として派遣されたのが、後に堀江城の城主となる土肥氏であった。

【土肥氏の由来】 土肥氏は、桓《かん》武《む》平《へい》氏《し》の流れをくむ土肥《どい》次郎実平《さねひら》を祖とする一族で、相模国土肥郷（現在の神奈川県湯河原町付近）を本領とした。実平は、相模国の有力国人・中村荘司宗平《むねひら》の次男で、源頼朝の重臣としても知られる。その後、鎌倉時代に土肥氏の一派が堀江荘に入るが、明確な時期は判然としない。

ただし寛元二年（一二四四）の「関東《かんとう》下《げ》知《ち》状《じょう》」（前田育徳会尊経閣文庫）の文中に、土肥氏と見られる「左兵衛尉国継法師」の名があるため、この頃には堀江荘の地頭代として現地支配を行ったものと考えられる。

その後、地頭職は名越氏が元弘三年（一三三三）に滅んだことで収公されたが、土肥氏は在地領主として現地支配を継続したため、祇園社や幕府との対立を繰り返した。観応三年（一三五二）の「足利義詮《よしあきら》御《ご》判《はん》御《み》教書《きょうじょ》」（井上文書）によると、土肥中務入道（心覚）が荘園内に要害や軍陣を設けていると記述されている。堀江城は、土肥氏の居城と考えられている一方で、築城年は不明であるが、この記述から築城が南北朝時代にさかのぼる可能性が指摘されている。

当城の周辺には、堀江館、有金館、上梅沢館といった城館も散在しているが、これらも含めて南北朝時代に築かれた可能性もあるだろう。

●―堀江荘の中心地にある堀江城を西から

その後、土肥氏は現在の上市川沿いに支城群を構築しながら、さらに西側にある白岩川方面へと勢力を拡大する。永正年間（一五〇四〜二一）には、白岩川流域の鹿王院領井見荘《いみのしょう》の代官職を得て同地域へ進出し、弓庄城を築くなど中新川地域を代表する土豪へと成長していった。弓庄に進出した一派は、弓庄系土肥氏と呼ばれ、堀江地域を本拠とした堀江系土肥氏から分派して活躍したことが伝わっている。

【堀江城の位置】　堀江城は、上市川右岸にある堀江集落の南東に位置する。標高約一四メートルの舌状《ぜつじょう》台地上に築かれており、この周辺は、前述したように祇園社領堀江荘の中心地であったと考えられている。

現在、当城の南には上市《かみいち》川が流れており、城の南東で郷《ごう》川、平塚《ひらつか》川と合流して富山湾へと注いでいる。しかし上市川が現在の流路となったのは、度重なる被害を受けた洪水対策として、江戸時代に行われた流路工事以降であり、それまでは、西側を流れる白岩川へと合流していた。このことから、中世段階における堀江城の南には、現在の上市川とは異なる河川が流れていたものと考えられ、それは恐らく現在の郷川であったと思われる。

この郷川沿いに遡上した先には、剱《つるぎ》岳信仰の拠点となった史跡上市黒川遺跡群が所在しており、堀江荘と密接な関わりを有したと考えられている。加えて下流域には、中世の掘立柱《ほったてばしら》建物・井戸跡を検出した魚躬《うおのみ》遺跡をはじめとした中世の遺跡が点在しているなど、郷川を中心とした文化圏が営

●—堀江城の近景を北から

まれた可能性が高い。移動手段としての郷川が重要視されていた結果とも考えられるだろう。

　なお当城の西端と北側にある共同墓地内では、五輪塔・宝篋《ほうきょう》印塔《いんとう》の一部を数基確認することができる。

　さらに東側の墓地でも同様に五輪塔が所在しているなど、周辺は中世の遺物が色濃く残されている地域でもある。

【堀江城の縄張】　堀江城は現在、大部分が水田化され、一部が墓地となっている。『越登賀三州志《えつとがさんしゅうし》』「故墟考《こきょこう》」によると、万治三年（一六六〇）時点では、東西二八間、南北三〇間であったが、河川の洪水により形が崩れたとある。さらに後世の水稲耕作による影響もあって、現在は明確な縄張がほとんど見られない状況となっている。

　その一方で、①・②・③の箇所には、それぞれ南北方向の横堀《よこぼり》とも推測される痕跡が確認されている。特に③は横堀とともに土塁《どるい》と考えられる痕跡も一部併存している。

　城の南に流れる郷川は、天然の堀としても利用された可能性が高い。当城が所在する舌状台地の北・西・南側には、一段低まった所に水田が広がっており、この部分が水田化以前から湿地であったと想定すると、泥田堀のような防御施設が存在した可能性も十分考えられる。

　以上のことから、舌状台地上に築かれた堀江城は、周囲を天然の堀である郷川や泥田堀によって隔て、内部は横堀と土塁によって防御した、単純構造の城郭であったと推測できる。

【堀江城の沿革】　堀江城の築城年は判然としないが、前述のように南北朝時代に築城され、城主は土肥中務《なかつかさ》入道（心覚）であったという見方もされている。ただしその後の変遷は不明瞭であり、明確な城主名が見られるのは戦国時代まで降る。戦国時代の城主として、『越中志徴《えっちゅうしちょう》』には土肥源七、土肥源十郎、土肥弥太郎の名が見られるが、弥太郎は天文二十四年（一五五五）に息女が眼目山立山寺（現上市町）へ獅子頭を寄進した記録が残っている。

　なお天正年間（一五七三〜九二）まで、弓庄城には土肥政繁、有金館には土肥政繁の臣宮崎権之進、郷柿沢城には土肥孫十郎、柿沢館には土肥孫太郎、稲村城には土肥源七郎政重《まさしげ》がおり、近在の城館に土肥一族が割拠していた様子もうかがえる。

ただし、この頃の土肥氏は、中新川地域では有力な土豪であったが、戦国の動乱下では一勢力に過ぎず、常に東西の情勢を注視する立場にあった。そのため対外的には上杉方や織田方の間を転々として所属を替えながら生き残りを図ったが、堀江城は天正元年までに越後の上杉謙信の攻撃を受けて落城している。

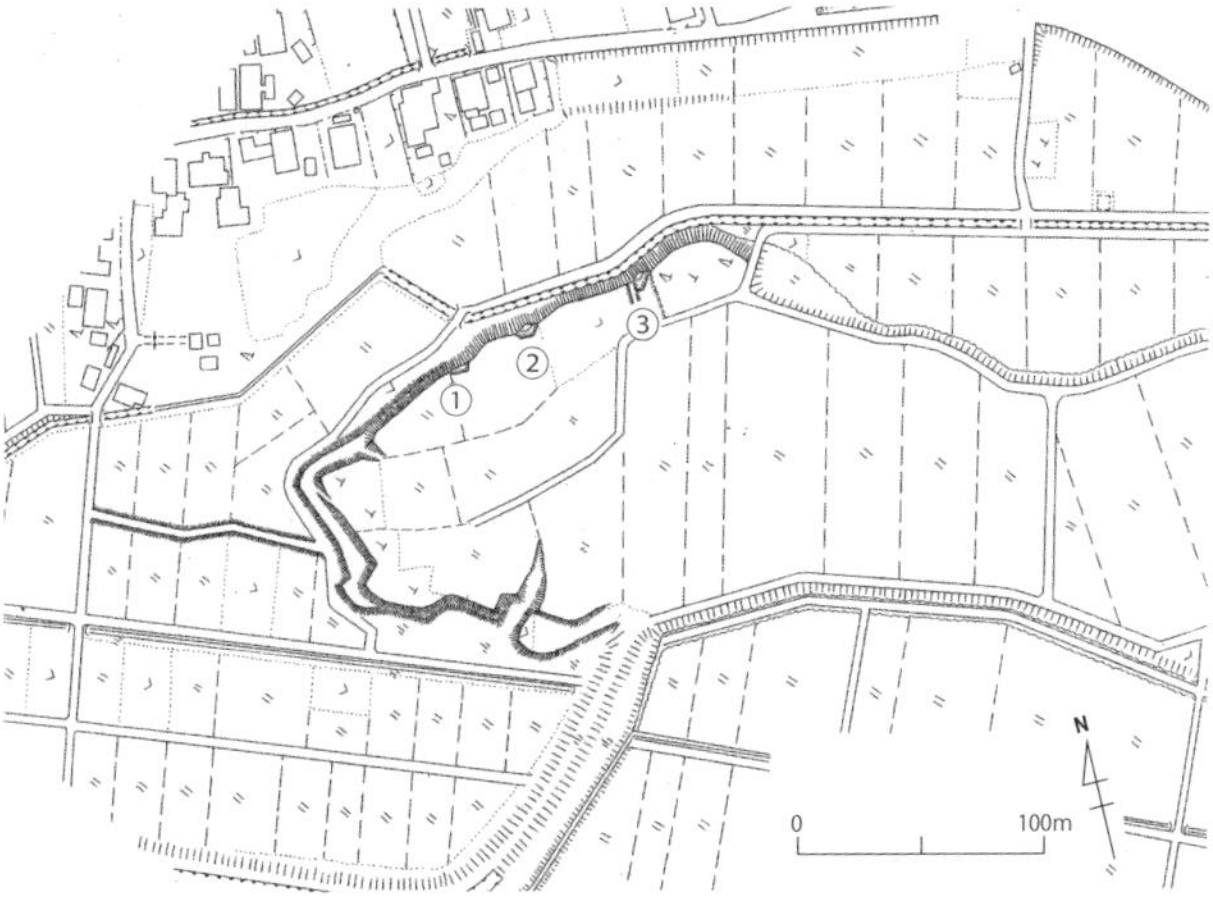

●—堀江城跡縄張図（作図：佐伯哲也）

最後の城主であった土肥弥太郎は、稲村の百姓方に隠れた後、飛騨へ逃れたと伝わるが、その一方で、眼目山立山寺には弥太郎の墓とされる五輪塔が残されている。

なお弓庄系土肥氏は、その後も存続しており、天正十年の本能寺の変以後、上杉方と連携して佐々《さっさ》成政《なりまさ》と敵対した。しかし同年八月以降は二度にわたり本拠の弓庄城を包囲されてしまう。必死に抵抗するものの最後は成政と和議を結んだことで、弓庄城も廃城となった。

一族は城を明け渡して越後へ退去したと伝わる一方で、弓庄系土肥氏と関係が深い寺院は庇護を失ったため移転を余儀なくされた。土肥氏の菩提寺として創建された神明山徳城寺はその一例で、弓庄城の落城にともない、天正十一年に滑川の地へ移転している。

【参考文献】『滑川市史　通史編』（滑川市、一九八五）、『日本歴史地名大系　第一六巻　富山県の地名』（平凡社、一九九四）、『富山県中世城館遺跡総合調査報告書』（富山県埋蔵文化財センター、二〇〇六）、佐伯哲也「堀江城」『越中中世城郭図面集Ⅱ—東部編（下新川郡・黒部市・魚津市・滑川市）—』（桂書房、二〇一三）

（盛田拳生）

●織田・上杉最大の攻防戦

魚《うお》津《づ》城《じょう》

〔魚津市史跡〕

〔所在地〕魚津市本町
〔比　高〕——
〔分　類〕平城
〔年　代〕一五世紀〜一七世紀初頭
〔城　主〕椎名氏、上杉氏
〔交通アクセス〕富山地方鉄道「電鉄魚津駅」下車、タクシーにて一〇分。

【上杉氏越中統治の拠点】　魚津城の周辺には、上杉氏にとって重要な中世魚津港が存在していた。本国越後から魚津港に運ばれてきた食糧・弾薬等の物資は、いったん魚津城に陸揚げされ、各地の城に運ばれていったと考えられる。つまり上杉氏にとって松倉城が越中最大の軍事拠点ならば、魚津城は越中統治の拠点と言える。

【椎名氏の居館として構築】　魚津城の築城期を明確にすることはできないが、新川郡守護代椎名《しいな》氏の居館として構築されたと考えられる。『越後下向日記』によれば、冷泉為広《れいぜいためひろ》が延徳三年（一四九一）三月十四・十五日および四月十三・十四日に「椎名館」に宿泊していることが確認できる。これが魚津城の前身である守護代椎名氏の居館として良いであろう。ちなみに為広は、椎名館に「風呂アリ」と記述している。

【上杉・織田軍最大の激戦】　戦国期に入ると、それまで上杉方だった椎名氏が武田方に寝返ったため、上杉謙信は椎名氏を討伐する。永禄十二年（一五六九）松倉城を残し、ほぼ新川郡を制圧した謙信は、魚津城を越中統治の拠点として、魚津城に重臣を在城させる。以降、魚津城は松倉城とともに上杉氏の重要拠点として使用される。

　天正六年（一五七八）上杉謙信が死去すると、柴田勝家《かついえ》・佐々成政《さっさなりまさ》・前田利家等北陸織田軍の越中進攻が開始される。天正九年五月越中西部の拠点増山城が陥落すると、織田軍の攻撃目標は魚津城に向けられる。魚津城を失うということは越中全土を失うことになる。こうして越中の覇権をかけて、上杉・織田最大の激戦が繰り広げられることになる。

攻防戦は天正十年三月十日頃から開始された。織田軍は一日中鉄砲を放ち、これに応戦した上杉軍も大量の弾薬を消費している。攻防戦は当初からすさまじい鉄砲戦の応酬戦となっていたのである。

鉄砲だけではない。織田軍が大砲を用いていたことが確認されている。これは一次史料で確認できる大砲の使用例としては、北陸最古である。ただし、この大砲は当初から不良品で、前田利家は兄安勝《やすかつ》に修理を依頼している。ちなみに修理は六月一日に完成しているが、魚津落城は六月三日なので、ほとんど役に立っていなかったようだ。

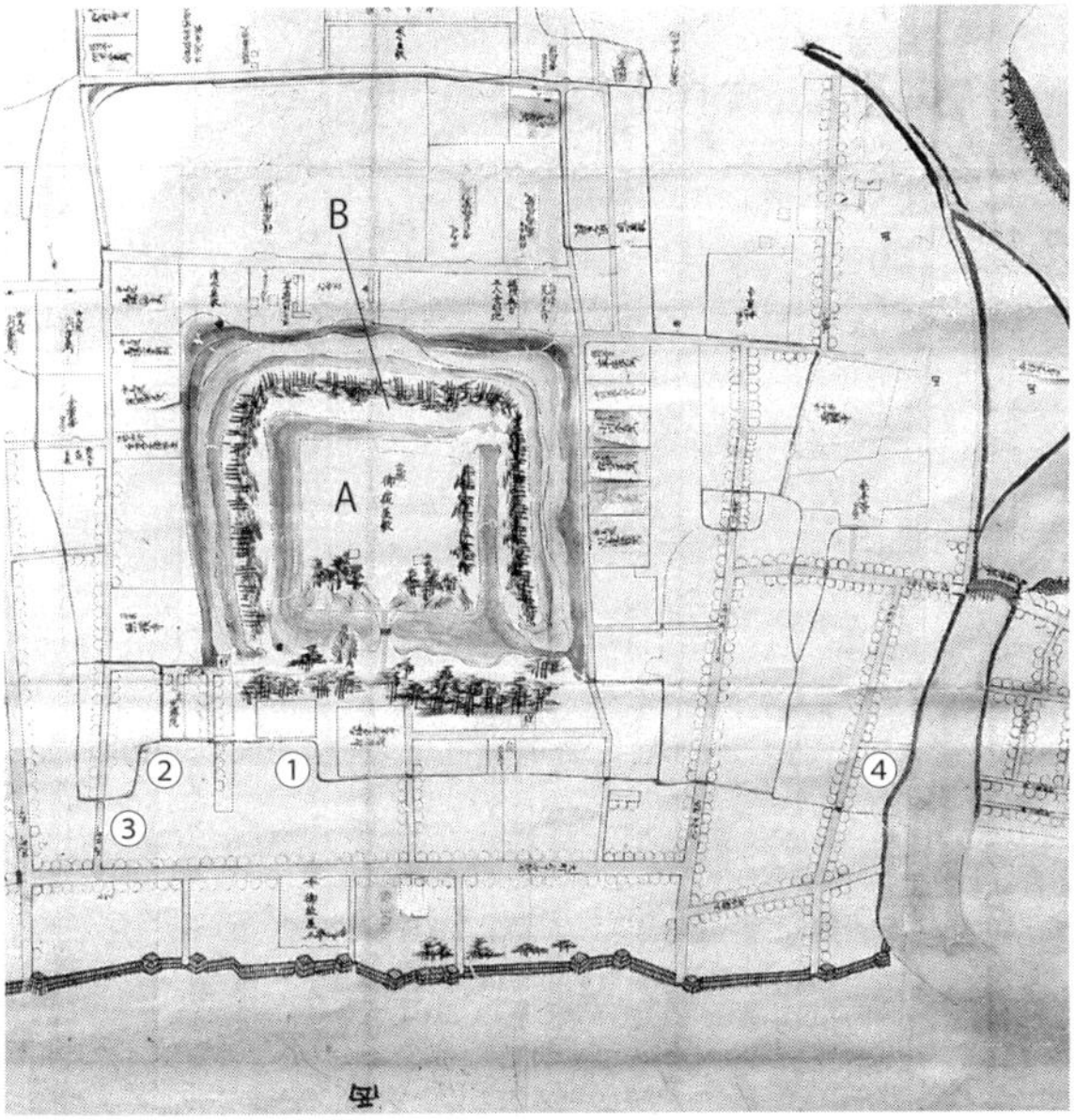

●—天明五年越中魚津町惣絵図（魚津市立図書館提供）

織田軍は三万八〇〇〇とも四万八〇〇〇とも言われる大軍で攻めたのに対して、上杉軍はわずか五〇〇〇で籠城していたため、当初から苦戦を強いられていた。このため早くも魚津城上杉軍一二将は四月二十二日書状で、このままでは滅亡するだけだと絶望感を漂わせている。

この苦境がさらに悪化し、五月六日には「二丸」が奪われ、「本城」だけとなる。そして五月二十六日、唯一の支城だった松倉城から上杉軍は撤退し、救援に駆け付け天神山城に在陣していた上杉家景勝も同日越後に撤退してしまう。

こうして孤立無援となった魚津城は、約八〇日間にもおよぶ激闘の末、六月三日落城する。籠城していた上杉軍一二将全てが討ち死にする壮絶な落城だった。

織田軍は越後への進攻を開始しかけた直後、六月二日の本能寺の変を知ることとなる。織田軍が本能寺の凶変を知ったのは六月六日で、同日夜中にそれぞれの居城に向けて撤退している。

その後魚津城を奪還した景勝だが、越中制覇を目指す佐々

●—城跡に残る旧富山城石垣．石材矢穴が残る

●—魚津城址の碑

●—小学校（城跡）グランドの築山　魚津城の櫓台だった可能性が残る

成政の反撃も早く、天正十一年三月に魚津城を攻め落としている。上杉氏の魚津城保持は、一年にも満たなかったのである。

【元和元年まで存続か】　魚津城は越中一国を制圧した成政によって使用され、その後前田利家に引き継がれる。元和元年（一六一五）一国一城令で廃城になったと考えられるが、堀等はそのまま残され、城内には加賀藩の米蔵や武器蔵が置かれ、明治維新を迎えた。これは万一の場合、籠城するための措置と言われており、同様の措置は高岡城でも実施されている。

【城跡の概要】　現在城跡には小学校や裁判所が建ち、遺構は一切残っていない。小学校の片隅に「魚津城址」と刻まれた石碑がポツンと建ち、わずかに往時をしのばせている。

魚津城の姿を知る絵画資料として、「天明五年（一七八五）越中魚津町惣絵図《そうえず》」（魚津市立図書館蔵、以下、天明図とする）がある。天明図は中央に本丸A、北・東・南の三方をめぐる二之丸Bを描く。そして本丸A・二之丸Bの外側に土塁《どるい》と水堀を描いている。天明図は二之丸の間にさらに一本の水堀を描くが、他の絵図には描かれておらず、詳細は不明である。いずれにせよ、方形の本丸と、それをめぐる二之丸の存在を知ることができる。

注目したいのは、周囲をめぐる用水で、必要以上に屈曲している点である。特に①・②はその傾向が強く、用水が魚津城惣曲輪《そうぐるわ》の堀だったことが推定される。さらに③は「馬出《うまだし》町」と記載されていることから、②の突起は惣曲輪の馬出曲輪とする推定も可能である。ちなみに③付近は現在出丸《でまる》町と呼ばれている。

もう一点注目したいのは、用水が④の角川と繋がっていることである。角川の河口には中世魚津港がある。したがって魚津城の堀と中世魚津港とは水運で繋がっていたことが推定できるのである。

当時の文献には、魚津城の構造がわずかながら記載されている。まず佐々・前田文書には「本城」「二丸」「二之丸」が登場するが、もちろんこれが本丸A・二之丸Bであろう。そして上杉家文書には「そうくるハ」（惣曲輪）が存在し、「うみのくち」（海の口）と船で繋がっていたことが記載されている。つまり文献からも魚津城は中世魚津港と繋がっていたことが判明するのである。

このように天明図は、当時の文献史料との符合性が高く、史料としての価値が高い。それだけに遺構が残っていないのは、残念でならない。

江戸期に作製された「越中古城記」にも魚津城の絵図（以下、古城記図と略す）が記載されている。しかし信憑性の高い天明図と大きく異なっており、信憑性に疑問が残る。この古城記図には三日月型の曲輪が描かれており、これをもって馬出曲輪とする説も存在する。仮に古城記図の信憑性が確保されたとしても、三日月型の曲輪は主郭の倍以上もある大きな曲輪なので、三日月型曲輪を馬出曲輪とするわけにはいかない。単純に主郭を防御する曲輪と理解すべきであろう。

【富山城の石材か】 現在ほとんど注目されていないが、前述の魚津城址石碑の周囲に、矢穴石《やあないし》が数個残っている。元富山市埋蔵文化財センター所長の古川知明の御教示によれば、矢穴の大きさは、富山城石垣の矢穴と一致するという。明治維新後、魚津城跡には新川県庁や下新川郡役場が置かれたことを考慮すれば、県庁や郡役場の建物を整備するために、富山城石垣を解体し、石材を当地へ運んだと考えられる。天明図に石垣が描かれていないことからも、魚津城の石垣の石材とは考えられない。

【まとめ】 以上に述べたように、魚津城は上杉・織田両軍の激戦を一次史料で再現できる稀有な事例である。さらに信憑性の高い天明図によって縄張もほぼ復元できる。今後は発掘調査による復元が、重要な課題となってこよう。

【参考文献】『上越市史　別編2（上杉氏文書集二）』（上越市、二〇〇四）、小葉田淳「冷泉為広卿の『越後下向日記』と越中の旅路」『富山史壇』第九二号（越中史壇会、一九八六）、佐伯哲也『戦国の北陸動乱と城郭』（戎光祥出版、二〇一七）

（佐伯哲也）

●越中における上杉氏最大の拠点

松《まつ》倉《くら》城《じょう》

〔富山県史跡〕

【越中有数の名城】　越中三大山城の一つであり、富山県内における最大級の山城でもある。南北朝期の文献史料に登場し、しかも越中守護・守護クラスの拠点として使用されていたのである。つまり南北朝期から既に重要拠点として使用されているのである。その重要性は戦国期に入っても変わらず、上杉氏越中最大の軍事拠点として使用され続ける。

　このように松倉城は、南北朝～戦国期にかけて重要拠点として使用されており、越中有数の名城と言えよう。

【越中守護が在城】　松倉城の史料初見は暦応元年（延元三年〈一三三八〉）で、越中守護普門俊清の在城が確認される。さらに越中守護を勤めた桃井直常《もものいただつね》も、応安二年（正平二十四〈一三六九〉）の松倉在城が確認できる。つまり南北朝期から

〔所在地〕魚津市鹿熊
〔比　高〕三五〇メートル
〔分　類〕山城
〔年　代〕南北朝期～一七世紀初頭
〔城　主〕井上（普門）俊清、桃井氏、椎名氏、上杉氏、土肥氏
〔交通アクセス〕あいの風とやま鉄道「魚津駅」下車、タクシーにて六〇分。

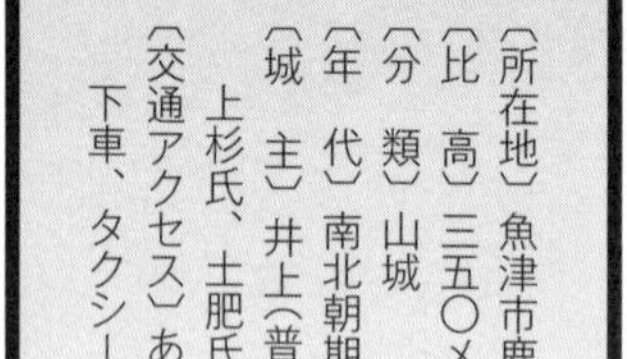

松倉城は、越中守護を勤めた武将が在城する重要拠点として使用されていたのである。

　一五世紀中頃から新川郡守護代を勤めた椎名氏の居城として使用されていたと考えられる。新川郡守護代職は大永元年（一五二一）長尾為景《ためかげ》に与えられるが、椎名《しいな》氏は長尾氏家臣団に組み込まれまた守護代に降格したと考えられるが、以前と変わらず松倉城に在城し、新川郡の実質的な支配を行っていたと考えられる。

【上杉謙信時代】　当初上杉謙信も、松倉城に椎名氏の在城を認めていた。しかし永禄五年（一五六二）謙信の越中再征によって神保長職《じんぼながもと》が降伏すると、それと入れ替わるように椎名氏（当時の当主は康胤《やすたね》）は永禄十一年武田方に寝返る。早速

謙信は椎名討伐に出陣するが、越後で本庄繁長《ほんじょうしげなが》が武田方に寝返ったため、謙信は越後に帰陣し、康胤は事なきを得る。

翌永禄十二年八月二十日謙信は越中に出陣し、二十二日松倉城を攻め、翌二十三日根小屋を悉《ことごと》く放火して松倉城を巣城にし、作毛を打ち散らしている。落城しなかったものの、椎名氏を松倉城に封じ込めることに成功する。

孤立無援となり、上杉軍の攻撃に耐えきれなくなったのであろう。元亀四年（一五七三）一月二十日付書状で康胤は、長尾顕景《あきかげ》に降伏を申し入れた時、顕景が格段の配慮をしてくれたことについて謝意を述べるとともに、今後の身柄の取り成しを強く頼んでいる。この時点で松倉城は、初めて上杉氏の手に落ちたのである。

謙信と一向一揆との戦いも一段落したのであろう。元亀四年四月二十五日付書状で江馬輝盛は河田長親《ながちか》に「謙信信長江被仰合子細ニ付、松倉迄御之納馬之由」と述べており、この時点で松倉城が上杉方の持城になっていることが確認できる。


【上杉景勝時代】 天正六年（一五七八）上杉謙信の死去と同時に、織田信長の越中進攻が始まる。天正八年には早くも松倉城下まで攻め込まれる有様で、九月二十二日付書状で織田方の神保長住《ながずみ》は「金山（松倉）城下迄押詰、致所々放火苅田以下申付候」と述べている。天正九年四月初旬、松倉城主で上杉氏越中駐屯軍最高統括者だった河田長親が死去すると、上杉景勝自ら越中に出陣し、宮崎城・魚津城・松倉城から人質を取り、春日山城下に住まわせる住居を一〇棟建てるよう指示している。

景勝は松倉城に「横目」と呼ばれる監視役も派遣している。横目の報告で事が露見したのであろう。松倉城下にあったとされる長禅寺から「松倉為御仕置《しおき》」として「諸寺院庵貢可被借用之旨」としていたが、これは松倉城将の一人山田長《なが》秀《ひで》の「山田仕様曲事」だったことが発覚している。いずれにせよ、寺院用として徴収された年貢を、松倉城の年貢として徴収していたことが判明し、興味深い。

天正九年十一月頃松倉城主として須田満親《すだみつちか》が着城する。織田軍の攻撃目標は平城の魚津城であり、魚津城を救援すべく景勝は五月十五日頃天神山城に入城している。しかし織田方の森長可《ながよし》が信濃から春日山城を攻める動きを示したため、景勝は魚津城を救えないまま五月二十六日天神山城から撤退し、同日松倉城からも上杉軍は撤退してしまった。孤立無援となった魚津城は六月三日落城する。

六月二日本能寺の変によって織田勢が撤退すると、上杉方の巻き返しが始まり、六月二十三日以前に魚津城を奪還した

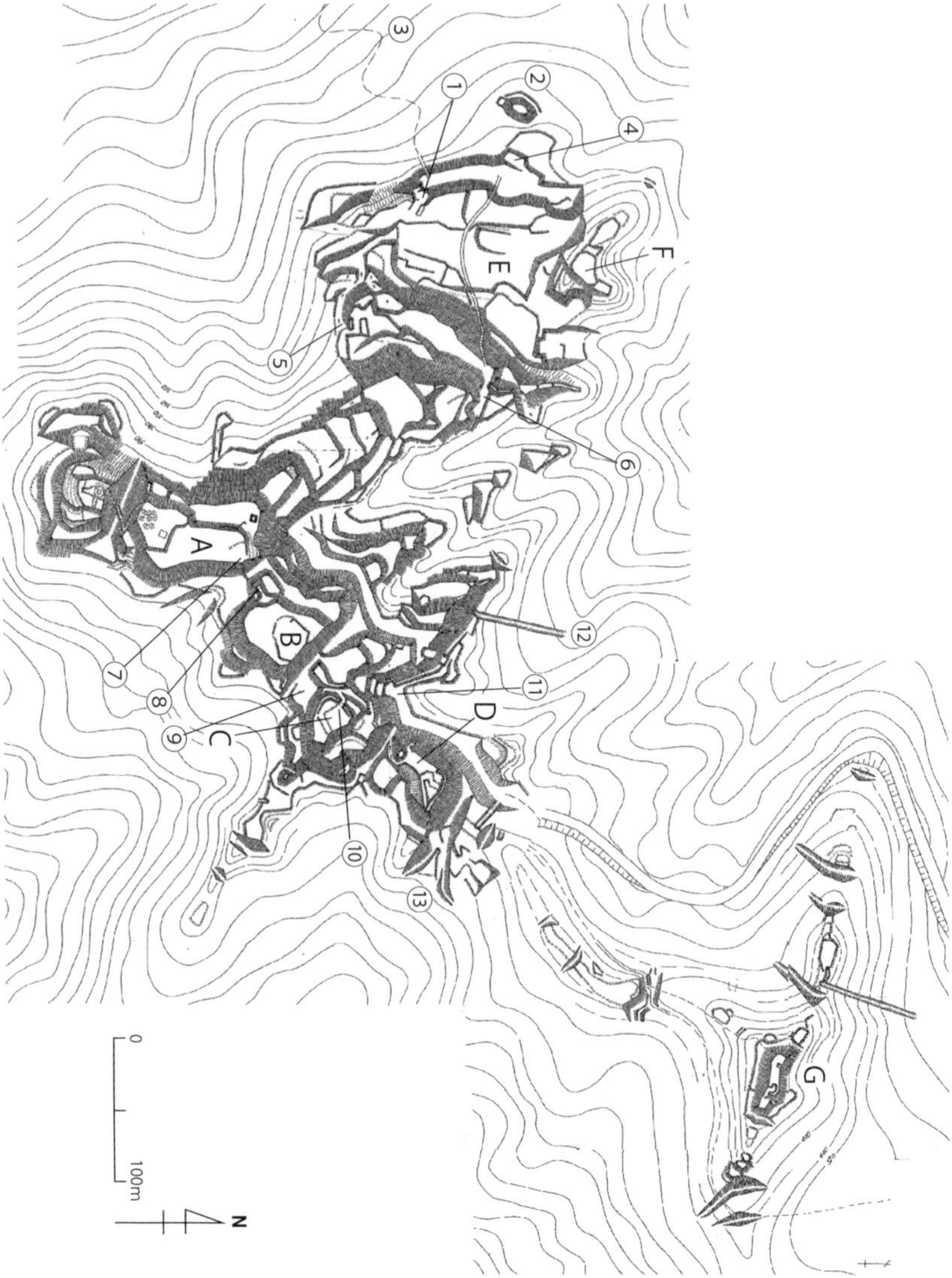

●—松倉城縄張図（作図：佐伯哲也）

と考えられる。恐らく同じ頃上杉勢は松倉城も奪還したのであろう。

しかし織田勢の反撃も早かった。織田勢の攻撃による魚津城の落城期日は上杉景勝書状等により、天正十一年三月と考えられる。上杉氏による使用期間は一年にも満たなかったのである。恐らく松倉城も同期日頃に落城していると考えられる。

以後、松倉城は一級史料には登場しない。「故墟考」によれば慶長（一五九六―一六一五）の始め頃まで存続したとしているが判然とせず、これ以降に関しては言及しな

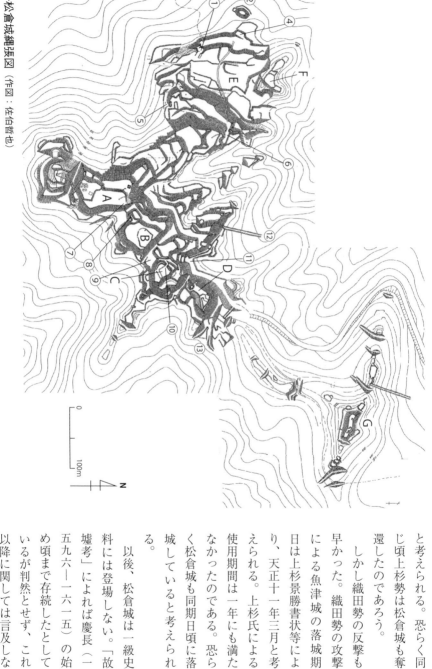

いこととする。

【城跡へのアプローチ】　現在富山県指定史跡となり、林道が城跡直下まで伸びており、終点には一〇台程度駐車できる駐車場も設けられている。さらにハイキングコースも整備され、ゴールデンウィーク頃には多くの愛好家が訪れる観光地となっている。

【城跡の現状】　松倉城は林道造成によって一部破壊されているので、破壊されている部分を推定復元して説明を行う。A曲輪が本丸、B曲輪が二の丸、C曲輪が三の丸、D曲輪が四丸、E地点が大《おお》見《み》城平《じょうだいら》、F地点が諏訪平と呼ばれている。

●—B（二の丸）現況　きれいに整備されている

【城主の居館・大見城平】　③地点には鹿熊《かくま》集落から登ってくる道が通っており、この方面が大手道と考えられる。旧来の登城道は、④地点を通って入ったと考えられる。さらにそこからは、通称石門《いしもん》と呼ばれる石垣で構築された内枡形《うちますがた》虎口《こぐち》①を通り、大見城平に入る。大見城平は御実城《じつじろ》、すなわち城主の居館が訛ったものとされている。

　大見城平に居住していた武士達の飲料水は、雨池と称される人工的な窪地②であろう。F曲輪は諏訪神社の跡と伝えられているが、大見城平全体を見下ろし、監視するのに良い場所である。大見城平からは、内枡形虎口⑤、土塁《どるい》と石垣で構築された虎口⑥を通って上部の主要曲輪群へと登ったと推定される。しかし登城ルートは必ずしも明確にできない。

【山上の主要曲輪群】　ほぼ尾根の突端に位置し、山麓からの曲輪群と直結し、最大の面積を持つA曲輪が伝承通り主郭である。広々とした平坦面で、しかも整然と削平されており、いかにも城主が駐屯するにふさわしい曲輪である。西側切岸《きりぎし》には一部石垣が残っており、敵が攻めてくる方面のみ石垣を設けている点に注目したい。

　主郭AとB曲輪の間に堀切《ほりきり》を設けて遮断しており、⑦地点と⑧地点の間に木橋《きばし》を設けて往来していたと考えられる。⑦地点直下に若干石垣が残っているのは、橋台補強用として用いたのだろう。

●—主郭A西側の石垣　自然石を積み上げている

●—大見城平現況　平坦な地形が広がる

B曲輪は上下二段の平坦面から構成された曲輪。段差は低いが、段差を残すことによって建造物に少なからず制約を残してしまう。堀切⑨は高さ約一〇メートル、長さ約九〇メートルにもおよぶ長大な切岸とも言うべきもので、北東からの攻撃を完全に遮断している。

【完璧な防御ライン】　C曲輪は計画的に構築された曲輪で、主要曲輪群の中で唯一土塁で構築された明確な虎口⑩を設けている。林道造成で破壊されたが、⑪地点から屈曲して入ったと考えられる。⑪地点から虎口⑩まで長時間横矢《よこや》が掛かっており、虎口と通路を組み合わせた完成度の高い虎口と評価できる。C曲輪の土塁は、ほぼ虎口⑩部分のみに設けられており、この方面を意識して設けたことが判明する。すなわち高さ一〇メートルにも及ぶ切岸と松倉城唯一の横堀がセットになった遮断線を形成しており、このため⑪地点方向のみにC曲輪の土塁が設けられたのである。そして尾根を回り込もうとする敵兵を阻止するために、竪堀《たてぼり》⑫を設けている。

このように、切岸・横堀・竪堀・土塁虎口・通路・曲輪を効果的に組み合わせ、見事な防御ラインを設定している。明らかに新しい技術と評価できる。単純に尾根続きを堀切で遮断した縄張からの変化を読み取ることができる。明らかに一六世紀後半に縄張の変化が発生したと考えて良い。

【上杉氏改修の痕跡】 D曲輪の堀切⑬側に湾曲した塁線土塁を設けて、この方面を警戒している。堀切⑬は深さが一六メートルもあり、松倉城内で最深の深さである。城域の端部を大規模な堀切で遮断し、曲輪に湾曲した塁線土塁を設けるパターンは、能登七尾城長屋敷と共通の縄張で、上杉氏による松倉城の改修を推定するうえで、重要な縄張となる。

【平峰砦】 松倉城から北東の尾根続きに、平峰砦Gがある。南北朝期に存在した初期松倉城の場所とされているが、土塁で構築された明確な虎口、竪堀状に落とした堀切、堀底に障子のように土塁を設けた堀切は、すべて戦国期の遺構である。仮に南北朝期に築城されたとしても、現存遺構は松倉城の尾根続きを防御力を増強するために、一六世紀後半に構築されたとして良い。

【発掘調査による成果】 魚津市教育委員会による発掘調査が平成四～三十年（一九九二～二〇一八）度にかけて実施され、多くの貴重な成果が得られた（『富山県魚津市松倉城跡調査報告書』魚津市教育委員会二〇一九、以下、報告書と略す）。

まず主郭Aでは、一四世紀後半の遺構は確認できないが、わずかながら遺物が確認されており、人為的な活動が確認される。したがって南北朝期の松倉城も、当初から主郭Aを中心として使用されていたと考え良い。

出土遺物は、一五世紀後半～一六世紀代を中心として、多種多様の遺物が出土している。主郭Aからの出土品は、皿や碗等の食膳具が九〇％を越え、灯明《とうみょう》具を中心とした灯明皿および貯蔵・調理具の壺・甕《かめ》・擂鉢《すりばち》類はそれぞれ四・四％とわずかな比率となる。これに対して大見城平は、食膳具が七四・一％、灯明具が一・八％、貯蔵・調理具が二四・一％となり、主郭と違った構成になっている。

驚かされるのは、主郭Aから一三世紀後半から一四世紀代の青磁花瓶や一六世紀第四四半期～末の華南三彩《かなんさんさい》の大型の稜《りょう》花盤《かばん》・茶臼・碁石等が出土していることである。純然たる軍事施設と思われていた山上主要曲輪群だが、このような遺物が出土していることから、一六世紀後半では、居住的・儀礼的な性格もかなり備えていたことが判明したのである。

【縄張・考古学の成果が一致】 もう一点注目したいのは、AB間の堀切である。報告書では堀切の堆積状況から、一六世紀前半まで機能を保つための修築が行われていたが、一六世紀中頃から堀切の機能は重視されなくなり、放棄されていたと考えられる。つまり一六世紀中頃以降には堀切が防衛上あまり意味を持たないような松倉城の拡大・拡充が考えられる

●—C曲輪の虎口⑩　土塁で固めている

●—堀切⑬　鋭く尾根続きを遮断する

と報告している。筆者は先にC曲輪周辺での防御ラインの存在を述べた。これは一六世紀後半の構築であり、防御ライン構築によりAB間の堀切の重要性が低下したと考えられる。縄張成果と考古学成果が、一致したのである。

松倉城は南北朝期から守護クラスの武将が在城した重要拠点として知られていたが、正確な場所については諸説あった。しかし発掘調査によって主郭Aを中心として使用されていたことが、ほぼ判明した。平峰砦は守護クラスの武将が在城するにはあまりにも狭く、不向きといえる。一六世紀後半には、主郭Aは居住的・儀礼的な性格も兼ね備えていたことが判明したのも大きな成果といえる。

従来は尾根上を堀切で遮断しただけの単純な縄張が、一六世紀後半に防御ラインを備える縄張に大改修されていたことが判明したことも大きな成果といえる。

石垣の構築者・構築年代については、諸説紛々としており、まだまだ研究の余地が残る。これらをどう調査し解釈していくのか、今後の大きな課題といえよう。

【参考文献】『上越市史 別編二（上杉氏文書集2）』（上越市、二〇〇四）、佐伯哲也『越中中世城郭図面集Ⅱ東部編』（桂書房、二〇一二）、魚津市教育委員会『富山県魚津市松倉城跡調査報告書』（二〇一九）

（佐伯哲也）

●松倉支城群の一つ

升《ます》方《かた》城《じょう》

〔魚津市史跡〕

〔所在地〕魚津市舛方
〔比　高〕一〇〇メートル
〔分　類〕山城
〔年　代〕一四世紀末?～一七世紀初頭
〔城　主〕岡崎氏、佐々新左衛門
〔交通アクセス〕あいの風とやま鉄道「魚津駅」下車、タクシーにて四〇分。

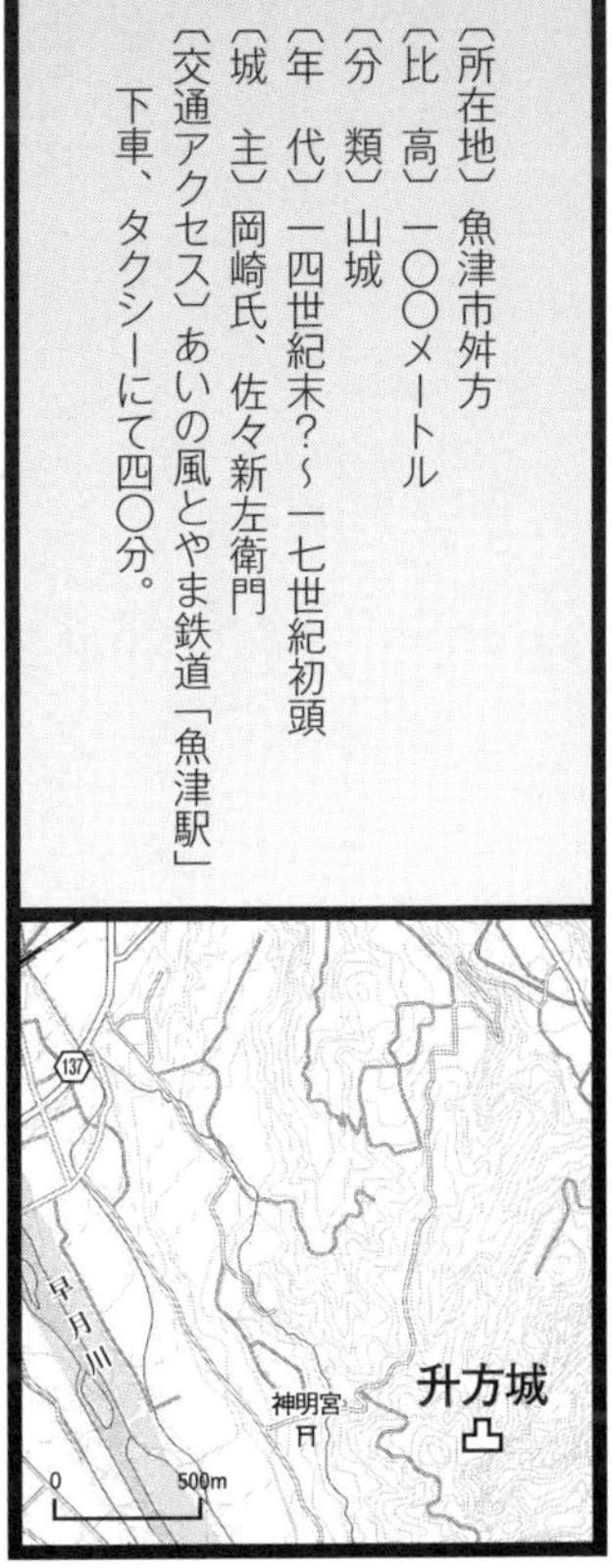

【松倉支城群の一つ】　松倉城の周辺には多数の支城が築城されていることが確認されており、升方城はもっとも有名な支城の一つである。さらに松倉城の西方を防御するために、早《はや》月川《つきがわ》沿いに、升方城・升方南城・水尾城・水尾南城の四城を構築しているが、その中でも最大級であることから、四城の主城的存在だったと考えられる。

升方城に関する一次史料は存在しない。江戸期の地誌類『越登賀三州志《えつとがさんしゅうし》』「故墟考《こきょこう》」によれば、応永二年（一二九五）岡崎四郎義村《よしむら》が入城して数代居城したが、天正年間上杉謙信によって攻め取られたという。また佐々成政《さっさなりまさ》の部将・佐々新左衛門も在城したという。さらに「故墟考」は、慶長初期に松倉城を廃して升形山城に移転させたと述べている。前田氏領内には関ヶ原合戦頃まで使用されている山城が存在し、升方城も一七世紀初期まで使用されていた可能性を指摘することができる。

【城跡へのアプローチ】　現在城跡直下まで林道が通じており、数台駐車できるスペースやトイレも設けられている。城跡は公園として整備され、案内板や説明板が完備されている。しかし、遊歩道の設置により遺構が破壊されている箇所もあり、あまり良い整備とは言い難い状況である。

【計画的な通路設定】　かつての大手道は升方集落の①地点から登り、林道で大半が消滅してしまったF曲輪の横を通り、馬出《うまだし》の性格も兼ね備えたE曲輪に入ったと考えられる。E曲輪から公園道と同じ場所を通って虎口《こぐち》②に入ったと考えられ

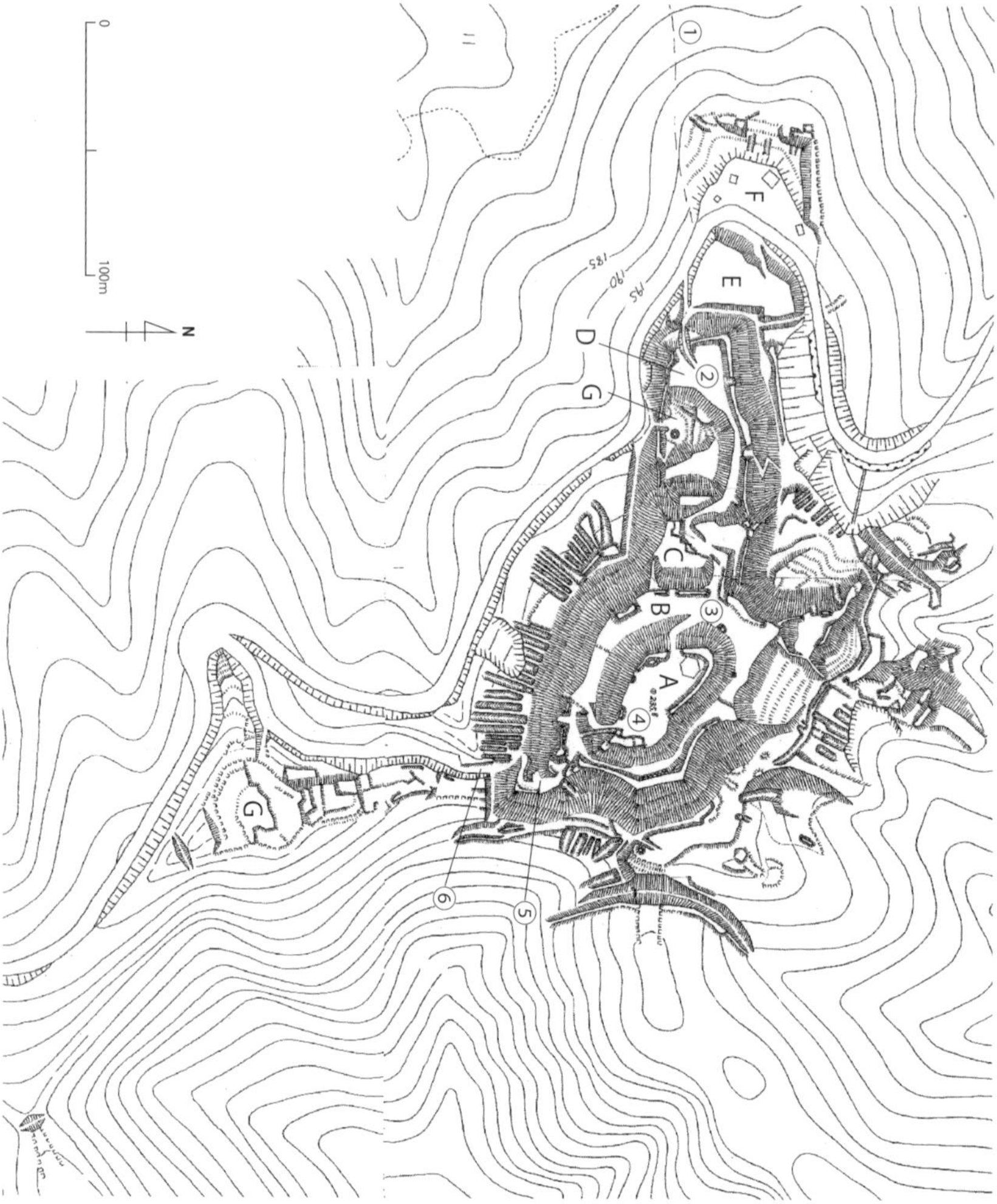

●―升方城縄張図（作図：佐伯哲也）

るが、虎口②の前に、小平坦面を設けて横堀《よこぼり》内に横矢《よこや》を掛けている。

D曲輪はほぼ塁線土塁《どるい》で固めた曲輪で、一部石垣で固めている。D曲輪に見下ろされているG曲輪中央の窪地は井戸跡であろう。虎口②から虎口③に進み、このときC曲輪からの横矢が効いている。虎口③の前に細長い通路が接続され、少人数しか進めない。計画的に設定された明確な通路である。B曲輪は二の丸と呼ばれており、この曲輪も塁線土塁を設け、一部石垣で固めている。井戸は現在も満々と水を湛えており、真夏でも涸れたことがないという。

【上杉氏の改修】　城内最高所のA曲輪が主郭で本丸と呼ばれている。両端に櫓台《やぐらだい》を設け、それぞれ虎口③・⑤を監視している。さ

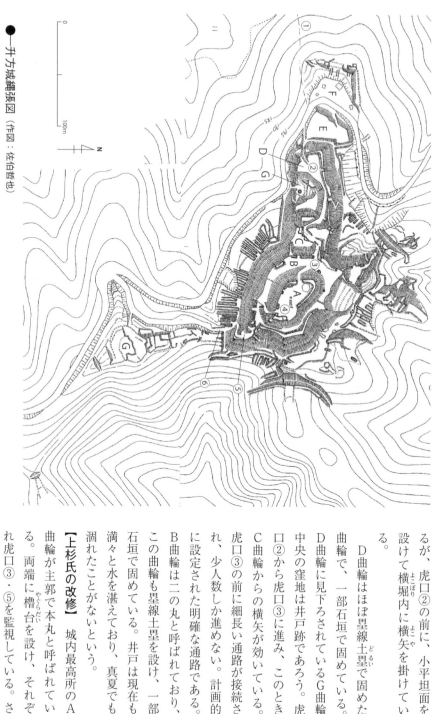

●—D・E曲輪間の横堀

らに両櫓台の脇に虎口を設け、こちらも監視している。虎口④は公園化によって道が広げられた可能性は残るが、櫓台からの横矢が効いているので、ここに虎口が存在していたのは確実である。東側櫓台は石垣で固めているが、かつて小さな社が建っていたと伝えられ、それを裏付けるかのように、石段まで残る。城郭遺構としての石垣か検討を要す。

虎口⑤は土塁で固めた平虎口で、前面に小平坦面を付属させている点は虎口②と同じである。虎口⑤に到達するには、⑥地点から細長い上り坂を屈曲しながら登ってこなければならず、もちろんこのとき上部の曲輪から横矢が効いている。虎口⑤も通路がセットになった防御設備と言えよう。しかし完全な枡形《ますがた》虎口まで発達しておらず、織豊系武将による改修の可能性は低い。

計画的な通路設定や塁線土塁・土塁で構築された虎口・石垣は松倉城にも見られる。それが構築されたのは、上杉氏による一六世紀後半と推定される。升方城も同時期に上杉氏によって構築されたと考えられ、それは西方から迫りくる織田軍の攻撃に対応するためと考えられよう。

南側の尾根続きにはG曲輪が残る。しかし虎口や通路は明確でなく、塁線土塁も設けられていない。主郭A周辺の遺構より古い時代の遺構であり、一六世紀後半の改修以前の遺構

●—東側尾根を遮断する堀切

と考えて良さそうである。

【石垣と畝状空堀群の存在】 現存の石垣は虎口そのものに使用せず、土塁の肩補強用にのみ用いている（主郭東側櫓台は神社の石垣と推定）。石材も三〇チセン前後と小ぶりである。はたして石垣が城郭遺構として捉えて良いのか、一抹の不安が残る。

松倉城および支城群の中で唯一の使用である。⑥地点の両脇に集中して設けられている。恐らく⑥地点から虎口⑤に向わず、両脇に分かれた敵兵の移動速度を鈍らせ、城兵達の弓矢の命中率を向上させるために設けたのであろう。つまり虎口⑤と畝状《うねじょう》空堀《からぼり》群はセットの防御施設と考えられ、同時代・同一人物によって構築されたと考えられる。南側の尾根続きに、当時の北陸道「山の道」が通っていた石の門があり、こ

●—B曲輪土塁に残る石垣　小ぶりの石材を使用

の方面からの敵軍の来襲に備えて畝状空堀群を設けたのであろう。大手方向であるF曲輪周囲に畝状空堀群が設けられていないのは、このためと考えられる。

【まとめ】 升方城は、塁線土塁を多用し、虎口は明確になっており、計画的に設定された通路を読み取ることができる。これは松倉城C曲輪周辺の遺構と多くの共通点を指摘できる。恐らくG曲輪以外の遺構は、天正六年（一五七八）～十一年に上杉景勝方の部将によって改修された可能性を指摘できよう。

【参考文献】 佐伯哲也『越中中世城郭図面集Ⅱ　東部編』（桂書房、二〇一一）

（佐伯哲也）

●城下町入口に設けられた関所

石《いし》の門《もん》

〔魚津市史跡〕

〔所在地〕魚津市升方
〔比　高〕一一〇メートル
〔分　類〕関所
〔年　代〕一六世紀
〔使用者〕椎名氏、上杉氏
〔交通アクセス〕あいの風とやま鉄道「魚津駅」下車、タクシーにて四〇分。

【中世の関所】 石の門は、城主や城兵が駐屯し、曲輪を防御するような構造にはなっていない。④・⑤地点に土塁《どるい》や切岸《きりぎし》を設け、ある程度の防御性も見受けられるが、曲輪等を防御するような意図は感じられない。さらに北東面の防御施設は皆無である。これでは城郭とは言えない。したがって城・砦といった用語を用いるのは不適当と判断し、中世の関所とさせていただいた。

【石垣の概要】 石の門は古くから松倉城の大手門と伝えられており、中世の北陸道「山の道」が中央を通っていた要衝でもある。「石の門」の由来となった両脇に残る石垣は、高さが約二・五メートル、角度は約七〇度、使用されている石の大きさは〇・八～一・〇メートルもある立派なもので、二〇〇個近い石が使用されていると言われている。丸い自然石で、早月《はやつき》川から石を運び上げたのであろう。

丸い自然石を使用していることから必然的に隙間が生じ、間詰めに小ぶりの玉石を用いている。しかし隙間は多く、あまり埋まっていないのが実情である。石垣と地山との間には、裏込《うらごめ》石を挿入している。裏込石の石材は二〇～三〇センチと大ぶりで、地山との隙間を埋めるために挿入したと考えられる。裏込石そのものに隙間が多く、これでは近世城郭のような緩衝材としての役割を果たしていない。

【発掘調査】 かつて平坦面①では六個の礎石（二間×一間）が発見され、さらに平成十六年（二〇〇四）度の発掘調査によって一六世紀代と推定される土師器《はじき》皿が出土し、石の門の

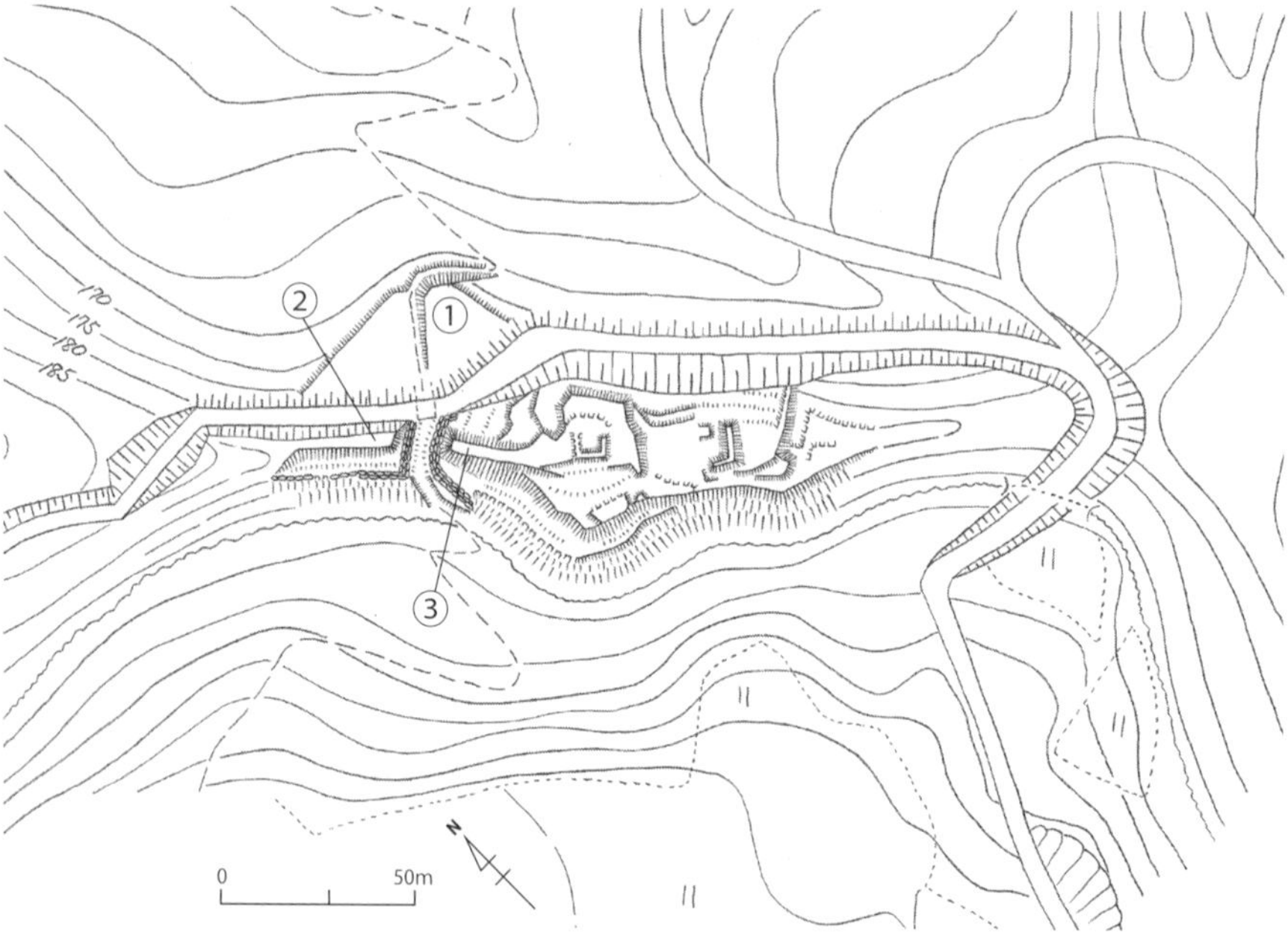

●—石の門縄張図（作図：佐伯哲也）

●—現地説明板　図解入りでわかりやすい

構築年代も一六世紀代と推定されるに至った。

一六世紀代という構築年代について筆者は異論はない。しかし松倉城大《お》見《お》城《み》平《じょうだいら》のように、石垣に付属した明確に横矢《よこや》を効かせている切岸《きりぎし》は存在していない。通常織豊系城郭の場合、石垣の上に重量構造物が載るため、石垣両側は平らに施工されている。石の門は②・③地点には細長い削り残しの土塁が存在しているため、石垣の上に重量構造物が載っていた可能性は極めて低い。織豊系城郭とは極めて違った石垣の使い方をしていると考えなければならないのである。

●—中央出入り口　ここに中世北陸道（山の道）が通っていた

【城下町入口を飾る演出】　越前一乗谷朝倉氏遺跡には、城下町の入口に下城戸があり、土塁と巨石造りの虎口《こぐち》を設けている。土塁は横矢が効かない単純なもので、発掘調査の結果、虎口石垣の上に建物は建っていなかったことが判明している。つまり支配者の権威の象徴として巨石を取り入れたと結論づけられた。まったく同じことが守護代椎名《しいな》氏にも言え、一乗谷遺跡との類似性を考えれば、椎名氏が城下町の正門として、石の門を構築した可能性が極めて高い。また、やはり中世の関所であり、権威の象徴として構築したと考えるべきであろう。

●—西面石垣　中央の鏡石が目を引く

【石垣の構築年代】　年代を推定するポイントは、石垣の隅角にある。隅角は算木《さんぎ》積みにならず、単純に石面と石面を繋ぎ合わせただけの、すこぶる古式な石積みとなっている。さらに縦目地となっている箇所もある。

これと同様な事例は、石の門のように門遺構あるいは出入り口遺構に求めなければならない。このような事例で、研究が進んでいるのが岐阜城である。岐阜城山上遺構に、一ノ門石垣があり、石材は自然石、石面の角度は約七〇度、隅角は算木積みにならず、極めて石の門の様相と酷似している。この石垣は、後斎藤氏時代、すなわち斎藤義龍時代（弘治元年〈一五五五〉～永禄十年〈一五六七〉）と考えられており、石垣で固めた門は足利将軍家に連なる守護・義龍の家格の表現と捉えられている。

椎名氏も又守護代に格下げになったとはいえ、元新川郡守護代であり、越中では足利将軍家に連なる名門であることに変わりはない。先に事例で述べた越前朝倉氏も、守護ではないにせよ守護公権を駆使する家柄であり、射水《いみず》・婦負《ねい》二郡の守護代神保氏の居城増山城や、能登守護畠山氏の居城七尾城の出入り口に巨石を用いているのも、家格を表現するための演出と考えられよう。このような事例を考えれば、椎名氏が守護代家の城下町に相応しい出入り口に構築するために、石垣を用いたとしても何等不自然さはないであろう。

椎名氏・神保氏・畠山氏・斎藤氏も、最盛期は天文～永禄年間である。いずれの石垣も算木積みは確認できないことから、天文～永禄年間に構築されたと考えたい。

【まとめ】 石の門は城郭ではなく、中世の関所と考えられる。それは椎名氏の居城松倉城の城下町の出入り口を監視する関所だったと考えられる。ここには中世の北陸街道「山の道」が通っており、多数の通行人が通過していたであろう。その通行人に対して、守護代としての家格を表現するために、椎名氏が天文～永禄年間に石垣を構築したと考えたい。

【参考文献】佐伯哲也『越中中世城郭図面集Ⅱ 東部編』（二〇一二）、魚津市教育委員会『富山県魚津市松倉城跡調査報告書』（二〇一九）、『史跡 岐阜城跡総合調査報告書1』（岐阜市、二〇二一）

（佐伯哲也）

●両越国境の要衝をおさえる山城

宮《みや》崎《ざき》城《じょう》

〔富山県史跡〕

〔所在地〕朝日町宮崎
〔比　高〕二四〇メートル
〔分　類〕山城
〔年　代〕一二世紀
〔城主〕宮崎氏、上杉氏、佐々氏、前田氏など
〔交通アクセス〕あいの風とやま鉄道「泊駅」下車、あさひまちバス「旧JA笹川支所前」停留所下車、登り口まで徒歩四分。

【城の立地】 宮崎城は、富山県最東端の朝日町にある山城で、越中・越後国境にほど近い城山《しろやま》に築かれていた。山の北麓には北陸街道が通り、街道を東へ進むとまもなく国境に至る交通の要衝である。山頂からの眺望は素晴らしく、新川平野から国境付近までの陸海を一望できる。周辺には、城山の西側中腹に元屋敷城《もとやしきじょう》、笹川を挟んで横尾城《よこおじょう》の存在がある。

【歴　史】 宮崎城の築城は一二世紀にさかのぼるとされる。治承四年（一一八〇）、讃岐前司重秀《しげひで》が高倉宮第三の御子を奉じて越中へ下り、木曽義仲が越中宮崎に御所を築いたという（『源平盛衰記』）。あるいは、寿永の頃に宮崎太郎の居館であったのが宮崎城ではないかとされる（『越登賀三州志《えっとがさんしゅうし》』）。宮崎氏は治承・寿永の乱の際に義仲に従った地方豪族で、『承久記』には、承久の乱で宮崎定範《さだのり》らが幕府方の北条朝時の軍勢を防ぐために国境付近で戦い敗走したことが記されるなど、史料にもたびたび登場している。しかし、宮崎城の実態については、室町期頃まではよくわかっていない。

考古資料では、昭和四十八年（一九七三）に城山の南側斜面標高一六〇メートル付近から、一四世紀頃のものとみられる「臼《うす》ヶ谷中世古墓《がたにちゅうせいこぼ》」が発見されている。埋葬された人物は三〇歳くらいの男性と推定され、墓域からは珠洲《すず》焼の大甕・銅銭・朱で文様が描かれた炭化物が出土しているが、城との関連は不明である。

一五世紀中頃になると、宮崎城が所在する新川郡は越中守護畠山氏の守護代椎名氏が支配する。のちに長尾氏（上杉氏）

が守護代になると椎名氏は長尾氏の支配下に入るが、永禄十年（一五六八）に離反すると、宮崎城は上杉氏の直接支配となった。越後からたびたび越中に進攻した上杉謙信にとって、国境付近に位置する宮崎城は重要な城であった。城には上杉氏の武将が在番しており、元亀四年（一五七三）の「上杉謙信書状」（岡田紅陽所蔵文書）によれば、海岸地域の防衛と城の普請を強固にすべき指示が書かれている。「みぢやう〔実城〕」（＝主郭）だけではなく、「二のくるわ〔郭〕」「三のくるわ〔郭〕」にも「へい〔塀〕」を設けよ、とした記述などは、当時の城の構造や城の守備がわかって興味深い。

謙信没後、越中制圧を進めていた織田信長は、天正九年（一五八一）に佐々成政《さっさなりまさ》らを越中に送り込んだ。成政は新川郡に進攻し、宮崎城を攻めている。

天正十年六月三日、本能寺の変が起きた翌日に織田勢が魚津城を落とす（魚津城の戦い）。近年の研究によると、成政・前田利家らは一気に東進して越中境まで攻め込み、五日夜には越中から上杉軍を追い払った。本能寺の変を知ったのは翌六日朝で、すぐさま撤退を図った。越中に残った成政は上杉氏に対して劣勢に立たされるが、体制を整えた天正十一年には宮崎城を攻め落としている。しかし、翌十二年、越後へ退去していた土肥氏が上杉勢の先鋒として宮崎城を攻めると、城にいた三〇〇人余りの佐々勢は籠城、六日目に城を明け渡して退去した（『土肥家記』）。このように、戦国期を通じて、

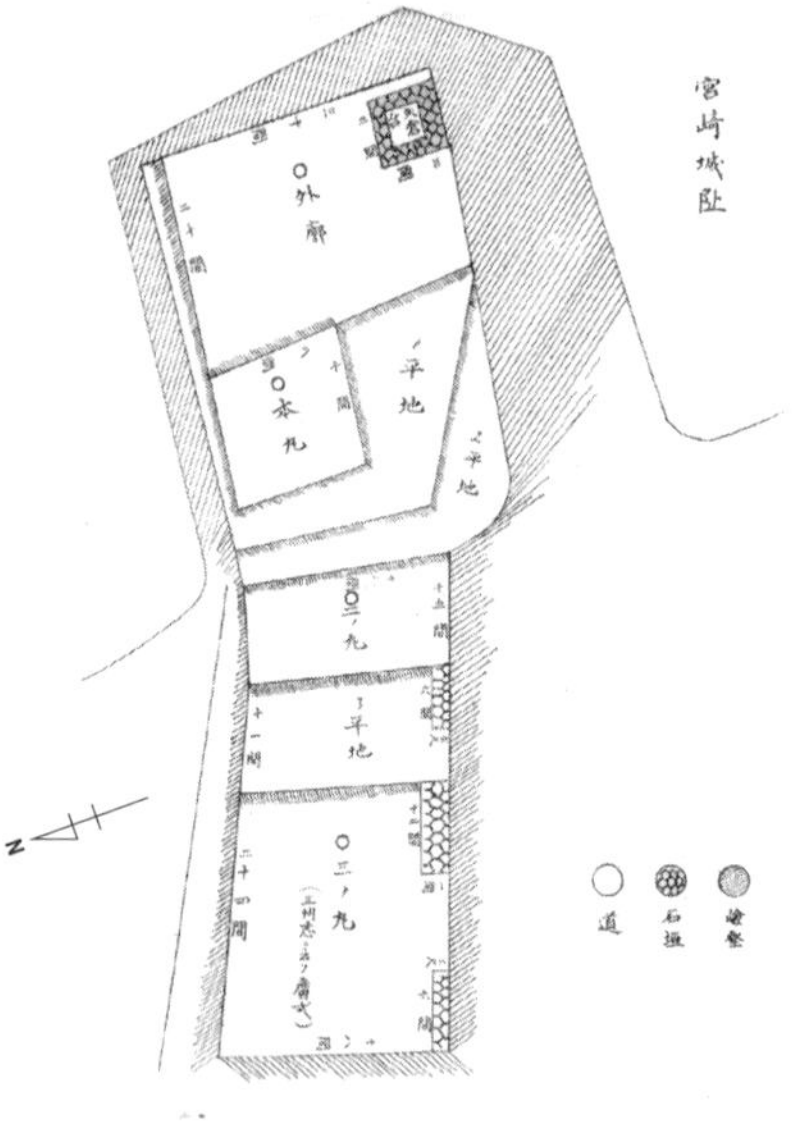

●—「宮崎城址」（『富山県史蹟名勝天然記念物調査報告第二号』）

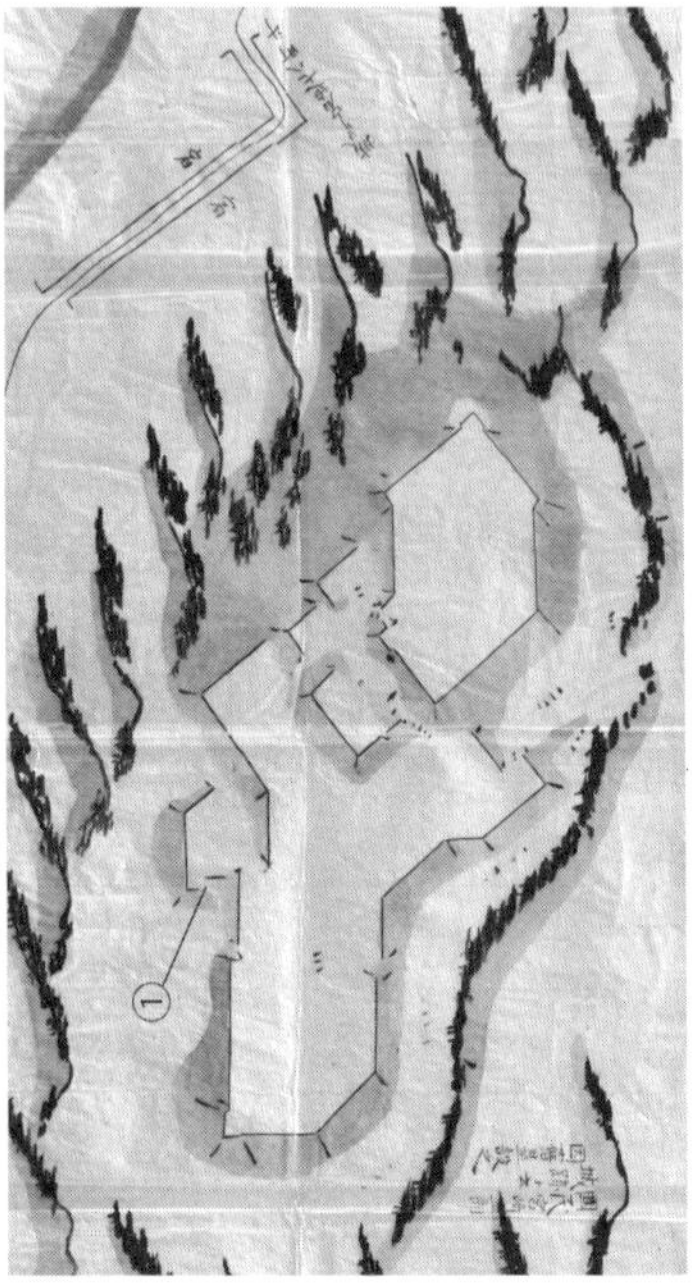
●—「宮崎城跡絵図（部分）」（滑川市立博物館蔵「岩城家文書」に筆者加筆）

宮崎城では激しい攻防が繰り返されてきた。
成政の肥後転封後は、前田利家の武将高畠《たかばたけ》織部《おりべ》が在城している（『越登賀三州志』）。

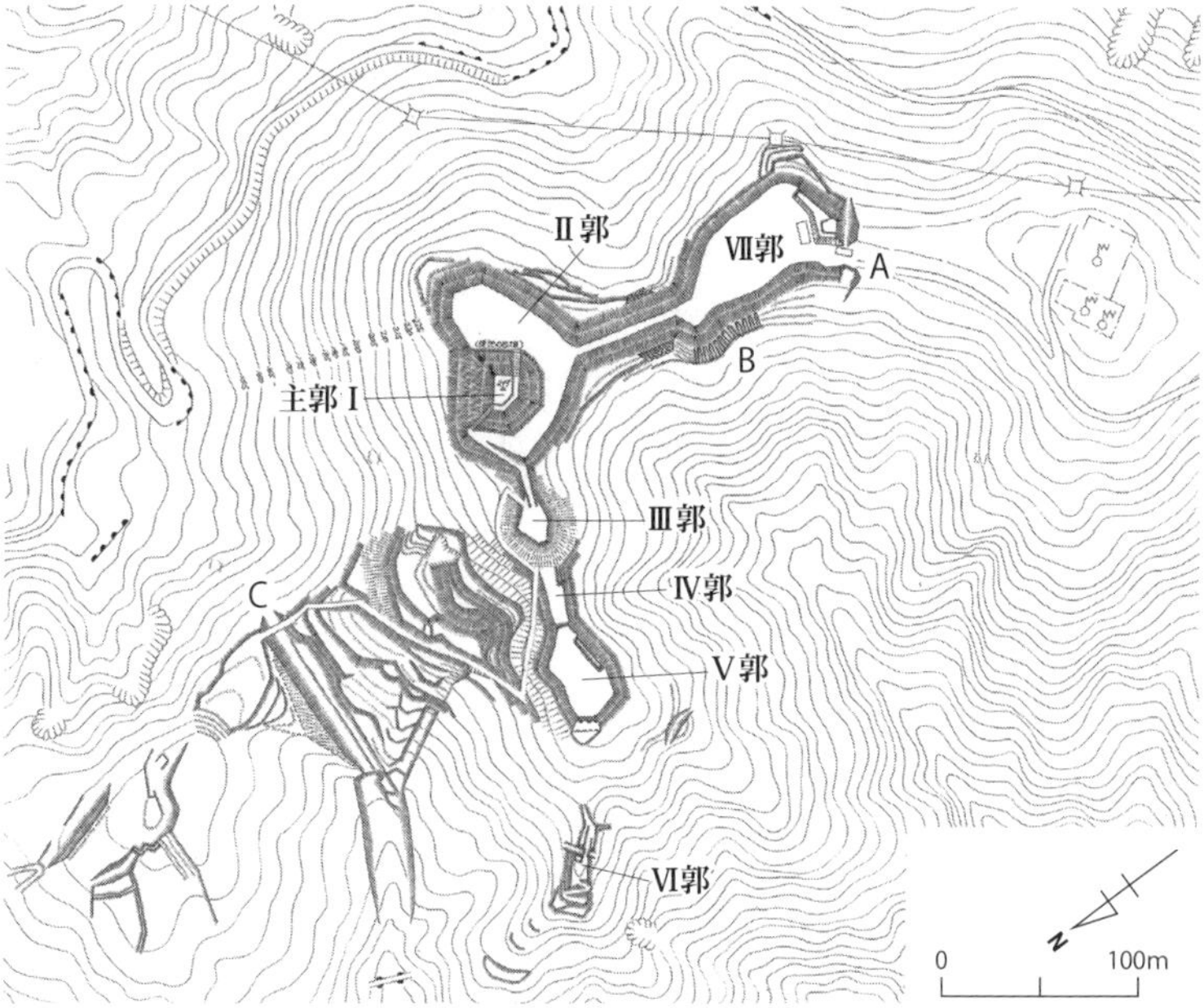

●—宮崎城縄張図　（作図：佐伯哲也）

【城の構造】　宮崎城は、城山のピークにある主郭Ⅰと、それを取り囲むⅡ郭、その西側の尾根上に並んでいるⅢ・Ⅳ・Ⅴ郭の郭群を中心に構成されている。Ⅴ郭の尾根の先にはⅥ郭がある。また、Ⅱ郭の南側にはⅦ郭があり、後世の土橋《どばし》でつながっている。城跡は太平洋戦争の際に軍用施設が置かれたことや、昭和四十年代の公園化によって改変されている。よって、改変前の状態は、九里愛雄「宮崎城址」（『富山県史蹟名勝天然紀念物調査会報告第二号』、一九二二）掲載の図（以下、「調査図」とする）と、嘉永七年（一八五四）の絵図を慶応三年（一八六七）に模写した「宮崎城跡絵図」（滑川市立博物館「岩城家文書」）（以下、「絵図」とする）を復元の手がかりとしたい。

主郭Ⅰは後世の石垣に囲まれている。その周囲を取り囲むⅡ郭は、「調査図」では「外郭」とされているものだろう。さらに、この郭の南に石垣のある「矢倉台」が描かれているが、現在は存在しない。また「調査図」では「外郭」の西側に「1平地」・「2平地」が描かれており、Ⅱ郭には段差のある複数の平坦面が存在したことが推測される。ちなみに「絵図」にも複数の段差のある平坦面（あるいは郭）が描かれているが、現在のどこにあたるか特定するのは難しい。

Ⅱ郭とⅦ郭の間には土橋が架けられているが、これは太平

●―郭Ⅴ（「三ノ丸」）に残る石垣

洋戦争中に軍が埋め立てて造ったものである。埋め立てに使われた土は、Ⅶ郭の公園化後にできた茶店近辺の盛り上がった山を切り出したという証言がある。Ⅶ郭周辺の遺構には喰違いの堀切《ほりきり》土橋Aと一一本の畝状空堀《うねじょうからぼり》群Bの存在があり、南西側からの攻撃を遮断している。佐伯哲也によれば、畝状空堀群は越中の上杉氏城郭に多用されており、上杉氏の改修が推定できる重要な遺構である。

Ⅱ郭から一段下がるとⅢ郭があり、さらに一段下がるとⅣ郭がある。Ⅳ郭は「調査図」では「3平地」とされ、南側の土塁には石垣が描かれているが現存していない。

Ⅳ郭から一段上がってⅤ郭がある。「調査図」では「三ノ丸」にあたり、やはり南側に石垣が二ヵ所描かれている。この石垣は唯一残存している戦国期の石垣である。なお、この郭には北陸宮御墳墓と宮崎太郎供養塔があるが、これらは昭和四十年代に建立されたものである。この崖下にはⅥ郭があり、土塁や竪堀《たてぼり》・土橋などの遺構がよく残されている。

ところで「絵図」をみると、Ⅲ・Ⅳ郭の北斜面側①に小規模な郭が描かれている。この郭は現在は存在しないため検証することは困難であるが、二つの出入口を持ち、そのうち一つは複雑な構造をしていることが興味深い。

現在、Ⅲ・Ⅳ郭北斜面側には麓の宮崎海岸へ向かう遊歩道があり、「調査図」にも「道」が描かれている。その途上には大小様々の平坦地が存在する。その先、隣接する上ノ山との間には堀切Cがあり、下からの攻撃を遮断している。

このように、宮崎城は多くの改変はあるものの、堀切や畝状空堀群、石垣などは戦国期の姿を彷彿とさせており、国境防備のための山城を考える上で絶好の城といえる。

【参考文献】『富山県史　史料編Ⅱ　中世』（富山県、一九七五）、『日本城郭大系』（新人物往来社、一九八〇）、中川雍一『海から来た泊町』（中川雍一、一九九三）、『富山県中世城館遺跡総合調査報告書』（富山県埋蔵文化財センター、二〇〇六）、萩原大輔『武者の覚え戦国越中の覇者佐々成政』（北日本新聞社、二〇一六）、佐伯哲也『戦国の北陸動乱と城郭』（戎光祥出版、二〇一七）、萩原大輔『謙信襲来―越中・能登・加賀の戦国』（能登印刷、二〇二〇）

（川端典子）

●宮崎城の支城

元《もと》屋《や》敷《しき》城《じょう》

（所在地）朝日町元屋敷
（比　高）一六〇メートル
（分　類）山城
（年　代）一六世紀
（城　主）上杉氏、佐々成政
（交通アクセス）あいの風とやま鉄道「泊駅」下車、徒歩四五分。または北陸自動車道「朝日IC」から車で一五分。

【位置と環境】　元屋敷城は、宮崎城が所在する通称「城山」（標高二四八・八メートル）より北西方向に伸びる尾根のピーク（標高一六一メートル）に所在している。この場所は地元で「元屋敷平」と呼ばれていることから、元屋敷城と呼称されているが、泊城という別名もある。この場所は両越（越中・越後）の国境に位置し、北麓の海岸線沿いに北陸街道が通る交通の要衝である。元屋敷城の南に九ツ谷、北に七曲谷、西に日本海が迫り天然の要害となっている。

元屋敷城について伝承・文献記録が全く残っておらず、築城時期・築城主体は不明である。しかし、宮崎城と近接していること、また、宮崎城から見下ろされる位置にあることから、宮崎城の支城として機能していたとみられる。また、元屋敷城の南西に位置する竪堀状の谷は地元で「引火矢谷」と呼ばれており、天正年間（一五七三〜一五九三）、弓・鉄砲による佐々成政軍と上杉景勝軍との大激戦があった地と伝わっている。

【城の構造】　元屋敷城は、「元屋敷平」と呼ばれる尾根のピークに曲輪Ⅰを設け、そこから東と南西に派生する尾根上に曲輪を配置する構成となっている。登城道としてAとBの二つがあり、Aが大手道《おおてみち》とみられ、殿屋敷《とのやしき》の集落から登り曲輪Ⅲに至る。Bは宮崎城の三の丸から尾根伝いに進むルートで、元屋敷城の曲輪Ⅶへと続く。

尾根のピークに位置する曲輪Ⅰ（南北約五〇メートル、東西約四〇メートル）が主郭にあたるとみられ、四方に土塁《どるい》が巡る。曲輪の内

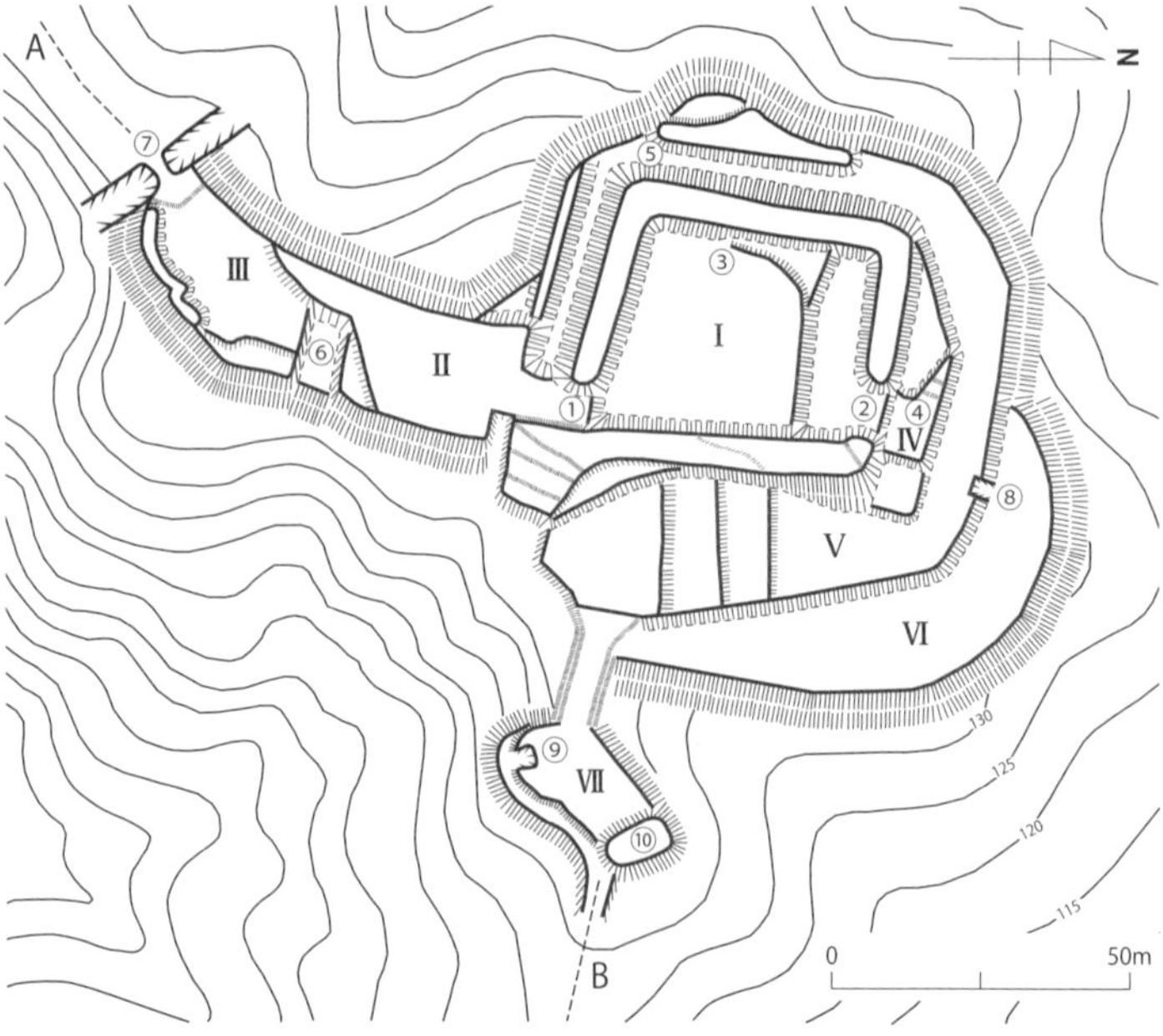

●一元屋敷縄張図（作図：石田雄士　佐伯哲也の図面を参考に作図）

部は上下二段に分かれており、曲輪の西側に上下を行き来するための通路③がある。虎口《こぐち》は南（①）と北（②）に設けられている。虎口①は土塁で構築された虎口だが、直進で入れる平虎口である。そのため、虎口の前に土橋《どばし》で繋いだ馬出《うまだし》状

●一元屋敷主郭土塁

の曲輪Ⅱ（南北約二五メートル、東西約一八メートル）を設けることによって防御を高めている。また、曲輪Ⅱの先端部分に横堀《よこぼり》⑥を設けて土橋状にし、一度に曲輪Ⅱに侵入できる人数を制限している。曲輪Ⅱの先には曲輪Ⅲ（南北約三〇メートル、東西約二〇メートル）があり、南東側にのみ土塁が設けられている。曲輪Ⅲの先端部分には土橋を備えた堀切《ほりきり》⑦を設け、南へと続く尾根を切断している。

曲輪Ⅰの虎口②も平虎口であるが、虎口の前に角馬出状の曲輪Ⅳ（東西約八メートル、南北約八メートル）が設けられている。この曲輪Ⅳは東へスロープ④が伸びており、曲輪Ⅴへと続く。曲輪Ⅳと曲輪Ⅴとは高低差があることから、曲輪Ⅴからは直進で曲輪Ⅳに入ることができず、このスロープを通って曲輪Ⅳに入らなければならない。そして、このスロープを通る際に

は、曲輪Ⅰの土塁から横矢《よこや》が掛かる仕組みとなっている。曲輪Ⅴは曲輪Ⅰの帯曲輪で、曲輪Ⅰの南側にあたる部分は階段状に曲輪を配置し、曲輪Ⅰの西から南にかけて細長い土塁を備えた横堀⑤を設けて防御を固めている。さらに、曲輪Ⅴの北から南東にかけて曲輪Ⅵが配置されており、曲輪Ⅵから曲輪Ⅴへ至る進入路として虎口⑧が設けられている。

曲輪Ⅴ・Ⅳから東に伸びる尾根は宮崎城へと続いており、背後の備えとして曲輪Ⅶ（南北約一五メートル、東西約二五メートル）が設けられている。Bを通じて宮崎城方面から曲輪Ⅶに入るには、曲輪Ⅶ直下の細い道を通り、曲輪Ⅶを回り込むようなルートで虎口⑨を通じて入ったと考えられる。この間、常に曲輪Ⅶから横矢が掛かることとなる。また、宮崎城方面に櫓《やぐら》台《だい》⑩が設けられているものの、堀切などによって宮崎城に至る尾根は遮断されていない。

●—元屋敷横堀

●—元屋敷馬出

以上、元屋敷城の構造についてみてきたが、縄張構造から城の年代を一六世紀後半頃に比定したい。また、元屋敷城の性格について、宮崎城と近接していること、宮崎城から見下ろされる位置にあること、宮崎城側の防御が弱いことなどから、元屋敷城は宮崎城の支城として機能していたと考えられる。元屋敷城が宮崎城の支城だとすれば、宮崎城と同様に上杉氏から佐々氏、前田氏へと城主の移り変わりをへたと考えられる。しかし、現在残されている遺構について、それぞれの遺構がまとまっており、時代差を感じさせないこと、また、織豊系城郭の要素が見られないことから、佐々《さっさ》氏や前田氏による改修は考えにくい。つまり、一六世紀後半上杉氏によって宮崎城が改修された際に元屋敷城が築城されたと推測される。

【参考文献】竹内俊一『両越国境朝日町の山城—今よみがえる歴史の里—』（朝日町中央公民館、一九九九）、佐伯哲也『越中中世城郭図面集—東部編（下新川郡・黒部市・魚津市・滑川市）—』（桂書房、二〇一二）

（石田雄士）

横《よこ》尾《お》城《じょう》

●長い竪堀が特徴の宮崎城の支城

〔所在地〕朝日町横尾
〔比　高〕二四一メートル
〔分　類〕山城
〔年　代〕一六世紀頃か
〔城　主〕不明
〔交通アクセス〕北陸自動車道「朝日IC」から車で一五分。

【城の歴史】　横尾城は、笹川と横尾の間にそびえる山上付近にある。ここから東麓に笹川の集落、北方に笹川の河口付近を望め、宮崎城とは笹川の谷を挟んで相対している（直線距離で約一・二キロ）。一方、西の尾根続きの「馬りょう山」からは、泊の町並みをはじめ朝日町・入善町など、越中東部の平野を見渡せる。こうした眺望のきく用地であったことが、築城の要因になったものと思われ、宮崎城と共に越中東辺部の守りとしても重要であったと考えられる。

　この城は『越登賀三州志《えつとがさんしゅうし》』や江戸期の書上帳などには記されていないが、『下新川郡史稿』には、「横尾村山頂に在り、何人の故墟《こきょ》なるか詳かならず」と記されている。城主・構築時期共に不明だが、構造からみて戦国期のものであろう。また、宮崎城と相対していることから、この横尾城が同城と緊密な関係にあったことが知られ、防備が主として東方（笹川）を重点としていることから、泊方面よりも笹川方面を重視していたことがうかがえる。いずれも横尾城の築城の背景を物語るものといってよいだろう。なお、付近に「城ノ腰」という小字が残っている。

【城の構造】　横尾集落から横尾城を目指し、丘陵を登ると、その尾根筋には二つの砦がある。北から扇山《おうぎやま》砦、上百山《うえひゃくやま》砦で、それらを通過して横尾城にたどり着くことになる。扇山砦は南側に堀切《ほりきり》を設けて郭を作っている。上百山砦は、南北に延びる細い尾根を空堀《からぼり》で三つに区切り郭を設けている。各郭の面積は小さいがしっかり作られている。これらの砦を突破し横尾城の城域に入っていく。横尾城の縄張については、まず、主郭を検討したい。城内最高所であるC地点は、狭《きょう》隘《あい》な地形で城地として適さないため、まったく人工的な加工がされず、自然地形である。C地点の次に最高所となるのはB郭であるが、実はA郭が主郭である。A郭は、B郭に対して、塁線土塁《どるい》や櫓台《やぐらだい》を設けているため、B郭より上位の郭であることを物語っている。さらに、D郭に対しても塁線土塁や櫓台を設けているため、D郭よりA郭が上位である。このため、A郭が主郭と断定してよいと考えられる。

●—横尾城と宮崎城の位置図（『日本城郭体系』より引用）

北の上百山砦側からのFの尾根筋に対しては、まず二重の両竪堀《たてぼり》で遮断し、C地点を通過した敵兵が両斜面に分かれてB郭に進攻するのを防ぐために、ここも両斜面に竪堀を落とし、B郭を防御している。主郭AはB郭から見下ろされるという弱点を補うために、塁線土塁・櫓台を設けている。さらに櫓台①は張出して、横堀内や土橋《どばし》に対して横矢《よこや》が効いており、防御力を増強している。櫓台②はB郭に対する櫓台であるとともに、Hの尾根筋や腰郭Gから主郭Aに出入る兵を監視する役目も果たしていたと考えられる。主郭Aは、周囲に塁線土塁や櫓台を設けているが、未完成部分も多く残っている。また、主郭Aの中央部に残る高まりは、櫓台を構築する予定だったと考えられるが、これもきれいに整形されず未完成に終わっている。未完成の部分が多い中において、B・D郭方向の防御設備は完成していることに注目したい。

櫓台④は、Hの尾根筋方向から主郭Aに入る時に敵兵たちを監視する役割を果たしていたと考えられる。櫓台④に敵兵が直撃するのを防ぐために、前面に横堀を設け、また、背後に回り込ませないために竪堀⑤を設けている。この竪堀は、長さ一〇〇メートルを超えるものであり、非常に特徴的である。櫓台④から主郭Aに進むとき、主郭Aから横矢が掛り、主郭A

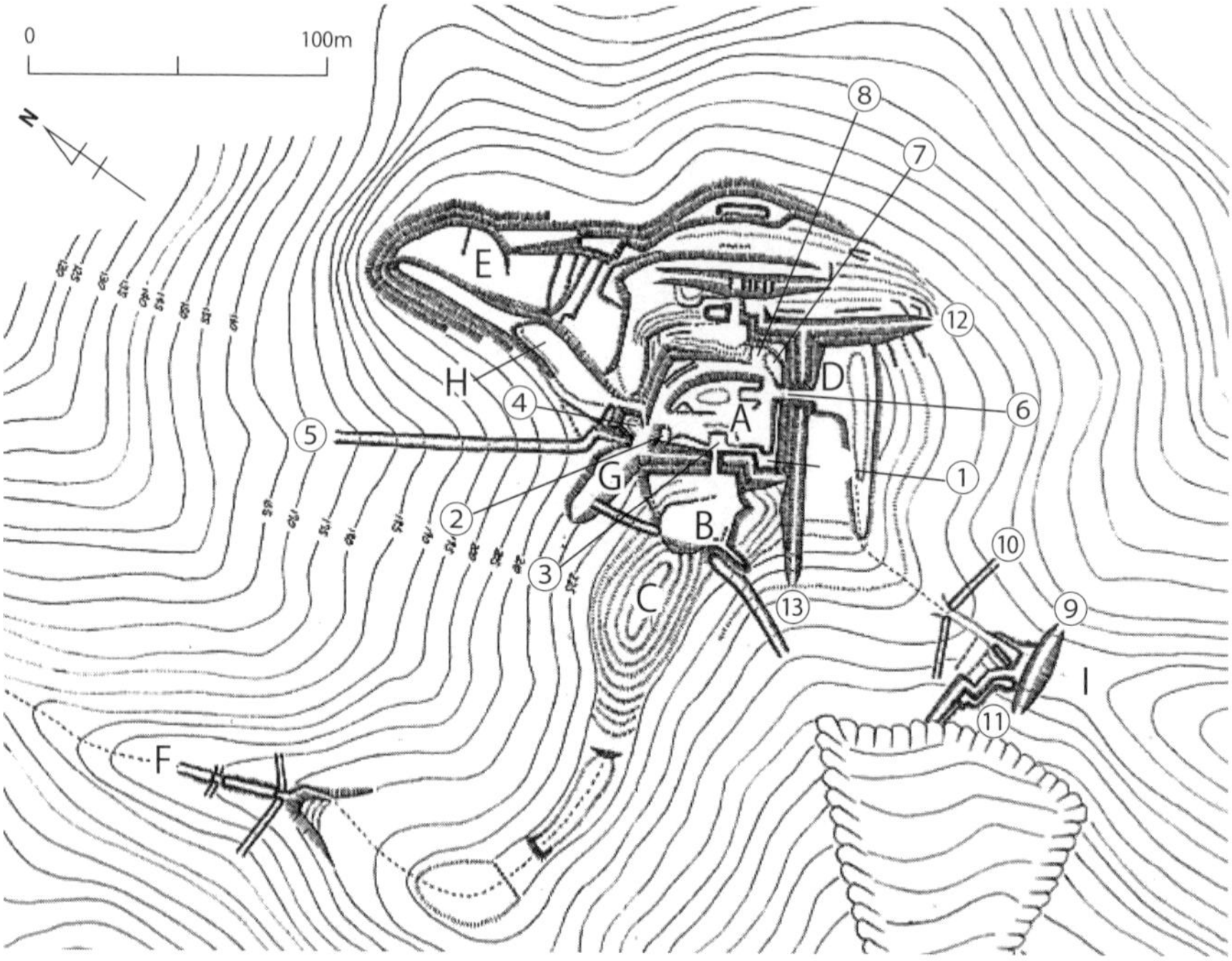

●—横尾城縄張図（作図：佐伯哲也）

から援護射撃ができるようになっている。このように櫓台④は、主郭AをHの尾根筋方向から守る重要な地点である。ここが、厳重な防御態勢になっているのは、この方面にかつて重要なルートが存在していた可能性がある。この方向には笹川を越えて宮崎城があり、なんらかのルートが残っているのかもしれない。また、竪堀が敵兵が背後に攻め込まないような工夫であるとすれば、一〇〇メートルを超える長い竪堀によって、Fの尾根筋とHの尾根筋から横尾城に進入する敵兵を分断する効果があったのかもしれない。

E郭の南東は、自然地形が多く残り、郭としての整形状態は悪い。また、所々に横堀も残っているが、これも未完成に終わっており、城主はどのような縄張にするつもりだったか推測しづらい。防御設備が完成していないのは、B・D郭方面と大きく違っている点である。

D郭の虎口《こぐち》は、馬出《うまだし》郭を兼ねた郭である。虎口は塁線土塁や櫓台⑦で防御力を増強した主郭の虎口にふさわしい。D郭を突破した敵兵が背後に回り込まないように、横堀⑫・⑬を必要以上に長くしている。もちろん櫓台①も、横堀⑬内の敵兵を狙っている。

さらにIの尾根筋方向は、両竪堀⑩を設け、堀切⑨で尾根続きを完全に遮断している。両竪堀を設けながらも、完全に遮断していないFの尾根筋とは違った防御態勢である。堀切⑨では心許なかったのか、土塁⑪を設けて斜面の横移動を防いでいる。現在ここには殿入峠があって、東麓の笹川谷集落とを結んでいるが、これが中世から存在した確証はない。しかし、Iの尾根筋の防御態勢が固いことから、城主はこの峠方向を意識しており、殿入峠が中世からあったと推測したい。

このように、横尾城の縄張の特徴は、敵軍の進行方向に対する防御設備は完成しているが、それ以外の防御設備は未完成が多いところである。これは、最優先の防御を固めた結果であり、短期間しか使用されなかったことを暗示している。

●—横尾城から朝日平野を望む

●—主郭虎口

また、一〇〇メートルを超える竪堀は越中の城郭では少なく、この竪堀がどのような意味をもつのかは、今後の検討課題である。さらに、敵兵の進軍ルートを縄張から考えると、Fの尾根筋、Hの尾根筋、Iの尾根筋の防御を強く意識している。これらの方向は、朝日平野側の進行ルートというよりも、北もしくは北東方向の進行ルートであることから、横尾城は宮崎城が攻められたときの詰城の機能があったのかもしれない。

【参考文献】平井聖・村井益男・村田修三編『日本城郭大系』第七巻（新人物往来社、一九八〇）、『富山県中世城館遺跡総合調査報告書』（富山県埋蔵文化財センター、二〇〇六）、佐伯哲也『越中中世城郭図面集Ⅱ』（桂書房、二〇一二）

（田上和彦）

●—100m を超える竪堀

お城アラカルト

城郭における巨石石垣の意味

内堀信雄

戦国期城郭の虎口等にみられる巨石石垣を筆者は以下のように定義している。一～二メートル《メートル》あるいはそれ以上の大形の石材を使用する石垣で、通例の石垣と同様に積み上げるものの他、板石状に立て並べるものなどがみられる。角度は垂直に近く、間詰石《まづめいし》はほとんどみられない。裏込礫《うらごめれき》は表面からは確認できない場合が多い。

美濃岐阜城では山麓居館部の発掘調査で永禄十年（一五六七）、織田信長の入城直後に築かれた巨石石垣使用の長大な虎《こ》口《ぐち》等が見つかっている。一方、山上部には巨石を用いた虎口一ノ門等が存在する。これまで一ノ門は信長期に比定されていたが、守護土岐氏の大桑城には「岩門」と称される一ノ門と酷似した巨石石垣虎口が現存する。大桑城は天文十二年（一五四三）頃に廃絶したとみられることから、岐阜城一ノ門の構築時期は信長期を遡る後斎藤期に帰属する可能性が高い。斎藤道三の手によるかもしれないが、息子義龍《よしたつ》が永禄元～二年（一五五八～五九）の一色改姓、治部大輔・左京大夫任官等を契機に室町幕府に連なる権威の可視化装置として築いたという見方もできるかもしれない。

さて、北陸地方には越前一乗谷朝倉氏遺跡、能登七尾城、越中増山城・松倉城などで巨石石垣を用いた城郭の類例がみられる。佐伯哲也はいち早く巨石石垣に注目し、一乗谷や増山城、近江の三雲城などを例とし「守護や守護代の拠点クラスの城郭」において「天文～永禄期（一五三二～六九）」に「守護権力を『見せる』ために」用いたものであると指摘された（佐伯哲也『戦国の北陸動乱と城郭』戎光祥出版、二〇一七年）。同感であり、北陸と美濃の巨石石垣は共通性が高い。なお、越前地域では一乗谷以外にも西山光照寺《こうしょうじ》、白山平泉寺《へいせんじ》、豊原寺《とよはらじ》など寺社を中心にして多くの巨石石垣が確認されている。筆者は巨石石垣技術を担った職人集団の本貫地《ほんがんち》は越前北部にあったのではないかと推定しているが、詳しい検討は今後の課題である。

お城アラカルト

「自落」は常套手段？

佐伯哲也

世の中は史上空前の戦国ブームであり、そのためかドラマで落城シーンをよく目にするようになった。ドラマの落城シーンとは、燃え盛る紅蓮《ぐれん》の炎の中で、城主が城を枕に討ち死にするというものである。しかし、実際は大いに違っていたようである。というのも、同時代史料では、そのようなシーンはほとんど登場しないからである。

越中に限って言えば、城主が「城を枕に討ち死に」した攻防戦は、天正十年（一五八二）魚津城戦しか確認できない。このときは魚津城を死守する上杉軍城将十二将悉《ことごと》く討ち死にしたのだから、まさしくドラマのようなワンシーンが繰り広げられたのであろう。

しかし、この他の城攻めで確認できる結末の大半は「自落《じらく》」、つまり城主が攻められる前に敵前逃亡し落城してしまう、というなんとも情けない攻防戦である。

一例を挙げる。永禄三年（一五六〇）上杉謙信は神保長職《じんぼながもと》討伐のために越中に出陣すると、長職は居城の富山城（富山市）から増山城（砺波市）に逃げ、富山城は「自落」する。さらに謙信が増山城を攻めると、またもや長職は武具や馬を捨てて逃亡してしまう。つまり長職は二度連続して自落を行ったのであり、自落は常套手段だったと言えよう。

この戦法について賛否両論あると思うが、被害を必要最小限に食い止める戦法だったとも評価できる。事実、謙信帰国後、長職は敗戦前の領土をほぼ取り戻すことに成功している。つまり城主にとって自落は、敗戦後を見据えた最良の方法だったのである。

しかし、二度も敵前逃亡を繰り返す長職の行為は、土豪たちからは好意的に見られていなかった。飯久保城（氷見市）主狩野良政は、こんな長職に不信感を募らせていたが、それでも味方するのは、人質を取られているからだと嘆く。土豪たちの目には、下々のことを全く考えない、身勝手極まりない御領主様と映ったのであろう。

お城アラカルト

『信長公記』が記す「月岡野の戦い」

萩原大輔

天正六年（一五七八）十月、月岡野《つきおかの》（現富山市）で斎藤利治《としはる》の指揮する織田信長軍が、河田長親《かわだながちか》ら率いる上杉景勝軍を大いに破った。「月岡野の戦い」の名で知られるいくさだ。富山地域の諸城を巻き込んだこの戦いの経過について、信長家臣の太田牛一《おおたぎゅういち》が著した『信長公記《しんちょうこうき》』の自筆本（池田家本、岡山大学附属図書館所蔵）に基づき迫ってみよう。

〔天正六年〕九月廿四日、斎藤新五〔利治〕越中へ被仰付出陣、国中大田保之内つけ之城御敵椎名小四郎・河田豊前〔長親〕人数入置候、尾濃両国之御人数打向之由、承及聞落ニ致退散、則つけ之城神保越中殿〔長住〕人数当城へ入置、斎藤新五三里計打出、在陣候て所々相働候也、

（中略）

〔天正六年〕十月四日、斎藤新五越中国中大田保之内本郷ニ陣取、御敵河田豊前・椎名小四郎今和泉ニ楯籠候、城下迄放火候て未明より被罷退之処ニ人数を付候、斎藤新五見合節所へ引請、月岡野と申所ニ而人数立合、既蒙一戦追崩シ、頸数参百六十討捕、此競に所々人質執固、神保殿へ相渡、帰陣候者也、

九月二十四日、利治は越中出陣を命じられる。敵（上杉方）である椎名と河田は、津毛《つげ》城（現富山市）に兵を入れた。（しかし）尾張と美濃の織田軍が押し寄せてくることを聞いて撤退したため、すぐ（織田方の）神保長住《じんぼながすみ》の軍勢が津毛城へ入った。利治はさらに三里ほど打って出て陣を布き、そこから各地へ軍事行動に及んだ。

そして十月四日、利治は本郷《ほんごう》に陣を置き（太田本郷城か、現富山市）、敵対する河田・椎名たちは今泉《いまいずみ》（現富山市）に立てこもった。（織田方が今泉の）城下まで火を放ち夜中に引き揚げたところに、（上杉方は追手の）兵を付けた。利治はそれを見つけて（上杉方を）難所へ引き込み、月岡野と呼ばれる地で両軍は対峙し、戦いに及んで（織田方が上杉方を）撃ち破り、三六〇もの首を捕った。（利治は）この勢いに乗じて所々（上杉方についていた越中の国人たち）から人質を取り、（津毛城の）神保長住に渡して（本郷へ）帰陣したという。

かくして、月岡野での織田軍の大勝を機に、戦国越中をめぐる織田・上杉両軍の攻防は熾烈を極めていくのである。

執筆者略歴

石田雄士（いしだ　ゆうし）	1983年生まれ	米原市教育委員会
いなもとかおり	1988年生まれ	城マニア・観光ライター
内堀信雄（うちぼり　のぶお）	1959年生まれ	岐阜市役所
太田　寿（おおた　ひさし）	1970年生まれ	北陸城郭研究会
大野英子（おおの　えいこ）	1971年生まれ	富山市教育委員会
大野淳也（おおの　じゅんや）	1970年生まれ	小矢部市教育委員会
大野　究（おおの　もとむ）	1961年生まれ	氷見市立博物館
鹿島昌也（かしま　まさや）	1971年生まれ	富山市教育委員会
川端典子（かわばた　のりこ）	1973年生まれ	朝日町埋蔵文化財保存活用施設まいぶんKAN
久々忠義（くぐ　ただよし）	1952年生まれ	富山考古学会 副会長
佐伯哲也（さえき　てつや）	1963年生まれ	別掲
佐藤聖子（さとう　せいこ）	1973年生まれ	南砺市文化・世界遺産課
髙田　徹（たかだ　とおる）	1965年生まれ	城郭資料研究会
田上和彦（たがみ　かずひこ）	1984年生まれ	高岡市教育委員会
野垣好史（のがき　よしふみ）	1978年生まれ	富山市教育委員会
野原大輔（のはら　だいすけ）	1976年生まれ	砺波市教育委員会
萩原大輔（はぎはら　だいすけ）	1982年生まれ	富山市郷土博物館
堀内大介（ほりうち　だいすけ）	1974年生まれ	富山市教育委員会
間野　達（まの　とおる）	1981年生まれ	立山町役場
三浦知徳（みうら　とものり）	1976年生まれ	上市町教育委員会
目黒公司（めぐろ　こうじ）	1984年生まれ	中世城郭研究会
盛田拳生（もりた　けんせい）	1990年生まれ	滑川市立博物館
曲輪の会（くるわのかい）	2010年設立	ボランティアガイド団体

編者略歴

一九六三年、富山県に生まれる
一九八二年、関西電力入社、現在に至る
北陸城郭研究会会長、富山の中世を語る会代表
〔主要著書〕
『越中中世城郭図面集Ⅰ～Ⅲ』（桂書房、二〇一一～二〇一三年）、『越前中世城郭図面集Ⅰ～Ⅲ』（桂書房、二〇一九～二〇二一年）、『戦国の北陸動乱と城郭』（戎光祥出版、二〇一七年）、『朝倉氏の城郭と合戦』（戎光祥出版、二〇二一年）

北陸の名城を歩く
富山編

二〇二二年（令和四）九月一日　第一刷発行

編　者　佐《さ》伯《えき》哲《てつ》也《や》
発行者　吉　川　道　郎
発行所　株式会社　吉川弘文館
郵便番号一一三―〇〇三三
東京都文京区本郷七丁目二番八号
電話〇三―三八一三―九一五一〈代〉
振替口座〇〇一〇〇―五―二四四番
http://www.yoshikawa-k.co.jp/

組版・製作＝有限会社　秋耕社
印刷＝株式会社　平文社
製本＝ナショナル製本協同組合
装幀＝河村　誠

ISBN978-4-642-08411-6